樊登讲论语

学而

樊登 著

北京联合出版公司
Beijing United Publishing Co.,Ltd.

《论语》塑造了我

小时候从来没有觉得《论语》和我有什么关系，只记得我家墙上挂着一幅粗糙的装饰画，写着"曾子曰：吾日三省吾身……"。

上中学时，课本里收录了《论语》中的几篇，我才开始接触《论语》。依稀记得课本里还有《季氏将伐颛臾》这样难懂的篇章。作为一个孩子，我觉得孔子真是喜欢骂人啊。我就这样毫无敬畏心、嘻嘻哈哈地接受了《论语》最初的教育。

1995年，我上大三。学校安排我们参加了一个夏令营，和香港的一些大学生联谊。在活动期间，香港的一个学长问我："你读过《论语》吗？"我说："没有，怕是读不懂吧。"他说："南怀瑾的《论语别裁》不错，很容易读。"我心中种下颗种子，开学就到图书馆借了《论语别裁》。

至今我都记得，当时对此书的第一印象就是南先生的潇洒，此书开篇不是认真地讲解"学而时习之"，而是"天下由来轻两臂，世上何苦重连城"。原来《论语》还可以这样讲？从原文出发，典故、诗词、观点，信手拈来，毫不费力。后来我才知道，这本书这么好看是因为口语化，这是南先生演讲的实录。我想，也许正是这个缘故，这本书才会给人一种娓娓道来之感，似乎是作者兴之所至，将《论语》讲给朋友听，因此才如此灵动自然，妙趣横生。后来很多人抨击南先生，说他书里有很多错误，对此我特别能理解。口语的表达，说错人物、地点这类细节太常见了。《论语别裁》的优点在于它的潇洒和亲切，多少中国人是沿着这本书入《论语》之门，再沿着《论语》入了传统文化之门？

读书要懂得感恩。

研究生毕业，我进了中央电视台。这是一个大单位，大到你的努力常常会被不知道从哪里来的力量化解，让你有种深深的无力感。有一段时间，我很迷茫：我策划的节目开播遥遥无期，我的能力也得不到领导的肯定，甚至领导都不知道有我这个人；我常常无事可做，一个月里最多工作一两个星期，生活被巨大的空白占领；随之而来的是收入低、房租高、压力大。这些让我陷入了最现实的困境。我切实地体会到了深深的恐惧，那种无能为力的感觉从心底蔓延而出，让人抓狂。我经常会想：如果失业了怎么办？如果节目又被毙了怎么办？如果交不起房租怎么办？有时候甚至会焦虑到失眠。今天回过头来看，那似乎就是抑郁症的初期阶段了。

有一天，我灵光乍现：何不重读《论语》？反正有大把时间，与其这样胡思乱想，不如好好读书。于是我决定，把我能找到的关于解读《论语》的书都买回来，用一年时间，不读别的，只研究《论语》，把《论语》吃透。

每一个时代都会有不同的关于《论语》的解读。从汉朝开始，到魏晋，到唐、宋、明、清，再到民国、近代，各大学者、作家，都有与《论语》相关的作品流传于世。我读过很多人对《论语》的解读，南怀瑾、钱穆、李泽厚、李零、梁漱溟、杨伯峻、程树德、朱熹等。我找来这些人的作品，一本一本地啃下来，由浅入深，由易到难。慢慢地，孔夫子的面目似乎清晰了起来，原来他是那么坚定、那么勇敢、那么亲切，甚至那么可爱！

《论语》与每一个中国人的内心相呼应，无论你几岁，身处何方，只要你有需要解决的困扰，就一定能在《论语》中找到答案！作为一个自我感觉怀才不遇的北漂青年，当时对我最有力的支撑就是"君子谋道不谋食""君子忧道不忧贫"，以及"不患人之不己知，患不知人也"，看到孔夫子的这几句话，我有种瞬间被击中的感觉。原来我的痛苦和担忧，孔子也有过！这并不是我一人独有的痛苦，而是千百年来每个人都会有的痛苦。这种痛苦，于我而言只是房租和工作，在春秋时期恐怕是生死存亡。这种被理解的感觉太美好了！我和我的祖先用这样的方式连通了，我确信我体内流淌的是中华民族的血液，我的祖先理解我，我也开始理解他们！

从那以后，我几乎没有失眠焦虑过，乃至后来离职、创业、办读书会，都没有过无用的焦虑和痛苦。我的心定了，因为孔子说"朝闻道，夕死可矣"，因为孔子说"造次必于是，颠沛必于是"。

还记得2010年世界博览会时，我自驾去上海，途经曲阜，终于有机会去看看孔子，向他老人家表示感谢。进入孔林，看到孔子携子抱孙的墓冢，我的眼泪哗地流下来，我竟然像给亲人祭祀一样泪流满面，一直到走出来的时候都难以自已。

2014年，我成立了"樊登读书"。创业伊始，有太多不可控因素，我遇到了很多困难。外在变化太多，处处充满了不确定性，这些对我的心理造成了极大的冲击。比如我辛辛苦苦地做了一些事，突然外部环境发生了变化，很多努力都白费了，难免感到沮丧。这时候，我突然想到孔子的话："君子求诸己，小人求诸人。"一个人所能够支配的、使得上劲的范围，应该是在他的影响圈中。只有不修炼自己的小人，才会总是天天责怪别人有错，埋怨上天不公，抱怨世界不靠谱。想到这里，我又淡定了：无论外在的世界如何，我只要努力做好自己能够掌控的部分就够了。

"樊登读书"做出了一点小小的成绩。很多人说，感谢"樊登读书"为社会做出了贡献，帮助人们用读书改变了生活。这种赞美之词我自然喜欢听。但也会有人质疑和批评，说很多难听的话，这可能缘于误解，也可能缘于"樊登读书"做得不够尽善尽美。这时，我会想到孔夫子讲的"人不知而不愠，不亦君子乎"。每个人都是社会型的动物，人人都希望能够被别人理解，让别人知道自己是一个真诚的人。倘若别人不理解呢？这就到了修炼"人不知而不愠"的时刻。

从大学时代到如今，这么多年，我只觉得孔子对我的帮助太大太大，而我能回报的太少太少！我时常感觉自己欠了孔子不少。

没想到我现在竟然可以讲解《论语》！历朝历代，非饱学之士不敢讲解《论语》。在大家的鼓励下，我便头脑发热，想结合我读过的一些书，也把《论语》梳理一遍。因为我有时会觉得，我身边的朋友和会员们如果不能够全面了解《论语》，将是一件极为遗憾的事，因为你不知道你性格的底色是怎么来的，你不知道周围的人是怎样思考问题的。

成书于战国初年的《论语》还能起作用吗？《论语》在今天，应该如何被理解？如何被看待？尤其是如何被应用？只有我们在用它，它才是一个活的学问；如果我们仅仅把它当作文字，当作讲课时的教材，那《论语》就是死的、僵化的，而我们不需要"死"的知识。

我在网上搜索过《论语》。有的把《论语》当成文本，用白话文进行解释，这只是对其做浅白的、干瘪的，甚至不符合孔子本意的释义，忽视了它最为珍贵的内核。我想做的，是尽量去还原《论语》里每一句话在当年本来的意思，同时赋予《论语》在今天这个时代以新的生命。

我发现西方的心理学、现代的脑科学，都是对《论语》很好的验证。今天的创业者、焦虑的父母们，又都是在现代最需要《论语》的读者。所以，我讲解《论语》的每一句时都结合了当代的生活和今天最新的理论。有时候我自己看看，觉得也还有点道理。

最后，我要补充的是，《樊登讲论语》一定会引起很多争议，因为《论语》微言大义，每一句话都可能会有很多不同的解释，每种解释都能够追本溯源，找到一个大学者做背书。但不同的时代，对《论语》的理解是不一样的。

我讲《论语》的目的，不是要在学术上给《论语》定一个"标准版"。我不是做学术性的研究，也并不想参与学术上的辩论，我只是讲出自己的理解，把重点放在《论语》的应用上，讲《论语》跟我们今天这个时代到底有什么样的关系。我希望《论语》和我们今天的生活有更多的联结，能够给我们的工作、生活带来一些具有特色的启发。这便是我读《论语》的初衷和原则，目的和意义。

如果孔夫子泉下有知，应该会说一句："知其不可而为之，难矣哉！"这算是对我的鼓励吧！

希望大家喜欢《论语》。

目 录

学而第一

为政第二

八佾第三

里仁第四

公冶长第五

雍也第六

述而第七

泰伯第八

子罕第九

乡党第十

学而第一

学而时习之：如何应对人生中的一切痛苦

子曰："学而时习之，不亦说乎？有朋自远方来，不亦乐乎？人不知而不愠，不亦君子乎？"

《论语》一共分了二十篇，后人以每章第一节的两个字作为篇名。

第一篇的名字取自开篇的两个字：学而。

大家应该都很熟悉。我们在中学时就学过这一段："子曰：'学而时习之，不亦说乎？有朋自远方来，不亦乐乎？人不知而不愠，不亦君子乎？'"

大部分人会觉得这句话很平淡。直接翻译过来，意思是：一个人学了知识后经常复习或者使用，这不是一件很好的事吗？有志同道合的朋友从远方而来，这不是一件很令人快乐的事吗？别人不了解自己，自己也不生气，这难道不是君子所为吗？

为什么这句看起来平淡的话如此重要？中国古人写书，整本书的第一句往往是点题的部分。

不知道你是否认同一个道理：对个人而言，学习是一辈子的事。如果我们也这样认为，就会明白，摆正学习的态度是极为重要的事情，要放在第一句来讲。

曾经有一个说法，叫作"半部《论语》治天下"，说的是宋朝宰相赵普的故事。这句话源于宋朝一个叫林驷的学者所写的著作，书中说赵普一生建功立业，是一代勋臣，但所学的书籍，除了《论语》之外，别无其他。

故事真假不论，单从这句话本身来理解，我觉得一点都不夸张，我们甚至可以说"一句《论语》治天下"——如果有人觉得自己记忆力有限,记不住半部《论语》,只能记住一句话,那就可以在《论语》中找到那句话,然后反复念诵,让它像"咒语"一样在脑海中不断盘旋。遇到任何问题,这句话便能立刻浮现出来,帮你理清思路。

比如遇到难题,你能瞬间想到"君子求诸己,小人求诸人",就能把握解决问题的大方向。

或者,你若是能够想到"学而时习之,不亦说乎",叮嘱自己从学习中找答案,这也够了。

为什么我敢有这样的提法?因为"学而时习之,不亦说乎"概括了我在"樊登读书"讲过的两本非常重要的书,一本叫作《刻意练习》,一本叫作《终身成长》。《刻意练习》里说明了所有的天才其实都是有目的地训练的结果,《终身成长》里则强调了我们要培养成长型思维,享受学习的过程。而这两本书,事实上就是在阐释这一句话——"学而时习之,不亦说乎?"

在此,我们要去理解这句话中的一个句式:"不亦"。

"不亦",通俗地说就是"不也是……吗",这是一个反问句式。我们不妨仔细体会一下这句话的情感色彩,推测孔子说这句话的背景。为什么会有这样的说法呢?显然是因为有很多人持反对态度,觉得"学而时习之"并不是一件快乐的事,所以孔子才会说:"不也是快乐的吗?"

你不妨也问问自己,对你而言,"学而时习之"是不是一件快乐的事呢?

我每次讲完书,就有很多人说:"樊老师,为什么听了你讲的书,我的生活还是没有过得更好?"之所以问这样的问题,是因为他们只是在"学",还没有"习"。学是明白知识,习是要不断地应用,不断地尝试、践行。《礼记》中有"博学之,审问之,慎思之,明辨之,笃行之"的说法,说的是学习的几个层次,同样也是落脚在"行"上,让你去尝试和践行。

在尝试的过程中,难免会遇到困难,遇到了困难由谁来解决?学而时习之,实际上就是告诉我们,面对困难时应该怎么办。

在日常生活中，我们通常在两种情况下会遇到困难：第一种情况是根本不学。这种情况孔子没有进行讨论。因为《论语》本身就是孔子和自己学生之间的交流，而他的学生们已经在学习或者准备开始学习了。

第二种情况是对于已经开始学习的人，要如何去应用和内化。应用和内化的过程有长有短，并没有固定的时间。有的人短期内看不到理想中的结果，会误以为学习没有用，学习无法改变生活，因此感到焦虑。这种焦虑感源自想走捷径的心态，似乎"我听了一本书，我学了一个知识，就立刻能变得不一样"。

孔子说，不要那么着急追求结果，不要想着一步到位，"学而时习之"的过程，原本就是一件快乐的事。

在解决困难的过程中，找到快乐，也是《终身成长》所提出的核心理念。终身成长的心态，就是要从错误和挫折中学习，去体会其中的乐趣。

再说"有朋自远方来，不亦乐乎"。那么，有没有人认为"有朋自远方来"不是一件好玩的事呢？

我小时候，每逢有人来家里拜访，我爸爸就发愁，因为这打扰了他做数学题，打破了家庭生活原有的节奏。还有的家庭并不宽裕，在遇到亲友投靠的时候，会担心吃饭问题。

我们当下的社会环境和物质条件，肯定比孔子那个时候要好多了，人们的困难主要来自两个方面：第一，不愿意被打破生活节奏；第二，招待访客，难免要付出时间和精力。

所以，孔子这句话的背后，传达的是如何面对合作和变化，如何看到他人的力量给自己所带来的改变。

有朋友远道而来，我们不用焦虑，这意味着有一个志同道合的人，愿意靠近你。

很多创业者都有一种感受，就是在创业之初很不适应。因为创业之前，大家面对工作都是单打独斗，做销售也好，研发产品也罢，一个人就能胜任。而创业则不可能单枪匹马，而是需要合作。在合作中，难免会出现很多不在自己预料之中的事情。当合作伙伴在行动之前没有与你沟通时，你可能会陷入疑惑："为什么不跟我沟通，是不是瞧不起我……"

而"有朋自远方来，不亦乐乎"，说的是我们与他人合作时要培养开放的心态，这是一种不断进步的人生态度。

"学而时习之"说的是如何面对生活中的困难，"有朋自远方来"讲的是如何面对合作和变化，最后一句，"人不知而不愠，不亦君子乎"，讲的是修为的境界。

我们整体串联这三句话：

学而时习之——自修；有朋自远方来——共修；不知而不愠，不亦君子乎——修行的结果。

这样看来，几乎一个人生命中所遇到的所有困难，都被孔子一语概括。

首先，遇事不知道该怎么办，或者知道了怎么办，却做不到，那么，"学而时习之"；其次，自己与外界合作的时候很痛苦，那么，"有朋自远方来，不亦乐乎"；最后，一个人觉得自己已经做得足够好，但别人还是不了解，那么，"人不知而不愠，不亦君子乎"。

人生最困难的，便是避不开这些痛苦。如果我们每个人可以时刻默诵这三句话，就会发现，我们面对一切困境都能淡然处之。这些痛苦，也都变得不那么重要了。

为什么这句话作为《学而》的第一句？因为它给我们提供了人生中面对困难、面对变化，以及面对他人的不理解时的应对方法。

应对方法其实只有一个字：乐。

"樊登读书"有一档节目叫《我有一个问题》。在节目中，大家和我分享生活中的苦恼。有一次，我遇到了这样的问题："家里有个亲戚特别糟糕，整天欺负我，怎么办呢？"

我的答案是："为什么不用喜剧的眼光来看待他呢？当你用喜剧的眼光来看待他时，你会发现，这都是生活中难得的佐料，难得的可爱之处。"

这个答案当然也是受到孔子的启发。孔子最大的优点就是"乐"，他的乐并不是隔靴搔痒、浮在表面的；不是让一个人使劲逗乐自己，也不是肤浅的励志和"打鸡血"。《梁漱溟先生讲孔孟》曾说，孔子之乐的核心是"不找"，就是不必向外使劲，不必说服自己，不必跟自己作战。

孔子认为"不亦乐乎"，这种快乐是油然而生的。

我们曾经以为的那些难以挣脱的痛苦，难道不是同样蕴藏着快乐吗？如果我们能够用快乐的方法来面对，那么学习的困难、合作的困难、别人不理解的愤懑，便都将迎刃而解。

希望在读本书的你，也能在心中默念一遍"学而时习之，不亦说乎？有朋自远方来，不亦乐乎？人不知而不愠，不亦君子乎"。

如果在本书的阅读中，各位读者能够从学会这一句开始，连续默诵十遍，我们的人生，就已经开始发生改变了。

君子务本："微习惯"有多重要

有子曰："其为人也孝弟，而好犯上者，鲜矣；不好犯上，而好作乱者，未之有也。君子务本，本立而道生。孝弟也者，其为仁之本与！"

有子叫有若，是孔子的第三代学生，他很年轻，大概比孔子小三十三岁。有若长得很像孔子，所以孔子去世后，很多人在怀念孔子时，就让有若假装成孔子的样子，坐在台上去讲课。

在整本《论语》中，除了孔子，只有两个人被称作"子"：一个是有若；一个是曾参，就是曾子。

像子路、子贡、颜回，都是直呼其名，而不会称他们为"子"。所以也有后人怀疑《论语》是有若和曾参的学生编的，学生们尊称自己的老师为"子"。

"其为人也孝弟，而好犯上者，鲜矣"，"鲜"是"很少""几乎没有"的意思。这句话的整体意思是：如果一个人在家庭中孝顺父母、兄友弟恭，他会去犯上吗？几乎没有这种情况。

"不好犯上，而好作乱者，未之有也"，和上一句连起来理解，说的是一个人在家庭中是很好的成员，在工作岗位上也是非常好的员工，尊敬领导，做事靠谱，与同事沟通顺畅，这样的人去作乱的可能性就很小。作乱就是背叛，在我们今天的语境中，可以指代做出背信弃义的事。

"君子务本"，指君子做事一定要抓住根本。什么是根本？在有若看来，根本就是孝悌，是家庭伦理，当一个人能够抓住家庭伦理的时候，本立而道生。

为什么说"本立而道生"？孔子说"朝闻道，夕死可矣"。当时所有求学的人，其实都是奔着一个目的，就是悟道。

但如果一个人脑海中，一天到晚只想着"我要悟道，我追求道，我与凡夫俗子追求的不一样，我向往更高级的生活"，那反而远离了"本立而道生"的"本"。

有若劝这样"一心求道"的人：你一心求道，可道在哪里？道可能在你临近生命尽头的一刻，突然出现。谁都无法预测道何时出现，如果你一直活在对道的虚无的追求中，那就"跑偏"了。真正的"本立而道生"，如同大树一般，必须把根扎下去，才能枝繁叶茂。人最应该抓住的根本是孝悌——先把自己的家庭经营好，先父慈子孝、兄友弟恭。

我在做投资的时候，有一个小小的心得：一定要去了解我要投资的人与他父母的关系。

我在"樊登读书"推荐过一本书，叫《原生家庭》。作者苏珊·福沃德认为，虽然原生家庭并不能够完全决定你的命运，但一定会影响你的命运。不健康的家庭模式，会极大程度影响我们的性格和情绪，乃至我们与外界的关系。如果一个人跟他父母之间的关系很糟糕，一天到晚吵架，那么他跟其他人的关系模型必定也是如此。

李中莹先生也说过，每个人的一生中，只需要面对两种关系：一种是和父母的关系，一种是和其他人的关系。而与其他人的关系，其实也是与父母关系的投射。因此，如果你和你的父母、兄弟的关系都处不好，那么你与其他人的关系也会出现问题。

有若告诉我们"其为仁之本与"，也就是说，我们把家庭关系处理好是最重要的。

我们不妨回到春秋那个时代去看看，那时候，伦理纲常刚刚建立，为什么人类会建立伦理学呢？为什么我们要如此注重道德感的培养？其实归根结底就是因为家庭的出现。所有的道德感，所有的关爱，所有的人性，以及个体对他人的关怀，都是从家庭开始发端的。

与其向外界求索，毋宁向内寻找。如果你不能将家庭关系经营好，把它当作自己最重要的修炼，以此为基础，不断地改善自己与他人的关系，并在整个过程中不断地获得爱与肯定，获得价值感，你怎么能在社会上做得更好呢？

此时，我还想到了一本我推荐过的书——《掌控习惯》。"其为人也孝弟"是一件小事，接下来"而好犯上者"是一件大事，之后，"不好犯上，而好作乱者"是一件更大的事。

我们行为的最终结果，是由我们初期的微小习惯积累而成的，这叫作微习惯。

如果我们每天能够对自己的微习惯有一点点调整，那么一年或者五年以后，将会收获一个完全不同的人生。

人们总是容易高估一年中的变化，同时又会低估五年到十年的变化。如果你坚持做一些小事情，经过五年到十年，你的生活会发生巨变，但很多人却没有耐心去等待"长期的结果"，却总期待着"短期回报"，希望自己能在几个月，或者一年之内有一个大的变化。

大家见过这个"励志"的算法吗？1.01的365次方，等于37.8，和0.99的365次方差多少呢？差37.77，而0.99和1.01只差0.02。人和人之间看起来只比对方努力了一点点，但是只要时间足够长，差别是巨大的。好多人对此不屑，觉得这是机械类比，这是心灵鸡汤，这是骗人的。

的确，这种机械类比没有太大的说服力，但我们仔细想想，它其实在某种程度上也有一定的道理。我们日常生活当中的一点点改变，如果逐渐变成习惯，经过千万次的累加，就会大不一样。人和人的分界线，就是从这里开始的。

一个人下了班以后回家，是看电视还是看书，是陪孩子运动还是陪孩子学习，这些微小的习惯，在每天看来似乎差异不大。但五年到十年之后，两种生活方式肯定迥然有异。

在家庭教育上，这个理论也成立。大人对待孩子的方式不同，起初我们可能觉得没太大差别，孩子依然在成长。但五年以后，孩子则会成长为完全不同的人。

这就是这个算式给我们的启发。

有人又加了一笔，你知不知道1.02的365次方是多少？1,377.4。而0.98的365次方是0.0006。那这个数字放在一块儿说明了什么呢？就是说你是1.01，我是1.02，看起来我只比你努力了一点点，但是只要时间足够长，差别是巨大的。

撒切尔夫人说过这样一句话："小心你的思想，它会变成你的语言；小心你的语言，它会变成你的行动；小心你的行动，它会变成你的习惯；小心你的习惯，它会变成你的性格；小心你的性格，它会变成你的命运。"

有若所讲的这句话，通俗如同大白话。他是想告诉我们，一个人最重要的，不是追求远大而虚无的目标，而是把生活中的点滴细节做好。在家庭中，努力成为好父亲、好丈夫，抑或好母亲、好妻子。以此为基础，你跟整个社会的关系便会逐渐理顺，你也才能成为一个优秀的人，为国家、为社会做出更大的贡献。

巧言令色，鲜矣仁：如何从面部表情识人

子曰："巧言令色，鲜矣仁！"

这句话非常有名，我们经常用"巧言令色"这个词来形容某些令人不齿的行为。

在孔子看来，一个人如果花言巧语、油嘴滑舌，表情极其丰富，这种人八成不会太好。孔子不喜欢特别伶牙俐齿的人，或者说，孔子不喜欢那些矫揉造作之人。

哺乳动物中，尤其是灵长类动物，只有人类有眼白。

比如大猩猩的眼睛周围是黑的，而人的眼睛是黑白分明的。有很多美好的词形容人的眼睛和眼神，例如顾盼生辉、美目盼兮。从这些词，你就可以感受到人类表情的丰富性。我们需要用丰富的表情传递各种各样的信息，用丰富的表情去表达情绪，这是其他任何动物都无法做到的。

但正因为有了这种独特性，也随之出现了很多骗人的手段。人们可以用表情骗人，用语言骗人，用多样的表达和各种肢体语言骗人。

孔子不喜欢巧言令色，他喜欢的是诚恳朴实、刚毅木讷。孔子在《论语》中说过，"刚、毅、木、讷近仁"，这句话刚好与"巧言令色，鲜矣仁"相照应。

什么叫刚毅木讷，就是说一个人刚毅、果敢、质朴而沉默寡言。

《论语》中还有一句："孔子于乡党，恂恂如也，似不能言者。"

"似不能言"，就是一个人看起来好像不太会说话。

不知道正在阅读本书的你，此前对我的了解有多少。你觉得我算不算是一个会说话的人呢？

我自以为算是能说会道，所以，我以此为戒。实际上，我在很多场合，并没有那么会说话，比如说在酒桌上。

你参加过饭局吗？你觉得饭局的气氛如何呢？其实，很多饭局都让我无法适应。尤其令我眼界大开的，就是饭局上总有无数种劝酒的方法。甚至，我还知道有《酒桌上劝酒格言300句》这样的文章。

而如果一个民族沿着这个方向去走，就完全背离了孔子的思想。

酒桌上巧舌如簧的那种状态，就是孔子所说的巧言令色。

我在酒桌上特别不会说话，经常只说："对不起，我不喝酒。""不行，我真不喝。"我没有更多的理由，也不会骗人，不会想方设法找理由，比如"我有高血压，我不能喝"。这就是真诚的态度——既不欺骗，也不奉迎。

如果酒桌上的巧舌如簧你有幸没见识过，那么婚礼上的司仪，用"粗暴"的方式，故意把大家都说哭的这种态度，是否出现在我们的生活中？

有的司仪说完一串词，父母听得流眼泪，司仪心里得意："怎么样？被我说哭了吧！"这种表现没有真情实感，只是一种毫无诚意的工作习惯。

还有一些培训课上的浮夸表演，整个场地放着躁动的音乐，有人不断地教你如何"起范儿"，如何号召。还有的培训，讲到开心的时候，突然唱一首《我的老父亲》，台下哭成一片……这种感觉，难免会让一些身处其中的人觉得异常尴尬、如坐针毡。这种浮夸的表演，不是发自内心的，也是孔子讲的"巧言"。

所谓过犹不及，凡事一旦超过尺度，就缺乏真诚，它背后一定有着一些不为人知的目的。

比如商务宴请，双方好好聊天，谈合作、谈条款，在商业社会是很正常的沟通。如果非得把人灌醉了，才能谈条件，这里就可能有猫腻——一方有着不合理的诉求，在正常情况下是达不成的，必须得跟对方混成哥们儿，打破彼此的商务边界，才能达到自己的目的。

那什么叫"令色"呢？西方有一个词，叫baby kisser（亲婴儿的人）。Baby kisser形容的是政客，他们走到人群里，总要找小孩，赶紧冲过去抱过来亲一下，小孩不愿让他亲也要亲。

有的下属对待老板，并不是从内心里恭敬，如何辨别呢？真正的恭敬是有尺度的，是带着尊敬的态度，进行平等的对话。倘若是虚假的恭敬，则会表现得很过分、很夸张。比如，下属的眼睛永远只在领导身上，目不转睛地盯着领导——领导笑，他也笑；领导皱眉，他也皱眉。但在平常老板不在的时候，这位下属却是一个很威严的人，一旦老板出现，他就变成了一个"政客"，而老板则是"孩子"。

一个人如果想费尽心思取悦另外一个人，他的表情会不断地变化，毫无风骨。

孔子不喜欢眉飞色舞的人，但很多人就是喜欢夸张的表达。战国时期，最有名的人是苏秦、张仪，他们纵横捭阖靠的是舌头，但这种行为被孔子和孟子所不齿。

几千年过去，虽然苏秦、张仪名声还在，但并没有多大的人格魅力。而孔孟之道之所以越来越兴盛，则缘于孔孟走的是刚毅木讷的路线。

所以，有时候你在社会中，在派对上，未必需要左右逢源，也无须能说会道，更不必为自己没有那么多"漂亮话"而感到汗颜。

对一个人而言，保持真诚的生活态度，是非常重要的。人跟人之间最好的状态，就是有话说话，没话静坐。两个人安静地坐着，但不会觉得尴尬，这才是朋友相处的最佳境界。见面之后，大可不必为了套近乎而没话找话，开一些低俗的玩笑，或者故意互相调侃，来显得两个人之间有话聊。

我们生活中，真的不需要那么热闹的关系。我们需要的是安安静静的、真诚的、踏实的、相互理解的关系。有问题可以说出来，还可以坦然地指出对方的缺点。

"巧言令色"，之所以"鲜矣仁"，就是因为过分了。真正的快乐，真正的关心，真正的认同，不需要使特别大的劲，而真正的尊敬，亦不必昭告天下。

如果你愿意将这句话理解得更透彻的话，我推荐你阅读如下书籍：《演讲的力量》《高效演讲》《关键对话》。

"樊登读书"分享了很多关于演讲的书，但从来不教套话。比如上台后三板斧的套路、公式，或者"先说……再说……"的"表达模型"。

演讲者首先要遵循的原则，是真诚。要理解自己想给听众传递的东西是什么，要用送礼物的态度去跟对方沟通，带着"利众"的态度，给听众价值。有话则长，无话则短，这才是我们沟通的最好方式。

没有一条道路是通往真诚的，真诚本身就是道路。

吾日三省吾身：批判性思维的最高境界

曾子曰："吾日三省吾身。为人谋而不忠乎？与朋友交而不信乎？传不习乎？"

曾子为人老实忠厚，对学问也特别能够下功夫。孔子曾经评价他，"参也鲁"，意思是曾参憨憨的。他没有颜回那么聪明，也没有子贡那么会说话，但是他说的东西，往往很有力量。

曾子说自己每天要反思自己三次，关于"三"，你可以理解成三次，也可以理解成多次。

你经常要问问自己，因为一个人最怕的是不会反身自问。

我推荐过《思辨与立场》这本书。《思辨与立场》提醒我们批判性思维是非常重要的。批判性思维的最高境界，是对自己的行为进行批判性的反思。

如果一个人缺乏批判性思维，每天生活在惯性中，他只能用旧习惯去延续生活。大多数时候，人们只审视他人，诟病他人，认为别人做事不对，别人值得反思，整天挑别人的毛病，却从来不愿停下来反思自己。

曾子用这句话，直白而全面地诠释了批判性思维。一个人，应当经常性地停下来问自己几个问题：我还有初心吗？我是不是在做我之前想做的事？我有没有变成一个连自己都讨厌的人？

曾子的三个问题，第一句"为人谋而不忠乎"是关于事业，第二句"与朋友交而不信乎"是关于人际关系，第三句"传不习乎"是关于修养。

我们将这个道理稍微变通一下，就是"樊登读书"所推荐的三类书：事业、家庭、心灵。

一个人在事业、家庭、心灵这三个层面，要不断地问问自己。

在事业层面："为人谋而不忠乎？"

什么叫忠？尽心竭力。

尽心竭力有一个前提，这是我从增田宗昭的茑屋书店学到的。

增田宗昭的经营理念是，书店不仅仅是卖书的。在茑屋，不管是一楼的书店，还是二楼的电影区、音乐区，都会专门配有接待员。接待员要结合每一位顾客的需求，找出对顾客而言有价值的商品，进行选择、提案。尤其对书店的店员而言，他们不只是普通的售货员，还是店面的"编辑"，要用自己的思想去与顾客互动。

那么，你在完成领导安排的任务时，怎么算是尽心竭力呢？每天晚上加班加到吐血，这是尽心竭力吗？当然不是。尽心竭力并不是疯狂地加班，透支自己。你万一过劳死，公司还得赔偿，两败俱伤。

尽心竭力的核心，是带着思想工作。很多人工作久了就麻木了，每天流水线式地操作。倘若有一个人想的却是："我怎么把这事做得更好？"这才叫作忠心。

忠，就是你能不能够站在老板的角度去思考，理解老板让自己干一件事的目的是什么。就像稻盛和夫在公司里被冷遇的时候，老板让他扫地去。哪怕只是扫地，稻盛和夫也不允许自己机械化地挥动扫把，他每天都在琢磨怎么能够扫得更好，怎么能效率更高，把地扫得更干净，他甚至发明了好几个扫地的工具。这就叫好员工。

"为人谋而不忠乎"的核心是，一个人是不是带着思想在工作，你是不是每天真的替老板在思考问题。不要听老板怎么说，而要观察老板到底想要什么；不要盲目地给顾客推荐商品，而要给顾客真正想要的东西。这才是一个有思想的人应当做的事情。

大家都可以经常问问自己：是不是带着思想在工作？

为什么很多人会觉得"上班的心情像上坟"呢？因为他们只是日复一日地完成别人的要求和指令，自然会既无趣又疲惫。

而当你真的开始带着思想去工作，去不断地思考，设身处地地替老板和公司考虑问题，甚至考虑对社会的责任时，那么你一定会在工作中感到愉快，因为在这个过程中，你能够找到自我价值。

在人际交往方面："与朋友交而不信乎？"

跟别人交往要保持信用。大部分人会觉得自己在这方面没问题，觉得自己即便别的地方不完美，但是守信还是能做得到的。

可讲信用真的那么容易吗？

一个人想要守信用没那么容易。我反省自己就不是一个特别守信用的人。在很多情况下，我做不到完全守信用。

第一，可能是不想做，答应别人的时候，只是因为不想丢掉面子而表面上答应，对别人说"行"，后期再找一些借口推掉这件本不愿意做的事，告诉对方："哎呀，不行，时间不允许。"

第二，可能是你答应了别人的事，却做不到。我有一个朋友，创业之初壮志满怀，跟我说："我到时候给你买辆奔驰。"

我旁边的一个朋友开玩笑问："那我呢？"他说："我给你买辆宝马。"

说这些话的时候，可能是出于好玩。但干了这么多年，他也没创业成功，后来见面，只要听到"奔驰""宝马"，他就敏感得抬不起头来。

第三，可能是很多人体会不到的，就是以为自己遵守了承诺，以为自己做到了。

这涉及一个双重标准：你用自己的标准，觉得自己尽心尽力、仁至义尽。但是每个人对事情的理解是不一样的，你竭尽所能，对方却觉得你其实没做到。

我们千万不要过高地估计自己的信用。当你对自己的信誉值估计过高时，就会觉得很痛苦，觉得在这个世界上，只有自己守信用，别人都做不到。

人和人之间的关系是复杂而微妙的，大部分的人会遇到不想做、做不到或者以为能做到的事情。比如，父母承诺对孩子好，但只是用他们自认为好的方式对孩子，并且觉得自己已经付出了所有去满足孩子。但孩子呢？他觉得父母扼杀了自己的独立性，控制了自己的梦想。

"与朋友交而不信乎？"值得天天问自己一次。比如，我反思自己在跟他人相处的过程中就没有做到有节制地承诺。

中国古代有句话，叫"极喜时莫与人物，极怒时莫与人书"。这句话反映了人的共性。人们经常在高兴的时候，就许诺别人东西，之后却无法做到；在特别生气的时候，发信息骂人，或者发朋友圈宣布跟谁决裂，一旦发出去就收不回来了。

所以，再高兴，也不要轻易许诺会赠予别人什么东西；再愤怒，也不要发表冲动的言论。

"与朋友交而不信乎"，值得反躬自省。

"传不习乎"存在两种解释。一种解释是"孔夫子教给我的知识，我有没有努力去做"。这种解释和前面的"学而时习之"是相关联的。"学而时习之"是孔子对学生的教诲，而孔子教给了学生这么多知识，学生并没有学习，就叫作"传不习"。

我个人认为曾子这句话可能还有一个更好的解释。因为曾子是个著名的老师，他教的学生可能不比孔子少，甚至孔子的孙子子思就是跟着曾子学习的。曾子说"传不习乎"是对老师的一种要求，老师给学生传授那么多内容，也要反思自己有没有做到。

有的老师传授的东西和自己的行为是有天壤之别的，在讲台上义正词严，讲台之下却不能自律。如果一个人能够把自己所教授别人的东西先用来约束自己，每天不断使用它、体会它，就会成为一个好老师。不要觉得"我没有做老师，我只是一个普通人"，要知道每个人都是老师，每个人都在影响别人。

比如对父母而言，他们也是自己孩子最好的老师。那么，父母就应该反思一下："我在影响孩子的过程当中，对孩子提的要求，我做到了吗？让孩子不许说谎、少打游戏，让孩子跟别人友爱，要和别人分享，我做到了吗？"如果大人教给孩子的东西，自己首先能做到，那就相当了不起，是近乎完美的人了。

同样，当一个领导对下属提出某种要求时，也要反思自己做到了没有。我推荐过一本书，叫《哈佛商学院最受欢迎的领导课》。书中提醒领导，要求员工做到的事，自己必须先做到。领导要成为员工的楷模，因为你一旦成为管理者，立刻就会变成团队里的大猩猩，你的一举一动都会被员工放大很多倍。

曾子的这三问，我称为"灵魂三问"。我们每天要问问自己，在事业上，有没有带着思想去好好工作；在人际关系上，有没有言而有信，有没有努力做到理解他人，站在对方的立场去思考；在修养方面，能不能用对别人的要求来提醒自己让自己变得更好，既传又习。

王阳明有一部著作叫《传习录》，书名就出自"传不习乎"。从《传习录》的内容上来看，也更偏重于对自己的修炼。《传习录》所记录的，就是王阳明怎么把学到的和思考到的理论，在他的生活中一点一滴地使用起来，做到知行合一。

所以，关于"传不习乎"，我更倾向于认为是一个人教给别人的东西，自己有没有不断地使用。

当然，"老师教给我的，我有没有用"与"我教给别人的，我有没有用"这两者之间并不矛盾，只是后者更偏重于对自我行为的反思。

曾子著名的三问，也足以成为我们的家训。"为人谋而不忠乎？与朋友交而不信乎"，可以成为一个家庭对孩子人格进行熏陶的训诫。

在我小时候，家里挂着诸葛亮的"非淡泊无以明志，非宁静无以致远"。

而现在，我建议读者可以从《论语》中选出某一句，作为家训，贴在家里的墙上。

敬事而信：带着敬畏心工作，怀着同理心管理人

> 子曰："道千乘之国，敬事而信，节用而爱人，使民以时。"

有种说法是，这段话不是孔子说的。

在此，我们不做真假的推敲和论证。我想分享的是，这句话里，可学的部分在哪里，会给我们带来什么样的影响。

什么叫作千乘之国？千乘之国就是有一千辆战车的国家。古代的战车是有标准配置的，一辆战车，车上有三个人，车后跟七十二个步兵，还有二十五个为这辆车服务的后勤人员。一辆战车大约配置一百个人。

千乘之国就是有十万人部队的国家，十万人的部队在春秋战国时期，代表着大国。

这个"道"字是个通假字，通"导"，领导之意。领导一个千乘之国，要"敬事而信"。

"敬"在宋明理学中被发挥得特别大。

很多人做事，往往就是缺一点敬畏心，不把一件事放在心上。这种例子从古至今有很多。

最典型的例子是周幽王烽火戏诸侯。为什么周幽王烽火戏诸侯会亡国？因为他不敬，敢把国家大事当儿戏。他认为国家管理到此，江山稳定，自己是天子，当然可以和所有人开玩笑。于是点起烽火来，发出求救的信号，大家领兵而来，却发现天子只是为了好玩。这种不尊敬自己的工作，不重视自己责任的人，自然没法管理好一个国家。

诚恳是很重要的。我记得早年间有一个案例，当时引起了公愤。

观众看甲A比赛，看着看着，突然发现球场上有个体形偏胖的人在跑，大家想："怎么会有这么胖的运动员？"连解说员都愣住了。过了一会儿，大家才知道这是甲A的老板，他在投资甲A以后膨胀了，自己也想上场体验一下，就报名上场了。

要知道，场下踢得再好的人，跟专业人士还是不能比的。

那场球踢完了以后，球迷非常愤怒。大家认为这是在侮辱足球，即便有钱也不能这么玩。但对这位老板而言，他认为自己合法。他作为老板，自己批准自己上场，谁也不能拿他怎么样。

一个人不尊敬一件事，缺乏敬畏心，是很要命的。在日常生活中，大量问题的出现，就在于缺少敬畏心。

我们现在提倡匠人精神，也是期待中国的制造业，能够通过认真对待各个细节，制造出更多、更好的产品。

不只是制造业，所有行业都是如此。我有时住在五星级酒店，起床吃早餐，经常会发现面的味道远不如重庆路边小面馆的。

是因为五星级酒店的厨师技术不好吗？我想并不是。当五星级酒店的厨师在煮面时没有注入匠心，只是觉得煮熟就行，再随便配点菜，味道一定比不上路边传承了几十年的小面店的。小店里的厨师以煮面为生，以煮出一碗香喷喷的面为荣，每天认真地做出一碗碗面，道在其中矣，这就是敬畏。

我常常说，我们一定要"敬事"。关于敬事，我分享过两本书：一本叫《扫除道》，一本叫《匠人精神》。

当我们尊敬一件事的时候，其中自有神灵，神灵就在现场。

对治理国家而言尤其如此，应该极尽严肃和认真，要深切地体会到自己肩上的担子有多重。

有一个关于曹丕的故事。曹丕听说自己是王位的继承人，回到后院以后，手舞足蹈，高兴地跟他的幕僚分享这个消息。

幕僚就劝他："你知道你的担子有多重吗？你被选上了以后，现在应该感觉特别沉重，甚至不敢笑。笑就代表你把管理天下当作儿戏，当作面子，当作荣誉，但天下不是关于你一个人的事情。"

如果每一个人在工作中都能够把这句话挂在耳边，记在心中，"敬事而信"，就会尊重自己的工作，以工作为荣。

很多人不以工作为荣，觉得工作是负担，甚至是耻辱。比如，打扫卫生的人，不以打扫卫生为荣，觉得这是丢脸。对于这样的人，我推荐他去读读《扫除道》。作者键山秀三郎认为，扫除能锻炼人丰富的感受，让人懂得感恩和敬畏细小的事物。即使打扫卫生这样平常的事，做好了也能改变一个人，改变一家企业，甚至整个社会。

还有个别老师不以教书为荣，觉得只是混口饭吃。但这份工作完全不是混口饭吃这么简单。老师传道授业解惑，是孩子们认识世界的窗口。任何一个人，怎么能用这么多孩子的未来命运来"混饭吃"呢？

"敬事而信"也是治理国家的首要方法和原则。"敬事而信"的"信"，就是你要与团队之间、与臣民之间拥有共同的信仰和目标。商鞅上台之后发起变法，为了取得百姓的支持，做的第一件事是在咸阳城的南门立了一根三丈高的柱子，说谁将柱子搬到北门去，就赏给谁黄金。百姓听了都不当回事，因为这件事情太小了，怎么会真的给黄金呢？后来有个人抱着试试看的心态把柱子扛到北门，结果真的拿到了黄金。商鞅这么做，就是为了和民众之间建立信任关系。

我最近读了一本很有意思的书，叫《东京传》，作者将东京的历史描述了一遍。幕府将军时代过渡到明治维新时代的一段时间，朝代到了强弩之末，政府每天发布新政令，发到老百姓都觉得好笑，觉得太逗了，没人在乎。于是，整个国家就陷入了无信。

朝令夕改，是一个国家的大忌。

公司也一样，如果老板说的话，大家都嘻嘻哈哈的，不放在心上，公司就没有向心力。

"节用而爱人"也是重要的管理方式。公司要做到节用，节用是讲经济，公司得有现金流保持良好的运转。

很多创业公司，创业之初风生水起，快速融资到几个亿，甚至十几个亿，后来却以更快的速度倒闭了。为什么呢？就是因为没有节用。起初觉得融资很容易，疯狂"砸钱"，反正花光了可以继续融资。结果等到还剩一个亿的时候，发现融不到新的资金了。

古罗马是如何消亡的？奢靡。西班牙和葡萄牙的王朝是怎么消亡的？领导者筹集了很多钱，却全耗费在打仗上了，没有想如何钱生钱，所以逐渐没落，被荷兰和英国取代。这都是历史上的教训。

爱人就是心中要有老百姓。当你告诉一个领导人，要做到节用而爱人时，他可能会不以为意地说："人当然重要，这有什么好强调的。"但是，要让一个领导者从心底知道人很重要，是非常不容易的一件事。

中世纪之所以被称为"黑暗的中世纪"，正是因为那时候，没有人认为人命重要。大量的领导者都在草菅人命，动辄就将人施以火刑，或者用很多方法折磨人，甚至把折磨人作为一项公众娱乐。

人们深陷绝望，觉得活着还不如死去。既然准备好要死，为了死后在天堂过得好一点，就花大量的钱去买赎罪券。

美国作家斯蒂芬·平克写过一部鸿篇巨制，叫《人性中的善良天使》。书中用一系列的历史案例以及科学方法和数据表明，从古至今，人类虽然经历过无数暴力事件，但历史上的暴力是逐渐减少的。读完这本书，我们就会明白人文主义的态度，我们能够理解，人的价值高于一切，人应该尊重他人的生命，这些自由的权利对于我们而言，是多么可贵！

孔子在两千多年前，优先提出"节用而爱人"。一个国家在发布政令时，要先想到老百姓会有什么感觉，否则，就会出现"何不食肉糜"的情景——老百姓都没饭吃，皇帝还说"既然没饭吃，那为何不吃肉粥呢"，这就是完全不了解百姓的疾苦，不了解当时的社会现实。

"节用而爱人"的时代意义，在今天其实也是如此。公司的各级领导在做决策之时，要想到会给哪些人产生什么样的影响。领导者的心里要有员工，而不是只有财务报表，只有自己想实现的伟大蓝图。当一个人只奔着蓝图去做事，总想着"我要上市""我的财务报表要健康"时，就可能会忽略人的成长。

公司真正的健康，不仅仅是体现在财务报表上，而且是来自人的健康，在于所有人都在不断成长，越来越有劲。

最后一句是"使民以时"。古代的政府都比较小，人不多，所以修长城、修皇帝的陵寝，都要从百姓里征大量的劳工。

如果君王心中没有老百姓，想什么时候修长城，就什么时候去抓人；不管百姓家里是不是只有唯一的劳力；不管百姓是不是正需要种地，都被拉去修长城。那么，地也就荒了，饥荒就产生了。

孔夫子说"使民以时"，就是在农闲的时候可以找人干活，可以建大工程，但前提是不要破坏老百姓基本的生产建设工作，因为老百姓的吃饭问题是很重要的。这句话的核心，是心中要有人本主义的精神，要考虑到老百姓的难处。

居上者到底是为谁，是一个核心问题。孔子和孟子一直倡导居上者一定要以老百姓为中心，国家才能变得越来越好。孟子比孔子更激进，甚至认为皇帝是可以被推翻的——如果国君对老百姓不好，推翻是没有问题的，他看到的是一个独夫民贼，没有看到一个被推翻的皇帝。

孔子则比较温和，他提醒治理千乘之国的人，要敬事而信，节用而爱人，使民以时，不要劳民伤财。对应到我们当下的生活，一个创业者要知道现金流是很重要的，要节用而爱人，要想到员工的成长，不要朝令夕改，不要整天折腾员工。

我有个朋友曾经跟我抱怨，说领导经常半夜十一点突然通知所有人来公司开会，如果有人不去，就会被开除。有一次，大家听老板信口开河到凌晨两三点，老板挥挥手说："你们回办公室吧，上班。"

老板睡觉，员工去上班，老板白天睡好了，到了晚上八九点又召集大家"聚会吃饭"。这位老板永远不考虑员工有家庭，要陪孩子，要有自己的私人空间，而是把员工当成随叫随到的工具人。

员工是独立的人，作为领导者，你要尊重他，要让他有自己的生活，这是治理一家公司最起码的要求。

我们一起再默诵一遍："道千乘之国，敬事而信，节用而爱人，使民以时。"愿我们每个人都能用这句话作为准则，成为好的领导者。

行有余力，则以学文：学习的最佳路径

子曰："弟子，入则孝，出则悌，谨而信，泛爱众，而亲仁。行有余力，则以学文。"

孔子说的"弟子"，可以是一个年轻人、一个小孩，或者一个开始准备学习的人。"入则孝"，就是在家的时候孝顺，把父母当作自己修炼品格的对象。

有个笑话说，有人长途跋涉到寺庙里拜佛，寺内的和尚说："为什么要跑这么远拜佛呢？佛就在你家。"参拜者说："我们家没有佛堂，没有佛。"和尚说："坐在堂上的人就是佛，好好拜你的父母，这就是拜佛。"

"孝"这个字，我们能做到吗？很多年轻人觉得父母有时候挺难缠的，他们说的话不好听，他们有时会有负面情绪，还有很多不合理的指令和要求。正因为如此，我们更要将父母当作自我修炼的对象，在家能够保持孝敬。

俗语说："在家靠父母，出门靠朋友。""出则悌"，指的是行走社会，跟其他人打交道的时候，能够把别人视为自己的兄弟，真心相待，尊敬别人，诚恳地沟通，将他人当作自我修炼的对象。

"谨而信"，"谨"就是不夸夸其谈，遇事不信口雌黄。

我们要学会少说一点，别着急标榜自己，别口出狂言。"信"就是自己要做得到，"谨而信"是用事情修炼。

"泛爱众，而亲仁"，是指你要能够爱更多普通的人，亲近有德行的人。

对我们来说，爱这个世界是一种很重要的能力。很多人不爱世界，不关心他人，只爱自己，患了"无良症"。甚至有的人只自私地考虑自己的得失，连父母妻儿都要压榨，对亲近的人进行情感勒索。

只爱自己不懂爱人的人，实际上也活得很痛苦。

还有一种人只爱家人，谁侵犯他的家，就跟谁拼命。但是他只爱自己的小家，一个只知道维护小家的人，是很累的。

如果一个人有能力爱更多的人，永远考虑到他人的感受，这就是"大爱"，这样的人才是真正的了不起。

南怀瑾先生在《论语别裁》里有一段文字，讲到他在成都时，与袁焕仙大居士成为忘年交，并跟随袁焕仙参学，成为袁老居士座下的上首弟子。袁焕仙居士有一位老师叫张凤篪，南怀瑾先生称之为"太老师"。袁焕仙曾拜访张凤篪先生的儿子，问他："老师是大成就者，在您看来，跟一般人有什么不同？"

张凤篪先生的儿子回答道："我父亲其实跟一般人没什么不同，他不过是能做到两件事：第一件事是视众生如子女，第二件事是视子女亦如众生。"

视众生如子女，其实就是"泛爱众"，对待众生都像对待自己的孩子一样。但在南怀瑾先生看来，这还不算了不起。真正了不起的，是第二句话"视子女亦如众生"，也就是对待自己的孩子，也跟对待众生一样。

如果说视众生如子女我们勉强能做到，那视子女如众生，难度就相当大了。

我也曾扪心自问，能不能对待我的儿子嘟嘟跟对待众生一样呢？

以我现在的境界，肯定做不到，我觉得嘟嘟跟别人是不一样的。但是实际上，如果我们真的要做到孔夫子说的"泛爱众，而亲仁"，最高境界就是大家都一视同仁，所有人都是你应该去爱的对象，爱天下人如爱自己的儿女一样，对自己的儿女和对天下人一样。

这种对世界的爱，对他人的爱，来自完善的人格。当你的内心拥有了完善的人格，你才有能力去关爱这个世界上那些跟你没有血缘关系的人。

孔夫子说"泛爱众，而亲仁"是对内心的一种修炼。我们可以把"仁"理解成两种意思：第一种是向外的，是对别人好，是"泛爱众"；第二种是让自己的内心达到更高、更善的境界。

"入则孝，出则悌，谨而信，泛爱众，而亲仁"，分别是跟父母一起修炼，用他人来修炼，用事情来修炼，并让自己的内心不断地修炼。

生活是每个人的道场。中国古代，倘若要学儒家，儒生经常会先学洒扫庭院。将庭院打扫干净，再学如何待人接物，如何说话……学个两三年，接下来再读别的经典。

最后一句"行有余力，则以学文"，孔子跟很多人讲过。孔子说，把以上这些基本的事做好了，再来学"文"。

有人认为"文"是文学，有人说是"文字"，而我认为孔子说的"文"和"质"相对。孔子说过，"质胜文则野，文胜质则史。文质彬彬，然后君子"。文是外在的表现，质是内在的底蕴。

我们见过一些道行特别深、不修边幅的人，比如金庸小说中的洪七公。他道行很深，修养也很好，善良，有智慧，而且有侠义之心，但每天穿得破破烂烂的。还有济公，他内在是神，外在却"鞋儿破，帽儿破"。这种人在孔子看来，叫作"质胜文则野"：内在比外在好得多，外在完全不讲究，所以这种人，可能会有粗野的一面。

但是"文胜质"，就如同金庸笔下的欧阳克，外在看来是翩翩公子，摇着扇子，面目俊雅，但是内在相当糟糕。

"文胜质则史"，"史"就是虚浮，不实在，仿佛某个人学了很多东西，却没有什么用。

所以"文"和"质"应该是相对的，相对是《论语》中一个很大的命题。

"行有余力，则以学文"的意思，就是一个人在日常生活中把能够修炼的部分都练得差不多了，还应该有其他的追求。这时候，我们再来学外在的表现，学礼、学义、学仁。

对于学什么，孔子说过很多。他不仅强调了学的目的，还说到了学的内容。比如让人们学"六艺"——"礼、乐、射、御、书、数"，学《诗经》——"不学《诗》，无以言"，学礼——"不学礼，无以立"。把这些东西学好，才能够变成一个有学问的成年人。

"弟子，入则孝，出则悌，谨而信，泛爱众，而亲仁。行有余力，则以学文。"孔子讲的这一段话，是希望所有人修炼时都要有这样的进阶态度，就算你没有机会去学那么多技术、读那么多的书、掌握那么多需要知识含量的技能，最起码可以跟父母、跟他人、跟你日常所做的工作、跟你的内心对话，这就是孔子所提出的学习路径。

举个例子。"樊登读书"的学习卡是365元一年。一个人想读书，如果愿意花365元钱办一张"樊登读书"学习卡，就叫作"行有余力，则以学文"了。虽然365元算是良心价，但很多人可能还是不习惯。有的人觉得花365元吃一顿饭并不贵，但用来学习就很心疼。

我还是希望更多的人"行有余力"——当已经解决了生活的问题时，能够明白自己还需要追求其他更美好的东西。

贤贤易色：别沉迷于外在的美好

子夏曰："贤贤易色；事父母能竭其力；事君能致其身；与朋友交，言而有信。虽曰未学，吾必谓之学矣！"

子夏大约比孔子小四十四岁，是孔子回到鲁国以后收的一位很年轻的学生。

生活中有很多人可能学历不高，但并不代表他们没有学习。"虽曰未学，吾必谓之学矣"，一个人就算没有文凭，没有学历，没有加入孔子的三千弟子，但是他如果平时进行自我修炼，也是学了东西的。这句话用非常包容的态度，表达对学习的认可和尊敬，也说明了学习的目的不只是做学问，而且是为人、做事。

"贤贤易色"这句有特别多的解释。有人这样解释：别喜欢美女，去喜欢圣贤。用"色"代表美女的说法，我个人觉得有点唐突。子夏无端端地突然冒出一句"不要喜欢美女，要喜欢圣贤"，确实比较突兀。

我认为这里的"色"不是色相，而是"外在的东西"。

实际上，在古文中，"色"常代表的是表现外在的东西，例如孔子说的"色难"。

"贤贤易色"——第一个"贤"是动词，指尊敬；第二个"贤"是名词，指德行；"易"是动词，指替换；"色"是名词，指外在。"易色"，就是换掉对外在的关注。

这句话合起来，就是你要去关注内在的美，而不要过于看重外在的东西。

生活中，很多人喜欢用外部的东西来评判别人。比如对于衣着，有的人可能看得特别重，甚至用来评价一个人的好坏。我个人对穿着不是很关注，夏天常常穿二十八元一件的T恤，也不在乎品牌。但有的人不一样，一看别人穿着普通，就判断对方品位不好，甚至认为穿名牌是必备装备，比如走进办公楼，用眼睛上下一扫，就决定该亲近谁和疏远谁。这就是子夏担心的那种对外在过度看重。

希望我们能够更多地去关注内在的东西，以此取代对于外在的执着。

"事父母能竭其力"，是指对待自己的父母，要能够竭尽全力，努力做到最好。

"事君能致其身"，对待君主，能够有奉献精神。

"事父母能竭其力"是针对家而言，"事君能致其身"是针对国而言。子夏说一个人应该如何对待自己的君主，这句话对我们现代人的启示，就是一个人对待自己公司的态度。"能致其身"，就是能够努力、能够奉献。

"与朋友交，言而有信"，这句话讲的是亲族关系、朋友关系。

一个人在家、国、亲族、朋友这几个层面上，都能够表现得很好，则可以称得上"虽曰未学，吾必谓之学矣"。

子夏用这一整句话表明了对于学习的态度：学习的目的绝不只是学知识，还要学做人。我也想对很多人说，不要太担忧自己没有文凭，不要把学习的目的看得太狭隘。比如，一位朋友对我说，有一次孩子肚子疼想请假，妈妈答应了，爸爸却坚决反对，说即使肚子疼也要坚持上学，一天课都不能旷。这就是缘于家长对于上学这件事过度崇拜，过度执着而钻了牛角尖。

实际上，在学校里上学的效率并不一定是最高的，对于有些人来说，甚至是浪费时间——要么根本听不懂，要么就是早就听懂了，不需要老师再重复。

与在学校读书相比，自学也未尝不是一种有效的学习方法。比如有人给孩子买一台人工智能的学习机器，它能够判断孩子学习的进度，有针对性地推题，孩子可能在小学阶段就把中学的知识都学完了。所以我们不要过度地崇拜文凭、崇拜名校。

未来的教育，一定会发生巨大的改革。我分享过一本书叫《大学的终结》，作者是美国的一名高等教育研究专家，他基于对近代大学的发展轨迹的研究，告诉我们大学的未来会是怎样的。他认为，将来很有可能有更好的学习方式替代大学。

"事父母能竭其力；事君能致其身"，这句话说得很保守，子夏并没有给"孝"下一个绝对的定义，告诉大家怎样做才叫孝。比如，是不是必须给父母买别墅，让父母过上很好的生活，才叫作孝呢？我们不能这么定义，因为很多人买不起别墅，很多人也无法让父母衣食无忧。

中国古人其实很能体谅不同的人有不同的生活状况。古代有一句话："百善孝为先，论心不论迹，论迹寒门无孝子；万恶淫为首，论迹不论心，论心世上无完人。"

为善和孝顺，都要看心，不能只看行为。倘若只以行为评定，会发现寒门没有孝顺的人，因为寒门之人很难给父母提供富足的生活，他们有心而无力。评价一个人是否孝顺，我们要看的是他有没有为父母尽心。

万恶淫为首，却是看行为的，不能只论心。如果说有做坏事的想法就是个坏人，那这个世上难有好人。中国古人是非常宽容的，他们为大家的行为设置了底线，尽量考虑客观条件，也充分尊重人性，并不过分严苛。

子夏所讲的"事父母能竭其力；事君能致其身；与朋友交，言而有信"，虽然做起来没那么容易，但并不算特别高的要求。

在子夏的这句话中，争论最大的是"贤贤易色"。尤其在互联网上，很多文章和帖子在讨论这个社会是该尊重科学家，还是该欣赏女明星。实际上，大家归根结底想要讨论的是"贤贤易色"的问题。大家想知道，这个社会应该尊崇的是科学家这类内在丰富的人，还是像演艺明星一样具备外在美的人。这其实没什么好对比的，更不必非得把这两种职业放在对立面。

外在当然也重要，但相比较而言，可以将外在的东西放在一边，更多地看看内在的东西。尤其对于年轻人来讲，"贤贤易色"真的是很有意义的一句话，因为年轻，很难做到这一点。

我们不妨回忆一下自己的青春期，谁会因为一个人的内在而去崇拜他呢？那个时候，很少有人崇拜居里夫人、牛顿吧？我也是直到近年才崇拜牛顿。我们年轻的时候，大都还是喜欢好看的明星。明星经过完美的包装，外表精致美好，但内在到底如何，我们不知道。

我的妻子少女时期特别崇拜两个男明星，她妈妈把其中一个男明星的画报没收，但允许她崇拜另一个人。妻子问原因，妈妈回答，她看了八卦新闻，知道这个明星的学习成绩好。

"贤贤易色"，就是告诉年轻人，要去崇拜内在优秀的，而不能崇拜那个只会打扮自己的。

子夏劝年轻人要清醒，学会看内在。年轻人多在乎内在，对自己有帮助；如果只追求外在，花钱买演唱会门票，疯狂追星，对自身是没有什么帮助的。

我们在机场，时常看到一群孩子花钱买机票，跟拍某个明星。我每次在旁边看着，都纳闷：明星戴着大大的口罩和墨镜，几乎遮住整张脸，很难认清楚是谁，但孩子们还是兴奋地拍照。我觉得他们根本拍不到正脸，却一直拍，兴奋地喊道："他真帅！"

这时候，就该打出一个牌子了：贤贤易色。

这句话到今天依然有教育意义。

不重则不威：端庄和假正经只有一线之隔

子曰："君子不重则不威。学则不固。主忠信。无友不如己者。过则勿惮改。"

这是非常有名的一段话，是《论语》中最难讲的一段，也是古人最不愿意读的一段。

孔子说"君子不重则不威"，"重"是庄重、踏实之意。

我觉得拿孔子本人的形象来解释"君子不重则不威"是最好的。孔子是一个非常庄重的人，可以说是"望之俨然，即之也温"（《论语·子张》）。远远地看着孔子，觉得似乎不好接近，看起来有距离感，但如果真的去接触，觉得他可亲可近，非常温和。

康熙也说过类似的话。康熙跟臣子的关系处理得非常好，远近亲疏，做到了"可亲而不可犯"，意思是你跟我关系很好，但你不能随便过来搂着我的肩膀拍打我，说一些挑逗或者侮辱的话。这叫"可亲而不可犯"，也是"君子不重则不威"。相反，乾隆和臣下的关系就没有保持好，他跟一些臣子会打成一片，养出了和珅这样的人。

一个人怎样的状态，才能称得上是庄重、踏实？

首先，我们要深入地理解庄重、踏实的含义。真正的庄重和踏实，绝对不是装模作样，不是表演给别人看的。有人把"不重则不威"理解成贾政的形象，但我们从贾政选择女性伴侣上的品位，就知道贾政这个人并不怎么样，他亲近的是赵姨娘那样粗俗浅薄的人，但是在众人面前，永远都是庄重、踏实的样子，看似一本正经，见到贾宝玉就又骂又打。作为一个家长，这是极其错误的示范。

贾宝玉为什么总是能想到死，想到离开这个家？为什么总有繁华的盛宴就要结束之感？跟他有这样一个恐怖的父亲有很大的关系。贾宝玉已经很出色了，但父亲一见他就没来由地痛斥他，骂他"畜生"，我觉得这简直太令人痛苦了。

这就是历代的人对"不重则不威"这句话的错误理解，把"重"当成假正经，当成装腔作势。

庄重、踏实的背后到底应该是什么？我思考了一下，应该是原则和立场。如果一个人活到三四十岁，逐渐成为大家眼中的君子，成为家庭中的一家之主，或者在公司里肩负要职，这时候就需要有自己的原则和立场，不能像墙头草一样随风摇摆不定。所谓墙头草，就是不重，没有根，没有立足之本。

老子在《道德经》里有一句话，叫"重为轻根，静为躁君"，也强调了为人要庄重，庄重才有立足之本，沉着平静之人，才有力量。我们常常看到，一群人咋咋呼呼地闹着、吵着，而最有话语权的，往往是那个不说话的人，只要这个人一开口，则掷地有声。这就是"重为轻根，静为躁君"。

一个人怎样做到"重"，做到有原则、有立场呢？最典型的表现，就是不为外物所动摇。我们可能会遇到这样的诱惑，比如有人对你说："给你钱，这件事情你干不干？""干这件事有好处，你要不要好处？"如果一个人面临诱惑，没有丝毫的抵抗力，那就成了欲望的奴仆。

当然，也不是要求人人都做到无欲则刚，任何人都不可能真的无欲无求，但最起码，一个人不要轻易被蝇头小利诱惑。有的人之所以作恶、人品糟糕，起初正是因为蝇头小利令他动摇，丧失根本，出卖原则，远离了"君子不重则不威"。

这一句话，是孔子亲身示范得出的。我们不妨回头默诵一下，想象孔子"望之俨然，即之也温"的形象。

"学则不固"，可以和"不重则不威"一起理解。为什么一个人的所学不够牢固？正如我前文所讲，因为不重就没有根，没有根，就容易被欲望带走。当你被欲望带走的时候，所学的东西也就不稳固，会左右摇摆。

苏东坡曾说"八风吹不动"。什么叫八风？类似毁誉称讥。外部的流言蜚语，或者对你的褒扬都是风，当这些欲望之风不断地吹拂你时，你是否能够坚守自我而不动摇？如果一个人没有自己的底线、原则、价值观，哪怕学了很多道理，能把《论语》倒背如流，言必称"子曰"，但一遇见诱惑、一遭遇批评、一碰到奉承、一承受压力，就马上放弃，改变原则和立场，就是"学则不固"。

"学则不固"的"固"，不是北京话说的"轴"，不是冥顽不灵的僵化。孔子所说的"固"是指内化，也就是看你的学问是否能成为你人生的一部分。

我们读《论语》也好，读《老子》也罢，最重要的是能否将书中的智慧变成生活的一部分，融入血液，而不是变成口头禅。口头禅就是在嘴上挂着反复念叨的话，却不一定进到了心里。

如果做一个"最喜欢的古代文人"票选，估计排在前几位的，应该有苏东坡、陶渊明，也可能有孔子。当然，也有很多人不喜欢孔子，因为孔子不是诗人，没有写流传广泛的诗作。

很多人喜欢苏东坡、陶渊明，因为他们的作品不仅仅是诗文，还有他们的人生、他们的品格、他们的生活理念。

好的作品，是创作者用人生演绎出来的，他们所做的事情，也能够佐证他们的诗作。他们的诗文与作为是合一的，因此才难得，才会无限美好。

《苏东坡传》让我们看到了苏东坡的一生，从生到死，光明磊落。

陶渊明是人文主义者。陶渊明家里请了仆人，但他怕家人对仆人不好，专门留了个条，写着："此亦人子也，可善遇之。"意思是仆人也是别人家的孩子，也需要被爱护和尊敬。

如果一个人能够把自己的学问，与自己的人生理念和行为方式牢牢地绑在一起，这才叫作"固"。

"不重则不威"的后面，为什么能够接上"学则不固"？很多人觉得这两句话挨不上，第一句话讲的是不要装模作样，第二句话是说考试怎样才能过关，这两句话怎么能放在一起呢？

当然不能这么理解。只有懂得第一句所讲的"重"，才能够真正地做到"固"。

"主忠信"，"主"就是坚持，"主忠信"就是坚持以忠信为原则。

"无友不如己者"是孔子说过争议最大的话，直接翻译就是"不要跟不如自己的人交朋友"。

对此，鲁迅先生提出强烈反对，认为如果不跟不如自己的人交朋友，那就是势利眼；况且，比你强的人凭什么跟你交朋友呢？倘若每个人都"无友不如己者"，那人人都交不了朋友。

苏东坡也产生过类似的疑问："如果你想和比你强的人交朋友，但对方不跟你交往怎么办？"

后来，有人提出新的解释，认为"无友不如己者"的意思是"你的朋友没有一个不比你强大"。你的朋友当中，总有人在某些方面比你强，所以你要多去看朋友身上比你强的那一部分。这其实是在给孔子辩解，牵强附会。

我认为，"无友不如己者"的意思是不要跟不如自己的人交朋友。但是有一个地方，我的理解不太一样——"友"可以是个动词，是主动结交的意思。我们人生当中的很多朋友，是命运带来的。比如你的发小，他跟你很亲密，但这是命运带来的，他正巧出生在你们家隔壁，与你年纪差不多，从小和你一起玩泥巴长大。长大了，你不可能跟他说"无友不如己者，所以我在自己的朋友圈里'辞退'你"，因为你们已经是朋友了。

我们的一生中，有很多朋友是自动带来的，比如同学、邻居等，我们在相处中慢慢生出感情，没有刻意去结交。而"友"这个字，如果将它理解成一个动词，那就是"主动结交"之意。因此，这句话的意思应该是，我们在生活中需要主动去结交一些优秀的人。比如孔子曾经千里迢迢跑到洛阳拜访老子，向老子请教问题，与老子结交，他觉得老子非常值得尊敬。

我们不必拒绝命运为我们带来的朋友，但同时也要主动结交那些比我们强的人，让他们的思想和学问影响我们。这样就是每天在向上求索，在不断地进步。

我认为孔子说的这句话，是他对自我的要求，这样的好处就是朋友圈会不断地优化。人一生中交友的数量是有限的，我们应该在自我提升的同时，去与更多优秀的灵魂对话。优化朋友圈，并不意味着背叛朋友，人与人走着走着就散了，这也很正常，但是你要有意识地结识自己喜欢的人，与品德、情操、眼界、涵养都更好的人在一起。

《荀子·劝学》中有句话叫"蓬生麻中，不扶而直"，蓬草那么柔软，一长就歪了，但生在麻草里面，却很挺直。如何优化自己成长的环境，这在古代是个很常见的命题，你一定要交到好朋友，如果你总是与损友为伍，那慢慢地就会被带歪。

有的家长把孩子送去国外留学，结果几年后孩子带着一身的坏毛病回国。因为在国外，一些富二代会聚在一起飙车、娱乐，醉生梦死。我甚至见过有人留学归来，连英文都不会说，所有的作业靠花钱买，只是"混"到了文凭。

"无友不如己者"，代表着我们对人生的积极追求，我们在人生进步的路上，要主动结交的是那些有闪光点、能让我们有所启发的人。

"过则勿惮改"中的"惮"是忌讳的意思。一个人总会犯错，如果你犯错了，不要耿耿于怀，不要忌讳这件事。

这就像我前文所提到过的《终身成长》。

《终身成长》提醒我们，错误是学习的机会。当我们面对错误时，很容易产生的反应是生气、遮掩、文过饰非，这样，错误只会越来越大，你需要花更大的代价去弥补错误。

如果在一家公司里，有一个永远不犯错的领导，那是非常可怕的。他标榜：

"我从来不犯错，我绝对没错，如果有问题，一定是别人的问题。"把所有责任推给员工，大家也不敢提意见，到最后可能会发现，他犯了最无法挽回的错误，导致公司的整个战略方向都错了。

这件事情的难点就在于：过则勿惮改。要看一个人犯了错，能不能够面对它，能不能够承认它，能不能够不忌讳它。尤其是公司的管理者，要有勇气在公司里坦承，有的事情他还不知道，有的事是他们搞错了，此前的认知是不对的，现在需要认知升级。承认这样的事情，才真正做到了过则勿惮改。

"君子不重则不威。学则不固。主忠信。无友不如己者。过则勿惮改。"这一段的含义极为丰富，我们也花了较大的笔墨来进行分析。

这一段话，同样是讲学习的。第一篇的基本主题都是讲学习，我们连贯起来看，前面讲内化的前提，后边讲内化的过程。内化的过程，就是要能够以忠信为根本，去追求向更好的人不断地学习，如果犯了错，别怕改正。实际上，就是把人际关系中他人的力量和自身的终身成长结合起来，这就是学习最好的路径和方法之一。

慎终追远：如何看待自己的过去和未来

曾子曰："慎终追远，民德归厚矣！"

"慎终"，就是严肃地对待死亡这件事。"民不畏死，奈何以死惧之"，如果一个社会上的人，不担心死亡，觉得生死无所谓，随时随地可以不要命，整个社会就会变得非常混乱。

在今天，当然极少有人会潦草地看待自己的生命，无端地消耗生命。那为什么我们要"慎终"呢？

我们换一个角度想，"慎终"就是你如何看待死亡这件事情。有一本书叫《穿越死亡》，作者特别有意思，他用一个盐瓶和一个胡椒瓶，给我们讲生死的道理。他建议我们每次和朋友、家人吃饭之前，可以在桌上摆一个胡椒瓶，再摆一个盐瓶在旁边，一个代表出生的时间，一个代表死亡的时间。然后，拿一把叉子放在你此刻的位置，比如你今年四十岁，估计自己能活到八十岁，那么就将叉子摆到中间。之后，你也可以依照对方的年龄，来摆放对方的叉子。

他发现，只要我们在每一次吃饭前，摆一下瓶子和刀叉的位置，那么餐桌前的谈话质量就会很高，因为我们意识到自己距离死亡其实没有那么远，我们敬畏死亡，能感受到死亡的压力是存在的。

对于生命的终结有所重视，是很有意义的，它会让我们的生命得到提升，会让我们珍惜时间，从而认真、严肃地对待当下的生活。

"追远"就是我们要了解自己的历史，了解自己祖先的历史。

孔子很重视祭祀，甚至把祭祀视为治理国家的大事之一。一个人要知道自己的国家、民族、家族是如何传承的，知道自己生活的世界有着怎样的历史。

你知道我们现在追溯历史能追到多远吗？

比尔·盖茨在运作一个关于人类大历史的研究项目，这个项目我认为相当了不起。这个项目的研究内容，后来被结集出版成了一本书——《大历史》。

《大历史》所考察的不仅仅是人类的历史，还包括地球的历史，乃至宇宙的历史。这本书以宇宙大爆炸为开端，对宇宙学、地球与生命科学、人文历史等进行了宏大而全面的研究和介绍。

我读过《大历史》这本书，读完以后立刻觉得，人类真的是命运共同体。

我们和美国、莫桑比克、纳米比亚……所有地球上的国家，都是兄弟，都是一体的。因为我们都是从原始的大爆炸之后的一个点开始，无中生有而来。

宇宙的发端是老子讲的无中生有。而物理学的研究告诉我们，就是从虚空当中爆出了一个点，开始不断地膨胀。最早所出现的元素就是氢和少量的氦——这是最简单的元素。慢慢地才有了氧，地球很难进来外星人，原因是氧是有毒的。比如，苹果的氧化，果肉放在氧气里就会很快坏掉。只有地球上的人类和动物，慢慢地适应了氧，但是对于很多外星的生物来讲，它们无法在地球上存活，这对人类是很大的保护。

为什么要研究大历史呢？因为从宇宙大爆炸开始研究，可以说追得足够远了。当你看到那么远的历史时，心态和视野立刻就敞开了，就能让"自己"这个褊狭的边界模糊。我们的眼界如果只局限于一点，就会容易钻牛角尖，会恨周围的人，会觉得有无法挣脱的痛苦和无法解决的矛盾。但实际上，当你能够做到"追远"时，你的心胸会更开阔。

"慎终"是看你自己的未来，"追远"是看你自己的过去。

如果一个人能够严肃地对待未来和过去，并且有求知的心，去认真了解，会有怎样的改变呢？

曾子说"民德归厚矣"，这个"厚"被很多人解释成忠厚老实，我觉得这个解释失之偏颇。当它被解释为忠厚老实的时候，就意味着这成了一句洗脑的话，仿佛要让所有人都变得忠厚老实，变成一个样，但忠厚老实并不是中华民族唯一的美德。

我认为"厚"是厚重之意，就是民风变得诚恳、踏实、朴素、勤奋。当一个地方的民风变成这样时，人们就会相信劳作的价值，就会敬畏自然法则，就不会去走捷径，不会欺骗自己、欺骗他人。

厚的反面是什么？是轻浮。如果民德是轻浮的，好财、好物、好名、好色，那整个社会则会变得混乱无序。我们希望让民德归厚，人们品德厚重、慎终追远，既要知道自己的生命是有限度的，也要知道我们肩负着传承历史的责任，了解我们是怎么一路走来的。当两方面都顾及时，认真地去研究、去践行，整个民族的底蕴才会变得厚重，风气才会更好。

这就是曾子所讲的"慎终追远，民德归厚矣"的核心思想。

当然，古代人也会有另外的理解，认为"慎终"是你谨慎地对待父母的去世，怀念自己的祖先等，这种解释也没有大错，但我认为更有意义的解释是我们如何看待自己的生死，如何看待这个世界上其他人的生命。

神学统治欧洲的时候，没有人认为人的生命是重要的，命如草芥，那就是不慎终。那个年代的欧洲，谁想怎么死都随他去，因为死亡的方法实在是太多了，每天都有无数的人死掉，大家不觉得人的生命有多么宝贵，有多么了不起。

所以，"慎终"也代表着人文主义精神，认真对待生命，是我们每个人都应该完成的课题。

温、良、恭、俭、让：每天都应当做好正向积累

子禽问于子贡曰："夫子至于是邦也，必闻其政，求之与？抑与之与？"子贡曰："夫子温、良、恭、俭、让以得之。夫子之求之也，其诸异乎人之求之与？"

这段话很有场景感，也是《论语》中非常有名的一段对话。

子禽是一个窥探者，他在《论语》中每次出现，都是在提问，而且问的都是那些"以小人之心，度君子之腹"的问题。他总觉得孔子并没有特别了不起，所以他经常会从实用主义的角度提问。

子贡是与孔子比较亲密的学生。子禽问子贡，大意是说咱们夫子到了一个

国家，比如说到了郑国，到了卫国，到了齐国，总有当权的人与他商量国事，提出当下社会的矛盾，让孔子出主意治理。那么，这是孔子求的，还是别人主动拜访他的？

换成当下的说法，就是孔子的背后是不是有个公关团队在运作、在宣传？不然为什么大企业家都喜欢拜访他呢？这是孔子自己主动追求的，还是人家真的崇拜他，给他的权利？

子禽的发问，让我们看得出来，他远没到孔子的境界，才会产生这样的不理解。

如果你是子贡，应该怎么回答？

如果子贡说"夫子从来不求人"，这是真话吗？可能并不完全符合事实，孔夫子如果不曾有求于人，何必周游列国。所以子贡不能直接说夫子不求人。

如果子贡说夫子就是在求人，到处找门路，那也不对。孔夫子并不是这样的人。

子贡是一个外交家，所以回答得恰如其分，他说"夫子温、良、恭、俭、让以得之"，意思是夫子得到别人的尊重，让别人愿意向他请教，与他商量国事，靠的不是行贿受贿，也不是拉帮结派或者自吹自擂，夫子不做这些事。

夫子是温、良、恭、俭、让。温指的是温和、不走极端。我们生活中，有很多人出名靠的是发表极端言论。还有人认为，想要出名，最简单的方式就是骂人，谁火骂谁。因为你没名气，而对方有名气，骂到最后大家都认识你了。

曾有人出主意，说如果"樊登读书"知名度不够高，就应该去树观点，找一个对标对象对打，品牌就是这么对打出来的。比如百事可乐与可口可乐竞争，打着打着就出名了。我当时就想到子贡的这句话，我说"夫子温、良、恭、俭、让以得之"。"樊登读书"不能做那样的事，那有悖我们的原则。何必非得树一个极端的观点，给自己贴一个大标签呢？何必要那么强的传播力度呢？孔夫子永远是不疾不徐，慢慢地表达自己的理念。

良指的是善良。一个人对他人和蔼，不愿意与人为敌。

恭指的是谦恭，不说大话，遇事不必称"我肯定搞得定"。孔子周游至卫国，卫灵公问陈，也就是问打仗怎么打。孔子说："军旅之事，未之学也。"也就是说，打仗这件事情我从来不会，我只会研究祭祀那点事。

这就是恭，不会的就说不会。

俭指的是俭朴，不奢华、不做作。出行时不必非要带一大堆保镖，带一队人马。有一些讲成功学的老师，每次上台之前，都是很多人在两边，手拉手护送着前行。其实，未必有人扑上来找他合影，何必这样？

让指的是谦让。孔夫子很少跟政敌发生尖锐的矛盾。每当他在某个地方待不下去时，比如有人诋毁他、指责他，或者有人不信任他，他二话不说，立刻就走，奔往下一个地方。孔子是一个有自己生活节奏的人，他并不希求什么东西。

谈到此处，涉及一句中国古人的修身格言："君子居易以俟命，小人行险以侥幸。"孔夫子的行事风格，就是"君子居易以俟命"，每天做好自己该做的事，保持温良恭俭让，这是做事的原则，至于能得到什么，自有命，这是君子之为。

"小人行险以侥幸"，就是小人喜欢走旁门左道。比如有些公司在宣传品牌时，总想着能不能运作一下，能不能想个办法炒作一下，能不能来个事件营销。这样，风险就会很大。

湖南的岳麓书院有一副著名的对联，其上联提到："是非审之于己，毁誉听之于人，得失安之于数。"这句话也印证了"君子居易以俟命，小人行险以侥幸"的道理。有人的地方就有是非，面对是非，自我审视、谨慎判断就好了。尽心做好自己应做的事情，不必理会外界的毁誉褒贬，至于得失成败，则安然接受。

其实，孔夫子的人生不比别人过得糟糕，他做成了那么多了不起的事，在历史上留下了自己的名字，他得到的东西也许比我们想象中的更多，但是他依然没有违背自己的原则。

《让子弹飞》这部电影中有段很有意思的台词。

汤师爷问："你是想站着，还是想挣钱呢？"意思很明确，要么挣钱，跪着；要么站着，不挣钱。

张麻子连想都不想，说："我是想站着，还把钱挣了！"

孔夫子做的，就是坚持站着，去做自己想做的事情。孔夫子提醒我们：这个世界上你要做成一些事情，要把尺度放大，把视野拉远。周游列国让孔子有了更加丰富的经历，所以他不必违背自己的原则，温、良、恭、俭、让也照样得之。

所以最后子贡说："夫子之求之也，其诸异乎人之求之与？"夫子这种求的方法，不是跟其他人的求法不一样吗？子贡用这句话，在替孔子回答子禽提出的问题。

关于这一段，如果我们真的听明白了，就会知道应该怎么去做事。这句话对我的影响也很大。

我们要不断地充实自我，随顺因缘。每一个人能做的事，是每天让自己有正向的积累，让自己变得越来越好，除此之外的很多事则要顺其自然，因为没有那么重要。

外在的欲望没有止境。拥有多少物质才算足够，拥有多大的名声才能到头？

这都不好衡量。

而温、良、恭、俭、让的行事原则，是一个人本身最具价值的部分。不要为了眼前的利益，而出卖我们心底的东西。君子爱财，君子爱名，都要取之有道。

孔夫子的处世原则，也印证了老子的"后其身而身先，外其身而身存"。如果你急吼吼的，什么事都要争先恐后地去争，像苏秦、张仪那样，即便佩六国相印，到处游说，最后下场也并不好。一个善争的人，内心往往会焦虑，会走偏门，做很多动作变形的事，树立很多的敌人。

实际上，孔夫子所做的事，是目光更长远的事，这跟老子的原则也是一样的。

最后，希望我们一起将这句话默念一遍："夫子温、良、恭、俭、让以得之。夫子之求之也，其诸异乎人之求之与？"

三年无改于父之道：传承好的家风、家训、价值观

子曰："父在观其志，父没观其行。三年无改于父之道，可谓孝矣！"

这是争议很大的一句话。有人说这句话给中国人造成了很多坏影响。大意是一个人的父亲如果还在，他的行为就要受父亲的约束。

古代子承父业的情况很普遍，父亲在世的时候，我们看不到你的行为，因为你的行为是受到父亲约束的，所以我们要看你的志向。父亲去世以后，则要看一个人的行动。如何看呢？看是否"三年无改于父之道"，就是如果父亲走了以后，还依然坚持父亲的道路，坚持父亲传下来的为人处世的原则，那才称得上是孝顺。

这句话如果被机械地理解，就是宋徽宗的故事。

宋徽宗上台是接了他哥哥的班。宋神宗传位给宋哲宗，宋哲宗年纪不大去世了，宋徽宗接任。宋徽宗上位以后，脑子里始终盘旋着"三年无改于父之道，可谓孝矣"，所以他恢复了神宗时期的很多政策。

神宗时期王安石发起变法，苏轼、苏辙、黄庭坚等人因为政见不合被贬。徽宗上来以后变本加厉，把包括苏轼、司马光在内的元祐党人抨击得更厉害，甚至要将"苏门"封杀，"三苏"的文章全部禁印，文字全部毁掉，连碑文

也被破坏。宋徽宗走极端的路线，去信任蔡京、蔡卞，恢复旧法，最后导致亡国。

如果机械地理解"三年无改于父之道"这句话，那就成了守旧，似乎在所有事情上都要拒绝变革。但在今天我们发现，如果一个人只按长辈的方式做事，那根本没有办法适应移动互联网时代的变化。

那怎么办？

我们得重新来理解"三年无改于父之道"的含义。

我觉得把"道"理解得更高一点，更"空"一点，可能会更好。我们要传承的是家风、家训、价值观。虽然有的爸爸不懂移动互联网时代的各种潮流，但他告诉孩子要做一个好人，不要坑骗别人，这就值得传承下来；有的爸爸教导孩子说话要一个唾沫一个钉，这种守信的家训也要传承下来。

不同的家庭有不同的家风、家训、价值观，如果能够继承下来，三年无改，甚至再延续得更长久，那是一件好事。

可能有人会质疑我是在替孔子遮掩，但我觉得，我们得理解孔子身处的时代背景。在当时，的确有家族传承的特色，父亲是个铁匠，儿子也很大可能是铁匠，比如康德的家族都是马具师。当时的工匠若要开业，必须加入行会，也就是行业工会。由于行会对同一个地区的店铺数量有严格的限制，所以嫁娶、生子就成了许多人挤进这个行业圈子的唯一方式，行业的继承者一般是行会师傅的儿子。因为这样，行业工会一辈一辈地传下来，一个家族的职业往往几百年都不变。

那个时候的人如果改行，就意味着整个家族的手艺失传了。比如全村就靠某家人修马鞍，但某个不肖子孙竟然不修了，那这就导致全村都没有马鞍，得重新再培养新的马具师家族。

当年孔子所说的"三年无改于父之道"，肯定是跟父亲的行业有关的。

但在今天，我希望大家能够把它理解得更高一点、更远一点，跟父亲的精神、价值观、做人的原则相联，这不算过度解读，而是将这句话在当下挖掘出实际的意义。

礼之用，和为贵："以和为贵"绝对不是和稀泥

有子曰："礼之用，和为贵。先王之道，斯为美；小大由之，有所不行。知和而和，不以礼节之，亦不可行也。"

有一些学者认为，有子说话没有孔子说话有劲。有子说话啰唆，不像孔子那么简短直白；有子说话有点委婉含蓄，有点"绕"，不像孔子那么一针见血。

"礼之用，和为贵。先王之道，斯为美"，这句话听起来可能也很难懂。

先说说"礼"，古人为什么要做礼？是为了和谐，为了能够"和为贵"。

和是非常好的一个状态。对于和的含义，晏子曾有一个非常好的比喻。齐王问晏子：什么叫作和？晏子说：譬如调羹，我们调一碗羹，绝对不能以羹调羹，而要以水调羹。把水和羹倒在一起，才能调和出一碗汤来。如果把羹与羹倒在一起，它还是羹，并没有调和。水和羹是两个不同的东西，这两个不同的东西能够和谐相处，才叫作调和。

孔夫子说"君子和而不同，小人同而不和"也是这个道理。不同的东西调在一起，才存在是否和谐的问题。

什么叫"礼之用，和为贵"？很多人有不同的想法、不同的意见、不同的价值观，但是我们可以和谐相处，这是靠礼来约束的。

"先王之道，斯为美"：我们中国之所以传承至此，尧舜禹汤文武周公，这一路传下来直到孔子，就是因为以此为美。"和"是非常重要的一个工具。

"小大由之，有所不行"：各种事情，无论大事、小事，不分场景，都一味地追求和谐，有时候可能也行不通。

"知和而和，不以礼节之，亦不可行也。"如果为了追求和谐而不守礼，也是行不通的。比如，我们为了和谐，遇到任何问题都说"咱们商量着来"，只要有人闹事就来调解，和稀泥。最后可能发现，有些事无法进行调解，它不是通过做思想工作就能解决的，反而谁闹的声音越大，谁占优势。因为闹事的人利用大家想追求和谐的心理，逼迫别人迁就自己。这就叫作"知和而和，不以礼节之"。

没有规矩、礼法约束，只想要以和为贵是不行的。真正的和谐是要靠礼来节制的，需要有理、有法，这里蕴藏着一丝法家的发端了。

法家是从儒家学派里慢慢延伸出来的。儒家慢慢地传承到荀子，荀子培养了韩非子和李斯这两个法家代表人物，所以儒家和法家之间有这样的脉络和关联性。

这句话强调了礼法的重要性。因为如果一切事物都讲究和谐，人们遇到任何问题都商量着来，都没有原则、没有规矩、没有章程，那么社会沟通成本和交易成本就太高了。本来是为了和谐，却反而会走向混乱。

信近于义，恭近于礼：无原则守信是愚，过分恭敬是失礼

有子曰："信近于义，言可复也。恭近于礼，远耻辱也。因不失其亲，亦可宗也。"

这段话的争论也有很多。如果随便看一段释义，你甚至都不知道这段话说的是什么。

比如："有子说，讲信用要符合于义，话才能实行。恭敬要符合于礼才能远离耻辱。所依靠的都是可靠的人，也就值得尊敬了。"

你能理解吗？

这段话听起来，我们根本不知道在说什么。所以，这段话从历史上就有很多不同的争论。我觉得解释得最好的是李零先生，李零说，"信近于义""恭近于礼""因不失其亲"这三句话都是条件句。

条件句就是假设某种情况。

什么叫"信近于义"呢？一个人讲信用好不好？很好。中国古代有一个"尾生抱柱"的故事。一个叫尾生的人，约了人在桥下见面，可他等了很久，人都没来。当时没有电话，没有微信，后来河水涨潮了，他还在桥下等，最后抱着柱子被淹死了。他有信用吗？很有信用。

孔夫子逃难的时候，在宋国遇到了一群强盗。强盗要杀孔子，孔子说："我是孔子，我带着学生，周游列国，请放一条生路。"强盗想了想说："既然你这么有名，我放你走，但是你不许跟别人说我们在这里，你发誓。"孔子说："可以，我发誓不说。"

刚走没多远，遇到宋兵，孔子举报了强盗，强盗就被抓了。学生就跟孔子说："老师，咱这样不地道吧，咱答应人家不说的。"

孔子说："跟强盗不用讲信用。"

和强盗讲信用，那不就是傻吗？孟子说过一句特别有力度的话，叫"言不必信，行不必果，惟义所在"。"言必信，行必果"，是小人的行径，小人中也有"守信用"的。但是"惟义所在"，就是你做事符不符合大义，才是评价一个人最重要的标准。

《潜伏》里，余则成说的都是真话吗？他打入敌人内部，如果天天说真话，那早就把党出卖了。余则成天天说假话，为什么还是正面形象呢？因为行在于义，看他做这件事的目的是什么，是在为这个社会做贡献，还是在开倒车。

所以，"信近于义"的意思是一个人讲信用是好的，但必须符合大义。

我个人理解，信、恭、因这三者都是普通人的行为。作为普通人，我们经常会觉得，要讲信用，要恭敬，要分远近，这都是普通人的状态和境界。但是义、礼、宗，却是儒家修炼的方法。

儒家与其他人的区别，就是"信近于义"。一个人讲信用很重要，但不能傻傻地讲信用，而要用大义来规范信用。符合大义，才能去实现你的承诺。

一个人不要乱讲信用，不要无原则地守承诺。你的信用一定是跟义有关的。

再说"恭近于礼"。你有没有见过那种过分恭敬，甚至恭敬到已经失礼的人？

有一次，我在一家出版社楼下等人，听到两位男士站在那里聊天，他们的对话令我终生难忘。

其中一个人满脸堆笑地问对方："您吃了吗？"

对方可能是领导，回答："吃了。"

他还是带着特别殷勤的笑容问："吃的什么？"

对方回答："吃的米饭、炒菜。"

他居然又笑着，认真地问："炒什么菜？"

我当时坐在车里，听到两人对话，浑身起鸡皮疙瘩。我觉得对话没法进行下去了。被问的人显然已经很尴尬了，提问的人如果继续不停地问下去，是不是就是："炒熟了吗？好吃吗？付钱了吗？"

他恭敬不恭敬？恭敬，但属于初级的恭敬。这种初级的恭敬，不小心就会变成谄媚，变成丧失原则。

郭冬临演过一个小品叫《有事您说话》，别人遇到任何问题，买火车票也好，搬家也好，买菜也好，他都是"有事您说话"，这就是恭不近于礼。你为什么非得帮所有人买火车票呢？这不是你分内之事。因为他有求必应的行事风格，他过度地恭敬、过分殷勤，反而导致大家瞧不起他，并让他天天纠缠于各种鸡毛蒜皮之中，甚至影响到家庭的和睦。

恭近于礼才能够远离耻辱，我们的恭敬要有尺度，要以礼法为底线。两国元首见面，也是要依照国际通则的，不能够把通则扔在一边。

"恭近于礼，远耻辱也"，给了我们一把尺子，告诉我们凡事都要有尺度，告诉我们学习礼法的重要性。

在人际关系中，你总觉得要为对方好，要讲信用，要毕恭毕敬，如果没有礼和义的约束，反而会带来很多麻烦，让自己背负耻辱。

"因不失其亲"的"因"，李零先生的解释是"姻亲"的"姻"。

"因不失其亲，亦可宗也"，这句话为什么也是条件句？姻亲如果能够维持亲密关系，频繁地走动，就算是你家的门庭、你的宗族。我们中国古代讲认祖归宗，过去宗族很重要，有的宗族大，有的宗族小，有的宗族无法延续也就没了。

"因不失其亲"也是关于礼法的，所涉及的内容离我们今天的生活有点远。但如果我们能够通过这句话理解到尺度的重要性，就会发现，它离我们当下并不远。说到底，它其实与社会认同有关。人际关系中，我们与距离稍微远一点的亲戚朋友，能不能够建立好的关系，如果可以，那么我们可以把他们当作宗亲一样对待。

"信近于义""恭近于礼""因不失其亲"这三条实际上是并列的，这样就很容易理解了。有子说的是，有很多事情，哪怕是你认为好的事情，也不是你想怎样就怎样的，要能够掌握尺度，而尺度是通过学习得来的。

比如关于"恭近于礼"，我们想要对他人表达亲近之意，有时就会缺乏界限感。例如，我们不能随便邀请别人家的孩子到自己家住，因为这是要承担很大风险的。但有的家长意识不到这一点，经常随意地邀约："来我家里住，不要紧。"

还有，很多父母教育孩子不要吃别人的东西，但有的大人却对别人的孩子说："快吃，多吃点。"对方拒绝说："我们家孩子不能吃这个。""没关系，在我家可以吃。"这就到了失礼的地步。当礼被抛在一边时，热心肠反而会给别人带来麻烦，这就是因为没有做到"恭近于礼"。

所以，通过学习，来规范自己行为的尺度，是非常重要的。

居无求安：当我们贫穷时，如何自在地生活

子曰："君子食无求饱，居无求安，敏于事而慎于言，就有道而正焉，可谓好学也已。"

这一段话很有力量。

"食无求饱，居无求安"，我们在物质上解决了基本的温饱问题、住房问题，也就足够了。即便只是租住，稳固安全就好。

但在孔子的那个时代，很少人能真正解决温饱问题。连他最得意的学生颜回，都是营养不良的状态，居在陋巷，吃饭的时候连碗都没有，用菜叶子卷点东西，拿个瓢舀水就着吃。

但是孔夫子却说"君子食无求饱，居无求安"，让我们别总想着物质生活。

我们是否能够摆脱物质世界对自己的束缚呢？很多年轻人对我说："樊老师，你别跟我讲别的，我现在唯一的目标是先把房贷还清。在还清房贷之前，我没心思考虑那么多东西，我不学'仁'，对《达·芬奇传》也不感兴趣，我就想多听几本如何挣钱的书……"

孔夫子提醒我们，如果你特别希望食求饱、居求安，一心想着谋求物质和

金钱，就没有心思学东西。而在你年轻的时候，是最应该学东西的时候。因此，你可以用"君子食无求饱，居无求安"这句话勉励自己，避免跌入消费主义的陷阱。

这样，即便你同样在努力还房贷，在努力工作，在创业、挣钱，但你会很清楚，这并不是自己生活的全部。"无求"并不是强调完全"不求"，而是我们要知道"求"没有穷尽。比如，想要居住得好，但什么叫"好"呢？可能一两百平方米的房子也觉得不够好，要住上别墅才算好；即便有了别墅，还想要有庄园……永无止境地奢求着。

每次买房子，我妻子总说："咱们这次就一步到位吧。"一步到位就是求安。只不过，前面几次也都说"一步到位"，却不知道到哪里了。

"食无求饱，居无求安"，意味着一个人在还没有达到理想中的物质条件时，已经应该开始学习了。不是非要等到安居立业、衣食无忧，才去学习和成长。物质的压力是很大，但孔夫子希望我们摆脱压力，拿出时间来学习，不囿于物质。

"敏于事而慎于言"中的"敏"指的是敏捷，它的对立面是拖沓和迟钝。

一个人为什么会拖沓、迟钝？就是他心中没有力量，他的自尊体系还不够完整，自尊水平还不够高，总想着"我还没吃饱饭，没有好地方住，因此，我不管干什么都没劲"。

相反，即使吃不饱饭，没地方住，照样能认真对待学习和工作，这就叫作"敏于事"。

"慎于言"就是不夸夸其谈。很多人都喜欢夸夸其谈，蒙蔽自己也欺骗他人。对此，孟子有一个很好的比喻。一妻一妾两个人服侍一个丈夫。丈夫每天早上出门，晚上回来满嘴都是油，似乎酒足饭饱，十分惬意。妻妾纳闷，平时并没有见哪个达官显贵与丈夫结交啊。他的妻子打算探个究竟，就跟踪丈夫出门，看他到底去哪儿吃这么多好吃的。结果她发现街上没有一个人跟丈夫打招呼，而丈夫竟跑到墓地去找祭祀的剩肉，拿肉皮往嘴上一擦，假装吃饱了饭。妻子回到家跟妾说了真相，两人抱头痛哭，难过自己所托非人。孟子感叹，有多少人就是这样，为了谋生而不顾礼义廉耻。

这世上，有多少人是不敢将自己赚钱的方法跟妻儿老小公开的？假如某个人的妻儿老小知道他赚钱的方法是靠"捞偏门"，比如欺骗老年人，靠卖名不副实的保健品，靠传销，靠把人灌醉，靠行贿受贿……怎能不以此为耻？

夸夸其谈、装模作样，给自己套上一个伪装的外壳，就会不小心给自己带来耻辱，甚至让家人也觉得蒙羞。孔夫子强调"敏于事而慎于言"便由此而来。

"有道"代表有道之人，就是你要好好地做事，去寻找那些能够帮助自己的人，向高尚之人学习怎么做人。

"正焉"，就是控制好你的欲望，让自己能够走在正道上，而不是走歪门邪道，去做那些让家人感觉耻辱的事。

"可谓好学也已"，就是如果你能够把这几点做到的话，你便能算是一个好学的人。能够被孔子点名表扬认为"好学"，是相当不容易的一件事。

那么，什么是好学？好学就是要不断地摆脱个人的动物性的过程。我们每个人身上都有动物性和社会性这两种特性。假如动物性占了上风，天天想的就是吃饱、穿暖、住更好的地方，对物质有极度的追求，慢慢地，你就会发现这种欲望是没有止境的。如果不约束你的动物性，你会天天担心钱不够用，会深陷于焦虑之中，即使天天赚钱，往床底下塞很多钱，在墙的夹缝里塞很多钱，你依然觉得空虚。因为你是一个只为谋生的动物，没有意识到你作为社会的个体，也需要为集体做贡献。

当你能够做一个好学的人时，你便开始降低你的动物性，而去提升你的社会性。你的理性会逐渐代替欲望，能够感知到社会上还有其他人，我们不要只为了自己谋利，还要为了别人去付出、去协作。

希望我们都能时时反思，记住这段话："君子食无求饱，居无求安，敏于事而慎于言，就有道而正焉，可谓好学也已。"这一段话，是可以作为座右铭的。

贫而乐道，富而好礼：最高级的金钱观

子贡曰："贫而无谄，富而无骄，何如？"子曰："可也；未若贫而乐道，富而好礼者也。"子贡曰："《诗》云：'如切如磋，如琢如磨。'其斯之谓与？"子曰："赐也，始可与言《诗》已矣！告诸往而知来者。"

这是我经常引用的一个故事。《论语》中，当对话发生在孔夫子跟他的学生颜回、子贡、子路之间时，往往特别有含金量，也很美好。

子贡在《论语》中，经常是以被孔子批评的形象而出现。孔子对子路是直接斥责，对子贡是婉转地批评，对于颜回是从来没有批评过。三个学生受到的是完全不同的待遇。

三位学生对孔子极其忠心，甚至有人通过研究提出，没有子贡就没有孔子。类似于没有保罗就可能没有耶稣，没有迦叶就可能没有佛陀。很多大成就者，往往有具备财力、能力极强的学生。在老师走了以后，靠自己的财力和能力，成就老师的名声。

子贡对于孔子的感情十分真挚。孔子离世后，学生们在孔林守孝三年。三年之后，大家哭泣、拜别。子贡本已离开，但他心里还是放不下，很难过，又回去守孝三年。整整六年的大好时光，子贡都在为孔子守孝。

关于子贡，有一个成语叫分庭抗礼。子贡富可敌国，很会做生意，是儒商的发端。他去任何地方，都带着大量的礼物。每一个地方的人，都会认真地接待子贡。子贡是很厉害的外交家兼商人。

子贡在孔子走了以后，不断地树立孔子的威望，这在《论语》中有诸多体现，我们之后都会重点讲到。

我们要解读的这段对话，是子贡对老师美好的回忆。

子贡问孔子："一个人的境界，如果达到了贫而无谄、富而无骄，您觉得怎么样？"

"贫而无谄"，就是穷但是不谄媚。"我很穷，你很有钱，我不用谄媚你，不向你讨好，不必巧言令色。"

"富而无骄"，指的是很有钱，不骄慢，不跟别人吹牛，不显摆。

子贡的提问，如同问老师"你觉得我的状态怎么样"，他在印证自己是否贫而无谄、富而无骄。

你听孔子的回答，就能立刻感受到师徒之间境界的差别。

贫而无谄、富而无骄，这已经相当好了，但是孔子说"可也"——不错，但"未若贫而乐道，富而好礼者也"。

"贫而无谄"的"无谄"是什么状态？无谄是自己忍着，我知道你有钱，我偏不理你，你能怎么着？我就有我的风骨，我吃不起，但我也不要看别人家吃。这是一种压抑、较劲的状态，其中有痛苦、有愤怒。但是孔子的意思是，贫穷也不必这样逼迫自己去塑造风骨，要安贫乐道，要舒展而开心。即使穷，我也可以高兴。别人吃饺子，我吃汤面，也很满足，这就叫作"贫而乐道"。

"富而好礼"和"富而无骄"也有区别。"富而无骄"有可能会出现一种"我有钱，我假装自己平易近人"的情况，而"富而好礼"是不需要假装的，"我有钱，但这没什么了不起，我需要学习的东西还多着呢，我要去学道、学礼"。

这就是梁漱溟先生认为，子贡和孔子的区别，在于"找"和"不找"。子贡的做法是找，在较劲，在刻意地约束自己。

孔子的态度是不需要着急，不需要使劲，不需要刻意地提醒自己、逼迫自己，开开心心的就行了，有钱没钱都无妨。

两者境界上的区别有点像禅宗的公案。"时时勤拂拭，勿使惹尘埃"，类似子贡的境界，你要不断地提醒自己，不断地擦。

"本来无一物，何处惹尘埃"出自六祖慧能，是指本来就没那么多烦恼，当然不必刻意约束自己。这句话，则类似孔子的境界。

孔子说完，子贡接了一句话，接得很漂亮。子贡说："《诗经》上说'如切如磋，如琢如磨'，是不是就是这个意思？"

切磋、琢磨，指的是做玉器的时候，需要不断地打磨，即便玉器看起来已经很漂亮了，还可以继续用心琢磨，让它变得更精致温润。

当时人们说话，常常提《诗经》，这也是一种有文化的表现。子贡说："在《诗经》里，有'如切如磋，如琢如磨'之言，这是不是就是我和您今天的状态？我说了一个境界，老师给我一个更高的境界，人的修为永远没有尽头，永远可以切磋琢磨下去。"

孔夫子一听很欣慰。子贡姓端木，名赐，凡在《论语》里看到"赐"这个字，基本上就是指子贡。孔子说："赐也，始可与言《诗》已矣！"意思是，子贡啊，我现在可以跟你谈论《诗经》了。

"告诸往而知来者"，就是有来有往。当我跟你说一件事时，你能够有回应，而且回应得不错，言外之意，就是你水平够了。有个词叫教学相长，也能印证这句话，意思是老师和学生通过交流，相互影响和促进，都得到了提高。

子贡很少被老师这么表扬，他可以为此高兴十年。《论语》让我们看到，子贡真的很努力，他替孔子做了那么多的事，得到的表扬却很少。孔子说的这句话是子贡人生的亮点之一，是孔子对子贡极大的肯定。

不患人之不己知： 关注影响圈以内的事情

子曰："不患人之不己知，患不知人也。"

在《论语》中，"不患人之不己知"至少出现了两次。人之不己知，就是别人不了解自己。

"如何看待自己"这件事，在孔子看来是很重要的。

孔子认为当时的知识分子很在意这件事。我想，现代的我们同样很在意这件事。虽然我们没有孔子那么大的名气，但我们都有过受委屈的感觉，觉得自己一心为别人好，对方竟然不理解自己，辜负了自己的好意。

我有一次面试新员工。员工后来说："我跟樊老师接触了以后，觉得他不像网上说的那么坏。"原来他在网上搜到了一些诋毁我的内容。我听了以后，一种无能为力之感油然而生，我已经尽量用一片真心为大家做事，依然会有人说我很坏。

孔子这句话，能够安慰很多人的心灵，还可以安慰很多年。孔子说，不要担心别人不了解你，你要担心的是你不了解别人。

为什么要这样讲？

我们分析一下这句话，就会发现——别人知不知道你是结果，你知不知道别人是原因。

你不知道别人，代表你可能错过学习的机会，错过合作的机会，错过举荐的机会。我们在跟他人合作的过程中，要先了解别人，才能结成联盟，更好地沟通和协作。

"患不知人"属于原因，而原因我们是可以靠努力去改变的。比如，"一分耕耘，一分收获"。人应该担心收获，还是应该担心耕耘？很多人担心的是收获，担心今年挣不到钱怎么办。但这是无意义的，因为收获是由耕耘的过程决定的。我们更应该担心的是，自己今年种了多少地，付出了多少劳动。

　　我们能够担心的部分，一定是原因的部分；我们不必担心的部分，是结果的部分。至于你做了该做的事情之后，整个社会是否了解你，外人是否理解你，那是结果，是别人的事。

　　对于结果，我们无法掌控。我们只能在原因上下功夫，用心做事。

　　凡夫畏果，菩萨畏因。凡夫永远都担心承担后果，只想自己千万别吃亏。菩萨担心的是，一个人别种下恶因，别干坏事。

　　种下了因，果是逃不掉的。如果一个人过度担心结果，焦虑、抱怨、顾影自怜这些情绪就会如影相随。做了这么多的好事还遭遇误解，之后就有可能抱怨他人，抱怨社会，导致越来越伤心，满腹委屈、愤懑。

　　你应该关注的事是影响圈以内的事情，关注自己能改变的事情，把更多的精力放在与他人的交流和沟通上，让自己变得更加谦虚、更加敏锐。

　　在孔子的时代，作为一个君子，知人是非常重要的。如果你身边有贤能的人，你却不知道，这是失职。因为当时受教育的人本来就少，身边有德才兼备之人竟然没关注到，孔子就会自责。

　　有个典故叫"失之子羽"，讲的是孔子曾经因为学生澹台灭明的相貌丑陋而误以为他资质不足，所以自责。这是孔子对自己进行鞭策的话。

　　如果你是一个管理者，更需要理性、客观地去了解他人，而不是像网上那些轻易发表意见的人一样，没读过对方的书，没关注对方做的事，就发出大量不负责任的攻击。每个人都不要去种下这样的恶因，不要错过学习的机会、了解他人的机会以及合作的机会。

　　"不患人之不己知，患不知人也"这句话看似简单，其实深刻地反映了我们的价值观、做事的方法和人生的态度。这一句，足够让我们默念终生。

为政第二

譬如北辰：领导者的最高境界，是不打扰

子曰："为政以德，譬如北辰，居其所而众星拱之。"

这句话直译过来就是："如果你用德行来治理国家，就如北极星一样，只需要在自己本来的位置就够了，众星依然会围绕着你。"

如何理解孔子的这句话呢？

我们先从老子最为人熟知的一句话说起，"治大国若烹小鲜"。当小鱼小虾在锅里的时候，不能总去翻动它们，否则就会搅得一团糟；治大国也是如此，不能总是折腾。

我们举个最简单的例子，就是不要像乾隆那样，总是下江南，劳民伤财。

我在"樊登读书"分享过一本书叫《复杂》，这本书讲了"复杂"的含义。治理国家就是个复杂的工程，属于复杂体系。

什么叫"复杂体系"呢？

复杂跟简单是相对的。解决一个"简单体系"所出现的问题，靠的是勤奋，是不断地重复。比如，我们造一辆汽车，就要把这个机械体的每一个环节都把握好：底盘、轮子、发动机、变速箱、电动机、车壳、电子系统等。之后，再通过最好的技术来进行装配，反复纠错，完善每一个环节，整辆车就被造出来了。比如丰田汽车的生产线，就是通过不断报错，直到错误越来越少，让汽车的品质越来越高。

这就是简单体系。简单体系的特点是可追溯，能够找到因果关系，有套路可循，有模板可依。比如我们组建一家公司，常常需要有CEO、人力资源、行

政部门、财务部门、产品端、销售端……所有板块组合在一起，公司就完整了。所有人在创立公司时，都可以依照这个构架去执行。

而关于社会的发展、孩子的成长、家族的兴旺发达，这些过程则属于复杂体系。生态体、生物体、自然界都是复杂体系。复杂体系的特点是，我们无法客观地掌握它的走向，无法通过创建某个万能的模型去把握全局，也不容易通过分析，得知具体哪个环节出了问题。比如，大人不知道孩子是上了哪门课、听了哪句话，突然茅塞顿开，改变了命运。因此，养育孩子比造汽车要复杂得多。

复杂体系和简单体系的区别是，无法通过把握每一个环节来掌控全局。如果说简单体系是造一辆汽车的话，复杂体系就是孕育一片森林。我们靠的是土壤、氛围、环境、方向，是所有生物之间的和谐统一。我们要做的是把土壤培养好，慢慢地等待参天大树生长，等待绿草如茵，等待整个生态建立起来。我们能够把握和干预的部分极少。

治理社会，属于复杂体系，跟面对简单的事物是不一样的。

关于复杂体系，荀子的理念与老子类似。荀子可以说是中国历史上第一个管理学家，他说："主好要则百事详，主好详则百事荒。""主好要"指的是上层领导只要关注某几个要点，把握关键的环节就够了。比如，假如一家公司的关键要务有三件，那么大领导只需定好这三件要务。"百事详"指的是每个具体的任务都有负责人，各司其职，能够落实到位。

"主好详则百事荒"，如果一个领导事无巨细，连各种旁枝末节都要过问：到了卫生间，指责保洁人员卫生怎么没搞好；到了食堂，又关注餐饮应该如何改善……在任何环节，都要指手画脚，那么员工就什么事情都干不好，因为他们不知道重点在哪里，无法施展拳脚。领导者不愿放权，所以每个员工都觉得自己在岗位上说了不算，所有事情都必须请示领导，等着领导发话，公司的业务自然会全部荒废。

以上就是复杂体系与简单体系的区别。

孔子提出"为政以德"，不仅要靠规则治理，还要靠德行治理。

"譬如北辰"，就是能够给大家指明方向。领导稳稳地坐在自己的位置上，规划好整体方向，大家就会跟宇宙的星系一样，各安其位地运转。

管理者的大忌，就是不愿意安心地待在北极星的位置，无法明确自己运转的方向，特别好动。如同宋徽宗，他绘画、写诗，都十分擅长，做了皇帝之后，最爱干的事是造房子，为了满足自己做建筑师的梦想，他盖了各种各样的房子，造了各种各样的假山。为此，他还惊动了老百姓，大兴花石纲之役。花石纲，指的是专门给宋徽宗运送奇花异石的特殊运输交通，"纲"指一个运输团队，一"纲"代表十只船，足见辎重过度。各地都在给他运石头，给老百姓造成了极大的负担，百姓苦不堪言，直到出现造反。

如果领导喜欢"下沉"到具体的事情中，去指导具体的环节，那么大方向就没人去把控了。一个国家如此，一家公司也是如此。

当整个国家的发展方向失控，管理者不再依赖风骨、道德去影响百姓，人人都忙于讨好皇帝时，国家就会"荒"。

作为一个创业者，是员工的领袖，是公司里最重要的大脑，千万不要觉得自己比所有人都聪明，凡事亲力亲为，一切大事小事都要自己说了算。那样做的结果是，所有人都失去了能动性，失去了热情，没有人觉得自己需要为公司贡献自己的思想。

创业者的责任，是为大家设立共同的愿景，让大家愿意为了同一个目标努力。创业者做好自己的本分就够了，至于其他的事情，由大家各司其职，这才是打造复杂体系的方法——让土壤变得健康，让环境变得良好，让方向变得明确。

如果你对孔子的这句话依然有疑惑，不妨参考《复杂》这本书来详细地理解什么叫复杂体系，以及应对复杂体系的方法。它跟简单体系的应对方式是完全不一样的，与老子"治大国若烹小鲜"则一脉相承。

思无邪：最诗意、最动人的语言

子曰："《诗》三百，一言以蔽之，曰：'思无邪！'"

《诗经》是民间的诗歌总集，原本散落在民间，依照内容分为《风》《雅》《颂》三个部分。

虽有争议，但大多数学者认为孔子"删诗书，定礼乐"，把他认为最好的三百零五首，收集在了《诗经》中。

孔子认为，《诗经》三百篇，用一句话来概括：思无邪。

有人理解"思无邪"是思想纯正，也有人解释说，"思"本身没有意思，只是发语词。在《诗经》中，有一首诗就用到了"思无邪"这三个字，"思"跟"斯"可能是一个意思。

我个人偏向于认为"思无邪"是纯真无邪之意。

西方的尼采认为，文艺复兴的风骨，是勇敢与毫不虚伪。文艺复兴之所以伟大，在于它突破了过去宗教式的、虚伪的文艺表达方式，它叫人们将真实的情感流露出来。

《诗经》也是如此，它表达的是人们最真实的情感。

什么是纯真无邪？我们来感受一下《诗经》。

昔我往矣，杨柳依依。
今我来思，雨雪霏霏。

桃之夭夭，灼灼其华。

之子于归，宜其室家。

呦呦鹿鸣，食野之苹。

我有嘉宾，鼓瑟吹笙。

关关雎鸠，在河之洲。

窈窕淑女，君子好逑。

这些句子令人感觉舒服畅快，田园气息自然地喷涌出来。

为什么会有思无邪？经过体会和理解，我得出了最根本的原因，即《诗经》颂扬的是合理的情感和欲望。

合理的情感和欲望是孔子讲过的"乐而不淫，哀而不伤"。"乐而不淫"，是快乐但不泛滥、不放纵，不像尼采所倡导的酒神文化，已经成了放纵、没有礼法的状态。"哀而不伤"，是虽然有悲伤，也怀远，偶有怨愤，但并没有造成极大的损害。

这些合理的情感和欲望，是无邪的一个表现：不矫情、不滥情、不放荡，有节制地表达自己的喜怒哀乐，避免人生在痛苦和无聊之间不断波动。

为什么要强调合理呢？如果把《诗经》的文字放荡开，用夸张的表达将情感渲染得更浓烈，将喜怒哀乐抒发得更彻底，甚至为了更招人喜欢，刻意地刺痛别人的内心，加一些虐情的场景，那就失去了真实的美感。就像很多情绪表达过度的悲剧片和浮夸的喜剧片一样，游荡在痛苦和无聊之间。

孔子喜欢中庸的、调和的、适度的东西。

《诗经》所记录的是老百姓的心声，是最早期的人们在田里干活的时候，发自内心所吟唱出来的歌谣，有一种恰到好处的美感。

如果多读《诗经》，在跟人说话时，就更能够切中要害，打动人心。

孔夫子特别倡导大家多读《诗经》，让大家变得纯真无邪，做事说话合情合理。

道之以德：管理人，用规则还是用道德

子曰："道之以政，齐之以刑，民免而无耻。道之以德，齐之以礼，有耻且格。"

"道之以政"，"道"可以理解为宣导、引导，"以政"就是用行政命令作为手段。"道之以政"，指的是用行政命令作为手段，来引导、治理百姓。

"齐之以刑"，"齐"是约束，即用刑法来约束百姓，以刑罚来处理问题。

"道之以政，齐之以刑"，是当时法家所倡导的。人与人之间不用谈理，不用谈义，谈的是规矩，只要符合规矩、法度就行了。这也是很多现代国家所使用的手法。

孔夫子认为，这样做的结果是"民免而无耻"，老百姓可能因为畏惧责罚而不去犯罪。

从春秋战国到秦朝，甚至到汉朝，都是用严苛的刑罚来管理百姓的。大家不要被刘邦的"约法三章"给骗了，刘邦表面上说约法三章，实际上汉朝沿袭了秦朝的很多制度，比如犯了错要割鼻子、砍手脚、脸上刺字等，各地方都有不同的酷刑。

当使用严苛的刑罚来治理国家时，老百姓自然会为了逃避罪责尽量不犯法，但心中"无耻"，也就是内心并不觉得很多不好的行为是有问题的，没有羞耻心。

我们要怎么理解以上内容？

我在美国的大街上经常看到很多年轻人，手执牌子站着，牌子上写着"我需要一个房子""我需要一些面包"……可是他们有手有脚，却站在那里向他人索求，就是不愿意去工作。

在洛杉矶、纽约的街头，都能看到这样的流浪汉。

这在我们中国人看来简直不可想象，但是在美国人看来，只要没犯法，这是个人的自由。甚至有一个美国人跟我说："在美国，有人不穿衣服走在大街上也是可以的，这是个人权利，警察不能将其逮捕。"

这就是孔夫子最担心的状态："民免而无耻"。只要不犯法，一个人在内心对自己没有任何约束，没有道德感，也没有向上的力量。

"道之以德"讲究的是德行，"齐之以礼"指的是我们靠"礼"来约束。

人们不能仅用法律、规则判定一个人的行为到底合理不合理，有的事情，要看在心上是否过得去，是否符合道义。

《白鹿原》中，就反映出了中国的变化。在白嘉轩的时代，出了问题，大家就会有个公论，人的行为要由整个宗族进行判定，做错事的人后脊梁骨冷飕飕的，觉得自己在村里再也无法待下去了。这是宗族礼法给人带来的约束。

与之相反的是，用德行、礼仪去引导百姓。"道之以德，齐之以礼"带来的结果是什么？孔子认为是"有耻且格"：老百姓不仅有羞耻心，还能够守规矩。"格"可以理解为守规矩，讲品格。

孔夫子的理想，是每个人拥有真正美好的品格。

关于这个观点，也有很多不同的看法，比如胡适先生就认为，在一个肮脏的国家，如果人人讲规矩而不是空谈道德，最终会变成一个有人味儿的正常国家，道德自然会逐渐回归。

那么，是否应该多讲法律，少讲道德？

在论证之前，其实有个前提，也就是社会背景如何，是国泰民安，还是已经乱成了一锅粥。处于乱世，价值观会更加遵从原始的生存本能，会想尽一切办法多吃多占，来满足膨胀的私欲，游走在道德的边缘。

道德是弱约束，是倡导人们要去做的事。法律才是强约束，强调的是人必须去做的事。

胡适先生提出的，是在乱世中法律的重要性。在人们生活朝不保夕的情况下，要求人们按照道德去做事，这是空谈，是不现实的。

孔夫子的理想是天下大同，当社会已经规范时，人们在社会安定的环境下如何才能拥有美好的品质和德行。

再看看当下的社会。比起美国，中国的犯罪率已经非常低了。

我在一篇报道中看到过这样的一组数据：在美国的监狱里，关了全世界约25%的犯人，而美国的人口，只占世界的5%。过去30年，美国人口增长不到30%，监狱人口增长却达到了800%。美国吃牢饭的人超过220万。

美国是一个靠法律说话的国家，触犯各种法条都有可能被抓进监狱。就是这种完全用法律说话的制度，却导致了"民免而无耻"。

我们不必拿孔子的理论跟胡适先生去辩论，这是不同环境之下的不同执政理想，是两种不同的治国境界。

孔夫子的理想是，当国家制度已经相对规范，人民生活安定，社会秩序良好时，则应该"道之以德，齐之以礼"，让老百姓有更高的追求，在精神和道德上进行修炼。

比如，"樊登读书"的使命，就是希望在社会稳定的当下，我们一起来了解各种各样的知识，实现慎终而追远，民德归厚，有耻且格。

三十而立：你的立身之本是什么

子曰："吾十有五而志于学，三十而立，四十而不惑，五十而知天命，六十而耳顺，七十而从心所欲，不逾矩。"

这段话我们很熟悉，也有人喜欢拿来自比。比如言谈间跟孔子比较，说"孔子十五岁如何，我十五岁如何""孔子三十岁做什么，我三十岁做什么"。其实这样比较是毫无意义的，因为人跟人的寿命早就不一样了。

我曾给大家推荐过一本书，叫作《百岁人生》，书中认为我们已经到了长寿时代，我们这代人将来有可能会活到一百岁上下，而我们的孩子，可能在一百二十岁左右。孔子的"七十而从心所欲，不逾矩"，对应到现在，还并不算到了真正的晚年，所以不能进行机械对比。

孔子说的十五岁的年纪，是一个人的大脑开始逐渐发育成熟的时候。而且男生发育得比女生晚一些，可能要到十五六岁以后才开始明白事理，才立志要好好学习，考一所好大学。

"十有五而志于学"，"志于学"并不表示孔子之前没有学，而是指在这个年龄明白了学习的意义。这里的"学"到底在学什么？有人说学的是礼，是祭祀，也可能是礼、乐、射、御、书、数这"六艺"，因为孔子非常擅长这些技能。

我个人认为，十五岁对孔子来讲是个分界线，他终于领会到了学习的乐趣，开始觉得学习是一件很好玩的事。在此前，他还处于懵懵懂懂的状态，是以玩为主，到了十五岁，他突然觉得玩没有学习有吸引力了，学习中所收获的乐趣和满足感超过了玩乐。

反观现在，有的人活到三十岁还没到"志于学"的阶段，还是觉得打麻将最好玩，对别的东西都提不起兴趣。

孔子在三十岁时，就被人问礼。很多人向孔子请教，问孔子这件事应该如何处理，那件事应该怎样应对，这说明孔子到三十岁时已经自立了，有了自己的专长和立足之地。

"四十而不惑"，这句话的分歧比较多。有人认为这代表此时的孔子已经活明白、活通透了，但如果我们这样去理解，那为什么孔子在之后还会说"加我数年，五十以学《易》，可以无大过矣"？

孔子说，他五十岁时如果能够学《易》，就能少很多过错。既然孔子在四十岁时都已经活明白了，还会追求少犯错误吗？

因此，"不惑"并不是"不困惑"之意，而是不惑于外物的意思。人在四十岁以前，经常被外在的事物吸引。比如很多年轻人在找工作时，首先考虑的就是工资。

我大学毕业进行职业选择时，也曾惑于外物，将利益放在第一位。那时很多单位来学校招聘，我自认为出身名校，是优秀毕业生，还是国际大专辩论会的冠军，志得意满。面对招聘者，我总是直白地问一个月能挣多少钱。对方往往开始对我印象很好，但听到我的问题，就提醒我："不要老关心钱，钱不重要，前途才重要。"

我当年可以说是无知且无礼，还是直接问："我就想知道到底挣多少钱。"

结果一个工作也没谈下来。

很多年轻人跟我当年一样，找工作也是只盯着待遇和福利。但是在大部分情况下，我们到四十岁以后就不会这样了，正如前文所讲的"不重则不威。学则不固"，四十岁之后要稳重下来，要有根基，要有价值观，要有使命。

"四十而不惑"，代表着人生到了一个这样的阶段：不再被外在的物质所牵绊、干扰，做自己该做的事。

关于"知天命"，有人认为"知天命"就是认命。到了五十岁，做事情随缘就好，什么容易就做什么，不再追求突破和挑战，颓废而漠然。

"五十而知天命"，并不是这个意思。

《阿甘正传》里有一个角色，是丹中尉。丹中尉在越南战争中失去双腿却被阿甘救了下来，对于一个骄傲的军人来说，价值和尊严都没有了，所以他放纵自己，骂国家，骂上帝，骂救了自己的阿甘，骂自己是废人，永远生活在愤怒中。直到有一次，他和阿甘一起出海捕虾，遇到了一个雷电交加的夜晚，丹中尉毫无畏惧地坐在桅杆的顶端，像战士一样和暴风雨对抗。最终，他们战胜了暴风雨。除了他们的船，其他的船全翻了。在阿甘的捕虾船上，丹中尉对阿甘说："你救过我的命，我从未感谢过你。"然后跳进水里游开了。阿甘说："我想他跟上帝已经讲和了。"

五十知天命，是一种和解的状态，而不是颓丧、漠然的状态。

一个人在五十岁的时候，要能够与自己和解，安安稳稳地做自己该做的事，内心平和，不再与自己较劲，不再痛苦，不再怨天尤人。

一个人到了四十岁，不被外物羁绊；到了五十岁，战胜了内心的恐惧和欲望，让自己宁静从容；到了六十岁，境界则更高。

"六十而耳顺"，"耳顺"的意思是不论别人在你面前说多难听的话，你都能听到其中有道理的部分。比如，孔子被人说"累累若丧家之狗"，这话多难听啊，但孔子听了完全不恼，反而觉得太形象了。他不排斥别人把自己比喻成丧家狗，他觉得自己在某种状态下就是这样的，别人说的话在某个部分上是合理的。

不知道多少人能在六十岁的时候，修炼到这样的境界。我见过很多八十岁的人也做不到耳顺，还总是与人争辩、吵架。

"七十而从心所欲，不逾矩。"从心所欲是一个人很自由的状态，想干什么就干什么，但也不会违反社会规则。与此相对的是，我在美国街头看到的一些年轻人，如果美国社会没有法律，允许他们从心所欲，他们就容易自我放纵，总想试探法律的边界。

七十岁之后，孔子回到了鲁国，成为一个受人敬仰的老人。此时的他早已与自己、与世界和解了，不需要逾越任何边界。

活得通透的人，会发现法律、道德、伦理、礼法，不是束缚自己的，而是保护自己的。

佛教讲"律"，有经律论，佛陀最后的教诲是以戒律为师。一个刚出家的小沙弥，可能觉得戒律是约束。但是一个高僧大德会告诉他："孩子，戒律是对你的保护，不要做那些让菩萨耻笑你的事。"

孔子能够理解道德和礼法是对人类的保护，他能做到"从心所欲，不逾矩"，因此每天都活得很畅意，能够自得其乐。

人们认为道德、礼法、规范等不合自己心意，觉得被管束很痛苦，则可能是因为他们的境界还不够高，需要不断地修炼。

《人间词话》里，王国维提到了写诗的三种不同境界：

昨夜西风凋碧树，独上高楼，望尽天涯路。此第一境也。

衣带渐宽终不悔，为伊消得人憔悴。此第二境也。

众里寻他千百度，蓦然回首，那人却在，灯火阑珊处。此第三境也。

人生也有不同的境界。孔子的这一整句话，是他对自己人生不同境界的总结。我们无须亦步亦趋地跟孔子去做比较，但是我们应该了解人生境界提高的次第。孔夫子的境界，可以作为我们的一个参考，让我们知道人生修炼的方向和能够挖掘出的潜力，一步一步地进行自我完善。

事之以礼：有尺度，才是真正的孝

孟懿子问孝。子曰："无违！"樊迟御，子告之曰："孟孙问孝于我，我对曰'无违'。"樊迟曰："何谓也？"子曰："生，事之以礼；死，葬之以礼，祭之以礼。"

从这里，到接下来的章节，都与孝有关。《论语·为政》与孝的联系非常紧，因为中国古时候大部分时期是以孝治国。

我们先来理解孔子所处的时代背景。当时，周王朝已经基本丧失了对整个国家的统治力，鲁君也开始失去力量，而孔子正处于鲁国三桓当政的时期。"三桓当政"，指的是季孙氏、孟孙氏、叔孙氏三家在掌管鲁国的政事。

孟懿子是孟孙氏的掌门人，表面上尊孔子为师，向孔子请教问题，实际上却是君臣关系——一位是当权者，一位是老师。

收位高权重的人为徒，是一件有压力和风险的事。因此，在孔子跟孟懿子的对话中，我们可以感受到孔子说得并不痛快。

孟懿子问孔子："什么叫孝？"孔子说"无违"，就是不要违反。

我们总觉得，孔子的这句话好像没说完。孟懿子真懂了吗？未必。但是孟懿子没再接着问。

当权者请教问题，但并没有接着问，也没有显露出好奇心，孔子自然也就不必解释。

孔子把话憋在心里并不舒服，他知道还没有说明白。

樊迟是孔子的学生，喜欢种地，喜欢收拾菜园子。他给孔子驾车，孔子憋不住地说："孟孙问孝于我，我说无违。"

樊迟自然和老师更亲近，就问："您为什么说这么奇怪的话，无违到底是什么意思呢？"

有很多人在理解这句话的时候，认为无违是"不要违反"的意思，父母怎么说，我们就怎么做。

孔子的解释不是这样。孔子说："生，事之以礼；死，葬之以礼，祭之以礼。"不要违反礼节，这就叫作无违。

"生，事之以礼"，指的是一个人要依据礼法，有原则地对待自己的父母。关于如何对待父母，周朝有明确的礼法，但这并不表示要一切听父母的。孔子认为，作为子女也要有自己的独立人格。

"死，葬之以礼"，父母不在了，要葬之以礼。

葬之以礼，代表着一种节制。当时的贵族，下葬时的陪葬品非常奢侈，常常用一些超规格的祭祀品，导致劳民伤财。但是平民百姓如果因为贫穷而把父母的遗体随意处置，不安葬，也是过分的。

祭之以礼，指的是在祭祀的时候，也用符合礼仪的方式。

为什么孔子不对孟懿子讲这些？

因为季孙氏、孟孙氏、叔孙氏在鲁国当政后，经常会做很多越轨的事。比如说"三家者以《雍》彻"，他们在祭祀自己的祖先时，竟然将国家祭祀先祖的歌作为祭祀礼乐。对于这些贵族而言，这合乎礼法吗？孔子认为这是非常过分的事，是可忍，孰不可忍，孔子甚至因此还骂过他们。

孔子的观点是，倘若真的想对祖先尽孝，就不要把祖先的地位抬得过高，给他们超出身份的待遇。如果非得按照对待皇帝、君王的方式来祭祀自己的祖先，其实是给祖先抹黑。

孔夫子讲的第一种孝，就是无违，也就是不要违反礼节。

后文还有孔子讲"孝"的内容。面对不同的人，孔子对孝的定义并不一样。从这里，我们也能看出孔子非常重要的一种教学方法——因材施教。

父母唯其疾之忧：懂得沟通，是孝的关键

孟武伯问孝。子曰："父母唯其疾之忧。"

孟武伯是孟懿子的儿子，比起前文，这时候已经隔着一辈儿了。孟武伯肯定与他父亲年轻的时候不一样。他问孝的时候，孔子说："父母唯其疾之忧。"

关于这句话，通常有三种解释。

第一种解释是一个人一定要担心父母生病。有句话叫"久病床前无孝子"，但如果父母生病了，子女要衣不解带地服侍父母。

但如果按照以上的理解，如何解释"唯"的意思呢？似乎就不用解释了。

第二种解释是分析什么叫作孝顺。只有父母生病了，你才需要担心，其他的事情都不需要担心，这是孝。

曾经有一个公案。孟子的学生桃应问孟子："假如舜的父亲瞽瞍杀了人，皋陶执掌法律，舜作为国君该怎么办？"孟子说："应该让皋陶依法治罪。"

桃应又问："舜为什么不阻止皋陶呢？"

孟子解释说："舜作为天子，当然要遵守法律。皋陶是秉公执法，舜怎么会

干涉呢？"

桃应又问："那么舜该怎么办？"

孟子最后说："为了救父亲，舜会把国家抛下，偷偷地背着父亲逃走，到海边隐居。"

从这个故事中，我得出一个结论，孩子不要替父母做主，不要参与父母太多的事，只要在最关键的时候表现出对父母的重视即可。

很多书都讲到家庭的伦理秩序。比如《这不是你的错：如何治愈童年创伤》里提出，当父母年迈，而子女成了家里的顶梁柱时，子女会经常干涉和参与父母的日常生活。比如有的人批评父亲"你别跟我妈吵架，这像什么话"。如果一个人以批判的态度对待父母，总想管父母的事，家庭秩序就乱了。

"父母唯其疾之忧"的核心意思是，除了父母生病需要孩子服侍之外，剩下的事就得尊重父母，让父母自己去做决定，因为这是父母的人生，他们拥有选择的自由。如果孩子总是在小事情上干涉父母，惹父母生气，那就是不孝。

第三种解释是要真正做到孝，就要让父母知道，孩子成年后，除了身体健康，其他事情无须父母担心。

有的父母在孩子毕业之后还不断操心：担心孩子没钱，每个月给孩子转账；孩子想要买房子，就砸锅卖铁给孩子攒钱；催促孩子赶快寻找伴侣，成家生子，接着又开始担心孩子的孩子上什么学校……

如果一个人担负不起自己的人生，父母对他的担心就会没完没了。父母生养了孩子，就像欠了还不完的债，一辈子都在牵挂，一辈子都被负累。

所以，要成为一个孝顺的人，就应该努力管好自己的生活，让父母无须对自己的任何事情担心，见面只要问"最近身体好吗，别累着了"就够了。

如果孩子发展得不好，日子过得一团糟，父母就不可能不担心。因此，孝的核心是能够做到让父母省心。

我个人觉得，这很有可能就是孔子想要跟孟武伯表达的意思。孟武伯是孟孙氏的继承者，而孟孙氏有权有势，继承者是很有可能造反的，他只要有"我想替代鲁君"的心思，就是要造反了。

孔子为了维护鲁君的地位，就对孟武伯说："想要表达孝顺，就谨慎地处事，别让你的父母替你担心。"

以上三种解释未必是非此即彼只能取其一的，这不是一个学术讨论。如果有读者觉得这三种解释对自己都有用，那不妨都接受，只要对自己有帮助即可。

我个人更受益于第三种解释。第三种解释指导了我们的生活，让我们积极地和父母沟通。因为有时候父母对孩子的担心，并非来自孩子的生活过得多么不好，而是缘于孩子根本没有跟父母沟通过。

我们有没有让父母了解我们的生活状态？有没有让父母知道"我过得很好"？如果没有，就需要加强与父母的沟通，让父母减少对我们的担心，直到让父母说出："照顾好身体就好。"

子游问孝：什么是尊敬

子游问孝。子曰："今之孝者，是谓能养。至于犬马，皆能有养；不敬，何以别乎？"

子游问孔子，什么叫孝。

子游，姓言，名偃，比孔子小四十五岁，是孔子的一个学生。

子游是一个平民。读到这里，我们发现，孔子对普通学生和贵族学生说话，是不一样的。他跟贵族学生说话点到即止，不愿意多说，不攀附权贵。

孔子对孟懿子说"无违"之后，如果对方愿意接着问，孔子会继续解释；如果对方不愿意再发问，孔子则不再多说，而是把自己的想法告诉了平民学生樊迟。

孔子跟子游说话，说得特别明白。

他先指出一个现象：在今天，所谓的孝就是能养。放到现在，意思就是，子女觉得给父母买了房，买了车，带父母去旅游，给父母钱，就是孝。

孔子的观点则不同。孔子认为，"至于犬马，皆能有养"，一个人养一匹马，养一条狗，也能做到如此。而"不敬，何以别乎"，就是说，一个人在赡养父母的时候，如果对父母没有尊敬的态度，这跟养马、养狗有什么区别。

孔子这话说得相当难听。

此时，孔子离他生命的终点已经很近了。而曾经发生了一件事，我认为孔子心里并不舒服。

一天，孔子的学生上朝回来，孔子问朝里发生了什么事。学生说，上朝时讨论了一些大事，并没有对孔子说细节。孔子说："你没有告诉我的事情，我听得多了。"

这说明孔子的晚年生活节奏变慢了，反应变慢了，感官变慢了，也出现了话多、信息不灵、爱操心的特点。此时，连孔子的学生，那些他看着长大的孩子都开始说："我们在谈论国家大事，您就别多问了。"

有可能在发生这件事之后，子游刚好跑来问孝，撞到"枪口"上了。孔子说，不要像养犬、养马一样去养一个老人家，这是孔子作为一个老去之人的感慨。

色难： 你能做到始终和颜悦色地对待父母吗

子夏问孝。子曰："色难！有事，弟子服其劳；有酒食，先生馔，曾是以为孝乎？"

子夏问孔子什么叫孝，孔子说："色难！"也就是说，和颜悦色是最难的一件事。

孔子的意思是，我们在对待老人的时候，保持和颜悦色是非常难的。与之相对的是，对待小孩子，我们可以说是"色易"。比如，作为父母，你照顾一个两三岁的小孩子，表情会很温柔，态度会很温和，你会赞叹"宝贝真棒，真可爱"。

我琢磨了原因，其实很简单——小孩子很萌，能给人带来希望，大人照顾孩子，孩子会一天比一天更好。而老人有时候会给我们带来失望，不论我们如何精心照顾，按照生命的规律，谁也逃不开生老病死，老人还是会越来越衰弱，行动不便，记忆退化。

孔夫子说的"色难"，到底有多难？

真的是很难。

有一个耳熟能详的故事。老父亲指着一只鸟儿问儿子："那是什么呀？"儿子漫不经心地说："那是一只麻雀。"过了一会儿，老父亲又问"那是什么呀"，儿子又回答说"那是一只麻雀"。第三次，父亲又问，儿子越来越不耐烦，告诉父亲："麻雀，麻雀，麻雀！"

后来，父亲拿给儿子一个日记本，日记本里记录着儿子小时候的事情。三岁的时候，儿子也问："爸爸，那是什么呀？"爸爸温柔地对儿子说："那是一朵花。"儿子问了七遍，爸爸回答了七遍。

孩子问我们一个问题，无论多少遍，我们都很有耐心地解释，但是人老了以后，问个两三遍，人们就开始不耐烦了。

我看过这样一段文字，大意是，在培养和挑选护士的过程中，老师让大家回答一个问题：有一个病患失去了语言能力，有时候会有暴力倾向，无法控制大小便，没有自主行动的能力，有时候能够爬，但是不能走路，请问你应该怎么照顾他？

很多年轻的护士回答，这太难了，照顾一个生活无法自理的人太痛苦了，不想干这样的事。

老师解释说，这是一个一周岁以内的婴儿。

护士们一下子就能接受了，觉得很容易。

但当人们脑海中想象这是一个老人家的时候，就会觉得很难。这就是我们对于老人和孩子不同的感受。

要想克服这种感受，是相当不容易的，人们就是喜欢有希望、有生机的事物，不喜欢正在衰退的、给人带来失望的事物。然而，这正是人需要修炼的部分。

希望我们都能够记住"色难"这个词，意识到对待老人，做到和颜悦色是最难的一件事，从而在心底里提醒自己。

"有事，弟子服其劳"的意思是，有什么事有弟子去做，比如孔子的学生们照顾孔子，说"老师你别动，我来"。

"有酒食，先生馔"，有好吃的，有好喝的，先给老师享用。

然而，这就叫作孝吗？这与前文提到的"至于犬马，皆能有养"是一个意思。孔子认为，缺少敬意，都不能称为孝。

当子夏问孔子孝是什么的时候，孔子有感而发，告诉他"不要给我脸色看，这很重要"。连孔子都受不了难看的脸色，我们的长辈怎么可能受得了呢？但是我们看看当下，有多少老人在家里是忍气吞声的？

很多人老了以后，经济来源依靠子女，生活在子女的屋檐之下，帮子女带孩子，忙里忙外，却还是唯唯诺诺，甚至自我贬低，觉得自己没有价值。

有的家庭里，老年人被当作免费的保姆，子女还对他们不耐烦。

因此，年轻人冲老年人发脾气的时候，不妨提醒自己，有个词叫"色难"，不妨反思自己，真的要这样对待老人吗？

也有很多年轻人会批评老人，说他们为什么不去旅游，为什么不吃好吃的，为什么总想着省钱……这种批评，看似是为了老人好，实则只是为了填补自己内心的空虚，是年轻人太想证明自己是个好孩子！而指责与抱怨，却给老人带来了真实的伤害。

我们一定要想清楚，自己到底是为老人好还是为自己好。如果真正为老人好，就一定能够做到敬，而敬才是孝的前提。

当我们在与父母相处时，能认识到"色难"，提醒自己要和颜悦色地对待老人，才是孝。

回也不愚：自主思考的力量

子曰："吾与回言终日，不违，如愚。退而省其私，亦足以发。回也不愚！"

颜回出场了！

颜回是孔子特别喜欢的一个学生，孔子每次说到颜回，全是溢美之词。

颜回可能真是一个生而知之的人。

孔子说："我整天跟颜回说话，颜回从来没有质疑和反驳过我。"对孔子所说的话，一听到就说好，并且立即行动。这样看起来，颜回似乎有点缺乏思考。

子贡和子路，包括其他的学生，比如宰予，每个学生都问过孔子很多问题，都曾经对孔子的一些言论提出过疑问，因为要互相切磋——除了颜回。

孔子起初觉得，颜回是不是有点傻，否则为什么无论自己说什么，颜回都觉得没问题，都不假思索地去做。

然而，他又能"退而省其私"，当孔子再去观察颜回的表现时，就能看到颜回是如何对自己的话做出反馈的。颜回做到了"亦足以发"，原来，颜回对孔子说的话是真的理解了，真的用在了生活中，真的做出了改变。

孔子的话在颜回身上有着发挥，有着发展。

孔子说"回也不愚"，就是说"颜回这孩子可真不笨"。这句话表达了孔子的欣慰之情。

大概十年前，我在微博上把对孔子这句话的解释发出来，结果转发量达到几千次。我很奇怪，为什么会有这么多人喜欢这句话？

我们也可以想想，为什么像颜回这样不喜欢辩论、不喜欢提问的孩子，在孔子看来是一个好孩子？

我们可以反过来，在特别喜欢发问的子贡和子路身上找到答案。子贡和子路为什么那么喜欢提问呢？有可能是因为缺乏独立的思考，太依赖老师，因此直接进入讨论环节，跟老师辩论。他们表面上特别活跃，而实际上，有可能根本没有深入地思考，只是依赖和老师讨论与切磋。

我在"樊登读书"给大家推荐了不少书，也会经常遇到大家提问："樊老师，我觉得你讲的那本书里，有些东西好像我不太理解，你说得不太对吧？"

遇到这种问题，我的答案通常是："你不妨回去再想想。"

我并不是不愿意接受质疑，也不是拒绝讨论，而是我认为，当一个人在脑海里进行了足够的思考后，才能够对问题有真正全面、深刻的理解，自己攻克问题。如果有人问了一个问题，我着急给出一个解释，他有可能会为了维护"问"的价值，再进行反驳。越反驳，他会越坚持自己的想法，也就更不愿意接受其他观点了。

颜回是怎么做的呢？他"不违"，并不意味着不加思考就对老师的话全盘接收。他的办法是，当孔子说的某句话，他不理解时，不立刻反问，而是回家继续认真琢磨，找到其中的道理。

孔子说的话都对吗？不一定。如果说得不对怎么办？颜回是只听有道理的部分就好了。

颜回能够在学习的过程中，主动去找到有价值的东西，所以孔子说他"不愚"。

有一个修行的人，跑去找一位大师抱怨，说自己的老师水平不行，行为不检点，经常做一些违反戒律的事，自己不能够跟他学习。

大师就跟他聊天，一边聊天，一边拿起一把糖，扔到沙地上。

沙地上开始有蚂蚁过来搬糖。大师对学生说："你看真有意思，蚂蚁怎么只搬糖，不搬沙子？"

学生回答："蚂蚁不傻，搬沙子没用，它要吃的是糖。"

大师说："那你为什么要搬沙子呢？为什么总是去观察老师不好的地方呢？你应该从老师身上去学些有用的东西，看到老师身上有价值的部分。"

颜回正是如此，他总是能够非常快速地找到最有价值的东西，内化为自己的习惯。甚至，之所以其他学生总是喜欢提问，是因为他们思考得没有颜回这么快。

子贡有一次评价颜回，说颜回举一而知十，意思是颜回脑子反应极快，孔子对颜回说一件事，颜回可以类推到十件事情。颜回总是能够很快地抓住孔子思想的精髓，孔子根本不需要多做解释。

我引用这句话的时候，很多人转发，我想这和我们当下的工作有很大的关系。在公司里有一种人叫ETC，就是"自动抬杠"的意思。这样的人总是喜欢反驳别人，只要一开会，就说："我不同意，这事不对。"他似乎觉得在公司里只有不断发表不同的意见，才代表自己有存在感、有价值，是敢说话的人。

实际上，如果能够像颜回那样，做到不违如愚，别急着反驳别人，自己先琢磨、思考清楚，就能够节省很多的沟通成本。

人当然可以发问，颜回其实也问过孔子问题，但发问之前，要动脑子。

当有人问我问题的时候，我之所以没有直接回答，是因为发现他还没有启动思考，就希望别人给他一个答案。

人们习惯性地把自己的未来押宝在别人身上。很多人从小到大的学习方式，就是把自己交给练习题，交给老师，甚至还有学生高考没考好，回去状告老师的案例。

实际上，一个人只有真的思考了，才能够问出有价值的问题。有很多问题，经过思考后就不用再问了，因为问题已经被解决掉了。

不违如愚，这就是颜回和其他人不一样的地方。当我们学习的时候，不能将压力都给老师，要自我承担起一些责任。在向老师发问之前，先想想自己是不是下了足够的功夫，有没有试着替老师回答一遍问题。

之后，你可能发现已经不用问了，你已经豁然开朗，并且能将结论在生活中用起来了。

从领导力的角度看，颜回的做法相当于"接受反馈"。就是当别人告诉自己应该怎么做的时候，核心是多倾听、多思考，想想自己有哪些能够改正的地方。比如跟领导汇报的时候，可以先说自己决定如何改变，这样的下属令领导省心，因为他具备自主性，在不断地动脑子思考问题。接受反馈，这是非常重要的一个能力。

我介绍过一本书，叫《高绩效教练》。在这本书里，也提到了调动自我责任的重要性。作者认为，我们要相信每个人身上具有的潜能，要试着让责任感回到自己身上，自己解决自己的问题，自己为自己的成长负责。

孔子喜欢颜回，就在于颜回能够调动自我责任。他不会遇到难题就发问，不会口无遮拦地随便说话，他说的每一句话，都是经过潜心思考的，这就是不违如愚背后的逻辑。

人焉廋哉：看穿一个人，三个角度就够了

子曰："视其所以，观其所由，察其所安。人焉廋哉？人焉廋哉？"

这段话是孔子较为得意的洞见。有人问孔子如何识别和看透一个人，孔子就说了这句话。

讲孔子的识人之道前，我们先看看孟子是如何看人的。孟子的方法很简单："存乎人者，莫良于眸子。眸子不能掩其恶。胸中正，则眸子瞭焉；胸中不正，则眸子眊焉。听其言也，观其眸子，人焉廋哉？"

我们领会一下孟子的意思，就是要盯着对方的双眸看，如果一个人的双眸不清澈，眼神闪烁，游移不定，就是坏人；正直的人，眼神一定明亮。

我有一个警察朋友，特别认可这种方法，他看犯罪分子看得非常准。

"廋"（sōu）是隐藏的意思。"人焉廋哉"，是指根本无法躲藏、无法掩饰，有经验的人一看眼神就能确认了。

孔子的观点更加严谨，他提到了用三件事来观察别人，这样也没有人能够

藏得住——视其所以，观其所由，察其所安。

简单点讲，就是使命、愿景、价值观。

看一个人的使命、愿景、价值观，就能够知道这个人到底是怎样的一个人，到底想要做什么。

"视其所以"，"以"是凭借的方法，整体意思是，观察一个人是用什么样的方法在做事。比如，你发现某个人做事的方法永远是拉帮结派、行贿受贿、敲诈勒索，此人能好到哪儿去？

补充一下，有些人喜欢研究厚黑学，以为这样可以让自己在人际关系中如鱼得水。实际上，厚黑学误导了一些人，令人误以为结党营私是最好的手段。比如做老乡会，歃血为盟，这就叫作"小人党而不群"。

"观其所由"，就是观察一个人做事的动机是什么。比如某个人做一件事情，是为了满足私欲，为了让自己过上更好的生活，更有面子，还是为国、为民、为社会、为他人能够变得更好。

"察其所安"，"安"是指一个人在怎样的情况下觉得舒服、自在。他在什么样的时刻会感到安心？使他安心的点到底在哪儿？这是愿景，是关于一个人对未来价值的追求。我们判断一个人，要看他在什么状态下最舒适、最安闲，还要看他跟什么样的人在一起时最自在无碍，是选择跟狐朋狗友喝酒、吹牛、打麻将，还是选择跟学习型的人一起研讨、一起进步，共同成长。

孔子说，看一个人，从三个角度就够了——做事的方法，做事的出发点，最让他安心的生活方式。把这三个角度看明白了，他就再也无处躲藏。

有的人不擅长看人，尤其是女孩子在找对象时，很容易遇人不淑。有的女孩子判断一个男生，只看他对自己好不好，看对方是否给自己送礼物，看对方是不是肯在自己身上花钱，甚至看对方是否会为了自己与别人打架。当一个女孩完全被这样的想法占据，只看对方对自己的态度时，就会忽略对其他维度的观察——观察对方是如何做事，做事情的手段和方法，以及他做事的动机是什么，他闲的时间在做什么，他有什么兴趣，交什么朋友……而这些，才是显现一个人品性的关键之处。

我特别提醒女孩子，看一个人是否值得嫁，是要看他怎么对待普通人。仅仅看他如何对待自己是有欺骗性的，有的男性在谈恋爱时，由于荷尔蒙水平升高，会对女孩子好得五体投地。可是，他能好到极致，往往也有可能会坏到极致，因为他走的是极端。

女孩子必须得能够看到这个男生跟其他人是怎么相处的，他是如何对待他的家人、朋友、同事以及陌生人的，这样才能看清他的真面目。孔夫子这段话价值千金。

温故而知新：在反思中学习

子曰："温故而知新，可以为师矣。"

这句话很简单，我们从小就听过：怎样才能做一个老师？温故而知新。如果你学了很多知识，还能够推导出一些新的想法来，就可以当老师了。

那为什么这句简单的话会单独成为一个节？我觉得这句话是孔子在鼓励很多人当老师。

当老师需要很高的条件吗？其实并不需要。孔子希望更多的人来进行知识传播，肩负起老师的责任。

作为万世师表，孔子在他的时代，以全新的教育模式，开发了特别重要的市场，在现代被称为"蓝海市场"。在过去，教育是只针对贵族的，整个社会的识字率非常低。而孔子说"自行束脩以上，吾未尝无诲焉"，只要主动交十条干肉，哪怕你是贩夫走卒，都可以来学习，有教无类。

开发了蓝海市场后，孔子发现自己一个人忙不过来，他自己最多只带着三千学生，所以希望能有更多的人成为老师。当孔子将自己的期望说出来时，有人说："我不行，老师，您的境界太高了，我达不到，您一开口就充满智慧，我做不到。"

孔子说，不必如此，"温故而知新，可以为师矣"。意思是，一个人不要只想着做传声筒，把老师的话全背下来，再去传达，这种简单的信息传递意义不大。如果一个人听完孔子讲的道理之后，能够自己发挥、推导，加入自己的想法，像子贡的"如切如磋，如琢如磨"，或者像颜回的"退而省其私，亦足以发"，这种人就能够成为老师。

"温故而知新"的"温"，可以理解为小火慢炖。孔子教给了学生新的东西，但该如何理解和运用呢？你得自己慢慢体会、慢慢酝酿，用过去所学的知识和经验，去参透新的东西。尼采说过一句话：这个世界上一切好的东西，都是慢慢得到的，如果不是慢慢得到的，你就等于没有得到。

温故，也就是把过去的东西反复琢磨。

我个人想了一下，温故之后，可能有三种结果：

第一种结果，叫温故而不得，就是温故了很久都不明白是什么意思。在这种情况下，不适合马上做老师。

第二种结果，叫温故而有所感，温故后悟出了其中的道理。

第三种结果，叫温故而知新，就是慢慢琢磨过去的经验时，发现这个经验可以和新的想法相互印证，可以有新的应用，这就是温故而知新。当你对学到的东西能够有新的体会、新的发现时，就证明你吃透了它。当你拥有这种能力时，就可以为师矣。

教就是学的过程，这和"樊登读书"所倡导的观点是一致的。"樊登读书"做"讲书人"活动，就是希望把自己讲书的能力分享给大家，教大家如何拆书、解书、讲书，目的是让世界上更多的人去传播知识，并以此为事业，体面地养活自己，这就是孔子当年所做的事。

孔子在提醒我们，不要把当老师这件事情想得很复杂。能够做到温故而知新，不需要拿到教师资格证，就可以教别人了。一个人在生活中能够教身边的人，哪怕只是令几个人有所获益，也是老师。

以"温故而知新"来自勉，可以对自己进行反思：今天有没有知新，有没有从过去的道理中，发掘出新的意义和价值来。

这种联想和探索能力，就是做老师的潜质。

君子不器：让自己拥有"反脆弱"的特性

子曰："君子不器。"

孔子只说了四个字。

熟悉我的人也经常听我用到这四个字。

要想阐释"君子不器"，我们可以先了解一下《反脆弱》这本书。《反脆弱》认为，世界是脆弱的，总会有各种天灾人祸，充满着不确定性，很难预测和避免。为了应对这些不确定性，我们可以增强自己应对风险的能力，让自己拥有反脆弱的特性。

而君子一旦成为一个器物，就变得脆弱了，比如一个坛子，一敲就碎了。

君子变成一个器物是什么意思？有人这样定义自己："我就是个会计，除了算账我啥也不会，你别跟我说其他的事。"当一个人认定自己就是一个会计时，那他一辈子就只会算账。那么，请问，这样的人生脆不脆弱？当人工智能学会记账时，这位会计就会遇到危机；或者，当公司请了一个更好的会计时，他就失业了。

我在北美的时候，有一次看到卡车司机罢工游行。因为公司买了很多辆无人驾驶汽车，卡车司机自然要被裁掉。无人驾驶汽车既不容易发生交通事故，还不用付工资，一定是未来的趋势。而这些卡车司机已经开了一辈子车，而且以前的收入还不错，他们没想到开车这个技能有一天居然不再被需要了。这就是君子器之，一个人变成了固化的状态，守着一成不变的技能过一生。

君子不器，这句话具有极强的人文主义色彩。

每一个人身上，既有人性也有工具性。资本主义早期的目标就是工具性。福特汽车公司的创始人亨利·福特说："我只想要雇用一双手，为什么还要来一个脑袋？"在他眼中，员工不需要有思想，有思想的人容易闹事，他只想要一双手，这是将人工具化。

资本主义早期的特色是把人变成工具。比如，会计就是会计，灯光师就是灯光师，摄像就是摄像，其他的最好都别懂。这样一来，资本家就是最有话语权的，他们明白，如果某个人不服从命令，后面还有一群人可以接这份工作。

而孔夫子倡导人要有人性，要做一个可以全方位发展的人。

一个人可以一边创业，一边写诗；一边炒股，一边写小说；一边健身，一边爬珠穆朗玛峰……这都是人的权利。

人当然可以全方位地发展，把体内的潜能发掘出来，这是孔子对于人性的颂扬。只有当我们意识到自己是一个人时，就不会让人生走向脆弱，不会让不确定性影响自己。

孔子是个什么样的人？他是一个政客吗？如果孔子是一个政客，他这一辈子都是失败的。他是一个教书匠吗？如果孔子认为他只是一个教书匠，为何参与那么多政事？

孔子从来不认为自己是一个教书匠或者一个政客，他不会将自己进行单一的归类。

孔子说，"不怨天，不尤人，下学而上达"，他永远都有着杠铃式的配置，对人生有着多手的准备，他永远都生活在一个拥有丰富选择权的世界中，这就是反脆弱。

要想做到反脆弱，我们一定不要活成一个机械体，要让自己活成一个丰满的、生动的人。

我曾经看到一个视频，心里很难过。一个收费站的女员工被单位裁员了，向领导哭诉，她说自己这辈子只会收费，全部的青春都交给了收费站，现在失业了，即使要学别的，也学不会了，再也没活路了……

其实，这件事情她谁也不能责怪，时代的车轮向前行驶，无法适应的人很难跟上变化。

有没有人觉得自己做的虽然不是收费站的工作，但也面临同样的困境？比如一个老板，如果他认定自己就是一个老板，等到他退休以后，感受一下生活，可能会变成一个郁郁寡欢的老人。离开了工作岗位，司机也没了，下属也没了，变成了一个平凡无比的人，瞬间失落无比，感受到人生脆弱而痛苦。

除了《反脆弱》，还有一本书的观点可以与"君子不器"互相印证，这本书是《有限与无限的游戏》。

《有限与无限的游戏》倡导人要传奇化地活着，而不是剧本化地活着。什么是剧本化的生活？剧本化的生活就是按照别人的安排去生活，听任别人的规定去做事，按照操作手册去行动。传奇化地活着，就是自己写剧本，自己想干什么就干什么，去实现个人梦想。

国内外很多作家对"君子不器"都有观察和表达。契诃夫的小说《小公务员之死》中，一名公务员因为误会将军对自己有意见，紧张到极致，压力大到要去死，就是因为他认定自己只是个小公务员，他没有看到自己身上的潜能。

除了管好我们自己之外，"君子不器"在管理学上也非常重要。

管理者要经常提醒自己，别把员工当器物、当机械体，别对员工说"你就干好你的会计工作就行了""你就干好你营销的事就行了""不属于你的业务，你别管那么多"。管理者应该把员工当作一个个活生生的人，看到他们身上的潜质，尊重员工全面发展的权利。

对于每个员工而言，也要做到君子不器。你可能目前还是一名普通员工，但未来也有可能成为一个创业者，甚至可能会写小说，成为一个作家，也可以去做学问，成为一名学者……总之，一切都有可能。

我们要对自己、对他人的生活有更大的想象空间，对人生有多层次、多角度的诠释，让自己拥有丰富的选择权，这时候你才不至于沦为一个脆弱的器物。

这句话是我的人生格言之一，希望大家喜欢。

先行：什么情况下可以表达心中的想法

子贡问君子。子曰："先行其言而后从之。"

在前文提到过，子贡是孔子身边最富裕的一个学生，很敬仰孔子。子贡问孔子什么是君子，因为老师总是提到"君子"，子贡想知道，君子的表现到底是什么。

君子如何界定呢？其实不容易界定。读《论语》这么多遍以后，我的感受是，君子与小人其实并不是截然不同的两种人，很难确切地评价某个人是君子，某个人是小人。我认为在孔子的理解里，君子和小人也只有一个模糊的界限，或者说，君子跟小人是人生的两种状态。

每一个人体内都有两种不同的状态，有小人的那一面，也有君子的那一面。随着人生不断的成长，我们要减少小人的成分，增加君子的成分。

小孩子的行为，基本上都符合小人的表现。"小人党而不群"，小孩子就喜欢结党营私，喜欢和小伙伴拜把子、称兄弟；"小人比而不周"，小孩子喜欢拉帮结派、互相内斗，比如"我不跟你玩""我们大家不跟你玩"；"小人喻于利"，小孩子互相诱惑，"我给你一块橡皮，你给我写作业"……因为是小孩子，所以你觉得很可爱，但这些其实就是我们体内"小人"的部分，是没有被修订的那种状态。

有一位爸爸曾经跟孩子讲，每个人的体内都有两只小动物，一只善良的，一只凶猛的，这两只小动物不断地互相争斗。所以，有时候你想成为一个好人，有时候你想成为一个坏人……孩子赶紧问，最后谁赢了。爸爸说，你喂养哪一只小动物，哪一只就赢了。

那么，我们是选择支持体内善良的部分，还是支持体内凶猛的部分呢？

我的儿子嘟嘟在两岁多的时候，有段时间很叛逆，情绪暴躁，还有暴力倾向，见到谁都打，打完还哭，有时把别人脸抓破了，他自己却哭了。我们家里人都很着急，甚至想着要不要揍他一顿。

我说不用。有一天，机会来了，在嘟嘟情绪稳定、很放松的时候，我把他抱在身上，对他说："嘟嘟，你知道吗，你身体内有一个小天使，有一个小魔鬼，他们在打架呢。"

他问："什么是小天使？"

我反问："你想想看，你什么时候是小天使？"他回答："我现在这个样子就是。"

我说："对。那什么是小魔鬼？"

嘟嘟想了想说："我昨天打阿姨的时候，就是小魔鬼。"

我问他："你看你也知道什么是小魔鬼，你希望谁赢？"

他肯定地回答："我希望小天使赢。"

我说："那你要多帮帮小天使。"

我和嘟嘟谈过这一次话之后，他的叛逆期很快就结束了，再也没有动不动就打人。

这段谈话是有心理学依据的。大人要让孩子跳出来观察他自己，只有他跳出来，他才能够看到自己的行为，判断自己行为的好坏。如果不能跳出来观察自己，他会觉得被某一种情绪带走了，他自己也不知道为什么要打人，自然无法掌控自己。

大人要告诉孩子：你是有能力掌控自己的，你可以跳出来观察自己，看看是想帮小天使还是小魔鬼。

一般来说，孩子就会让小天使出现，这是他们自己的选择。

君子和小人，是我们体内的两种状态，我们喂养谁，谁就能影响我们的行为。我们不必去谴责别人是小人，也不必标榜自己是君子，我们要做的，是去抑制自己体内小人的成分，更多地喂养君子的成分。

关于如何成为君子，孔子回答的是"先行其言而后从之"，也就是"行胜于言"。你先把事做好了，再慢慢跟别人说；说了以后，你还要接着做，实现自己说的话。

为什么孔子要对子贡说这样的话呢？我们要先了解这段对话的背景。可以联想一下，子贡作为经商之人，一定非常善于说话，在特定的场合，可能忍不住就会畅所欲言，甚至说大话。孔子知道这样不行，这不是"敏于事而慎于言"。

孔子提醒子贡"先行其言而后从之"，也是因材施教的一种体现，孔子希望他在语言上更加谨慎。

那么在今天，我们也必须如此吗？

其实不一定。我觉得未必要将自己的想法统统藏在心里，因为在现代社会，沟通是很重要的。有时候，我们需要将自己的想法提前表达出来。

举个例子，爱迪生为什么能成为伟大的发明家？当时不止他一个人发明电灯，很多人都在研发电灯。爱迪生与众不同的是，在电灯发明以后，让所有的家庭感觉到蜡烛是非常昂贵的。

当时所有人都觉得电灯与自己的生活无关，因为电灯需要电，谁来供电？电一定很贵吧？

爱迪生有远见地说，未来点蜡烛的都是有钱人，电灯则是每家每户必备的。他用自己的梦想打动了一群人，他们组成了团队，一起实现了这个目标。看看现在，电灯走进了千家万户，成为最常见的东西，而烛光晚餐则是昂贵的。

如何打造指数型组织？第一步就是先把伟大的梦想说出来，给团队构建愿景。

这不符合孔子提倡的"先行其言而后从之"。由于时代的不同，我们的生活节奏越来越快，资源越来越多，自然无法完全照着孔子说的做。

一个人先说出梦想，就可能会得到更多资源上的支持。我们能够做到的是"信近于义，言可复也"。可以先把自己想的事情说出来，但说话得合于义，心中要有把握，能够信守承诺。

孔子若是能够理解我们现代的生活，想必也不会责怪。而且，这句话发生在孔子与子贡之间，孔子之所以这么说，本来就是由子贡特殊的职业身份决定的。

君子周而不比： 人际关系的最佳状态

子曰："君子周而不比，小人比而不周。"

第一次看到"周而不比""比而不周"，我想你可能会很难理解。查阅一下甲骨文，我们就明白了。"周"的甲骨文是一块田地，方方正正，隔成四块，彼此不牵连、不干扰。"周"代表着完整、独立、周全。

"比"是两个人互相拉扯。李零教授认为，中国人最大的问题是喜欢拉拉扯扯，界限不清。

"小人比而不周"的意思是，人与人相处时，缺乏独立的人格，缺乏独立的、完整的见解。

"君子周而不比"的意思是，人与人之间所建立的那种和谐的状态，既相互独立，又能平等对话。

孔子有时会将君子跟小人进行对比，对于这些话，我们可以格外留心。孔子认为君子和小人表面可能会看起来很像，比如"君子和而不同，小人同而不和"，我们用肉眼不容易分辨其中的不同。"周而不比""比而不周"也一样，表面看起来，大家相处得都很和谐。

但是"周"和"比"的本质区别在于，"周"是在有完整、独立的人格的前提下而形成的团结。我们的关系是平等的，虽然我们相处很融洽，但每个人都是独立的，都可以有自己的不同见解，我们表现出来的团结与和谐，并不会违背我们的独立意志，这是"周"的本意。

"比"则刚好相反，是因为依附而失衡。小人通常缺乏独立的意志，总是我拉着你、你拽着我，必须扎堆，让别人的意见成为你自己的意见，让别人的观点成为你自己的观点，甚至为了拉帮结派而违背原则和立场，相互纠缠不清。

孔子提醒我们，团结跟勾结是两回事，你看这两个词多像，但意思却大相径庭。

比是勾结、拉扯，周是完整。

周而不比，就是每个人独立、完整、互相尊重，这就是团结；比而不周，是拉拉扯扯，硬要勾结在一起。

这一点细微的差别，让我们明白团结与勾结本质上的差异，这就是孔子要校正的。

我们也能够因此判断，一个团队是应该团结在一起，还是勾结在一起？是彼此拥有独立的人格，设立彼此间的界限，互相尊重、互相理解，还是靠互相拉扯、互相制约，捆绑在一起？

比如电影《投名状》，是周而不比，还是比而不周？

《投名状》是非常典型的"比而不周"，三兄弟间彼此缺乏信任，靠逼迫对方杀个人，就能结盟了，以为手里握着对方杀人的把柄，就能在一起"干大事"，这就是小人的做法。所以到最后，所谓的"兄弟"互相残杀，这就是小人的结局。

思而不学则殆：缓解焦虑最好的方法，是多学和多思

子曰："学而不思则罔，思而不学则殆。"

这句话是最为深入人心的名言之一，我小时候，每个教室里都贴着这句话。做了读书会以后，我对这句话有了特别深刻的感受。

关于学习，最常见的误区有两种：第一种是思而不学，第二种是学而不思。

先说说学而不思。

有的人到处上课，报很多班，什么都学。我见过有的企业家，一旦走上了上课的道路，就如同打开一扇洪水的大门，停不下来了。他们甚至会花几十万元去学一门课，但收效甚微。为什么呢？因为他们只是浮在表面地学习，往脑子里塞了很多新知识和新概念，却没有分辨、思考、运用，没有将知识进行内化。结果，课程上了一大堆，公司却经营不下去了。

有一次在混沌大学上课，学员提问的时候，我跟他们做了一个约定："咱们都别讲'黑话'，好不好？因为如果大家讲的全是创业的'黑话'，说一些生僻的、不接地气的名词，研究创业的人当然懂，但其他人听不懂。"

大家被灌输了新概念和新名词之后，往往对这些概念的真实含义还不了解，没有加入自己的思考，没有消化，就挂在嘴边了。这些概念也就成了他们的谈资，却不能为他们所用。

有人问："樊老师，我听了你讲的书，为什么我还是没有找到那种醍醐灌顶的感觉？很多书，你读了你有改变，你告诉我，我该怎么改变？"

如果连如何改变都要依赖老师的指导，不愿意动脑子去琢磨，就容易"学

而不思则罔"。很多人讲起理论和概念来一套一套的，但心里还是糊涂的。

比如，我曾给大家讲过《你就是孩子最好的玩具》，也讲过《不管教的勇气》。这两本书都是关于如何与孩子相处的。

讲完，有人这样问我："樊老师，你讲的《你就是孩子最好的玩具》中提到，父母应该在孩子做对事的时候，表扬他、肯定他，并且告诉他为什么。在《不管教的勇气》里，又说不要表扬，只要表示感谢就好了。你说我应该怎么理解？"

我回答："你就好好去理解，自己琢磨一下。"

作为成年人，我们应该有选择的能力。谁说的更对，谁说的更适合自己，要能进行判断。有人说："樊老师，你不能让我产生矛盾。"可我为什么不能让你产生矛盾呢？就连牛顿和爱因斯坦，他们对这个世界的解释也有完全不一样的时候，我们不能说牛顿和爱因斯坦中总有一个不靠谱，所以就不学物理学了。

物理学在发展，发展的过程中必然会产生矛盾。人类的各种认知，本身就是在矛盾中不断升级的。如果因为存在矛盾就不学物理学，那多么可惜。

同样，家庭教育也在不断地发展，不同的人有不同的经验，研究出不同的方法。家长在选择方法的时候，要加入思考的力量，尝试自己做决断。如果总希望找到一个权威的人为自己做选择，让别人给一个标准答案，那么，谁来为自己的孩子负责呢？

世界上本没有确定的真理。我们通过学习哲学，知道真理只能无限接近，理解了这一点，就不必四处提问了。有很多人不断地发问，仅仅是为了逃避自己思考的责任，有的提问，甚至是逃避学习的借口。

以上是关于"学而不思则罔"的部分。

"思而不学"的情况，你见过吗？有的人总爱钻牛角尖，随时都在质疑别人的经验，暗自琢磨，不相信任何人。他们也根本不去读经典，对前人所研究的东西毫不关心，认为自己没有学习他人的必要。

有的妈妈研究怎么养育孩子，就容易陷入"自己瞎琢磨"的怪圈。

比如，讨论孩子不写作业该怎么办。

一位妈妈说："我揍他，他就能好好写作业。"

我就回复她："揍孩子特别不好。"

她又说："樊老师，我听你的建议，我没揍他。"

我问："那你怎么引导他写作业？"

"我在孩子面前哭。孩子很害怕，问'妈妈怎么了'，我说'我的儿子不写作业，我活不下去了'。"她说，"我觉得这招可能很有效。"

我对她说："你这样做，会给孩子带来极大的内疚感。这样，孩子就算去好好写作业，也只是为了不让妈妈哭，这是一种情感勒索。"

最后我问她："你干吗要做这样奇怪的尝试？"

她反问："那我该怎么办？"

这就叫"思而不学则殆"。

有很多问题，我们只靠用脑袋来思考，是解决不了的。

但如果你肯把前人写过的书读一遍，可能就会发现原来这些问题早就有人想明白了，我们拿过来用就可以了。在用的过程中，要加入自己的思索和判断，甚至加入自己新的发挥，将学和思结合起来。

综上来看，学而不思，人会糊涂；思而不学，就会危险。所以，既要学习，也要思考。经由内化，把知识串联起来，进行批判性的接纳，这是适合我们每个人学习和进步的方法。我们今天所面临的问题，跟两千多年前孔子面临的问题本质上并没有区别。我们可以想象一下，当时的孔子如果也办了读书会，肯定也有一拨学生会说"听不懂""太难了""没啥用""做不到"，还有一拨人根本不学，却天天过来辩论。

孔子会说："多思和多学。"这种学习方法其实是对批判性思维最好的应用。

攻乎异端：如何对待不同的意见

子曰："攻乎异端，斯害也已！"

这句话中，"异端"是指不同的意见。关于这句话，最少有四种解释。

第一种解释：治理和疏导那些异端，祸患就可以消除了。

这种理解认为，孔子说的这句话是指不允许世界上有不同的声音。异端是创新，但异端可能带来挑战。异端出现的时候，你要去治理和疏导它，那么祸患就可以消除了。

第二种解释：攻乎异端的"攻"，可以理解成攻击、治理、攻克、主攻，就是朝一个方向使劲。"攻乎异端"，就是你不断地研究那些极端的、边缘化的东西，而这些东西是有害的，去研究这些东西自然也是有害的。

第三种解释：打击不同的意见是有害的。

这和第一种解释截然相反。你如果去攻击那些不同的意见，不让异端发声，世界便会失去制衡，永远只听得到主流的声音，这样的状态是有害的。这种思想也很先进。

第四种解释：孔子的时代并没有"异端"这个说法。"罢黜百家，独尊儒术"是汉朝才推崇的。在孔子的时代，他的思想并没有成为主流，孔子怎么可能把别家定义成异端呢？在儒家发展的后期，甚至学墨子、杨朱的人都比学儒家学说的人要多。既然如此，异端的意思我们可以理解成走极端。

整句话的意思可以理解成，如果一个人不会允执厥中，而是走极端，则是有害的。

以上四种解释，听起来都有一定的道理。

我个人更倾向第三种解释：打击不同的意见是有害的。

孔子是知道世界有容错性的。比如，孔子在周游列国的时候，见到了很多流浪的人，也见到了一些道家的人，孔子对他们的态度不是打击，孔子认为这些人只是跟自己不一样，但是别人有别人生活的方式，不要去打击那些与自己意见不同的人。

社会要有一定的容错性，我们要允许有人像庄子那样，不想当官，只愿与山林为友；像老子那样，坚持无为而治，从容淡然；像墨子那样，为做公益事业而身体力行；像杨朱那样，"拔一毛而利天下，不为也"……

当世界变得多姿多彩时，害处就少了。就像我们治理沙漠一样，治理沙漠的方法不是让所有沙漠消失，因为沙漠本身也是自然的一部分，我们不可能不允许它存在。如果将所有沙漠都种上绿植，最后就会生态失衡。要让自然拥有自然的样子，不要极力地去反对和消灭一些不同的东西。

对这句话，我想我们还没有悟透，不需要把它当作座右铭。我们要理解《论语》中很多话都有不同的解释，我们吸收对自己有益的内容和解释就好。

不知为不知：毁灭我们的不是无知，而是傲慢

子曰："由，诲女知之乎？知之为知之，不知为不知，是知也。"

此时，出场了一个非常可爱的人物子路。"由"就是指子路，子路的名字叫

仲由。

子路只比孔子小九岁，可以说与孔子年纪相仿。

子路勇猛过人，性情直率粗犷，有侠义之心。孔子曾经说子路"好勇过我，无所取材"。孔子其实也算孔武有力，看钱穆先生的《孔子传》就能知道，孔子的父亲是一个大力士，很有力量，救过很多人。孔子其实也是很勇武的，子路曾经跟孔子还发生过战斗，最后孔子胜利了，子路就成了孔子的学生。

子路性子特别耿直，说话常常不经思考。有一天，孔子把子路叫过来，说："仲由啊，我跟你说过的话，你难道忘了吗？知道的事才能说自己知道，不知道的事你要承认自己不知道，这才是求知的方法。"

很明显，孔子对于子路的一些表现是不满意的，子路可能在外边说了大话，或者他好为人师，跟别人讲了错的东西。

让一个人承认自己无知，是非常难的一件事。有一种认知偏差现象，叫作"达克效应"，指的就是一个人无法认识自己身上的不足，当他能力欠缺时，可能还会产生一种自我优越感，根本不知道自己无知。

子路性格率真耿直，同时可能有些盲目自信。他或许觉得自己跟随孔子这么多年，是孔子身边最亲近的人之一，已经懂得很多道理了，有自己的修为。但是因为陷入"达克效应"，他并不知道自己在一些情况下是无知的。

乔布斯在演讲中说过一句话："Stay hungry, stay foolish."承认自己是无知的，这本身就是一种力量。

孔子在两千多年前，就替乔布斯说出了这个主题，叫"知之为知之，不知为不知，是知也"。

一九〇〇年的物理学大会上，当时世界顶尖的物理学家，算是那个年代最有知识的人，他们在会上的表现，在今天看来就跟莽撞的子路是一样的。

据说当时的物理学家开尔文感叹，理论物理领域已经没有什么秘密了，剩下的工作，就是要测量得更精准一些。他还说，物理学的大厦已经建成，晴空中除了飘着一两朵小乌云之外，其他没有什么需要再解释的了。

虽然对于这两句话是不是开尔文本人所说的还有争议，但这的确反映出当时极大的一部分科学家对于物理学的理解。甚至有人提出，把物理系都解散了吧，因为物理已经被牛顿研究完了，再也没什么研究空间了。

量子力学的重要创始人普朗克后来也回忆道，他年轻时打算投身物理学，他的老师劝他，物理学已经没有研究空间了。

我们常常会在对世界并没有完全认知的情况下，觉得自己已经无所不知了，背离了 stay foolish 的方向。

尤其是在人类历史上，束缚我们的很多东西，我们自己却毫无觉察；对于很多错误的知识，我们也曾坚信不疑。曾经人们坚信的一些哲学事实就是如此。比如，人们曾经一直以为行星运动的轨迹是一个正圆，直到开普勒提出他的行星运动三大定律，我们才知道，原来所有的行星都是在大小不同的椭圆轨道上运行的。这是一个非常了不起的跃进。

为什么我们过去认为一定是正圆呢？因为从亚里士多德的时代开始，大家就认为天上是完美的地方，所以天上的行星轨道一定是完美的。什么是完美的形状？只有正圆是完美的。什么是完美的速度？只有匀速是完美的，如果速度忽快忽慢，就不符合人们的理想。

前人定下来的这一套窠臼，将它们当作无法辩驳的哲学事实，所有人都认同了之后，就会发现，想要跳出来实在是太难了！

《三体》里有一句话说得特别棒："弱小和无知不是生存的障碍，傲慢才是。"一个人承认自己无知，就有希望；承认自己不知道，就有机会；承认自己的不足，就能够谦虚、谨慎地对待一切知识，就有机会去成长。

最怕的，是你不知道自己不知道，还扬扬自得。

一个人最大的不足不是无知，而是不知道自己无知。想要理解清楚这个概念，我推荐你看一本书——《知识大迁移》，这本书里分享了关于"达克效应"的知识。我也曾在"樊登读书"讲过这本书。

我分享的每一本书，其实就是想给大家撕开一个知识的缺口。当你对某个知识完全无知的时候，就会毫无兴趣，觉得完全没有了解的欲望。我经常举例子说，大家不看英超的时候，英超的播出时间被公布了，大家却非常激动。为什么激动？因为在我们不知道的时候，自然对这事一点兴趣都没有，但如果撕开一个口子，发现英超挺有意思的，就一定会关注英超。

我们对生活中的很多知识，比如如何养育孩子，如何与伴侣相处，如何提高领导力，如何掌握销售的原则，如何与人沟通……有的人说，这些东西都是需要自己去摸索的，书里讲的都是骗人的，是纸上谈兵。实际上，只要打开书，就会惊叹："哎哟！书中有这么多宝藏，如果早点知道就好了。"

这就是撕开知识缺口的作用。

孔子的这句话是说给子路听的，其实也是说给所有人听的，让我们能够勇于承认自己的无知。承认无知，一点都不丢脸，毁灭我们的不是无知，而是傲慢。觉得一件事没什么好学的，才是最可怕的。

子张学干禄：管理者的艺术

子张学干禄。子曰："多闻阙疑，慎言其余，则寡尤；多见阙殆，慎行其余，则寡悔。言寡尤，行寡悔，禄在其中矣！"

这一段是讲"为官之道"的。有人说这段话很俗，孔子竟然教人怎么做官求禄。

"子张"是颛孙师的字，他比孔子小四十八岁。《论语》里，孔子如果叫一个人"师"，并非称呼老师，而是指颛孙师。"子张学干禄"，也就是子张向孔子请教如何谋求官职，挣俸禄。

子张跑来问孔子，您当年也是当过官的，您跟我讲讲官场之道。怎么才能够当大官？

孔子在官场混得不太好。年轻时，孔子起步很高，做过中都宰、大司寇，但是后来就不得志了，受到排挤，便开始周游列国，当了老师。

孔子的回答是，"多闻阙疑"。"多闻"，是多倾听，倾听的能力很重要，要多听别人说什么。

"阙"就是放在一边的意思，"阙疑"是指你有疑问的时候，别着急说出来。

如果别人说的事情你不明白，可以暂时放在一边。对于疑问，太着急说会露怯别人可能会觉得，"这么简单的常识，你竟然不知道"，就没办法继续沟通了。

还有一种情况是，当你对一件事没有把握的时候，说出来容易造成误会，甚至引发争论。比如，你与领导的意见不一致，很可能是因为领导还有别的洞见而你不知道。在这种情况下，你说多了反而会造成麻烦。

"多闻阙疑"，就是多听听别人怎么说，吃不准的事别发表意见，先放在一边。

"慎言其余，则寡尤"，"寡"是减少，"尤"是过失，指谨慎地说话，才能减少过错。

"多见阙殆"，就是你要多去观察，对于那些不确定的、有危险的事，可以放在一边。

"慎行其余，则寡悔"，就是没把握的事别贸然去做，这样做的话你能减少后悔的事。

"言寡尤，行寡悔，禄在其中"，是说当你不容易说错话，又不容易做错事时，你就肯定升官发财了，这是非常简单的。

我一直怀疑孔子说这段话的时候不够真诚，因为孔子不喜欢这样的人，不喜欢跟人讨论如何混官场、挣俸禄的事。

比如"卫灵公问陈"，卫灵公找孔子问怎么打仗，孔子说，祭祀的事会，打仕这事从来没学过，冷着脸就走了。

这一次，子张跑来问"老师，我怎么才能升官发财"，他竟然讲了这么一段话，我觉得这里暗含着讽刺，因为孔子本人并不是这样的人。有个例子可以证明这一点，叫"孔子堕三都"。"堕三都"指的是季孙氏、孟孙氏、叔孙氏三大家族掌控着整个鲁国的时候，孔子主张把他们的城墙全给拆掉，最终堕三都失败，导致他连官都没的做。

如果孔子追求的是言寡尤、行寡悔，他哪敢干这样的事？他一定是亦步亦趋、如履薄冰，小心观察。

当然，这是我的猜测。

也存在另一种可能，是孔子经过了这么多年的教训，发现他过去的那种方法确实会得罪人，当不了大官。既然子张不是一个能继承衣钵的人，就想要当官，那干脆就事论事，说一说怎么能当官吧。言寡尤、行寡悔，别说让自己下不来台的话，别做让自己后悔的事，慢慢来，禄在其中矣。

有一本书叫作《权力：为什么只为某些人所拥有》，是斯坦福大学的组织行为学教授所著。他说，权力的分配不是随便来的，权力的分配自有其规律，得去了解权力是怎么分配的，比如，需要跟你的领导保持良好的沟通，不要把自己的意见放在第一位，你需要知道领导想要做什么；你做了各种各样的事，要第一时间让领导知道，一个人做多少事不重要，让领导知道你做了多少事才重要，这是权力分配的一个基本逻辑。

《论语》的这段话和这本书的观点之间是有着相应关系的，都很实用，就是在现实生活中怎么去把握事情。

有一点是值得借鉴的，没有把握的事，确实不要乱讲。在工作中，尤其是在政府工作的时候，不要乱讲话，你自己听不明白的、想不明白的事，要先想想看，别在会议上"放大炮"。在会议上"放大炮"，看起来好像是一个很直的人，但实际上你可能造成领导权威的缺失，或者造成现场不必要的冲突。

可以像颜回一样"退而省其私，亦足以发"，回家后好好想想，怎么去理解和贯彻领导所说的事情，这是职场中的升职之道。

这一段是《论语》中孔子说的实用主义味道最浓的话。

举直错诸枉：领导者如何选拔人才

哀公问曰："何为则民服？"孔子对曰："举直错诸枉，则民服；举枉错诸直，则民不服。"

"举直错诸枉"，这句话在《论语》中出现了很多次。

"举枉错诸直"中的"举"和"错"，和我们现在理解的"举措"是否能完全对应得上，还无法确定，但我觉得可能是有一定关系的。

鲁哀公是国君，他问孔子，怎么做老百姓才能真正服自己。孔子回答他："举直错诸枉，则民服；举枉错诸直，则民不服。"

"直"指的是正直的人。你把正直的人推举上来，让人们看到这些真正能干的好人被提拔起来，这时候则民服。

"枉"就是不正直的人。提拔不正直的人，老百姓自然就不服。

把正直的人提拔起来，把不正直的人打压下去，老百姓就愿意服你，因为老百姓看国君的价值观，就是看他用什么样的人。如果国君总是重用那些不正直的人，老百姓就不服了。

历史上有诸多类似的教训。比如宋徽宗最喜欢的是蔡京、蔡卞兄弟俩，老百姓最喜欢的是苏轼、苏辙兄弟俩，但是宋徽宗就是不喜欢苏轼、苏辙。于是，蔡氏兄弟的地位越来越高，苏轼的地位越来越低，被贬到海南岛……老百姓自然不服，觉得这个政权是有问题的。

这里又涉及对干部考察的问题，如何考察官员，自古都是一个难题。

位高之人，常常禁不住别人的揣摩和诱导。按理说，能当上皇帝的人不至于太笨，但是一旦他坐到那个位子上了，下面难免会有一些人天天研究如何讨好皇帝，如何让皇帝高兴，怎样让皇帝产生优越感，觉得自己这个皇帝当得很棒。皇帝慢慢地就会被误导，以为那些迎合自己的人对自己的话非常重视，工作又有能力，就很容易看走眼。

当一个领导者开始自我膨胀，注重面子，爱拉帮结派时，就很容易"举枉错诸直"。因为他在做每件事的时候，考虑的不是这件事对老百姓好不好，对大家共同的愿景好不好，而是把自己小团队的利益和个人的面子、权力放在第一位。这样一来，他所提拔起来的人就会很糟糕，会谄媚，会欺上瞒下，会拉帮结派。

很多领导者，最后都栽在这件事上。

在什么情况下，能够真正做到"举直错诸枉"？要有科学的体系，要听到基层的声音，要学会将权威自我弱化。

权威的自我弱化和权威被别人弱化是两回事。后者在被别人挑战时会感到不悦，但如果一个人真的有权威、有自信，他会非常坦率地告诉大家："这只是我的意见，未必科学，大家要研究以后再定。这件事情，让我们的团队来做最后决定。"这就叫权威的自我弱化。

当一个领导意识到个人的面子并不重要，个人的对错也不重要，就是要朝着大家共同的愿景把一件事做好的时候，就能够做到"举直错诸枉"。

有两个字非常值得琢磨，一个是"举"，一个是"拔"。这两个字很形象地表达出了两种选拔人才的方式。

"举"，直观的意思就是你是被下面的人举起来的。当一个管理者被下面的员工举起来时，请问这个管理者应该往哪里看？他要往下看，要看到员工的需求，要去思考怎样才能对下面的人好，怎么才能让下面的人继续支持他。

"拔"，也就是干部选拔是从上往下的。举个例子，我们用娃娃机抓娃娃时，是从上面伸出一个铁爪，抓起自己挑中的娃娃。选拔的动作也是如此，当领导把一个人从下方"拔"出来的时候，这个人要朝上看，要研究怎样讨领导欢心，要揣摩领导喜欢什么……这种选拔的方法是不科学的。

举和拔，是两种截然不同的选拔人才的方式。

鲁哀公问孔子如何才能让百姓信服，孔子提醒他：老百姓服不服你，主要是看你的价值观。如何判断价值观呢？其他的都没用，主要是看你如何用人，看不同的人在你手下有着怎样的命运，看你是用正直的人，还是用虚伪、谄媚的人。

这就是大家判断领导值不值得信任的根本方式。

举善而教不能：员工强，则公司强

季康子问："使民敬、忠以劝，如之何？"子曰："临之以庄，则敬；孝慈，则忠；举善而教不能，则劝。"

在上一节，哀公问孔子如何让"民服"的时候，他实际已经没有了权力。

而这一节，上场提问的是一个有权力的人。此时鲁国公室衰弱，而季氏宗主季康子则手握鲁国的大权。

季康子是孔子周游列国以后，把孔子请回鲁国的人。他当时很年轻，当政之后，问孔子怎样才能够让老百姓尊敬自己，对自己尽忠，而且努力干活。

"敬"，指尊敬我。

"忠"，忠诚于我。

"以劝"，"劝"是鼓励的意思，就是他们能够相互鼓励，不惜力地干活。

怎么能够让子民们都敬、忠以劝？

孔子说："临之以庄，则敬。"当你见到老百姓的时候，以庄重的态度对待他们，而不是装的态度；不要总是端着，装出一副很吓人的样子，而是跟老百姓相互尊敬；不欺负他们，不鄙视他们，不要视他们如草芥；认真地跟老百姓聊天，倾听他们的想法，他们自然会尊敬你。君王和百姓之间的关系，也是相互的。

"孝慈，则忠。"关于"孝慈"，一种解释是"你所倡导的孝慈"；另外一种解释是"你自己做到孝慈"，你在家里做一个孝慈的人，老百姓自然就忠，不会轻易背叛你。

在前一节，孔子跟鲁哀公讲了"举直错诸枉"的道理，但此时的鲁国公室已经式微，孔子觉得跟哀公讲其实没什么用。要想让鲁国好起来，还是得跟季康子讲，去改变季康子的想法。

所以，孔子说"举善而教不能，则劝"。"举善"就是要把好的人提拔起来，群众的眼睛是雪亮的，他们能看到你提拔的是怎样的人。"教不能"就是对能力和德行不行的人，也不要打击他，而是要教化他、鼓励他。

当领导者以这样的方式去管理官员时，老百姓自然就会得到积极的信号，会相互鼓励，不断努力为社会创造价值。

在这段话里，孔子分了三个要点。

第一是"临之以庄，则敬"，和"敬事而信"是一个道理。

第二是"孝慈"，慈孝是我们的文化，是中国从古至今一直提倡的家庭中的美好品德。

第三是"举善而教不能",这是说明要重视对人的教育。

这三个要点,将文化、家庭、教育相互关联起来了。

孔子所抓的这三点,其实都是非常重要的点,治国的时候把这几件事情做好是至关重要的。并且,孔子对季康子所提的要求都是他力所能及的,孔子并没有说很多大话,也没有延伸到细枝末节,用条条框框去约束季康子。他说的"临之以庄",不难;"孝慈",只要愿意就能做到;"举善而教不能",也是能做到的。

孔子给了季康子非常好的抓手,当领导者把这些事做好时,老百姓自然就"敬、忠以劝"。

在春秋时期,孔子说的这句话其实有一点理想主义。如果把孔子说的这几句话做到,国家能变得特别好,老百姓"近悦远来",近处的人过得开心,远处的人听闻也都愿意归附。当人口越来越多时,国家自然会越来越强大。但问题是,在战乱时期,其他的诸侯未必会这么想。大家都在打仗,谁还会去追求"敬、忠以劝""举善而教不能"呢?你努力维护了那么久的"庄""孝慈""善",突然来了一支军队,瞬间就把一切都打垮了。

那时候的诸侯,听了许许多多教他们行仁义、做好事的道理和方法,但他们就是做不到,很大一部分原因是外部环境真的不允许。战乱四起,当权者只能一方面向孔子、孟子学习修身治国的道理,一方面抓紧排兵布阵,不断地对外进行战争。

对于这种情况,孔子只能束手无策,无奈地叹息。

这可能真的不是一般的老师能够解决的问题。老师只能够起到老师的作用,老师也只是大自然生态当中的一环。

孔子尽自己所能,试图对一位君主进行制衡,但最后历史如何发展,并不是某个人能够决定的。

孝乎惟孝：影响力比职称更重要

或谓孔子曰："子奚不为政？"子曰："《书》云：'孝乎惟孝，友于兄弟，施于有政！'是亦为政，奚其为为政？"

"或"在古文当中，经常表示"某些人"，也不必指出叫什么名字。

或谓孔子曰："子奚不为政？"就是有人跟孔子讲：你看你这么厉害，怎么不去当官呢？

中国古代是政体本位。直到今天，有的人还会觉得只有从政才是有前途的，有的人见面就会询问你是什么级别。你说你没级别，但是一个月挣三万元，对方可能会觉得你一个月挣多少钱不重要，没有级别就是无业，就是没有价值。

我爸爸曾经也是这样认为的。他以前总认为我无业，很长一段时间都在为我操心，见我就唠叨说："你看你现在没工作，可怎么办？"我告诉他我有工作，我给许多人讲知识，我给许多人创造了工作机会，我还给团队发工资呢。

我爸又问："那你评职称了吗？"我没办法回应，因为我确实没评职称。按我父亲的说法，我把"樊登读书"做得再好，也不如有个职称重要。

面对别人的质疑，孔子是怎么应对的呢？"《书》云"的"《书》"是《尚书》。孔子说，《尚书》认为"能够做到孝，孝敬父母，友爱兄弟，并把孝悌的道理施于政治，在政治上产生影响"，这就是参与政治了呀，为什么一定要做官才算为政呢？

孔子说得一点也不委婉，可以说是直接"怼"回去了。

今天，我也可以说，我在"樊登读书"推广知识，教大家读书，难道不是在为社会做贡献吗？

不必非要一个职称。

只要在推动社会进步就好，这是孔子对于"官本位"思想的一种回应。他确实失去了官职，不过他应该想得很明白，知道什么才是重要的。

人而无信，不知其可也：信用的价值

子曰："人而无信，不知其可也。大车无輗，小车无軏，其何以行之哉？"

这句话很有名。

孔子说：一个人如果不讲信用，我实在拿他没办法。孔子打了个比喻，他所选取的喻体，是大家最熟悉的车子。

"大车"是牛车，"小车"可能是驴车、马车。"大车无輗，小车无軏"，"輗"（ní）是大车车辕前面横木上的销子。车辕上有个横木，必须插一个销子，才能将牛和车连接上。"小车"的"軏"（yuè）也是这个意思。"輗"和"軏"都是插在车上的销子。

大车和小车如果都没有销子，它们该怎么跑起来呢？

"輗"和"軏"是车的连接器，虽然看着不起眼，却是车子运行时非常重要的关键点。同样，人和人之间也应该有连接器，你要与别人合作，就得先连接在一块儿。

车子行走，靠的就是"輗"和"軏"，一旦把它们拔掉，车子就拉不动了。

而人与人合作，靠的是信用将彼此联结在一起，如果没有信用，合作也就无法进行。

但是，孔子始终不认为信用是一个特别高的境界。

孔子觉得，很多小人也能做到守信用。"言必信，行必果"是小人的行径，这是小人能够达到的一个高境界。因此，孔子这句话并不是夸耀"信"有多么了不起，他认为信用是做人的一个底线，如果连这个都没有，别人就不可能和他产生联结。

失去信用，就只能一人在这个世界单打独斗，彷徨行走。比如，如果谁上了失信人员名单，就啥事也干不了，飞机不能坐，酒店不能住，寸步难行。

"人而无信，不知其可也。"如果我们觉得自己在信用方面有问题，就把这句话抄下来，贴在自己的办公桌上，用来自勉。

虽百世可知也：孔子对于中国文化发展的预测

子张问："十世可知也？"子曰："殷因于夏礼，所损益可知也。周因于殷礼，所损益可知也。其或继周者，虽百世可知也。"

这段话有争议，有人认为这话是后人添加的，孔子应该不会说这样的话。但我觉得未必，孔子当然也会有他的局限性。

子张问孔子，如果我们从今天往后再过十世，一世三十年，我们能不能够知道十世以后的状况？

子张没说礼乐，但是孔子答的是礼乐，我猜他们对话前后，可能是在谈论关于礼乐的事情。

孔子说，商朝的礼仪都是沿袭夏朝的，有些礼仪增加了，有些礼仪减少了，我们能够看出其中的变化。周朝的礼仪又是继承自商朝，礼仪的内容也是有增有减，我们也可以看出来。同样，如果在周朝之后还有朝代，哪怕过去一百世，也始终都有传承和联结，发展得再远，我们都能够预测到未来会变成什么样。

孔子当时不可能知道周朝之后，是秦、汉、三国、两晋、南北朝，隋唐一直到宋、元、明、清……未来，会有这么多的朝代更迭。

那他为什么如此笃定地说"虽百世可知也"呢？这是一种充分的文化自信。孔子认为，只要掌握了历史的变化规律，就能看到长远的未来。

孔子如果了解古巴比伦文化、古埃及文化、古印度文化，就知道这些文化全断了，根本没有传承和延续就消失了。但是孔子在当年说出这句话，是很有气魄的，他知道华夏文化断不了，他知道华夏文化就是一脉相承的，就是一点点地变化、一个个朝代修订过来的。

这种文化自信，可能是来自孔子当时的地位，他带了那么多学生，已经感受到了各个国家对他的认同。

孔子周游列国，去过卫国、宋国、齐国、郑国，虽然他没有在这些国家当官，但所有人都很尊敬他。孔子觉得，文化是有力量的，文化的力量是被人们认可的，所以他觉得，文化一定能够传承下去。

这句话显出了孔子文化气魄的一面，但是在当今的人看来，这句话是非常立不住的。孔子真的能够预测今天的状况吗？

我们今天的文化、沟通方式、社会规则、工作方式……几乎一切都发生了天翻地覆的变化，可以说是指数型的变化。

这个指数型结构的拐点在哪里呢？拐点在牛顿。牛顿的伟大，在于他突然参破天机。

我们都很崇拜爱因斯坦，但爱因斯坦所研究的东西，我们都能理解，我们能够知道他是如何突破的，他有一个发展的过程，他是"所损益可知也"的。

但牛顿的爆发是突然性的，仿佛是有人在他的脑子里植入了一个神，他一下子就明白了很多古人耗费了无数年都无法明白的事。发明微积分，研究地心引力，研究天上的星星是怎么转的……这些事情是古人做梦都想不到的。

牛顿的研究，为世界带来巨大的科学变革。之后，出现了工业革命，工业革命之后是信息革命，直到今天的移动互联网，这个世界变得越来越突破人们的想象。而我们追根溯源，发现人类的大拐弯是从牛顿那里开始的。

我们当然不必笑话孔子，这段对话中的"十世可知"，有其合理性。如果孔子穿越到宋朝或者清朝，他应该也能接受新的生活，因为那时的社会与周朝的变化不大，在礼仪制度上还是有所联结的。在那个阶段，人类社会还没有拐弯，还在一个起跑线上缓缓地移动着。

但是一旦过了工业革命，整个人类社会发生了空前的巨变，孔子说"百世可知"，的确说得有点早了。

孔子的这句话虽然不那么正确，但我们还是能学到一些东西。我们能够从中理解到中国文化能够一脉相承传下来的根本原因。孔子的自信心是值得我们敬佩的。

在所有的古文明中，只有中国文化传承下来了，这也是我们作为中国人引以为豪的地方。当然这跟中国的文字也是有关系的。

西方的文字大都是以发音为基础的，所以西方会分裂，隔着一座山头，可能就变成另一个国家了。因为大家说话不一样，以发音为基础的字就不一样，也就没法通文书，只能各自独立。

中国的字是表意文字，虽然各个地方都有方言，发音不一样，但字是一样的。即使你发音不标准，我也可以与你进行书面交流。

传承千年的文化，统一的文字，让我们具备了文化自信，也让中国得以成为一个伟大的国家。

见义不为，无勇也：做一个有勇气、有力量的人

子曰："非其鬼而祭之，谄也。见义不为，无勇也。"

当年溥仪做伪满洲国皇帝的时候，祭祀过日本的天照大神，这件事在中国引起轩然大波，大家骂他用的就是这句话："非其鬼而祭之，谄也。"

有人说中国人没有稳定的信仰，谁都不信，其实并不是。中国自古以来就信祖先，祭奠的是自己的祖先。

在这句话中，孔子认为人们在祭祀时通常有两个不同的出发点，有人是感谢和怀念，有人是求保佑。

而在孔子看来，祭祀的本质是感怀，而非保佑。

孔子认为祭祀祖先是为了"慎终追远"，要了解祖先，感谢祖先，要带着感怀的心态去做这件事情。

孔子信不信神能够给人带来护佑？我觉得孔子是不信的。孔子说过，"未能事人，焉能事鬼""未知生，焉知死"。

但是孔子为什么那么在乎祭祀这件事？祭祀的目的是表达我们内心的感怀，我觉得这才是我们对祖先应该有的态度。

如果你认为祭祀的本质是感怀，那么你到别的国家，见到了别人家的祖先、别人家的神，最多是表示一下敬意。你没必要去祭拜，去参加各种仪式。

如果你认为祭祀是为了寻求庇佑，恨不得让所有的神都保佑你，不管见到什么神都拜，那就是"非其鬼而祭之，谄也"。此处所谓的"鬼"，是指各家的祖先。一个人祭祀自己家的祖先，是没问题的，但对别人家的祖先，就不要哭

之怵之了，那是一种谄媚的表现。

在祭祀方面的谄媚，也可以映射到现实中来。比如，领导家的亲戚死了，有人哭得比领导更难过，那不就是一种谄媚的表现吗？

这段话可能是孔子针对社会上的某些现象在表达意见。当时，祭祀是很重要的活动。比如，在鲁国当政的孟孙氏、叔孙氏和季孙氏三家里，季康子家办活动，其他人都会跑去凑热闹。孔子看不惯这种谄媚的态度，有可能就冷峻地说了一句："非其鬼而祭之，谄也。"

子路在路上拔刀救了一个小孩，回家后问孔子："老师，我是不是惹祸了？"孔子说："见义不为，无勇也。"就是到了该出手的时候，一定要出手，否则就是缺乏勇气。

孔子曾提倡做人应该有"三达德"——智、仁、勇。智者不惑、仁者不忧、勇者不惧。

在这里，他又对"勇"进行了定义，叫"见义不为，无勇也"。

"非其鬼而祭之，谄也"和"见义不为，无勇也"这两句，好像没什么关联性啊，为什么会放在一起呢？

我觉得这句话背后可能有一个特殊的语境。或许有人做出了谄媚的事情，有很多僭越的行为，但是没有人制止，没有人去谈论，甚至没有人认为这样做不合适。

大家都不敢讲，就叫作见义不为。

这两句话可能也是孔子对很多正在当官的学生讲的。

这两句话，有一个内在的联系，无论是"谄也"，还是"见义不为"，底层逻辑都是对私欲考虑过多。当一个人对自己的私欲考虑过多时，就会讨好别人，就会失去勇气。

我一直猜测，在这句话之前肯定是发生过一件事情，让孔子觉得不满，所以他发了这样一句牢骚。结果，这句牢骚成了名言。

八俏第三

是可忍，孰不可忍：做一个有温度、"不忍心"的人

孔子谓季氏："八佾舞于庭，是可忍也，孰不可忍也？"

第三篇的开篇，孔子就发出了一声振聋发聩的怒吼！

什么叫作"八佾舞于庭"？当时的人在做活动的时候可以跳舞，但跳舞是有规制的。一佾（yì）就是八个人排成一列。普通人家，比如士人，可以有两行人跳舞；卿大夫，可以有四行；诸侯，可以有六行。只有国君、天子，才可以用八行，也就是八八六十四个人共同起舞，整齐、壮观，非常好看。

季氏作为贵族，比鲁君的地位要低一层。但他是"三桓"之一，有权有势，财力雄厚，也有足够的军事实力，他在自己家里办活动的时候，居然有六十四个人一起跳舞。

孔子听说了这件事情，特别生气。他几乎是义愤填膺地说："是可忍也，孰不可忍也？"

这句话几乎我们每个人都说过，但往往把它理解错了。我们的理解是"我再也不能忍了，这事如果能忍下去，那以后没有什么是不能忍受的了"。

什么叫作"是可忍，孰不可忍"？孔子的意思是：连这样的事情他都忍心去做，那还有什么事是他不忍心去做的？

为什么我对这个解释如此确信？孟子是一个提倡性善论的人，他认为人生下来就有一颗向善的心。而人们实际看到的是，世界上就是有坏人，有"无良症"，有的人坏到极致，坏得毫无道理。

那孟子为什么还要坚持认为人性本善呢？王阳明解释说，如果你直面盗贼，

骂他是个贼，他会因此跟你拼命，因为他在心底也知道做贼是不对的。所以人性的底色是善。

梁漱溟先生解释得特别好：要把善理解成一个动态的东西。每个人的内心都有向善的力量，这就是人性本善的含义。可既然人性本善，为什么有人会做坏事呢？核心就在"忍"上。一个人能够做坏事，是因为他忍心去做坏事，忍心去看别人痛苦。比如，一个婴儿匍匐向井，如果某个人在旁边只是看着，能够把心一横，忍住不管婴儿，他就做了坏事。

影视剧、小说里所描述的很多坏人，要做坏事之前都会把心一横。什么叫把心一横？就是忍住向善的心，忍住和他人的共情，忍住去关心别人的想法，因为此刻的他认为利益更重要，面子更重要，地位更重要。当一个人为了外在的东西把心一横时，坏事就发生了。

孔子说"是可忍也，孰不可忍也"，也是异曲同工——连这样的事情，他都能够忍下心去做，那还有什么样的事是他不忍心去做的？

勿以善小而不为，勿以恶小而为之。坏的事哪怕看上去很微小，但一点点做，一次一次去打破自己心里的底线，那么"忍心"的力量就会变得越来越大。先做一件不起眼的小坏事，接着做一件中等的坏事，再接着做一个更大的坏事。这个世界上的坏人，不就是这样一步一步地道德滑坡，变得越来越糟糕的吗？

综上，"是可忍也，孰不可忍也"准确的含义，并不是说我们要忍受与忍耐，而是我们要控制自己的内心，做一个"不忍心"的人。

这是一个非常有力的开篇，第三篇大部分的内容，都是关于礼的探讨。

三家者以《雍》彻：孔子论礼乐之道

> 三家者以《雍》彻。子曰："'相维辟公，天子穆穆'，奚取于三家之堂？"

这三家又惹祸了。

这一次，孔子没有上次那么生气，他用了一个调侃的反问句。

孟孙氏、叔孙氏、季孙氏这三家是当时鲁国最有权势的贵族，他们几乎已经把持了整个鲁国的国政，而鲁君被架空了。

当时的周天子也处于被架空的状态，号召力极其微弱，诸侯几乎无视他的存在。

同样，东周的其他国家的国君也逐渐被架空，变成贵族掌权；再往后，贵族又被自己的家臣背叛。

这就是为什么孔子说礼崩乐坏。整个国家都完蛋了，都在以下犯上、伺机作乱，只要你手里有权有兵，就敢造反。比如阳虎，只管着一座小小的城邑，也敢反叛。

中国古代人在祭祀上是非常讲究礼仪的，撤祭品的时候要放恰当的音乐。《雍》出自《诗经·周颂》，必须是天子主祭，撤祭时才能够用《雍》来作为伴奏。

此时，鲁国的实际当权者是"三桓"，他们并非天子，但在祭祀的时候也用《雍》作为背景音乐，再一次地僭越。虽然他们根本不需要用这么高的规格，但他们非得用。

孔子念了一句《诗经》，是《雍》里的歌词，对方自然也很熟悉这句歌词。"相维辟公，天子穆穆。""相维辟公"是说，那些公侯在天子之侧辅佐，端庄地站在天子旁边；"天子穆穆"，就是天子庄严肃穆、雍容典雅的样子。

"奚取于三家之堂"，"奚"是"怎能"的意思。这句话是说，这种不遵守礼仪的场景怎么会出现在这三家的大厅里呢？

在这一段中，孔子用讽刺、挖苦的腔调讨论这件事。

为什么孔子从上一节的"是可忍也，孰不可忍也"的大怒，变成了相对委婉的讽刺挖苦？这其中自有他的无奈。即便如此，孔子始终还是坚持他所信的"礼"，认为作为大夫，绝对不能够僭越。

人而不仁如礼何：当心变得麻木时，一切都没有意义

子曰："人而不仁如礼何？人而不仁如乐何？"

这句话，算是对前文两次批评的总结。

"仁者爱人"中的"仁"，是对他人有感知。

"人而不仁如礼何"，一个人如果心中没有仁义，即便要求他遵守礼节，按照礼节行事，又有什么用呢？

"人而不仁如乐何"，一个人特别喜欢高尚的音乐，但如果他内心是一个坏人，那么音乐也帮助不了他。

孔子始终认为，礼和乐是用来教育大家的，礼乐教育是一种辅助的方法，而仁心才是本质。

为什么"人而不仁"的时候，礼乐都不奏效了？

我个人认为，"仁"的状态应该是一种柔软、活泼的状态，就是当你看到一

张婴儿的脸时，内心会泛起一种仁爱的感觉，你想关心他，希望他变得很好；当你看到别人有难时，内心升起一种怜悯的感觉，愿意去帮助别人。

这种柔软的、充满爱和同理心的感受，就是仁。

"仁"这个字，是单立人旁加一个"二"，只有当两个人产生联结时，你才能够体会到仁是什么感觉。中医里有一味药叫仁丹，这个药名很有意思，因为仁丹治的是麻木不仁之症。比如中暑晕倒，没感觉了，就要赶紧吃仁丹。

仁的反面是麻木。如果一个人没有仁爱之心，就会变得僵硬麻木。僵硬麻木是一种什么状态？他对于礼乐完全没有感觉，只是觉得这些代表着地位和身份，至于礼乐背后蕴藏着什么情感和奥义，他都置之不理。在生活中，他相信只要有钱就什么都买得到，什么都能够享受到，想怎么做就可以怎么做。

电影《门徒》中有一个没有什么文化的大毒枭，在餐厅吃饭时点了鱼子酱。鱼子酱一般是按克收费的，一般的客人都只是尝一点点就够了，而大毒枭的做法是要求给全家一人一罐，用勺挖着吃，就跟吃豆腐乳似的。

若一个人的内心是僵硬麻木的，那他根本体会不到品尝美味的感觉，也体会不到欣赏音乐的感觉。对他而言，音乐和礼仪不过是用来装点门面、彰显身份的工具。

比如我们去听音乐会，目的是什么呢？如果一个人并没有沉浸在音乐中，我认为那真是太可惜了。我有一次去维也纳听音乐会，发现有的人坐在观众席上就是为了拍照，为了发朋友圈让别人看到自己来维也纳了。演奏家在台上演奏，他却一直录、一直拍。

而我特别欣赏那些还没有成年的小伙子，他们穿着一身西装，恭恭敬敬地坐着，认真地欣赏音乐。

我们要让自己的内心柔软丰富，才能感受到仁爱之心。有了仁爱之心，你才知道礼乐到底是用来做什么的。否则，"人而不仁如礼何？人而不仁如乐何"。一个人如果不仁，不管开多好的车，穿多贵的衣服，听多么高尚的音乐，对于他来讲，都没有太大的意义。

与其奢也，宁俭：礼的根本，是有一颗柔软的心

林放问礼之本。子曰："大哉问！礼，与其奢也，宁俭；丧，与其易也，宁戚。"

林放在《论语》里出现过两次，我们按照语境推测，他应该是鲁国，或者是季氏家负责礼仪的一个官员。此人每次出现都跟礼仪有关。

林放问孔子，礼的本质是什么，为什么人们要如此重视礼这件事情。

我们在生活中，每天除了劳作、赚钱、贸易、打仗这些实用的事情之外，为什么非要加上一套礼的枷锁呢？礼使我们受到束缚，我们要做很多事情来维护礼仪，这不是增加社会的成本吗？

那么，为什么要有礼，礼之本是什么？

孔子听了林放的话，大为感慨。孔子很少这么表扬一个人，他说："这个问题问得真好。"

为什么问这样的问题会让孔子很高兴呢？因为作为一个有思想的人，我们要学会关心一些大问题。

我们每个人在生活中都难免陷入琐事。经常有人向我提问，大量的问题都是关于琐事的：孩子怎么带，跟老人发生摩擦怎么办，做生意赔钱了怎么办……当你总是把目光放在细枝末节上时，你会发现生活中永远有问题。旧的问题解决了，新的麻烦又出现了，你将永远深陷在生活的泥潭中，无法自拔。

如果我们能够偶尔将目光放在一些"大事情"上，去了解一下哲学，思考一下"我是谁，从哪里来，到哪里去"，会有怎样的变化呢？

爱因斯坦之所以能够成为爱因斯坦，最重要的原因之一就是他对这些看起来不实用的"大事情"非常关注。他在九岁的时候便开始关心天上的星星，想了解星星如何运转。很多人成年后就慢慢不关心这些了，但是爱因斯坦一直关注，研究到老，并成为一名伟大的科学家。

如果我们能够学会从生活的琐事中跳出来，去关心一些大的问题，就真的能够超越世俗事物，也能够真正地感受到生而为人的快乐。譬如颜回，"一箪食，一瓢饮，在陋巷，人不堪其忧，回也不改其乐"。颜回都饿成那样了，住在贫民窟，认识的人都很担心他的生活，但是颜回的内心却是快乐的，谁也改变不了。

当林放问礼之本的时候，孔子认为林放问的问题非常好。那么孔子的答案是什么呢？他说，礼节这件事情，与其奢侈，不如节俭。

孔子是中国历史上最早反对陪葬的人。胡玫导演拍的电影《孔子》，一群小孩被送去陪葬，孔子对此极为反对。拿人来陪葬是非常残忍的，在礼仪上就是典型的过于奢侈。孔子认为礼的本质，并不在于是否奢华，而在于我们内心是否有触动，这才是重要的。

简洁一点没有问题，但也要注意分寸。要简洁到什么程度呢？如果办丧礼时，没有花圈，不设灵堂，仅仅是见面一聚，太过随意、敷衍，在孔子看来也是过分的。

在丧礼上最重要的是，有没有人为此难过，有没有人缅怀死去的人，这才是重点。孔子非常在意葬礼这件事。

曾子说"慎终追远，民德归厚"，他希望所有的人都重视祖先，重视死亡这件事，因为这关乎生命的价值，关乎我们对生命的反思。孔子既担心葬礼走向奢侈的极端，同时也担心如果提倡"俭"，人们会矫枉过正，简易到最后连葬礼的外在形式都没有了，没有眼泪，没有哭泣，没有缅怀。

孔子认为，在葬礼上最重要的是表达悲伤，得把悲伤的感觉抒发出来。

东方跟西方的葬礼文化风俗不一样。老布什总统去世的时候，小布什在答谢词中还用老布什生前的事开了个玩笑，让参与葬礼的人会心一笑。西方人表达感情的方式，与我们有很大的差异。

中式的丧礼如果没有哭泣，会非常奇怪。过去，有些葬礼上还有专门负责哭丧的人。我曾在农村参加一场葬礼，有的人哭得真是有腔调，兼具音乐感和节奏感，但是到了该吃饭的时候立即止哭。我相信这也不是孔子的本意，孔子讲的是发自内心的难过，发自内心的感怀。如果人们在参加葬礼的时候，真诚地表达出自己悲痛的感情，这就是礼之本。

礼之本，其实就是那些最接近我们本心的东西。它能在潜移默化中规范我们的世界，让我们不被那些僵硬、残忍、麻木不仁的事情带偏，让我们回到柔软、感知、爱的层面。

夷狄之有君：孔子对于华夏文化的自信

子曰："夷狄之有君，不如诸夏之亡也。"

这句话没头没尾，因此有特别多不同的解释。

"夷狄"，指的是我们周围的少数民族。当然，当年的夷狄，如今都在中华民族这个统一的大家庭中。

孔子曾经修订《春秋》。虽然《春秋》是鲁国的史书，但这本书提供了一个视角，让我们窥见华夏民族是如何经历千百年的流转、变迁，到后来团结成为一个大的国家的。在这个过程中，儒家的文化起到了很大的作用。因为我们对于儒家文化的推崇，才使得我们这个民族能够历经千年一直团结在一起，没有像欧洲一样，分裂成一个一个小国家。

在华夏刚刚融合之时，吴王和越王的国家并不属于华夏的核心区域，华夏民族经常遭遇这些夷狄的侵扰。

孔子说"夷狄之有君，不如诸夏之亡也"，意思是，虽然那些国家也有君王，但是还不如我们国家没有君王。这是第一种解释。

对此，我们可以做进一步的理解：夷狄虽然有国君，国君也在发号施令，但国家只是靠政体在运作；我们的国君虽然被架空了，但是至少我们有礼仪，足以让整个国家正常运行。

这句话反映了孔子对华夏民族礼乐的自信。即便我们的君王没有声音，没有实权，没有号召力，但只要礼乐在，华夏之邦就依然是一个文明的地方。

到了宋朝以后，对于这句话的解释就改变了。宋儒认为，连夷狄都有国君，而我们反倒没有。这种理解，代表着孔子对于夷狄的羡慕，对于自己的反思。

这两种解释在历史上一直存在争论。我个人比较倾向于第一种解释，因为第二种是在宋朝以后出现的，这跟当时的历史环境有关。当时的宋朝战争频繁，少数民族屡屡来犯，儒生们痛心疾首，呼吁君王将威严塑造起来，重新拥有华夏民族的号召力，于是对这句话有了新的理解。

但我们可以回到这句话本身，从孔子的角度来看这句话。孔子对于华夏的礼乐文化充满自信和尊重，他认为对于统治国家来说，礼乐的作用要大过君王。

综上来看，我觉得第一种解释可能更符合孔子的本意。

季氏旅于泰山："祭泰山"的哲学悖论

> 季氏旅于泰山。子谓冉有曰："女弗能救与？"对曰："不能。"子曰："呜呼！曾谓泰山不如林放乎？"

林放第二次出场了。

这段话的背景是季氏又僭越了。季氏特别喜欢做只有国君才能干的事，心里总痒痒，总是有意无意地把自己抬高到国君的位置。

中国历史上，祭祀泰山是天子、公侯的专利，如秦始皇、汉武帝就曾到泰山封禅。而季氏作为一个小小的贵族，竟跑去祭祀泰山，孔子绝对没法接受。

孔子就对冉有说："你不能劝劝他吗？"

冉有是孔子的学生中官做得最大的一个，他是季氏的家宰，是当时平民能做的最大的官了。再比他高的，就是贵族了。除了冉有之外，子路的官也做得很大。

孔子对冉有说话的时候，用的是"救"这个字。他说：季氏在做一件影响极其恶劣的错事，你不救救他吗？你能不能劝劝他，让他别去？

冉有说不能，这事劝不了，季氏心里已经打定主意了。

孔子说："呜呼！曾谓泰山不如林放乎？"

对于这句话，又产生了两种解释。

第一种解释是，季氏这次去祭祀泰山，是林放出的主意，因为林放是季氏家里掌管礼乐的官员。孔子说："你们为什么要听林放的，难道不尊重一下泰山吗？"

这种责备林放的解释在逻辑上是不合理的，因为前文孔子刚表扬过林放，在这里突然又谴责林放，这种理解说不过去。

我比较认可第二种解释。孔子认为林放是一个好的标杆：你们去讨好泰山，觉得这样祭泰山是有用的，难道泰山的境界还不如林放吗？连林放都知道礼的本质是什么，泰山会接受这样不合礼法的祭祀吗？

这个解释就忽略了是不是林放出的主意。林放是鲁国通晓礼仪的人，孔子把林放当作一个礼的标准，借他来做对比。连林放都不能够接受这样僭越的行为，何况泰山？

孔子相信人在做天在看，举头三尺有神明。祭泰山，本身就存在一个哲学悖论——祭泰山代表着相信泰山之神，如果泰山有神，那么他一定不会糊涂，肯定比人的境界要高太多。那么，你真的能通过烧几炷香，讨好神明，通过和神明做交换来寻求庇佑吗？

反过来，假如季氏不觉得泰山有神明，那祭祀的意义何在呢？

用孔子的逻辑来说，你要去祭祀，首先肯定得承认神明是真实存在的，那么就别去糊弄他，更别做亏心事。否则，你去祭祀也没什么意义，他不仅不会保佑你，还会惩罚你。

这个话其实跟我们每个人都有关系。很多人去寺庙拜佛时，觉得不烧个香仿佛来亏了似的。《金刚经》中说"若以色见我，以音声求我，是人行邪道，不能见如来"，佛陀从来没有要世人跪下来给自己磕头、烧香，也从未承诺会保佑谁。佛陀是个普通人，他说，众人不要用色相来求他，不要用一个外在的东西来代表自己。

"是人行邪道，不能见如来"，意思是很多人跪地磕头、烧香，想与佛陀做交易，觉得付出一点金钱，佛祖便能保佑自己。

遇到这种情况，我们可以套用孔子说的话——曾谓佛陀不如林放乎？如果你相信佛陀，那佛陀不可能比人还糊涂。一个人做了坏事，想要烧个香就一笔勾销，这怎么可能？

这句话很重要。孔子的宗教观是非常端正的，他的观点也端正了我们中国人的价值观。我们为什么祭祀祖先？因为怀念，因为追远。我们为什么拜佛陀？因为感激，因为敬仰。

我们为什么到孔庙烧香？因为我们觉得孔子给我们带来了文明，我们尊敬他、怀念他。祭拜，也只是我们认可孔子价值观的一种表现，而绝不是靠着某种仪式，以为烧了香，孔子就能保佑某个人考上名校。

君子无所争："君子之争"的三个原则

子曰："君子无所争。必也射乎。揖让而升，下而饮。其争也君子。"

我第一次读《论语》的时候就非常喜欢这句："君子无所争。"可能是因为我本来就不爱跟人争，所以特别有共鸣。

孔子说"君子无所争"，说的是君子不愿意参与争名夺利的行为，但是这句话会引起很多误解。大家可能会问，既然君子无所争，那你干吗参加高考？君子无所争，你又何必开公司，去跟别人竞争呢？

如果这样理解，这句话的感情色彩就很颓废了，似乎是号召大家都去山林里归隐，不再奋斗，无欲无求。

在理解"君子无所争"的含义时，要区分两个概念：一个是争，一个是进取。

争和进取的区别是，争是零和博弈，大家拼命地你争我抢，最后只有一个冠军，而进取是创造新的价值。

孔子一辈子都在不断地进取，"天行健，君子以自强不息"；孔子一辈子都在不断地创造，"苟日新，日日新，又日新"。他是多么刚健有为！

每一个人都可以成为君子，无论是男人还是女人，无论是年幼还是年长。只要我们参与的事情是创造，是进取，而不是与他人争名逐利。

孔子说"君子无所争"之时，可能存在的语境是他在很多地方争不过别人，遇到分歧和激烈的矛盾，他不愿争论不休就离开了。一路上，他离开了卫国，离开了齐国，离开了郑国……每到一个国家发现自己被反对时，他就走了。

在这种情况下，可能很多人会问他："你怎么不争一下呢？怎么不和别人理论呢？"

孔子是一个相信"尽人事，听天命"的人，他不愿意参与这些低级的事情，不愿意与人在泥浆里缠斗，所以孔子说："我没什么好争的，我只要不断地创造就好了。"

如果一个人要争，该争什么呢？

他说："必也射乎。"如果非得争的话，大概就只有射箭了。射箭在当时已经成为贵族进行比赛的一个运动项目，即便是这样的比赛，你在争的时候也要讲礼。要"揖让而升"，大家先作揖，互相承让，然后到高台上去射箭。要"下而饮"，射完箭再干一杯，表达对于相互学习、切磋的感谢之情。

我们来想想，这个场景多美好！这是一个特别和谐的比赛场。"其争也君子"，就算我们争，也是用君子之道在公平友好地竞争，也就是进行君子之争。

我们在职场中也会有竞争，这是正常的。比如有一个总监的岗位，三个副总监都想要得到，他们都不可能告诉自己"君子无所争"而退出。每个人都可以努力地去竞争，只要记住"其争也君子"即可。

"其争也君子"是有规矩的。

第一，我不会无底线地竞争。

第二，相互尊重。

第三，不是为了利，而是为大局考虑，希望自己能够有所创造，有更大的愿景。

如果能够做到以上三点，就是"其争也君子"。

我们想象一下，如果我们能像古代人比赛射箭那样，与他人展开公平的竞争，这是非常美好的一件事。所有人都会努力地做事，整个社会会变得越来越好。

我在"樊登读书"解读过《重新定义公司》这本书。这本书分享了谷歌的文化。谷歌公司内部肯定存在大量的竞争，但大家不会因为别人比自己强而感到不愉快。如果一个人因为别人比自己强而生气、闹事、质疑别人，这就不属于谷歌想要的员工，因为这不是君子之争，而是个人的义气之争，是一个人心中的愤怒无法平息而产生的小人之争。

为了蝇头小利，我们在生活中起了多少争执？多少人跟别人起冲突，都是为名、为利、为义气、为面子？还有句话叫"不争馒头争口气"，就是哪怕两败俱伤都非要和对方过不去。凡是这样的竞争，都可以归入小人之争的范畴。

而君子之争是有规矩的，他们相互尊重，不为短期利益、个人利益而争。

希望大家也能够和我一样喜欢这句话。过去很多读书人引用孔子的这句话都只引用半句，一遇到需要争取的情况就选择退让，说一句"君子无所争"便默默退场，慢慢地把儒家的"不争"理解成道家的"无为"了。实际上，我们在理解这句话时必须把后半句"其争也君子"加上。人们是可以竞争的，只要分清楚争和进取的不同，理解君子之争和小人之争的不同即可。

绘事后素：尊重人的基本需求，再谈礼

> 子夏问曰："'巧笑倩兮，美目盼兮，素以为绚兮。'何谓也？"子曰："绘事后素。"曰："礼后乎？"子曰："起予者商也，始可与言《诗》已矣！"

这是非常有画面感的一段话，话题跟女孩子有很大的关系。

子夏是孔子的学生，姓卜，名商。当孔子在《论语》中提到"商"这个字的时候，往往指的是子夏。

子夏问孔子《诗经》里的一句话是什么意思。《诗经》是孔子在教学时很重要的教材，孔子曾说"不学《诗》，无以言"，意思是一个人如果不学《诗经》的话，跟别人就没法对话。

《诗经》里有一首特别美的诗，名字是《卫风·硕人》，讲女孩子出嫁，宜室宜家，到哪家，哪家就变得越来越好。

诗中描写这个女孩多美？"巧笑倩兮，美目盼兮"，想象一下，就是她笑起来脸上有两个酒窝，特别好看，眼睛黑白分明，顾盼生辉。

"素以为绚兮"，就是在本来很白的皮肤上再点缀上合适的彩妆。

子夏问《诗经》里这三句描绘女孩子美好模样的诗句到底是什么意思。子夏认为其中一定有深意，不可能只是描述一个女孩子好看。

孔子说"绘事后素"，意思是先有一个整洁的白板，再去描画彩色。用叶曼先生的讲法，是先打好粉底，才能够化彩妆。如果粉底都没有涂，上来就画眼影、抹胭脂，便会弄巧成拙。

这时候，子夏接了一句很棒的话。他问："礼后乎？"——我们是不是应该

把礼作为温饱之后的解决方案。比如当一个地方的人民实现了温饱之后，再给他们讲礼，而不是人们连饭都没的吃，就给他们讲礼。

孔子很高兴，说"起予者商也"，能够给我带来启发的就是你呀！

为什么孔子觉得子夏这句话接得很棒呢？因为"温故而知新，可以为师矣"。这句话我们前文讲到过，如果一个人在听老师讲授时，只能够记得原话，那他只能不断复述别人的话，复制别人的思想，效果甚微。但倘若他听到老师讲了某个观点，能够举一反三，想到这个知识能够应用在其他地方，那么他就可以做老师了。颜回举一知十，也是这个道理。

孔子在解释《诗经》里描写女子美好外貌的句子时，说到女孩子化妆的基本原则是"绘事后素"，子夏由此突然想到了礼的应用也应该和女孩子化妆一样，要放在温饱之后。在大家的生存条件解决了之后，再普及礼乐。

孔子大为赞叹，对他说："你很有见地，能够举一反三了。你对我有启发，以后我可以跟你谈《诗经》了。"

在孔子的教学体系里，《诗经》是在礼、乐、射、御、书、数之上的，属于很高级的内容。因此，每当他跟学生说"始可与言《诗》已矣"时，就说明他对学生的话表达出了高度的认可。

我建议大家都把《诗经》翻出来读一读。《诗经》有个很大的特点，它不像《论语》或者《老子》需要从头到尾一点一点地读。《诗经》是可以随手翻着看的，我们可以按自己的喜好，先把熟悉的、感兴趣的内容读一读，背诵下来。一篇、两篇、三篇……慢慢积累，一个人便有了文化底蕴。

《诗经》是中国人审美的起点。感受生活的美好，感受情感的质朴与浪漫，感受恋爱的清纯与炽烈……我们所能体会到的一切美妙感受，都能在《诗经》里找到源头。

足，则吾能征之矣：孔子对于礼崩乐坏的无奈

子曰："夏礼，吾能言之，杞不足征也。殷礼，吾能言之，宋不足征也。文献不足故也。足，则吾能征之矣。"

春秋发端于周朝的末期，那时候，也是周朝最乱的时期。孔子生于这个时期，是当时最有学问的人，其他人总是向孔子请教此前的礼到底是怎样的。

孔子回答说"夏礼，吾能言之"，意思是夏朝的礼，我现在还能说出一些来。

有一个词叫作"杞人忧天"，其中的"杞"指的就是杞国。杞是怎么来的？中国古代有一种思想叫"兴灭国，继绝世"，比如商朝把夏朝灭了，不会像西方国家一样把之前的统治者赶尽杀绝。"兴灭国，继绝世"，意思是如果新一代的君主将某个国家灭掉了，就会把前朝的贵族安置起来，让他们好好生活下去。杞国是夏朝的贵族们的后代。

"征"可以理解为浅显地讲，不足以证明，不能够举证，也可以理解为"再现"。"杞不足征也"说的是，当时杞国的风俗和人们所理解的夏朝的风俗，已经天差地别。夏朝遗留下来的贵族们，也已经无法再延续夏朝时的风俗了。

"殷礼，吾能言之"，孔子说："商朝的礼，我也能说一些。"

"宋不足征也"，理解这句话之前，我们先来了解一下背景。武王伐纣灭商以后，就把殷商的贵族后代安置在宋国，孔子的祖先就是宋国贵族的后代。在此，我推荐你读一读《孔子传》，相信能够对你理解《论语》有更大的帮助。

"宋不足征也"，说的是宋国现在不足以再现当年殷商的礼节，抑或指，宋

国不足以证明当年殷商的礼到底是什么样子的。

"文献不足故也"，我们现在经常讲"文献""参考文献"，什么叫文献？"文"是指历史典籍、文章，"献"是指遗老遗少的口述、回忆。关于这句话，孔子的意思是，这些人、这些事都还不足够，如果足够，我就能通过这些典籍和人们的回忆，将夏朝和商朝的礼仪进行梳理，让它们再现。

这一段话有什么深刻的含义？跟上下文之间有什么联系？我个人的理解是，孔子在感慨当下的礼崩乐坏之状。孔子认为自己所在的时代已经失去了对过去的传承，比如夏礼到了杞国就没有了，殷礼到了宋国就没有了。这是孔子在表达一种无奈之情。

对于这一段话，李零先生的解读特别有意思。他说这就是我们为什么要做考古工作。孔子说文献不足，所以无法了解过去的东西，因此我们要做大量的考古工作，帮助现在的人了解历史的真实样貌。

吾不欲观之矣：孔子对于礼仪现状的感慨

子曰："禘自既灌而往者，吾不欲观之矣！"

"禘"是古代只有周天子才可以举行的隆重的祭祀典礼，鲁国出自周公旦一系，在周的诸侯国中地位特殊，因此也可以举行禘礼。

"自既灌而往者"，"灌"是祭祀过程中第一次献酒的环节，叫作灌礼。

"吾不欲观之矣"，指的是后面的一切我都不想看了。

孔子说："我参加鲁公祭祀祖先的典礼时，第一次献酒结束之后，接下来所发生的一切，我都不想看了。"

为什么不想看，有如下可能。

第一种可能，是心中觉得没有意思，所以不想看。第一次献酒结束，神明已经得到了祭祀，后面的内容就很无聊了，孔子就离开了。

第二种可能，是后面的环节充满了名利的色彩，变得庸俗而乏味，孔子就离开了。

第三种可能，是孔子发现后边的程序都进行得不对，看不下去了。

"吾不欲观之矣"是孔子经常说的一句话，当孔子表示"看不下去"时，就是他在表达不满。在当下，我们也能够体会到孔子的这种感受。我们参加一些婚礼，从新郎、新娘交换完戒指以后，就有可能出现"吾不欲观之矣"的情况，比如司仪开始不停地唱歌，故意讲很多煽情的话，让人哭成一团，甚至开始闹洞房，让婚礼慢慢地走向低俗，令原本很浪漫、神圣的婚礼，变得无趣。

还有一些运动会，入场式结束以后，大家就散了，"吾不欲观之矣"是因为后面不好玩了。

礼仪和祭祀的过程，在孔子看来应该是从头到尾一以贯之的，是庄严肃穆的。人们应该始终保持着澄净而挚诚的心。但是在当时，由于祭祀活动太多了，差不多每月一次大活动，每周一次小活动，过于频繁的祭祀典礼导致贵族们慢慢地麻木了，对于很多环节也都不放在心上了。

儒家的不同在于，它把所有的祭祀活动当作个人修炼的过程。在战国之后，儒家的地位不断降低，很多人开始反对儒家，因为儒家太重视礼仪的过程，有的人终日在讨论礼仪的细节，损耗了大量的社会成本。

如果不是后来"孟子中兴""荀子改革"，再到汉武帝时期的"罢黜百家，独尊儒术"，直至今天，不一定有如此多的人知道孔子。

孔子讨论过很多关于礼的问题，甚至把夏朝和商朝的礼翻出来讲，但当时的实用主义者已经开始抛弃这样的态度了，他们觉得在祭祀中，第一次献酒的时候认认真真也就罢了，剩下的都不重要。对于这种现象，孔子自然是看不惯的。

这句话是孔子对当时礼仪现状的一句感慨。

或问禘之说：祭祀的本质，是为了团结

> 或问禘之说。子曰："不知也。知其说者之于天下也，其如示诸斯乎！"指其掌。

我读《论语》时，时常觉得场景有趣、生动，有的文字里还有动作描写。

这句话可能是紧接着上一句话的。

孔子在前面发了感慨，说禘礼现在做得不行了，我都看不下去了。

"或问禘之说"，在古文中，一般出现"或"，就意味着不愿意提这个人的名字。

有一个人问孔子："既然您对禘礼这么不满，那您能不能告诉我禘礼的起源到底是什么？为什么要这样祭祀？是谁设计的祭祀流程？"

孔子如实地回答说，他真的不知道。

有一种说法是，孔子对此人不耐烦，故意不回答。我认为，孔子并不是这种态度，孔子说不知道，可能真的就是不知道。孔子提倡"知之为知之，不知为不知"，当孔子不知道的时候他一定会坦然地承认，他不会认为这样做是丢脸的。

虽然孔子不知道，但他还是给出了自己的看法。孔子认为制定这个政策的人，或者说真深入地参透了禘礼秘密的人，他看天下万事万物，如同看手掌一样清晰。

在表达这个观点的时候，孔子用手指着自己的手掌，和提问的人比画着沟通，这是一个很亲切的动作。

那为什么孔子会这么认为呢？实际上，我们读了《人类简史》《大历史》之类的著作后就会发现，人之所以为人并不是因为与猴子相比，人突然会制造和使用工具了，而是因为人类发明了符号。

我曾经在武汉与著名的邓晓芒教授讨论他的著作《哲学起步》。邓晓芒教授认为，人和动物的区别不在于人会使用工具，因为大猩猩也会使用工具，比如大猩猩会拿树枝掏白蚁窝。人和动物最本质的区别在于，大猩猩掏完白蚁窝之后，一吃完就把棍子扔了，而人是懂得携带工具的。

大猩猩经历了几万年，却从来没有改进过，用完了棍子就扔，它没觉得那根棍子跟它自身有什么联系。与此不同的是，人类使用棍子赶走了狼，就开始和工具"合为一体"去应对这个世界。人类把工具当成了自身的延伸，所以，我们才会不断地改进工具，不断地进行技术革新，一直到今天，出现了手机、电脑、人工智能等这么多令人惊叹的工具。

当人类将工具与自身合为一体后，便开始有了符号。符号也是工具，通过符号，人与人产生了沟通，人类想象出了神，将已经死去的人当作祖先、奉为神明，祈求保佑，人们也因此团结起来。

也因此，人们才创造了像禘礼这样的文化，让大家约定日期，共同去祭祀祖先。

孔子说，能够发起这件事情的人，对于天下的事不就是了如指掌吗？"了如指掌"这个词，正是来自孔子的这句话。

我认为孔子可能真的不知道禘礼的发源。随着人类的考古和更多的研究，我们慢慢地了解到，在远古时代的早期人类，已经开始用祭祀的方法把大家团结在一起。那时候，人类并不会说话，但因为要一起举行祭祀活动，为了彼此沟通，慢慢地才进化出了喉部复杂而精细的结构，让我们能够发出丰富的声音，进行精准的语言表达。

人类的声音跟动物完全不一样。猴子、猿，甚至会说话的鹦鹉，声音都是很单调的，只有人类的声音如此丰富、如此生动、如此变化无穷。

这是我们通过孔子对禘礼发源的思考而展开的关于人类起源的探讨。

祭神如神在：做任何事，都要怀着敬畏之心

祭如在，祭神如神在。子曰："吾不与祭，如不祭。"

我希望大家经常默诵一下第一句话。

"祭如在"，是指祭祀祖先，要想象祖先真的在自己面前一样，这才是祭祀的本质。

"祭神如神在"，是指祭祀神明的时候，要感觉神就在面前。

为什么这样？因为祭祀的目的是诚、敬。在宋明理学流行的时期，"诚"和"敬"这两个字成为知识分子最重要的宗旨。理学的代表人物程颢就曾说："诚者，天之道。敬者，人事之本。"将诚和敬这两个品格，提高到了极其重要的位置。

我们这个时代也是一样的。《匠人精神》的核心，是否就是诚和敬?《中庸》中有句话，叫"诚者物之终始，不诚无物"，如果心不诚的话，就什么东西都做不出来，这和稻盛和夫说的"现场有神明"可以相互印证。处理工厂里各种各

样的问题时，先要设想有一位神明在现场。

稻盛和夫说，你要感动神明，让神明帮你。怎么才能够让神明愿意帮你呢？你得足够努力，做到令神明动容。

这种说法是唯心的还是唯物的呢？不能简单地定义。因为一个人只有足够努力，尽自己所能去行动，才能真正感觉到一种力量。我们常常说"尽人事，听天命"，这不是消极而是积极，这句话中最重要的是先看到自己有没有尽到所能。

孔子极度强调"诚敬"这两个字，他说"祭如在，祭神如神在"，当我们参加祭祀活动时，比如在清明节去扫墓、祭祀祖先，或者哪怕只是在河边放个孔明灯，心中默念孔子的这句提醒，内心那种"诚敬"的感觉就会油然而生。

关于"吾不与祭，如不祭"有两种解释。

第一种解释是：孔子说他如果不去祭祀，就不如不祭。这有点像说了一句大话，凭什么所有的祭祀，都得要孔子去参加呢？

第二种解释是："吾不与祭"是心不在焉的意思。孔子说的是，假如祭祀的时候，心不在这里，那还不如不祭祀。

我个人认为第二种解释更合理，能与"祭如在，祭神如神在"呼应上。

很多人参加祭祀活动时，都是心不在焉的。在升旗仪式中，如果有人心不在焉地随意站着，或者窃窃私语，就感受不到国旗伴着国歌慢慢升起时那种神圣庄严的感觉。让我们想一想，获得奥运冠军后升国旗的时候，大家是什么感觉？人们突然热泪盈眶，就是"祭如在，祭神如神在"。

孔子用这个态度提醒我们，要身心俱在。当你参加一个活动的时候，如果心中没有诚和敬，随意而敷衍，甚至还有排斥，根本不愿意参与，比如虽然身在此处，心却想着去打游戏，那还不如不参与。

获罪于天，无所祷也：**实力才是真正的底气**

王孙贾问曰："'与其媚于奥，宁媚于灶！'何谓也？"子曰："不然！获罪于天，无所祷也。"

这是一段有故事情节的对话，我特别喜欢。

孔子周游列国的时候，到了卫国。卫国的君主卫灵公年纪很大，有一个非常宠爱的妃子叫南子。南子非常漂亮，但名声并不是很好，据传有生活作风问题。

王孙贾是卫灵公手下的一个官员。有一天，王孙贾跑来对孔子说："与其媚于奥，宁媚于灶！"

"媚"是取悦的意思。"奥"是一个屋子里的主神，掌管哲学艺理，一个家庭里有没有文化，是奥神说了算。

"与其媚于奥，宁媚于灶"，意思是与其整天讨好主神，不如讨好灶王爷。

灶王爷是管厨房的神。中国古时候的老百姓是一定要祭祀灶王爷的，有句话叫"上天言好事，回宫降吉祥"，说的就是灶王爷升天之日，一定要祭祀。灶王爷管的是最实在的东西，直接关乎老百姓能不能吃饱。如同在一个大食堂里，得跟厨师把关系搞好。如果你和厨师关系好，厨师在打饭时会满满地盛一大勺，扣到你碗里，肉片全堆在上面；如果你和厨师关系不好，厨师盛的一勺子看上去还是满满的一勺子，但到碗里抖两下，就只有半勺了。

王孙贾似乎是在劝孔子不要总是和卫灵公打交道，总想获得卫灵公的认可，不如将目标转移到南子身上，在真正当权的夫人身上下点功夫，也许更能得到实惠。他可能是从实用主义的角度分析，是在试探孔子，也可能是在提醒孔子，还可能是为了自己的发展，在问孔子自己是该走正途，还是走偏门。

总之，王孙贾跟孔子说了一句民间俗语，问孔子这句话的道理是什么。

孔子的回答充满凛然正气。孔子说，取悦于所谓的奥神、灶神，终日谄媚又能如何呢？如果得罪了上天，那么无论你怎样祈祷都是没有用的。

佛教里有一句话，叫"凡夫畏果，菩萨畏因"。普通人总是害怕承担果报，担心自己倒霉，所以到处烧香。我见过一个风景区，主打"世界财神大全"。什么叫"世界财神大全"呢？人们一般是到一个地方去，拜一个神，但这个景区把全世界所有管钱的神——古希腊的、古罗马的、意大利的、英国的、法国的、中国的……全塑了雕像供起来，让大家祭拜。反正人们都想获得财富，财神越多越好。

孔子说的"获罪于天"，其实就是"菩萨畏因"。菩萨从来不担心结果，只关心因，担心有没有做错事，担心种下恶果。没有因，便不会有果。如果种了恶因，必然会结出恶果来。

还有句俗语叫"阎王好见，小鬼难缠"，意思是要把重要人物身边的小人物打点好。但于孔子而言，连卫灵公这样的人，孔子都不想讨好，而是想用正直的心，用"君子无所争，其争也君子"的进取心与之打交道。孔子不需要媚于任何神，管他是奥还是灶，只要对得起天就够了。

什么是天？天就是道，就是一个人内心的道德法则。做事对得起良心，才是最重要的事。

从这句话，我们或许可以理解孔子为什么如此坦荡荡。他不用行贿受贿，无须讨好任何人，就是做自己该做的事。别人想让他当官，他就留下来做官；不愿意留他，他就接着周游列国，做自己想做的事。这就是孔子的凛然正气。

很多人特别喜欢走后门。尤其有的父母，到了孩子找工作的时候，就表示："我已经准备好了一笔钱。"

我问："孩子找工作，跟你准备一笔钱有什么关系？"他说："需要打点的话，我就可以出手。"他认为给孩子找工作一定要上下打点。这种方法就是想走捷径，想用实用主义的方法解决问题。

孩子找工作本质上也是"获罪于天，无所祷也"。孩子如果自己没本事，无论父母怎样走后门，最后进入多好的单位都没用，都不会被需要。

千万不要试图拿钱去给孩子找工作。无论前路多艰难，都要让孩子自己去打拼，哪怕从最基层的岗位干起，也会越来越有出息，因为这符合天道——他没有走后门，他在一点一点地努力学习，在不断地进步。他所走的每一步，都是踏实的、坦然的。

这段对话中，我们不能贸然判断王孙贾是个坏人，因为我们无法判断王孙贾问孔子的初衷是什么。王孙贾的人品和口碑并不差，所以他极有可能是在提醒孔子、考验孔子，抑或在问孔子他心中的迷茫。

总之，这个话题被孔子终结了。

吾从周：孔子对周礼的赞叹

子曰："周监于二代，郁郁乎文哉！吾从周。"

这句话的意思很简单，表达了孔子对于周朝礼仪的赞叹之情。

"监"指借鉴，也就是借鉴、延续周朝的礼仪制度。"周监于二代"，说的是周朝的礼仪是借鉴夏商两代，集众家之长发展而来。从尧、舜、禹时期，到后来的夏朝和商朝，再到周朝，礼乐典章一直在延续、在升级。到了周朝，已经非常丰富多彩了。

孔子感叹周朝的文才茂盛。"吾从周"，用现代语言来理解就是"如果我能选择，我愿意永远做周朝的粉丝"。

　　从这一段话看出，孔子特别喜欢周朝的礼仪制度。孔子的偶像是周公——周武王的弟弟周公旦。

每事问：请永远葆有好奇之心

　　子入太庙，每事问。或曰："孰谓鄹人之子知礼乎？入太庙，每事问！"子闻之，曰："是礼也！"

　　这段话描述了一个很有意思的故事。

　　太庙是君主的祖庙，而鲁国是武王伐纣后分封土地时周公旦的封地，因此，鲁国的太庙就是周公旦的庙。

　　"子入太庙，每事问"，孔子进入太庙，什么事都问，比如问这个叫什么，那个叫什么，这件事该怎么做，那件事该怎么做。

　　就有人在背后议论："大家都说说，这个鄹人的孩子知礼吗？"

　　孔子的父亲做过鄹地的邑大夫，当时人尊称他为"鄹人"，称呼孔子为"鄹人之子"。孔子名声很好，大家都认为孔子是知礼的。

　　孔子曾说"吾十有五而志于学，三十而立"，我们可以据此推测这个故事发生的背景。这个故事应该是发生在孔子三十岁以后，此时的他大概已经开始走入政坛，有了一定的名声，否则的话，谁会把一个人叫"鄹人之子"呢？只有此人有一定名声，别人对他的身份有一定的了解，才会去议论他、质疑他，说他到了太庙，什么都不懂，什么都要问。

有人把这些闲话告诉孔子，孔子的回应是"是礼也"。

"是礼也"有如下可能。

第一种可能是孔子真的不知道。

孔子此前没有进过太庙，这是第一次。我想，一个人就算在书上读到了再多的东西，到了实际的环境中也不一定会掌握所有的细节。假设我们手里有一本雅典神庙的说明书，书里将雅典神庙中的建筑、摆设、祭台、烛火等一一呈现出来了，告诉你神庙里的大柱子是怎么来的，神像的尺寸是多少，是什么材质的……一切似乎都面面俱到。但你看完说明书以后，到了雅典神庙，就真的什么都懂了吗？你到了神庙里，会觉得"这些我都知道，这是书里的内容"吗？并不会。

哲学上有一个很有意思的思想实验。

玛丽从小生活在黑白的房间里，一直长到了三十岁都没有见过彩色——墙面、地板、桌子、窗帘……一切都是黑白的。

其间，玛丽一直在学色彩学，学习红色是什么，红色的光谱是什么，红色会给人带来怎样的感觉；蓝色是什么，绿色是什么……只是她从未亲眼见到过这些颜色。

三十岁生日这天，玛丽从房间里走出来，她终于看到了红色。请问，玛丽还能不能够学到新的东西？她已经在书上学完了关于色彩的所有知识，但当她第一次真正见到彩色时，她还会有新的感觉吗？

她应该不会一脸淡漠地说："噢，这是红色啊，我早就知道了。"她大概需要好长时间来反应，可能会问："这真的是红色？"她会很兴奋，感到很震惊，而且可能会长久地陷入思考中，无法真正确定。

孔子作为一个从鄹地来的年轻人，第一次进太庙，对于很多事情会感到很新鲜、很陌生，所以他对每件事都要确认一下。比如有的事情虽然在书上读过，但进了太庙之后，他终于能确认这件事情是真的了，他觉得书上读到的知识终于能在现实中验证了，因此感到兴奋、雀跃。

为什么很多人不问？不问，并不是觉得自己都懂了，而是生怕别人看出来自己不知道，只好不懂装懂、闭口不提。很多人在职场中就是抱着这种态度，总怕丢面子，什么都不敢问，结果常常做错事。

孔子认为"知之为知之，不知为不知"才是礼，而且最重要的是，关于礼仪的事情是绝对不能搞错的。对于礼仪，不同的地方要求不一样，所以必须详细地问明白。

第二种可能是孔子其实一切都明白。

那他为什么还要"每事问"呢？是为了表示尊重。想想看，我们去拜访别人，对方开始展示他的收藏，即便你比他家的家底更厚，你收藏的东西更好，你会说"你的这个收藏，我家多的是""你的是假的，我能看出来"吗？当然不会。进入别人家的太庙，总得保持点好奇心，这也是对别人的认可。从这个角度讲，这依然是礼。

所以，无论孔子是知道还是不知道，都没做错。入太庙"每事问"，意味着尊重，意味着谦虚。

在这个故事中，我们学到的是，到了一个新的地方，什么都不敢问，假装自己什么都懂，结果一做事就出错，这才是最糟糕的。

就像孔子提醒子路，说"知之为知之，不知为不知，是知也"，大概是因为子路耿直莽撞，喜欢跟别人抬杠和争论，容易犯说大话、不懂装懂的错误。

在生活中，当我们不懂就问，别人却批评、笑话你的时候，你就回一句"是礼也"，这句话的境界比那些指责的话要高出一个珠穆朗玛峰。

射不主皮：射箭的礼仪

子曰："射不主皮，为力不同科，古之道也。"

这句话和射箭有关。

前文中，孔子曾说"君子无所争。必也射乎。揖让而升，下而饮。其争也君子"，借射箭时的礼仪，阐述什么是"其争也君子"。孔子并不只是一个文人，他精通六艺，也就是礼、乐、射、御、书、数。射指的就是射箭，孔子力气很大，很喜欢射箭。

孔子曾说："吾少也贱，故多能鄙事。"孔子的家庭背景比较特殊，扛着一个贵族的名头，实际已经完全没落，没有钱了，因此，他会做很多杂事。

"射不主皮，为力不同科，古之道也"，"皮"就是皮质的箭靶，这句话的意思是，射箭的时候并不是比赛看谁能把箭靶射穿，因为人的力气不一样，这是自古以来的道理。

射箭比赛并不是比射箭杀人的技术，而是礼的一种呈现方式。在原始社会，射箭只有一个功能，就是打猎，射一个猛兽时如果射不透皮，人就危险了。在这种情况下，就是要比力气。

进入文明社会，不需要打猎，射箭就从养家糊口的技能，变成了从容优雅的娱乐活动。现在，其实也有很多体育比赛，是由过去的狩猎活动演变而来的。

我解读过一本书，叫《为什么是足球？》。我并不是球迷，但是这本书我觉得非常有意思。作者德斯蒙德·莫里斯在这本书中从社会学、动物学、人类学等角度综合分析了大家狂热痴迷于足球比赛的原因。

他得出的结论是：足球是最接近原始狩猎的运动。

当人类不再需要用某个技能去谋生时，我们就会去除其中野蛮、危险的部分，留下一些优雅的、具有技巧性和观赏性的部分，并把它变成一种竞技。很多比赛项目都是如此，比如跳水、高尔夫球、赛车等。

孔子的意思也是如此，射箭比赛比的不是伤害别人的能力，而是比技巧，比双方对礼仪和教育的理解程度。

打个比方，在篮球比赛中，灌篮看起来比投篮有力量得多，非常带劲，但灌篮和投篮的得分有时是一样的，这就是"射不主皮"的道理，不是谁力量大，谁就能获胜。

我爱其礼：如何看待历史的变化

子贡欲去告朔之饩羊。子曰："赐也，尔爱其羊，我爱其礼！"

这是一段很活泼的对话，我推测，应该是发生在孔子晚年的时候。

子贡作为儒商鼻祖，富有程度甚至能够与君王分庭抗礼。他到任何一个地方，国君都要给他让出半个席子请他入座。

"子贡欲去告朔之饩羊"，"告朔"是一种祭礼，每个月的初一叫作"朔"，告朔就是到了初一的时候，需要宰一头羊。羊是饩（xì）羊，也就是不烹饪，宰了以后就献祭。

子贡很有钱，又是个外交家，他应该承担了为告朔祭祀提供羊的责任。但他可能觉得有点心疼，就说，每个月杀一只羊太浪费了，要不别祭祀了吧。这是实用主义的作风。

后来，人们在祭祀时的替代方案是用木头做成羊、牛、猪来献祭，子贡可能提了一个类似的替代方案。

孔子说："赐也，尔爱其羊，我爱其礼！"赐是子贡的名，孔子的意思是："子贡啊，你爱的是那头羊，我爱的是那个礼。"

孔子感慨已经越来越没人重视礼了。

过去人们在祭祀时还要献牛，齐宣王看到一头将要被牵去宰杀献祭的牛经过堂前时在流眼泪，便说，牛太可怜了，换成羊吧。这是过去的礼节上的变化。孔子感受到人们对礼的态度越来越敷衍了，献牛已经变成献羊了，现在竟然连羊都要去掉，因此发出了一声无奈的感叹。

类似的争论从来没有断过，直到现在也是如此。比如，春节要不要放鞭炮。有人说不能放鞭炮，会污染环境，而且会浪费很多钱，还有会带来一些危险，另外一些人认为不放鞭炮就没年味了。

谁才是对的？没有绝对的答案。

对当下来说，环保是很重要的一件事。我想，以后说不定可以改成电子鞭炮，噼里啪啦地发出热闹的声音，或者将放鞭炮换成别的方式来庆祝，这都是时代变更的过程。

孔子的这句话只是他发出的一个感慨，他感受到了历史进步的车轮，谁都无法阻挡。

现在的读者也许很难想象当年的场景，也很难理解孔子为什么叹息。每月初一，杀一头羊用来祭祀，这在今天看来是野蛮、残忍和浪费，但在孔子当年却认为这是一个过不去的坎。

我们在生活中还会有很多类似的争论，除了放鞭炮之外，还有该不该送老人去养老院。从子贡的实用主义角度来讲，会觉得养老院方便，尤其是独生子女，很难亲力亲为地赡养多位老人，而孔子可能会认为，家有老人才叫家，养老院不是任何人的家。

生活中本来就存在着大量的争论，我们总是在处理一个又一个的矛盾。时代在进步，新的矛盾也在不断地产生。社会本来就是在矛盾中发展的。

矛盾自然会带来痛苦，那我们如何面对这些痛苦呢？

就像叔本华说的，一个人痛苦的总数是不变的。一个人没上大学时，很痛苦，觉得上了大学就好了，结果到了大学，发现还是痛苦，期待只要毕业就好了，毕业了依然很痛苦。痛苦的总量其实不变。

我想对叔本华的说法做一个延伸：人痛苦的总量，其实是可以变的。

为什么？因为痛苦是随着你能力的改变而改变的。这种能力不是做事的能力，而是体会痛苦和幸福的能力。如果一个人体会幸福的能力比过去高了，幸福的总量就会增加；如果一个人心中总是更容易感受痛苦，那么，痛苦总量就是不变的，会一直留在心中。

人为什么要修炼？孔子教大家修炼，孟子教大家修炼，王阳明教大家修炼，修炼的目的就是不断地提高自己感受幸福的能力。比如，孔子总是随时随地能够高兴，能够以积极的态度看待外界的变化，他感受幸福的能力是很强的。

因此，这句话只是他晚年发的一个牢骚、一声叹息。他懂得世界是在变化的，但他有自己的价值观，在他看来，关于礼仪的钱，是不能省的。

事君尽礼，人以为谄：如何面对外界的误解

子曰："事君尽礼，人以为谄也！"

这是一句很委屈的话。

孔子说"事君尽礼，人以为谄也"，就是"我侍奉我的君王，一切都按照礼数来行事，但是别人却以为我是在谄媚"。

孔子内心对君王当然不是谄媚的态度，而是尊敬。尊敬，是孔子认为作为一个臣子一定要有的态度。

《论语》第十篇《乡党》全是讲孔子待人接物的，到时候我们就能看到孔子见到君王时是什么样子的，如何鞠躬，如何跪拜，鞠躬完如何往后退。这些细节动作，在其他人看来可能真的觉得是恭敬得过分，觉得他也太夸张、太殷勤了，难道就不能把领导当个普通人去对待吗？

但是孔子认为不行，这是君臣之礼，是一定要遵守的。

"樊登读书"的主编慕云五老师是我的大学同学。有一次，我俩走在大学校园里，迎面遇见了蒋德明校长。我见到校长下意识地想躲开，慕老师见到校长以后，立刻站直，鞠躬说："校长好！"结果把校长吓了一跳，因为在现代的校园中，很少有民国范儿的学生，毕恭毕敬地向老师鞠躬问好。

很多人不再觉得礼是重要的事。慕老师是在谄媚校长吗？完全不是，他只是在用最朴实的方法，表达对老师的尊敬。正如孔子说"事君尽礼，人以为谄也"，只要做到事君尽礼，内心有本分就够了，别人会怎样评价，会不会以为你是在谄媚，无关紧要。

从另一个角度来看，儒家在后期被很多人指责，被社会逐渐抛弃，尤其在战国时期，儒家的声音已经变得很小了，孟子甚至认为自己如果再没有强烈的态度，再不论战，儒家就消失了。其中很重要的原因，就是儒家"事君尽礼"的流程太多、太复杂，花费太大，受到了大家的反对。

但无论如何，我们可以从孔子的这句话中理解儒家对礼的初衷。这些礼仪可能过于繁复，不讨大家喜欢，但他们做这些绝不是为了谄媚君主，而是为了表达内心真正的尊敬，是谓"事君尽礼"。

君使臣以礼，臣事君以忠：一句话说透管理之道

定公问："君使臣，臣事君，如之何？"孔子对曰："君使臣以礼，臣事君以忠。"

鲁定公时期，正好是孔子做官的时候。鲁定公问："君臣之间到底应该如何相处，才是合理的？"

"君使臣，臣事君，如之何"，其中上级对下级叫"使"，下级对上级叫"事"。很多字都有类似的特定用法，举个常见的例子，"弑"只能用于下对上，比如"弑君""弑父"，而不适用于上对下。

孔子的回复非常好，简洁而精准，一语道出了事物的本质。这一次，孔子提出了人力资源管理的核心理念，他说："君使臣以礼，臣事君以忠。"

想理解这句话的精妙之处，我们不妨先反过来思考一下：为什么不能够是"君使臣以忠，臣事君以礼"？

举个现代的例子，有的公司，老板会向所有员工宣讲感恩，号称忠诚是员工最大的财富，给员工灌输"没有平台，你什么都不是"的思想，这就叫"君使臣以忠"。老板要求员工无底线地奉献，要求员工尽心竭力，彻底效忠于自己。

这种奇怪的要求真的会提高员工的忠诚度吗？他很可能会得到员工的反馈是，大家只想做一天和尚撞一天钟，符合《劳动法》、不出错就行；如果要无故辞退员工，就得按照法律的规定赔偿员工，这是员工给老板的"礼"——按照礼节来提出要求，一切看起来符合法律，有节制、有操守，但只是完全按照职场的规矩来工作，缺乏动力，缺乏热情。

如此互动，公司的氛围其实很糟糕。

如果按照孔子提出的"君使臣以礼，臣事君以忠"来管理公司，会是什么样的情况呢？

老板雇用员工，要用礼节来管理，给员工提出最基本的底线要求就够了。只要员工符合《劳动法》，遵守公司的规章制度，管理者不必非要员工全身心奉献给公司，更不必逼着员工表忠心。要知道，每个员工都是自由的，让员工感受到被尊重，他们才愿意主动地投入工作。

"臣事君以忠"，员工在为公司服务的时候，不要以置身事外的态度来应付。我们当然可以走上前，主动发挥自己的作用，尽力奉献，把事情做好，让公司变得更强。

当老板和员工能这样相互配合时，就能实现双赢。员工的能力得到极大提高，个人价值得到了彻底的体现，公司的竞争力也增强了，平台变得更好，对员工的个人发展也有助益。

很遗憾，在现实生活中刚好相反，大量的老板总是觉得员工付出得还不够；大量的员工则认为已经做得够多了，差不多就行了。

什么是好的公司呢？好的公司绝对不会给员工洗脑，不会整天讲感恩、讲忠诚。好的公司讲的是底线，遵守《劳动法》即可。在公司里，每个人都是自由的、独立的，甚至可以内部创业，也可以离职去创业。管理者只有将员工当作人，而不是赚钱的工具，不是老板的私有财产，不提过分的要求，员工才能给你创造惊喜。

《论语》为什么能够穿越两千多年，到今天依然有如此强大的魅力？我们或许能从孔子的这句话中窥见一鳞半爪。我们将这句话前后的意思一对换，立刻就能够感受到境界上的云泥之别。

所以，上级对下级别提过分的要求，下级对上级别敷衍，这才是管理之道。

在《论语》接下来的篇章里，还有"君子易事而难说也。说之不以道，不说也；及其使人也，器之。小人难事而易说也。说之虽不以道，说也；及其使人也，求备焉"。

你跟一个君子合作，很容易相处，但你很难取悦他，因为"说之不以道，不说也"。

比如，你送一部手机给某个人，他很高兴，说："太好了，你真懂事，我一定提拔你。"这个人就是小人，一部手机就能让他失去原则。君子是不会为此高兴的，你很难用这些外在的事物取悦他，但是你跟君子合作却很容易，因为君子"易事而难说"，他从来不求全责备，对你的要求都是合理的，也总能做好自己该做的事情。

跟小人合作的情况往往是"小人难事而易说"。你帮他搬个家，他很高兴；你给他送个东西，他很高兴；你给他送个生日礼物，他也很高兴……外物很容易让他高兴，但是"及其使人也，求备焉"，当他让你做事的时候，却总会苛责你，对你的要求极高，觉得你什么都不对，让你不断修改，最后你会发现，你怎样都没法让他满意。这就不是"君使臣以礼"。

这是君子跟小人的区别。

"君使臣以礼，臣事君以忠"，在今天有着极大的现实意义。"君使臣以礼"，核心是有规矩，用底线的规矩来要求人；"臣事君以忠"，核心是无限制，用无限制的奉献来做工作。上级对下级应该提底线的要求；下级对上级应该尽量地创造价值，这不仅仅是为了上级，也是为了自己。

"君使臣以礼，臣事君以忠"，能让这个游戏变成一个无限游戏，上下级联动起来，相互促进，但是如果反过来，就非常快地变成一个有限游戏，因为相互不满意而使合作陷入僵局。

这一段话，我不知道鲁定公听进去了没有，我想大约是没有，否则孔子就不会周游列国了。

如果你要将这段话理解得更透彻，可以听一听我在"樊登读书"解读过的一本书《联盟：互联网时代的人才变革》。这本书的内容刚好可以印证孔子的这句话，并对这句话进行延伸。

哀而不伤：在《诗经》中学习情绪管理

子曰："《关雎》，乐而不淫，哀而不伤。"

这一句很有名。

《诗经》的开篇是《关雎》：

关关雎鸠，在河之洲。

窈窕淑女，君子好逑。

有一种说法是，孔子所说的《关雎》在这里指代的是整部的《诗经》。

孔子说《关雎》，或者说《诗经》最动人之处，在于乐而不淫、哀而不伤。

"乐而不淫"，"淫"指的是泛滥。《诗经》在描述快乐的情景时并不泛滥，美好而有节制，不会让你沉浸其中无法自拔。

"哀而不伤"，《诗经》所发出的情思虽然能唤起我们的愁绪，让我们感觉有些难过，但并不"伤"。朱熹在《论语集注》中说，"哀之过而害于和"才叫作伤，如果哀痛太过，打破了和谐，就是"伤"了。

"乐而不淫，哀而不伤"，是孔子的文艺观。好的文艺作品，就应该做到乐而不淫、哀而不伤。

孔子提倡这样的文艺观，但他自己却并不是这样。孔子"在齐闻《韶》，三月不知肉味"。他在齐国时，听到了《韶》乐，为之沉醉，回来以后竟然三个月尝不出来肉味。

孔子很爱吃肉，可谓无肉不欢，但是他听完音乐之后，对吃肉都失去了兴趣，因为他始终沉浸在音乐中。这算不算乐而不淫？当然不算。一首歌听完，连续三个月沉迷其中，这已经算是泛滥了。

孔子最喜爱的学生颜回去世时，孔子"哭之恸"，难过得号啕大哭。孔子痛哭的画面，我们都能够想象出来。

有人问他："你哭成这样，是不是太过分了？"

孔子说："不为这样的人难过，还能为谁如此难过呢？"

他对音乐的喜爱是无法掩饰的，对颜回去世的悲伤是无法抑制的。他的喜悦和悲痛，都是如潮水般泛滥喷涌的。他并没有做到乐而不淫、哀而不伤。

还有另外一种说法。

用梁漱溟先生的话来讲，孔子的乐和哀，都是发自本心的。只要你发自本心，就是乐而不淫、哀而不伤。

有一些故意搔痒、浮在表面的乐，就是泛滥的乐。比如一些低俗的小品，无底线地逗笑观众，仿佛在挠观众的胳肢窝。还有很多电视节目，为了制造话题，吸引人的眼球，故意编写夸张的、突破人类底线的虚假剧情，再找人演出来，引爆观众的情绪，让观众愤懑，甚至引发争论和谩骂。

这样的文艺作品就远离了"乐而不淫，哀而不伤"，它就是故意将人们的情感激发起来，让人快乐到极致，痛苦到极致，背离了本心。

如果像孔子那样，快乐时是发自本心地快乐，难过时是发自本心地难过，连流泪何时停止，都是顺其自然的，并不会规定自己三天或者一个星期走出难过期。当我们能够坦然地面对内心的情绪时，就会发现，所有的痛苦我们都可以慢慢地放下，以及释然。

比如在颜回离开之后，孔子虽然悲痛不已，但并未停止自己的脚步，他还是做了很多积极的事情。

成事不说：沉默的价值

哀公问社于宰我。宰我对曰："夏后氏以松，殷人以柏，周人以栗，曰，使民战栗。"

子闻之，曰："成事不说，遂事不谏，既往不咎。"

这段话像在对暗号、解密码一样，直接看原文很难懂。我读了很多遍，查阅了很多不同的注解，才能理解它。

上下两段对话看起来似乎没什么关联，那到底是怎么回事呢？

我们得先了解对话背景。从鲁定公到鲁哀公，由于君权被架空，一路下来，

"三桓"总是欺负他们，鲁哀公对"三桓"忍受了很长时间。宰我是鲁哀公的助手，也是孔子的学生，孔子曾经骂过他。因为他白天上课的时候喜欢睡觉，孔子严厉斥责他"朽木不可雕也，粪土之墙不可圬也"。

"哀公问社"，"社"是土地神。鲁哀公问宰我，修建土地庙的时候，种什么树比较好。土地庙是宰杀祭品的地方，一般会将牛羊等牲畜在此处宰杀之后，再搬去祭祀。因此，土地庙有杀气。

在这样一个有杀气的地方应该种什么树呢？宰我回答说，夏朝的礼节里用的是松树，商朝是用柏树，周朝则是用栗子树，栗子树取意于"使民战栗"，让大家害怕。

有人把这段话传给了孔子。孔子没有发出任何关于种什么树的评论，而是说"成事不说"，凡是已经要成功的事，别提了；"遂事不谏"，即将要做成的事情，就不要再劝阻，也不要再提新的建议了；"既往不咎"，发生过的事不要再讨论。

孔子为什么突然说了这三句莫名其妙的话？事后有很多人猜测，哀公问社于宰我，实际上是想问能不能把季孙氏、孟孙氏、叔孙氏三家灭掉。他作为君主，被压制了这么多年，除掉"三桓"是他应该做的，这应该可以称为阳谋。

关于这个计谋，孔子的看法是，无论这事能不能成，都别说了。能成就不必说了；快成了，也不用说；过去了，照样不能说。你要做就做，不做就算了，别提出来，因为只要说出口，就会惹出大量的麻烦和是非。

历史上并没有出现哀公把三家消灭掉的过程，这件事可能也就悄无声息地过去了。哀公可能有那么一个大胆的想法，跟周围的人提了两句，孔子知道后提醒他，少把这种事说出口。孔子知道哀公的想法很难实现，因为哀公当时的力量不足以与"三桓"抗衡。这是后人的一种解读。

至于到底是不是这种情况，或者上下的对话中，有没有遗漏的文字，导致两段话之间出现断层，我们都不能确定。《论语》有趣的地方就在于，你对一些句子可以有很多种理解，能讲通就行。因为流传久远，难免存在文字上的疏漏。

管仲知礼乎：孔子对管仲的评价

子曰："管仲之器小哉！"或曰："管仲俭乎？"曰："管氏有三归，官事不摄，焉得俭？""然则管仲知礼乎？"曰："邦君树塞门，管氏亦树塞门。邦君为两君之好，有反坫，管氏亦有反坫。管氏而知礼，孰不知礼？"

有人认为这段话是后人编的，不是孔子原话，因为孔子很崇拜管仲。

管仲是齐国的宰相，比孔子早一百多年。管仲辅佐公子小白成为齐桓公，并让齐桓公崛起，使其成为春秋五霸里的第一个霸主。齐桓公九合诸侯，为华夏后来的统一打下了基础。

孔子崇拜管仲，曾经说"微管仲，吾其被发左衽矣"，意思是假如没有管仲，我们这些人就全都把头发散乱下来，把大襟朝左边开了。

大襟朝左边开，头发散乱，是野蛮人的装扮。当时的夷狄打仗很厉害，经常冲击和骚扰华夏诸侯，孔子的意思是，如果没有管仲这样有谋略的人出现，咱们早就被夷狄灭掉了。

但是从这里的"管仲之器小哉"来看，孔子很显然又瞧不起管仲，认为管仲器量很小，成不了大事。

我很怀疑这句话并不是孔子说的。

管仲是个非常有能力的人。齐国有两个公子，一个叫公子纠，一个叫公子小白，都因为齐国内乱而逃亡在外，公子纠在鲁国，公子小白在莒国。当他俩听说齐襄公被杀时，便立即设法回国，抢夺国君之位。

管仲当时辅佐的是公子纠。他让公子纠先回国，他则在途中暗杀公子小白。管仲拦住公子小白的去路，一箭射过去，结果只射中了公子小白的腰带钩。公子小白大喊一声后坠马，管仲以为得手便离开了。然而公子小白并没死，他接着赶路，速回齐国，当上了齐国国君，也就是著名的齐桓公。

公子纠没有抢到国君之位，只好又和管仲一起逃回鲁国。

管仲有一个朋友叫鲍叔牙，两个人十分交好。鲍叔牙刚好是齐桓公的谋臣，他极力向齐桓公举荐管仲。

他是这么对齐桓公说的：“如果您要治理齐国这么大的地方，我可以辅佐您；但是如果您想治理天下，我的能力是不够的，您得找管仲来辅佐您。”

齐桓公一开始很犹豫，毕竟管仲曾经射了他一箭。鲍叔牙打包票说管仲能做大事，齐桓公便答应了他的提议。

齐桓公让鲁国把管仲送过来，告诉鲁国他要亲手杀了管仲报一箭之仇。

齐国是大国，鲁国迫于压力赶紧将管仲送去齐国。一路上管仲都在唱歌，唱歌的节奏越快，马车跑得也越快。管仲知道，鲁国如果清醒过来就会追杀自己。

管仲到了齐国，被拜为相。之后，他尽心辅佐齐桓公，对内治理国家，对外尊王攘夷，九合诸侯，一匡天下。

齐国土地贫瘠，靠着海和山，管仲就用海水炼盐，在山里开矿炼铁。一个国家有盐有铁，很快便富足起来。之后，他又进行了改革，让齐国国力雄厚，兵强马壮，成为春秋霸主。

在这段话中，孔子突然说管仲器量不够大。有个人便问管仲是不是节俭，孔子说“管氏有三归”。关于“三归”，有很多解释，有的说是三处宅邸，有的说是三处金屋藏娇之所，也有的说是三处放着钱财的地方。总之，“三归”就是三个地方。

"官事不摄"，指的是家里管事的人都不兼职。如果你生活比较节俭，家里的用人、管家等就会一个人身兼数职，但如果你生活奢侈，让家里的每一个员工都只负责一件事情，你肯定会雇用大量的人帮你打理家务，怎么可能节俭？孔子认为管仲根本不是一个节俭之人。

又有人问孔子："管仲知礼乎？"孔子说："邦君树塞门，管氏亦树塞门。邦君为两君之好，有反坫，管氏亦有反坫。管氏而知礼，孰不知礼？"

"塞门"类似影壁，古代的君主一般会在家里设置影壁，起到屏障的作用，而管仲竟然在自己家也设置了一个影壁。

古代君主在招待别国国君时，常常会用到一个设备叫"反坫"，反坫是大家相互敬酒之后放置空酒杯的土台，这是古代诸侯宴会时的一种礼节。而管仲在接见别人的时候，也给自己建了一个台子来放置空酒杯。

"管氏而知礼，孰不知礼"，管仲用树塞门，设置反坫，这些模仿国君礼仪的做法就是僭越。因此，孔子说管仲根本不知礼。

这一段给人的感觉非常奇怪，因为孔子不是一个容易前后矛盾的人，他曾经表扬管仲的时候，非常肯定，但是在这里突然又说"管仲之器小哉""焉得俭""不知礼"。

以管仲的作为，我们至少绝对不能够说他是个器量不够的人。所以，这一段我们就当一个故事听一下吧，它是否真的出自孔子之口，还存在诸多疑问。

乐其可知也：跟着孔子欣赏音乐之美

> 子语鲁大师乐，曰："乐其可知也。始作，翕如也；从之，纯如也，皦如也，绎如也，以成。"

"鲁大师"是鲁国掌管音乐的官员，孔子跟他讨论对音乐的感受。

孔子喜欢弹琴，也喜欢听音乐，能够从琴声中听出这首歌的感情。孔子对音乐的审美境界是很高的，他认为"乐其可知也"，音乐是可以理解的。

为什么可以理解？孔子说"始作，翕如也"，第一乐章，也就是前奏、序曲部分音量不要太大，要收敛而含蓄，演奏时别一下子放开，主题也不必太明确。就像《天鹅湖》的开篇，轻而缓，循序渐进地让听众代入音乐中，这就是"翕如也"。

接下来，"从之，纯如也"。到了第二乐章，主题逐渐地清晰、明朗起来，美好而和谐的主旋律逐渐出现，带动着其他声音一起向前走。

"皦"（jiǎo）形容月光皎皎，"皦如也"形容激昂、激越，声音越来越洪亮，节奏越来越铿锵有力。

最后，"绎如也"，演奏的声音汇聚在一起，产生不可阻挡的感觉，即使演绎结束，也有袅袅余音。

古时候的音乐结构往往是这样的：从简单而轻缓的音符和节奏开始，轻轻地进入，接下来多个旋律开始混杂，之后主旋律逐渐明朗起来，最后音调越来越高昂、节奏越来越快，汇总成一股强大的气势，扑面而来，唤醒听者的情绪。

如果你去听莫扎特的《土耳其进行曲》，也会有类似的感觉，它的音乐结构也是如此。东西方的古典音乐，在很多方面是相似的，人类的审美本身就是相通的。

这段话描述了孔子对音乐的细致感受，娓娓道来，十分动人。

但这段话我在生活中很少听到别人引用，对很多人来说确实有些拗口。何况现在的音乐变化越来越大，种类越来越多，层次越来越丰富，不熟悉古典乐的人，对这段话可能不会产生多大共鸣。

我们能够从这段话中理解孔子对音乐的感受就好了。

天将以夫子为木铎：莫愁前路无知己，天下谁人不识君

> 仪封人请见，曰："君子之至于斯也，吾未尝不得见也。"从者见之。出，曰："二三子何患于丧乎？天下之无道也久矣，天将以夫子为木铎。"

这段话特别美好，让我们感觉到孔子的努力是值得的。有一句诗可以印证这段话，叫作"莫愁前路无知己，天下谁人不识君"。

孔子到了卫国边境上的一座叫"仪"的小城市，当地官员因为久闻孔子名声，想拜见孔子。

孔子身旁的人一开始可能不愿意，推说孔子特别忙，无法安排会见。

小官吏说"君子之至于斯也，吾未尝不得见也"，意思是凡是到访此地的君子，还没有一个是我没有见的呢。

虽然仪这个地方很小，但作为这里的地方官，哪怕他官衔不高，依然可以见到所有的到访者。所谓"强龙不压地头蛇"，如果非要阻拦，可能连馒头都

没有。

孔子身边的人没办法，只好带小官吏去见了孔子。此处最妙的是，没有描述小官吏与孔子聊了些什么，但他从孔子的屋里出来以后，突然改换了一副面貌。

人和人之间如果没有产生情感认同，就会下意识地用权力和规则与人打交道。一开始，小官吏是一种威胁的语气，说"君子之至于斯也，吾未尝不得见也"，因为他久在官场，习惯了用社会法则和人谈判。

当他见过孔子，进行了沟通后，面目就完全变了。这一段话我觉得特别美好，孔子如春风化雨般地改变了一个人。

小官吏和孔子聊了几句，走出来时态度和思想都发生了颠覆性的改变，说话也变得那么有情怀。他说"二三子何患于丧乎"，古文当中的"二三子"，就是"诸位"的意思。他说："诸位何必这么担心？不要觉得自己没有官位，到处流浪，是一件糟糕的事。其实不必忧虑，天下乱的时间够长了，天将以夫子为木铎。"

北京师范大学的校徽取自"木铎金声"一词。中国古代是"敲金以教武，敲木以教文"，木铎就是铃铛中间的木舌头，木舌头一敲，声音响起来，就是要上文化课了。金属做的舌头一敲，"铛铛铛"地响起来，就是要打仗了。

"天将以夫子为木铎"，就是上天要让孔夫子做它的喉舌，要让孔夫子行教布道，向天下传授知识和礼仪。小官吏告诉孔子的学生们，说诸位不要那么忧虑和失落，你们的老师正在做的这件事情，让天下从"无道"变得"有道"。

通过这一段话，我们能够明显地感受到小官吏被孔子感召了。他虽然是一个小小的官吏，有着世俗的手段，但是他的内心依然是向往道和仁义的。他与孔子一接触，心中的仁义便立刻被唤醒了。

在我心中，这段话充满了美好的画面感。孔子在当年应该是相当有名的，他周游列国，每到一个地方，都有很多人认识他、知道他。当时没有微信，没有微博，没有报纸，他的名声却传播得那么快，纯粹是通过人与人之间的口头传播。

在信息传播不够发达的年代，口头传播的特点就是很容易夸张。我看《拿破仑传》，发现拿破仑就特别善于宣传，他设置了人类历史上第一个新闻官的岗位——当拿破仑遇到了意大利的军队，打了一个小仗时，他不会只形容为"打了一仗"，而是"经历了一场战役"。倘若真的遇到大一点的战斗，那就是"历史性的一刻"。这些经过渲染和夸大的消息传回巴黎的时候，巴黎人都疯狂了，认为拿破仑是神。

当然，孔子和拿破仑的方法并不一样，孔子的方法是"温、良、恭、俭、让以得之"。

尽善尽美：对《韶》乐的赏析

子谓《韶》："尽美矣，又尽善也。"谓《武》："尽美矣，未尽善也。"

我们此前看到过"韶"这个字，就是"子在齐闻《韶》，三月不知肉味"的那个"韶"。

《韶》是歌颂舜的音乐，舜是一个大家公认的圣人。

在尧的时代，实行的是禅让制度。当时还没有"子承父业"的说法，大家一般不让自己的孩子来接替王位，因为那时候的部落首长要替大家干很多的活，终日为了生存在挣扎，大家对这个岗位不是很有兴趣。

尧在挑选继承人时，听说有一个人叫舜，舜在哪里，哪里的人就变得更好，尧就把自己的女儿娥皇和女英嫁给舜，再让自己的儿子、臣子跟他交朋友。直到他发现舜的内在和外在都很好，既有能力又有德行时，就把天下禅让给了舜。

孔子喜欢舜，也爱屋及乌，喜欢歌颂他的音乐。孔子说《韶》，"尽美矣，又尽善也"。"美"代表的是曲调，是外在的形式；"善"代表的是歌词，是内容。所以，听起来好听，内容又好，便称得上尽善尽美。

《武》是周武王的音乐，"尽美矣，未尽善也"，音乐是很好，但内容上还可以再完善。

也有人觉得这段话演绎出了别的意思。为什么孔子批评周武王的音乐？因为武王伐纣，毕竟是以下篡上。对此，孟子的态度是"闻诛一夫纣矣，未闻弑君也"——我根本就没有听说过什么反叛的事，我知道的是他杀了一个独夫民贼。

孟子的这种态度叫"民为贵，社稷次之，君为轻"，这是早期的民主思想的启蒙。历史上最恨孟子的君主是朱元璋，朱元璋读了孟子的书，很诧异孟子竟然能活到八十多岁，要是在他的时代，早死了八回。

孟子对皇帝根本不客气。所以有人通过孔子对音乐的评价，分析孔子有可能在批评周武王，因为孔子比孟子要保守一些。

当然，这个推测也不一定对。

我们能确定的是孔子认为《武》只是形式不错，音乐好听，但是内容并不完美。与之相比，《韶》乐才是曲词俱佳！

吾何以观之哉：礼的核心，是时刻保持恭敬之态度

子曰："居上不宽，为礼不敬，临丧不哀，吾何以观之哉？"

这是第三篇的最后一句。孔子在谈论一个居上位者不应该表现的态度有

哪些。

第一个不应该的态度是"居上不宽"，就是领导者对待下属不宽厚、不包容。

孔子在前面提出"君使臣以礼"，意味着上级对下级只需要有最基本的底线要求即可，当下属有些事做不到时，上级要能够包容，不可求全责备。

第二个不应该的态度是"为礼不敬"，如果一个人为礼不敬，不知礼之本，就没法发自内心地去表达尊敬。如果老百姓完全不知礼，自然就不会为礼。但如果一个人很虚伪，表面遵守礼仪，但内心又不敬，那意味着什么呢？他是为了利益。为了利益而"为礼"，不可能有澄静的心。

孔子说"吾何以观之"，意思是"简直不能直视那种为礼不敬的人"。

第三个不应该的态度是"临丧不哀"，参加葬礼的时候连一点哀痛之情都没有。

《论语》中有这样一句话："子于是日哭，则不歌。"孔子本来总爱哼哼歌，高高兴兴的，但如果他今天参加了葬礼，痛哭了一次，他这一整天都不会唱歌了。因为临丧时得表达悲痛，要慎终追远。在葬礼上，哀痛是要发自内心的。

有的人为了应酬去参加别人的葬礼，给人家送一个花圈，只是为了社交和完成仪式，并没有发自内心地感受到对方的伤痛。这就是缺乏共情，看到别人难过，自己感受不到。

为什么一个人临丧的时候要庄重、要哀伤？因为共情是人类应该拥有的一种能力，人类本身就有共通的痛苦和共通的难过。

"居上不宽""为礼不敬""临丧不哀"这三句放在一起，全面地阐释了什么叫作不仁。不仁就是心中只有自己和利益，没有仁爱之心，没有共情的能力。这样的人对于礼是不能理解的，他感觉不到礼的意义所在，在他眼里，那只是一个规定，按部就班去执行就够了。

归根结底，礼的背后是仁。我们要培养一颗柔软的、对他人和这个世界有感知的心，而不是用一颗僵硬的、形式化的和官僚化的心，随波逐流地生活。

里仁第四

仁为美：环境对人的影响

子曰："里仁为美。择不处仁，焉得知？"

这句话强调了环境对人成长的影响，孔子说，人一定要尽量和有仁德的人住在一起。

我解读过一本书，叫《瞬变》。在这本书里，作者提到有些家庭居住在治安不好的地方，导致孩子学习成绩差，而只要换个环境，孩子的成绩就会慢慢地变好。美国政府甚至曾经花钱补贴一些穷人，让他们搬离混乱的贫民区，若干年后，政府通过追踪发现，那些搬了家的孩子发生了特别显著的积极变化。

这就说明了环境对人的影响和改变。

社会学里有一个概念叫"破窗效应"。如果你家门口有一辆汽车，车窗被砸烂了没人管，再过两天，轮胎就会被拆掉，汽车会变得越来越破。如果一个老旧街区的房子，窗户被打烂了没人管，慢慢地，其他房子的窗户也会被砸烂，这个地方的治安会变得越来越差。如果有人在一面墙上涂鸦而没有及时清理，不久后这面墙上就会被人画满乱七八糟的甚至不堪入目的东西。

这些研究，都提醒我们环境和人之间的关系。跟有仁德的人住在一起，未来才能变得更美好。

回到这句话本身。"择不处仁，焉得知"，此处的"知"同智慧的"智"，一个人总想着买大房子，却没有关注自己是不是和有仁德的人住在一起，这怎么能够称得上明智呢？

孟母之所以三迁，有她的道理。孟母发现住所周围的环境会给孩子造成不良影响时，就立刻搬家，最后搬到能够为孩子的教育带来正面影响的地方。

按照这个理论，我们是不是必须住在学区房呢？我认为并不是。当下，有的家庭过于放大学区房的作用，他们买学区房并不是为了寻找仁德，而是获取上学的捷径。实际上，对于每一个孩子来讲，真正的"学区房"永远都是自己的父母，父母有仁爱之心，对孩子的影响才是最大的。

我个人觉得这句话很像是孔子跟自己的学生讲的。孔子很看重邻居的品质，他希望周围住的都是仁德之人。最初孔子开馆教学的时候，可能周围的人还不多，随着孔子的影响力不断扩大，很多人慕名而来，很多学生搬到离孔子近的地方住，慢慢地形成了仁人相聚的景象。我们想象一下，孔子的附近住着子贡、子路等学生，莘莘学子聚在一起，周围都是自己喜爱的德行出众之人，这是孔子非常理想的晚年生活。

我们从这句话中学到的是，在任何时候，都要努力地找机会与仁德之人相处。

仁者安仁：如何应对生活中的不确定性

子曰："不仁者不可以久处约，不可以长处乐。仁者安仁，知者利仁。"

我非常喜欢这句话，这句话给过我很大的激励。

"不仁者不可以久处约"，"约"是困顿的意思。一个不仁的人，无法长期待在困顿的环境之下。如果生活变得很糟糕，他为了摆脱困境，将无所不用其极，做很多冒险的事。"君子居易以俟命，小人行险以侥幸"就是这个道理。

"不可以长处乐"：不仁的人，无法长久地安于好的环境。当他过上富裕的生活后，时间一久，就有可能会陷入小人得志或者乐极生悲的境况中。

为什么一个不仁的人，穷了也不行，富了也不行呢？原因很简单，不仁的人，他的内心是为外物所役的，他高兴与否、幸福与否，都取决于外在的物质，取决于外人的评价。

当他待在一个美好的环境中时，时间长了，便会麻木，体会不到这份美好的来之不易，就开始"作"。很多一夜暴富的人后期反而变得越来越不幸，就是这个道理。比如《幸福的方法》这本书里讲到，有人中了彩票以后，生活却越来越糟糕，原因就是太多的钱会突然之间击溃一个人生活的惯性。

同样，让不仁的人待在一个很糟糕的地方，过穷苦的生活，他也无法坚持下去，会做一些非常危险的事情。

这句话反过来也是成立的。仁者既可以"久处约"，也可以"长处乐"，"约"和"乐"都只是外在的状况，这无法影响他内心的平静。仁者不为外物所役，有自己的天命和自己的理想，如同颜回，"一箪食，一瓢饮，在陋巷，人不堪其忧，回也不改其乐"，无论在多么简陋的环境里，哪怕肚子都填不饱，他都能够每天开开心心地生活，追求自己认为正确的东西。

宋儒曾研究孔、颜之乐到底是什么。孔子和颜回两个人，为什么在那么糟糕的生活环境下还能那么欢乐？再比如富有的子贡，如何做到富而不骄、富而好礼？无论外在发生多么巨大的变化，让他们变得极度贫穷或者极其富有，他们的内心都分毫没有动摇。

反思当下的生活，人们大都生活在"不可以久处约"也"不可以长处乐"的状态里。扪心自问，我们一年中有多少天是发自内心地感受到快乐的？很多人工作的时候总期待放假，处于假期中又觉得无法忍受平淡的生活，必须来一场说走就走的旅行，真的去旅行了，一路上却开始抱怨，觉得舟车劳顿，旅途似乎没有想象中的浪漫，恨不得赶紧回家。

当我们能够学会求仁，去求不被外物所役，去求自己能够有一个天命与理想时，就能真实地体会到生活的快乐，这种快乐是恒久的，无论贫富，都不会消散。

接着，孔子说："仁者安仁，知者利仁。"仁者以仁为安身立命之根本，即便粗茶淡饭，也能安住于仁的当下。在仁者眼里，哪怕环境再恶劣，也是"君子居之，何陋之有"。他看一个地方好不好，不在于是否富丽堂皇、是否环境优美，重要的是这个地方能不能让自己内心平静。

"知者利仁"存在多种不同的解释。

可以理解为智者以仁行利。智者能够将仁发挥出更大的价值，运用仁帮助更多的人。

可以理解为以利养仁。一个人就算生活富足而美好，能够"长处乐"，他依然应该用仁来修炼自己的品行。

还可以理解为智者对仁有利。智者可以为仁赋能，在仁这件事情上能有更多的发挥，可以做更多的事情，使得仁的边界不断地扩充。因此，孔子说"仁者安仁，知者利仁"。

此处，我要给大家推荐一本书——《自尊》，将仁和不仁做出心理学的界定。

《自尊》讲到，拥有较高的自尊水平的人，接近于孔子所说的"仁者"，他有着稳定的高自尊，无论外在的环境如何变化，对其影响都不大，他能够愉快地生活。如果一个人处于低自尊的状态，他就会活得很痛苦，他对自己的评价、对生活的感知，完全取决于外在环境的变化和反馈，这就是"不仁"的状态。

我们可以用孔子的这句话来自省，努力做一个既可以"处约"，也可以"处乐"的人。人生起起伏伏，生活有好有坏，用作家麦家老师的话，叫"人生海海"。说不清你什么时候会过上好的生活，什么时候又会忽然跌入谷底。

既然如此，就不要陷入其中。生活充满着不确定性，这并不可怕；无论生活好坏，都不接受，那才最可悲。

唯仁者能好人：人际交往中，如何分辨小人与君子

子曰："唯仁者能好人，能恶人。"

"好"是喜欢，"恶"是厌恶。

孔子说，只有那些有仁德、追求仁的人，才能够"好人"，能够发自内心地喜欢一个人，也能够"恶人"，发自内心地表达出对他人的不喜欢、不接受。

关于《论语》的解读有很多，很难说到底谁对谁错。《论语》没有逗号和句号，标点符号是后人添加的，在解读时，有时因为断句不同，理解也不一样。

关于这句话的解读很多。你可以理解为，孔子说，一个仁者，可以好人也可以恶人，要爱憎分明，不要做墙头草。

孔子讨厌乡愿。"乡愿"就是老好人，树叶掉到脑袋上都怕打到头，跟谁都说好，看世上没有一个坏人。孔子说这不是好人，而是没有原则的人。人一旦没有原则，就会缺乏分辨是非的能力，任何时候都没有勇气指出坏人。

"好人"和"恶人"合在一起，是成为"仁人"的条件。仁者既能够看到他人的闪光点，也敢于指出坏人的缺点。

我个人还有另外一层理解，就是将这句话拆开进行阐释，同样成立。

"唯仁者能好人"，仁者好人，是因为仁者具有人性之光辉，能发自内心地喜欢一个人。当一个人在喜欢他人、欣赏他人时，不因为头衔，不因为地位，也不因为当下的青春容颜，而是发自内心地喜欢，这是一件挺了不起的事，这

本身也是一种能力。与仁者不同的是小人，小人爱的不是某个人，他爱的是物，是地位，是外在的东西。

我为什么敢这样理解？因为"樊迟问仁。子曰：'爱人'"，如果能够爱人就可以被称作仁，那么，"唯仁者能好人"是能够成立的。

"唯仁者能恶人"，指出仁者与小人的不同。小人有利就不恶，比如，我知道老板品行不正，是个坏人，但只要老板对我好一点，我立刻觉得他人不错。哪怕他坑蒙拐骗，至少没欺负我，还给我发工资……

小人不会认为坑蒙拐骗的老板是个坏老板，只要老板对他好即可。

将"能好人"和"能恶人"拆分，这是我对这句话的理解。

"好人"和"恶人"，到底是因人还是因物？我们可以以此来判断某个人是君子还是小人。小人是以利相交，君子是求志同道合。君子不喜欢一个人时，能够坦率地指出这个人的缺点和错误，因为他与别人之间不存在无原则的讨好关系，不需要攀附于任何人，不需要为了利益迎合任何人，他认为不对就是不对，不喜欢就是不喜欢。

君子还有一个特点：即便不喜欢某个人，依然可以在不打破原则的前提下，与对方一起共事。君子并不是杠头，不是刺猬，不会因为不喜欢某个人，就立刻翻脸。

《论语》中有"君子易事而难说""小人难事而易说"。"君子易事而难说"，就是和君子一起合作是非常容易的，但想要取悦君子是很难的。比如你的老板是君子，你给他送部手机，帮他搬个家，送一面锦旗，他不会因此而高兴，更不会因此而提拔你。虽然你难以取悦他，但你跟这样的老板合作很容易，因为他没有那么多的是非，对你不会提出不合理的要求，你只需做好自己该做的事情就足够了。君子"及其使人也，器之"，当他用人的时候，你只要做分内之事就好了。

小人正好相反，"小人难事而易说"，跟小人合作，你可以轻而易举地用外在的事物取悦他。只要谁拍他马屁，他就高兴；谁送他手机，他都乐于接受；谁替他接送孩子上下学，他更是求之不得。他会表扬对他好的人，但你真跟他合作起来，却感觉非常困难。他会第一个站出来出卖你，因为小人"及其使人也，求备焉"，动辄便会苛责你，一旦事情出现问题，就要让你承担。

核心道理就是"唯仁者能好人，能恶人"。仁者既好人也恶人，但可以跟所有人良好地合作，能够和而不同，这就是孔子所追求的仁者的境界。

这句话提醒了我们该如何与人相处。我们要学会分辨君子与小人，知道哪些人应该亲近，哪些人你可以表达出自己不愉快的意见。

苟志于仁矣：美好的目标，会让我们成为美好的人

子曰："苟志于仁矣，无恶也。"

"无恶也"，恶有两种读音——è和wù，但意思完全不一样。

"苟志于仁矣，无恶（è）也"，如果一个人有心去求仁，便不会做太多坏事。

一个人有心求仁，就说明他有比较高的精神追求。即便他一开始的方法可能不对，还达不到仁者的要求，但只要有这样的精神追求，他就不会坏到哪里去。

关于"苟志于仁矣，无恶（wù）也"的解读是，如果一个人有精神追求，想要成为一个仁德之人，那么，大家都不会讨厌他。

我个人更偏向把它读作无恶（è）也。当然，我的结论也不一定对，因为对《论语》的解释本身就有诸多门派。

我读了一本书，叫《论大战略》。这本书中讲到林肯。林肯做事有大方向，他追求平等，要求解放黑奴，这就是"苟志于仁"。在这个伟大的精神追求之下，他做事也有一定的灵活性，比如在某些时刻，他会有维护奴隶制度的举动，因为如果他不适时维护奴隶制度，可能美国就分裂了。细究他做事的细节，我们会发现他也做过错事，走过弯路。

但在孔子看来，一个人"志于仁"的话，他所做的这些事都不算是坏事，因为他是为了伟大的目标。

林肯对此的阐释，我觉得特别有道理，他说，指南针能够把人带到南方，准确地引导人走向正确的方向，但如果只沿着指南针走，就会掉进沼泽地。所以，得学会绕过沼泽地，避开陷阱，甚至还要走一点回头路，只要心中知道，最终要走到南方去。这就是指南针和行走智慧之间的妥协与合作。

孔子的时代令人很难明辨一个人到底是好人还是坏人，因为大家都是靠传言在塑造彼此的形象。像孔子经常提到的管仲、晏婴，我们都很难准确地评价他们到底是好人还是坏人。

孔子的这句话提醒我们的是，一个人内心笃定，大方向是对的，就不会做特别糟糕的事。在小事上，是对还是错，不容易分辨，但是如果把时间的尺度拉到足够长，看看这个人到底是为什么而做，他的方向在哪儿，那么好和坏就容易分辨了。

这句话给我们的启示是，立大志对一个人是很重要的。

君子无终食之间违仁：仁是一种舒服、惬意的状态

子曰："富与贵，是人之所欲也；不以其道得之，不处也。贫与贱，是人之所恶也；不以其道得之，不去也。君子去仁，恶乎成名？君子无终食之间违仁，造次必于是，颠沛必于是！"

这段话曾入选过我学生时代的课本。在我大学时期曾经参加的一次辩论会上，有辩手就引用了这句掷地有声的话——"君子无终食之间违仁，造次必于是，颠沛必于是"，赢得全场一片掌声。

每个人都能感受到孔子这句话的力量。孔子很少说这么使劲的话，但这句话真的是超乎寻常地振聋发聩。

他说："富与贵，是人之所欲也；不以其道得之，不处也。"富与贵是人们都想要的，但是如果不以正当的、符合道的手法去获得，他是不接受的。其实，孔子是有机会贪污的，他做过中都宰、大司寇，假如他曾经贪污、谄媚或者拉帮结派，是有可能变得富与贵的。但是用这些方法获取的富贵，孔子不要。在孔子看来，即便得到了这些东西，内心惶恐，无法平静，那也是不值得的。

"贫与贱，是人之所恶也"，人们都不喜欢贫贱，但是"不以其道得之，不去也（'不去'也可以读成'弗去'）"，意思是如果不以道让我摆脱贫困，我也不需要。

"君子去仁，恶乎成名"：如果一个人内心没有仁德，要那么大的名声有什么用？这句话能够给我们当下的生活带来极大的启发。比如很多人见到我都会说："樊老师是网红。"我自己也会琢磨，什么是网红呢？或者是，网红的价值

是什么？

网红是一个很有争议的词。我看到很多网红都在给人们的生活带来便利，在传播积极的价值观，分享自己的经验和知识。但是也有人为了当网红而不择手段，在网上进行各种低俗的表演，对着镜头吃各种奇怪的、无法下咽的东西，甚至表演虐待小动物……他们似乎从不担心被小朋友看到，不在乎这些恶趣味会给观众带来怎样负面的心理感受。他们只求一件事：先出名。

也许他们想过出名以后再"洗白"，又或许他们根本就不在乎洗不洗白。

孔子说"君子去仁，恶乎成名"，不要想办法通过怪力乱神来博眼球而成名，通过怪力乱神成名，到最后伤害的一定是自己，因为德薄而位尊，结果一定是不好看的。

"君子无终食之间违仁"，"终食"是吃一顿饭的意思，在吃一顿饭的过程中，君子都不会违反仁。这听起来是一件非常困难的事，似乎是要求一个人时时刻刻都提醒自己不能违反仁德，哪怕在吃饭的时候，也要牢记这一点。其实，孔子不是这个意思。梁漱溟先生说，孔子最大的特点就是"不找"，也就是不使劲。孔子已经做到了"从心所欲，不逾矩"，不需要刻意地约束自己。

比如吃饭时，别人为自己上了菜，我们要向对方道一声谢谢，这需要使劲吗？需要不断地提醒自己吗？

如果我们养成了道谢的习惯，根本不需要刻意地提醒自己，吃一顿饭也能够自然地处在仁的状态中。我们在餐桌旁，不会挑挑拣拣，也不会频繁地转餐桌转盘……一切举动都是自然而流畅的，根本不需要用力地约束自己。

我个人觉得吃饭的过程可见人品。很多人平常工作、说话、交际都还算得体，但一到饭店吃饭，就颐指气使，冲着服务员发脾气。为什么呢？可能他觉得终于到了自己可以随意发泄情绪的时候，觉得没必要尊重为自己服务的人，没必要善待和自己利益无关的人。这就是"终食之间违仁"，吃一顿饭就把自己的品行出卖了。

看一个人的修为、修养，绝不能只看他如何对待自己，还要观察他怎么对待普通人、陌生人，以及最亲近的家人，这是我们从"无终食之间违仁"这句话中得出的启示。

于我们而言，吃饭是修炼自身品格的好时机。修炼到孔子的状态，做一切事情都会自然、舒服、流畅，不用使劲，不必刻意提醒自己，这就是最适宜的状态。相反，如果我们吃饭的时候拍桌子、发脾气、骂服务员，当这种失控的状态成为常态之后，相应地，平常善意而平和的状态反而属于"不正常状态"了，我们需要刻意地装作有修养，用力地掩饰，费劲地约束自己。

"造次必于是"：匆忙、急迫的时候也是这样。

"颠沛必于是"：颠沛流离的时候也是这样。

哪怕遇到再紧急的事情，哪怕境遇再不好，甚至处于颠沛流离的状态，也应该自然地保持仁的状态。

据传王阳明当年逃难时，形势极其严峻，宁王已经派人追杀过来了，王阳明要第一时间坐自己的官船离开，到别处避难。此时，所有人都慌慌张张地收拾东西，王阳明站在那里，冷静地说："有个东西没带。"

大家疑惑。王阳明说："没带顶盖。"顶盖就如同回家的钥匙，官船如果没有顶盖，别人就认不出，到时候可能连城都进不去。

这样一段极简单的文字、一个小小的场景，就向我们展现出了一个"仁人"，他在造次、颠沛的时候，内心依然是淡定的，依然可以清醒地去看待周围所发生的一切。

仁的状态有时候接近于禅，是活在当下的，是活泼的、生动的、不使劲的。如同王阳明，没有因为别人要追过来就六神无主、慌慌张张，说"什么都不要了，赶紧跑，逃命第一"。如果因为局势紧张，就慌乱而不知所措，行为不得体，这就丧失了人所该持有的伦理道德，违背了"造次必于是，颠沛必于是"的原则。

仁是一种舒服、合适、惬意的状态，假如大家愿意去追求仁，就会理解孔子提的要求并不是一个高要求。当人们真的愿意让自己进入这种舒服、合适、惬意的状态时，就会发现，我们根本不用使太大的劲去约束自己的行为，不需要在吃饭的时候，或者造次、颠沛的时候，刻意将自己变成另外一个人——你自始至终都是同一个人，自然能活得很坦荡、很畅快。

我未见力不足者：只要往前走，就能抵达目标

子曰："我未见好仁者，恶不仁者。好仁者，无以尚之；恶不仁者，其为仁矣，不使不仁者加乎其身。有能一日用其力于仁矣乎？我未见力不足者。盖有之矣，我未之见也。"

这段话很难理解。

如果直接翻译，就是孔子说："我没有见过喜欢仁德、讨厌不仁的人。喜欢仁德的人，这就已经很好了，没有比他更好的了。讨厌不仁的人，这就是在追求仁义的标准，不让不仁的东西加在自己的身上。有没有人能够一整天都使劲让自己保持在仁的状态中？我没有见过真正力不足的人。也许有，但是我没见过。"

这样的解读令人费解。接下来，我们来对这段话进行逐句拆解。

先来解释"力不足者"。

孔子的学生冉求对孔子说："我不是不喜欢夫子您说的道，我是力不足，所以做不到，您有天赋，才做得到。"

很多人在聊天时也曾对我说："樊老师，您读书的本事我学不了，因为我没有您这样的天赋。"说这样的话，说明他想自我放弃了。

孔子说："我一辈子没见过真正力不足的人。"真正力不足的人，往往是中道而废，在通往目标的途中就失败了。我们能够看到他在不断地努力，只是他实在做不到，不得已才放弃。可很多人的情况是，根本还没有踏出第一步就放弃了，画地为牢，说自己做不到，就不再行动了。

在此，我也把这个道理分享给所有读者。我们先问问自己，到底是真心想要去做，还是完全不想做。如果你发自内心地想达到某个目标，就去行动，别再给自己找理由，认为自己力不足，所以一定做不到。毕竟无论怎么力不足，只要往前走，至少也能达到自己所能做到的部分。

在《刻意练习》这本书里有个原则，如果有人能做到一件事，其他人就都能做到。比如，如果有人能把 π 背到小数点后一万位，而其他人大多只能背到一千位，这只不过是因为大部分人不愿意背，他们觉得背到 π 后面一万位并没有什么实际用处。这说明很多事情人们都是能做到的，只是选择不做而已。

在这种情况下，就别推托说自己力不足而做不了了。孔子说"我未见力不足者。盖有之矣，我未之见也"，是开了个小玩笑，说也许有这样的人吧，但他没有见过。这只是孔子的一种轻松的表达方式。

再从头看这段话。"我未见好仁者，恶不仁者"，我个人理解"好仁者"和"恶不仁者"是两条修行的路径。"好仁者"是见贤思齐，"恶不仁者"是见不贤而内自省也。

"好仁者"的做法是，当看到了一个比自己好的人时，内心会迫切地希望和对方一样，进而要求自己努力地向对方看齐。一个人真的喜欢仁这件事，就会这么做。

孔子为什么说他没见过"好仁者"？这话是不是听起来太绝对了？孔子的学生那么多，其中也不乏仁者，为什么孔子竟然说这样的话呢？

其实这也不算夸张，我们要理解孔子说话的语境和背景。有时候，孔子说话也随心情，他心情不好就可能会发点牢骚。我们能因此就说颜回、子贡这些学生都不算"好仁者"吗？孔子有时候只是不高兴了，他觉得大家不够努力，所以用这样的话来鞭策大家。

我为什么敢这么理解？是因为孔子在后面发过更大的牢骚，他说"吾未见好德如好色者也"。这是孔子的名言，但这话说得就更绝对了。孔子在此想要表达的是，"好仁"与"好德"都是不容易的，孔子经常说"我未见"，其实代表着达到这些境界非常难。

"我未见好仁者，恶不仁者"，有人也把它理解成并列条件，两者共同存在，既好仁又恶不仁。但实际上我们联系后面的话，就能发现"好仁"与"恶不仁"两者是独立的。

"好仁者，无以尚之"，意思是只要"好仁"，这就足够了。当一个人真的能够发自内心地爱"仁"，而不是爱物、爱色、爱名、爱权时，就已经是最好的状态了。大部分的人在一生中所爱的东西，都是名、利、权、情。这四者还有更形象的称呼，叫名缰、利锁、权牢、情关，它们常常将人桎梏在现实的世界中，迫使我们不顾一切地去追逐。我们要经常扪心自问："我内心所爱的东西到底是什么？"

孔子说"我未见好仁者"，这也可能是孔子在扪心自问，自己到底好的是什么？如果真的往里深究，发现自己也爱名、利、权、情。所以，他说未见好仁者，就是没有见过一个发自内心、真真正正喜欢仁的人。

有的人口口声声说喜欢仁，追求仁德，想要成为一个品德高尚的人，实际上，他们更想成为一位了不起的教授、一名诺贝尔奖得主、一个青史留名的人……这些人喜欢的依然是外在的东西。

孔子说，他从未见一个真正的"好仁者"，而好仁是一条自我修炼的路径。

"三人行，必有我师焉。择其善者而从之"，这是一条路径；"其不善者而改之"，这是另外一条路径。"好仁"，就会见贤思齐，属于"择其善者而从之"；"恶不仁者"，是择其不善者内自省也，见到了别人做得不对的地方，立即进行自我反省。

"恶不仁者，其为仁矣，不使不仁者加乎其身"，这句话阐释了什么是真正的"恶不仁"。很多人嘴上说自己讨厌不仁德之事，但往往经不起考验，如果稍微做点违反仁德的事，就能得到利益，他们就会动摇，会安慰自己别人也都这么做，自己只是稍微权变一下，并不过分。

"不使不仁者加乎其身"，意思是任何不仁的举动，都不要发生在我身上，我坚决地排斥它。这条修炼的路径，本质上就是"见不贤而内自省也"。见到别人做得不对、不仁的地方，立即进行自我反省，不要让自己陷入不仁的境地。

孔子所讲的两条自我修炼的路径——真的"好仁"和真的"恶不仁"，都不容易做到。

"有能一日用其力于仁矣乎"，是说我没见过能够一整天都真正做到一心追求仁的人。

这有点像我们说净土宗。净土宗的法门是一心不乱，念"南无阿弥陀佛"。好多人一开始觉得这太容易了，只要不停地念就可以了……但是真去做就会发现，想做到一心不乱是非常困难的。

我们能不能做到一整天都不违背仁，让自己处于仁的状态之中？这当然很难，但我们可以练，从一天开始练。

"我未见力不足者。盖有之矣，我未之见也"，结合以上的解释，我们可以更好地理解这句话。孔子的意思是，真的好仁，真的恶不仁，确实不容易，但是从一天开始总是可以的，不要再推说力不足了。

所谓的力不足，往往都缘于不是真的喜欢，不是真的好（读第四声）。

什么叫作真的好？这个感觉其实很容易找。想想你的初恋，想想你曾经发自内心爱一个人的时候，每天辗转反侧、寤寐思服，想的都是对方。有的小朋友喜欢玩游戏，满脑子想的都是怎么把游戏打得更好。这种全身心投入的感觉，就是好。

孔子提醒我们，如果你能将这样的精神用在仁这件事上，哪怕只有一天，你都是厉害的。

不妨经常问问自己，到底是爱名利权情，还是爱追求仁德。要始终心无杂念地追求仁，这是一个非常不容易的境界，但还是希望我们能够找到真正"好仁"的状态。

观过，斯知仁矣：从一个人犯的错误，看穿这个人

子曰："人之过也，各于其党。观过，斯知仁矣。"

这句话不太好理解。"人之过也，各于其党"，表面上看，说的是人的过错都是有分类的，就像不同类型的人往往会犯不同类型的错误，某一类人会犯某一类的错误。但孔子又没继续说明有哪些门类，导致意思比较模糊。

"观过，斯知仁矣"，看一个人犯什么样的错误，就能知道他的仁德如何，进而大致了解这个人。

有一天，我和一位作家讨论他的小说，他跟我讲到这部小说的人物设定。他听过我解读《你能写出好故事》。这本书提到，写一个精彩的故事要注意制造悬念和冲突，他可能从中得到启发，认为女主角开场的时候，一定要犯一些错误。但是我提醒他，让女主角开场就犯错误可以，但一定要注意错误的尺度，有些错误是不能犯的。

比如，这个女主角一开始的性格并不完美，她有点小贪婪、有点小嫉妒、

有点小强势，与原生家庭的关系不好，这些都没问题。但如果女主角一上场就杀了一个人，为了达到自己的目的不择手段，这个角色就不成立了，她成了反一号，不可能变回女主角了。

观察一个人所犯的错，能够知道这个人大致的品格如何，就好像讲"无良症"的一本书——《当良知沉睡》中所说的，有人做了错事以后，丝毫不觉得自己有错，这是非常危险的。他完全无法感受自己对别人的伤害，认为自己之所以做错事，是因为别人对不起自己，是别人在逼迫自己。遇到这种人，我们要想办法远离他，因为这类人缺乏对他人的感知。

很多教派对人所犯的错误都是有分类的。电影《七宗罪》里，基督教对罪的分类是：傲慢、嫉妒、暴怒、懒惰、贪婪、暴食、色欲。佛教里的分类是：贪、嗔、痴。这是把世界上所有的错误集合在一起进行归类，再用最精炼的方式表达出来，认为人们所犯的错误，要么是贪，要么是嗔，要么是痴。

在儒家，孔子没对错误进行归类。我个人觉得，如果用最简单的方法来归类，可能是这样两类：过和不及。

孔子看到人们通常存在的缺点和问题，要么是过，要么是不及。比如子路问孔子"闻斯行诸"，意思是我听到了，是不是要立刻去行动呢？孔子说"有父兄在，如之何其闻斯行之"，意思是你的父亲和哥哥都在，你怎么能听了就去做呢？你赶紧回家问问你父亲和哥哥。因为提问的人是子路，他脾气比较急，有时会比较轻率鲁莽。

另外一个学生冉有也过来问"闻斯行诸"。孔子说："你听到了，为什么还不去做？你还在等什么呢？"

旁边站着的学生不明所以，为什么对于同一个问题，老师的回答却完全不同？

孔子解释道，子路和冉有这两个人不一样，一个是急性子，经常因为莽撞而做错事；一个人是慢性子，很多事情琢磨半晌，就是不行动，经常耽误事。

对于不同的人，我的回答当然不一样了。

急性子是过，慢性子是不及。

在孔子看来，世界上大量的错误，本质上都是由于过和不及。

"各于其党"告诉我们，看一个人所犯的错误是什么，就能知道他在仁德方面大概有怎样的偏差，应该怎样去调教他，把他拉回到中道上。

"观过，斯知仁矣"，对孔子来说，这句话其实是判断学生的重要方法，是在对自己的教育方式进行把脉。老师要通过学生所犯的过错，明白是应该让学生缓一缓，还是要给他加把油。这也反映了孔子因材施教的教育理念。

"过犹不及"就出自《论语》，我们生活中大量的错误都能够诠释这个词。比如，一个人太过节俭就是吝啬，太不节俭则是奢侈，这都是不合适的，只有回到中间，过上朴素的生活才是适宜的。

再比如人的性格，特别容易愤怒，脾气急如张飞、李逵；或者性子太慢，凡事都漫不经心，对社会上的一切都不感兴趣，冷漠淡然到极致；又或者古道热肠，热情张扬到极致。这都是孔子很不喜欢的。你要能够回到中间来，既愿意为社会做事，又要知道不行不可则止，做不到的时候便不做。

孔子所追求的不犯错误的境界，其实就是中庸。而和前面说的"好仁"的境界一样，中庸的境界也是非常难达到的。

综上所言，我个人觉得，孔子如果将人所犯的错误"各于其党"，是可以分为过和不及这两类的。不敢说我的分类一定是对的，如果你有兴趣，也可以按照孔子的思路尝试分更多的门类，只要能讲得通即可。

朝闻道，夕死可矣：人生的乐趣，在于对真知的追求

子曰："朝闻道，夕死可矣！"

很多人经常引用这句话。孔子说，早上听到了关于世界的真理，哪怕晚上就死都可以。

这句话很有力量，它所表达的其实是我们如何看待沉重的肉身。沉重的肉身并不是我们生活的目的，道才是。我们所要追求的不是把自己的身体养得特别好，而是跟宇宙的联结。我们要了解这个世界运行的规律，这才是我们真正的核心目的。

孔子说，只要你让我追求道，我抛弃这个身体都可以。这有点像爱因斯坦。爱因斯坦晚年一直在研究宇宙公式，他在践行"朝闻道，夕死可矣"，他希望自己在死之前，能把世界运作的规律用一个类似于 $E=mc^2$ 的公式表达出来。如果能做到，他就满足了。

很可惜，在目前看来，所有的真理都只能让我们无限接近，我们很难真的做到"闻道"，人们也不必因此放弃自己的肉身。

既如此，追求道的意义在哪里呢？

孔子还说过，"君子谋道不谋食""君子忧道不忧贫"。一个人只关注自己的钱够不够用，受困于目前的经济水平时，其实应该在内心想想这句话——"君子忧道不忧贫"。你不用担心自己穷不穷，你要担心的是自己生活得是否合乎道。

"君子谋道不谋食"，这句话提醒我们不必每天苦心钻营，逼迫自己去赚更

多的钱。你每天应该想的是怎样去追寻道，怎样努力地去做一些正确的事。

道是什么？

道有大道，也有小道。什么是小道？比如修自行车这件事情很小，但也有它的规律和道。我小时候学过修自行车，一开始手笨得要命，但后来熟练了就发现很轻松，所有的零件都能够顺畅自如地拆卸、安装。经营一家公司也有道，如果能找到像修自行车一样的窍门，公司的运转也会轻松高效。

大道可以大到什么程度呢？荀子说"天行有常"，整个宇宙的运行过程，如果没有道，一切将多么混乱，我们将为此操多少心？正因为找到了道，宇宙便能够自然、和谐地运行。

一个国家、一座城市、一家企业、一个家庭……抑或你自己的一点手艺，万事万物在发展的过程中，都离不开道。

《师说》里说："闻道有先后，术业有专攻。"按照韩愈的说法，我们要经常"闻道"，但再套用孔子的"朝闻道，夕死可矣"，那人生岂不是马上就到头了？

当然不是。道有大有小，谁都不可能全部掌握。你可以在一个法门上掌握一点，在另一个法门上再掌握一点，不断地扩充自己闻道的范畴。

这句话与当下一些流行的价值观形成了对照。比如"何以解忧，唯有暴富"，有人觉得只有中彩票，或者家里拆迁赚了大笔钱，才能开心起来。但实际上你会发现，那种开心最多持续不到一个星期。你很快会发现，比自己有钱的人多的是，你得到的这笔钱很快就会被花掉，这样一想，你的幸福感又降低了。

我们总是将幸福寄托于外物，以为改善了外在的物质条件，就能够彻底改变我们的生活，这是痴心妄想。从外界获取的幸福感，永远是稍纵即逝的，是不可能持久的。如果你真的想让自己发自内心地喜悦，你要抱有"朝闻道，夕死可矣"的态度。

如果暂时还没有到这个境界，那就先装作到了这个境界。就像很多人不够自信，就装作很自信，用行动去表达自信，慢慢地真的能由外而内地改变自己的心态。

即便只是假装喜欢追求道，也比那些标榜自己只喜欢买房、买车的人要好。与之相比，装作向往"朝闻道，夕死可矣"有意义得多，即便我们可能永远做不到，但这是一个修炼的方向，有了这个目标，我们才能让自己的行为趋向于道。

在这个过程中，你会碰到许多考验，但不管结果如何，我们至少方向是对的。就像孔子一样，他心中追求道，做任何事都乐在其中，他一辈子不得志，却一辈子乐天知命。

也许我们现在离孔子的境界还差得极远，但没关系，当你认为"朝闻道，夕死可矣"是好的时，哪怕你只是装出来的向往"闻道"，至少你心中还有对真理的敬畏，你就会离它越来越近。

最遗憾的是方向错了。方向一错，使再大的劲都没用，哪怕得到的再多，也不会感觉平静、喜乐。

士志于道而耻恶衣恶食：对身外之物，不必在意

子曰："士志于道而耻恶衣恶食者，未足与议也。"

我上节提到，我们要装着点。孔子所在的那个时代，有很多人表态说志于道。这些立志于道的人想加入孔子的阵营，一起探讨道到底是什么。我相信其中也有很多人是装的，孔子也需要分辨对方是真心还是假意。

在这句话中，孔子提到一个分辨的方法，是"而耻恶衣恶食者"。孔子认

为，与嘴上说自己有志于道，但以自己吃穿不好为耻的人，没什么好聊的，不用跟他探讨。

既然立志于道，就要做到不以恶衣恶食为耻。

要注意，不耻恶衣恶食和追求恶衣恶食是两回事。我们并不是非要让自己衣衫褴褛、吃糠咽菜，来彰显自己的决心，让自己看起来志于道。这种浮在表面、牵强附会的做法，其实是曲解了孔子的意思。

不以恶衣恶食为耻的背景是，人们有时候不得已地要经历恶衣恶食，这个时候我们应该有怎样的心态。比如参加一个晚宴，晚宴上规定来宾要身着礼服，结果有人鉴于不得已的原因，穿着不合适的衣服出现在晚宴上。

这时候周围的人通常有两种反应。一种是鄙视，对穿错衣服的人毫不同情，指指点点，恨不能立即喊保安把对方赶走。对于这种人，未足与议也，因为他耻恶衣恶食。

另一种是理解。有的人看到了这种情况，会设想对方的处境，觉得对方可能是没有准备好而穿错了衣服，还可能会产生共情，觉得人人都会有这种窘迫的时候，反而更加善待他，对他好一点。

晚宴虽然有规定，但如果有人出现了失误，我们也应该展现出自己的修为，对别人多一些包容和理解，不以对方为耻，不落井下石。

为什么有人会以恶衣恶食为耻呢？这其实是内心虚弱的一种表现。人们追求排场的行为背后到底是什么？这和孔子之前所说的"好仁者，无以尚之"是能够联系起来的。有的人表面上好仁，实则爱物，他爱的是外在的头衔，关注的是别人怎么评价自己，怕别人觉得自己没有礼貌、没有身份、没有地位……他用尽全力追寻的，都是来自外界的认可与肯定，而不是真正的仁。

那么，如何做到不耻恶衣恶食呢？随遇而安就行了。如果有好的条件，当然可以吃好的、穿好的，舒舒服服地生活，但如果条件不允许，也不会受困于当下的窘境，不会嫌弃自己过于寒酸。当他人条件不允许时，我们也能够平等地善待他们。

外在的东西永远不是最重要的，我们不该以之为耻。

以之为耻的背后是刻意追求。当你刻意追求时，你才会更加在意这件事情，把它不断地放大。而孔子的特点是不找、不使劲，他对刻意追求外在事物之人的态度是"未足与议也"——根本不想和对方探讨。

真正的"好仁"，喜欢的是仁的本质，而不是仁的外表，不是一个人穿上了儒士的宽袍大袖，就突然拥有仁德了。要想成为儒士，内心追求的应该是儒家的道，而不是儒士的外表。

这句话提醒我们，讲究场合进行着装是完全没有问题的，但是不管对待自己还是对待他人，都不应该以不够好的装束为耻。外在的条件不值得挂怀，人们在不得已颠沛流离的时候，吃得不好、穿得不好，都应该从容地接受。

义之与比：凡事没有绝对的对与错

> 子曰："君子之于天下也，无适也，无莫也，义之与比。"

"适"在有的版本里读作"敌"。我们遵循古代的读音，念"敌"是可以的。

"无适也"，没有什么是一定可以的；"无莫也"，也没有什么是一定不可以的；"义之与比"，是指要看它是否符合义。

这句话的意思是，君子对天下发生的很多事，如政策变动、战争等，在进行评判时，没有绝对的对，也没有绝对的错，一切都要取决于事情本身是否符合义。

人们遇事，有时候会简单地划分自己的阵营，形成"部落效应"。《不妥协的谈判》这本书对"部落效应"进行了阐释，认为人与人之间大量的争执都来自你认为自己属于哪个部落，你要坚决捍卫自己所在部落的权利，要誓死坚守自己所在部落的立场，哪怕这个立场并不合理，你也不会退让。

当一个人选择了某个部落，一定要捍卫这个部落的权利时，就一定会用固有的立场和原则去评判是非对错。

但是孔子说，没有绝对的对与错。判断一件事是对是错，要取决于它是否符合义。符合义，在当下就是对的；不符合义，在当下就是错的。

孔子判断是非，是从义的角度，从大是大非的角度，而不是只考虑某一个利益集团的需求。比如在当时，不论是与"三桓"为伍，还是站在鲁公的阵营，或者是站在老百姓一边，只要一站队，就一定会产生部落效应，会出现绝对的对和错。但假如判断对错的核心是义，那么很多事就可以重新讨论、重新评估。

正因为如此，孔子认为很多事不是一定可以的，也不是一定不可以的。孔子用这样的原则来面对天下事，比如君王的更替、国家的政策。

这句话对孟子有很大的影响。有人曾经问孟子："武王伐纣难道不是反叛吗？"孟子回答："我只听说是诛了一独夫。"在孟子看来，武王伐纣不是叛乱，而是杀了一个残暴无道的统治者。

这是孟子离经叛道的地方。孟子为什么敢说这样的话？因为"君子之于天下也"。对于天下的事，所谓"以下犯上"也未必是错的，要看义在谁的一边。

什么是义？

不同的人群和文化对于义的定义也会不一样。比如西方的功利主义认为，义就是符合大多数人的利益。通过计算，如果大多数人的利益总和大于利益受损的那部分人，此事就可行。这肯定不符合孔子的价值观，在孔子看来，就算一件事能够使更多人得到好处，但丧失伦理，丧失道义，就一定不能为之。

对于法家而言，法家则会认为义关乎规矩、法律，人们要根据规矩和法律来做事。

对于各个宗教来讲，也都会有各自的教义。

我认为，在孔子心中的义，就是合乎道，利于仁。

那么到底该怎么判断呢？其实没那么容易判断。

孔子有时候讲的东西有点模糊，他没有把衡量标准一条条精准地列出来，这也影响了中国人，有些事我们可以不必说清楚，难得糊涂。比如"头顶三尺有神明""摸着良心说话"，这些原则听起来都不具体，只要看做这件事对不对得起你的良心。王阳明说，人心总有良知在。贼人被人当面骂贼时还会愤怒，所以，贼人心中也有良知。但对于义，的确是难以把握的，这也是中国文化高妙但容易被有些人念歪了的原因。

在这一段话中，我们看到孔子是一个灵活的人，他是一个有权变精神的人，而不是一个僵化的、维护教条的人。

君子怀德：什么是君子的格局

子曰："君子怀德，小人怀土；君子怀刑，小人怀惠。"

在《论语》中，有很多君子和小人的对比。在对比时，常常出现一对一对的概念。

什么叫怀？在怀里揣着，内心很重视，这个字形象地表达出一个人心中始终惦记着某个事物。君子怀的是德，他关注和重视德行，而小人怀的是土。

这两者在一起对比，所涉及的应用场景特别多。

孔子所处的时代，国家的疆域在不断地变化，会产生一些"移民现象"，人口相互流动。孔子也有了"怀德"和"怀土"的思考。

二十世纪八十年代，深圳改革开放，很多人怀揣着梦想去深圳，也有很多人就想待在老家，觉得老家虽然贫困一些，但是待着舒服。前者怀德，后者怀土。怀德的人心中有德行，有德之处皆可为土，比如到了深圳，靠努力慢慢地把深圳建设起来，让深圳成为自己的新家。如同孔子周游列国，所到之处都能遇到当地有德行的人，一路上去寻找可以实现自己理想的场所，并不依恋某一片土地。

如果是一个没有远大理想的人，只喜欢过小日子，实现温暖的小幸福就够了，这就是怀土。他可能永远也不肯离开自己生活的地方，哪怕自己的家园由于城市的规划需要拆迁，他也不想挪动。

在这个对比中，不要把小人理解成骂人的词，这里的君子和小人只是体现格局和境界不同。要尊重每个人的梦想，有的梦想远大，有的梦想微小。怀德的人四处开拓，怀土的人守护家园，并没有孰高孰低、孰对孰错之分。

开拓者和留恋者，只是人生的两种不同选择。重要的是，无论人在哪里，心中还是要有德，怀土的人也应该怀抱着德来守护一方。不能简单地用表面的结果来判断一个人到底是怀德还是怀土，是君子还是小人，我们探讨的是一种动态的变化。

"君子怀刑，小人怀惠"，君子在面对诱惑的时候，首先想的是犯不犯法，会不会受到惩罚。比如，有人提出非法集资，年化收益率40%，君子会考虑到这种方式虽然收益高，但是违法的，会拒绝；而小人怀惠，满脑子只想40%，就被利益诱惑而参与进去了。

所以，当我们看到巨大利益的时候，要心存敬畏之心，想一想会不会有惩罚在背后等着。

关于"君子怀德，小人怀土"，历史上有这样的案例。

项羽进入咸阳后，有谋士劝项羽赶紧趁机在咸阳称帝，项羽却想要回到江东。大家劝他："江东离中原这么远，难道你不要天下了吗？"项羽说："富贵不归故乡，如衣绣夜行，谁知之者！"意思是我现在终于成功了、风光了，如果不回老家去逛一逛，就好像穿着一件锦袍在半夜行走，别人看不见。他没有想过在哪里更利于事业的发展、更利于天下的安定，他只想在老家闯出名声，这就是小人怀土。由于项羽完全不愿意待在咸阳，最后把天下拱手让给了刘邦。

苏东坡跟项羽完全不一样。苏东坡屡次被贬，贬到哪里，哪里就能变成故乡。我们看惠州，惠州有东坡故里；看海南，海南有东坡故里；看黄州，黄州有东坡故里……各地都把苏东坡当作了自己人，他也把每一处都当作自己安心守护的故乡，因为他根本不是跟土地打交道，他是跟德行打交道。

我还是要再次强调，君子和小人不是用来将人进行归类的，小人也不是用来骂人的，我们并不能认为君子和小人是社会上的两种人，把某某称为君子，某某称为小人，这是错的。

君子与小人是一个人身体内的两种状态，每个人既有君子的成分，也有小人的成分。我们有时候会留恋故乡，觉得待在一个地方就很好，不想再出去奋斗了；有时候又会忽然燃起斗志，想要去闯一闯，开拓一番事业。我们有时候会认为创业才能实现人生理想，有时候又感觉"铁饭碗"真好……我们内心中的君子与小人，就这样不断地搏斗着。

我们在人生中修炼的目的，就是要提高君子的成分，减少小人的成分，一直到"朝闻道，夕死可矣"，一生就算值得了。

人走到最后，别的东西都带不走，唯一能够带走的，只有一个更好的自己。

放于利而行：为什么有的人越有钱，越不幸福

子曰："放于利而行，多怨。"

我还读过一个版本："子曰：'放于利而行，则多怨。'"

"放"，有人解释为"依照"，我个人觉得"放"这个字也可以是动态的，有一种过分强调的意思。

"放于利而行"：唯利是从，一切以利益为先。很多人做事都是如此，跟别人谈利益，无利不起早。有一种管理模式是把公司里所有人做的所有事，全部用分数进行量化。打扫卫生加一分，替大家买盒饭加一分，以为用这种方法能营造良好的氛围，员工为了增加自己的分数，会相互帮助。

然而，孔子说这样做的结果是"多怨"。当所有事情都只以利益来衡量时，公司里一定会产生大量的抱怨。我见过很多年轻人在创业时，为了调动员工的积极性，开发了一套激励体系。可惜的是，他们把激励体系计算得越来越细致，员工的状态却越来越糟糕。

员工开始为了分数斤斤计较："为什么给别人加一分，给我只加半分""虽然都是买盒饭，但我这次情况很特殊，外面刮风了，情况恶劣……"当人在计较利益的时候，简直控制不了自己的想象力，他可以想象出无数五花八门的原因和层出不穷的理由。

这样的后果是，整个团队会丧失情怀，员工会缺少奉献的精神和工作的热情，人与人之间的关系冰冷而生硬。

未来社会如果实现全面机器化，由机器人驱动一切，孔子就大可不必有这

样的担心，因为机器之间不用讲道义，不必讲情怀，只讲程序，只讲算法，根据算法来调整一切行为。

但在人的社会，"放于利而行"就一定会"多怨"。

有本书叫《金钱不能买什么》，这是哈佛大学非常著名的教授迈克尔·桑德尔的作品。我很早以前在"樊登读书"讲过这本书，收听率一直都不高，但我依然希望每个人都可以听一听，因为这本书能让我们反思金钱的价值和作用。人们常常认为在经济社会，要想驱动他人的行为，最有效的方法是金钱，但是桑德尔教授告诉我们，金钱也有大量失效的时候——不仅起不到作用，甚至会起到反作用。比如在公司里，你越想方设法激励员工，员工反而越没干劲。

在我父母年轻的那个时代，有一种管理生产队的方式叫"工分制"，男性一个工分，女性半个工分，小孩四分之一个工分，每天出多少工，就能拿到多少工分，到时候拿着工分换粮食。这个制度导致的结果就是，身强力壮的女士觉得特别不公平，明明以自己身体强健的程度和男人一样，为什么只给半个工分？所以她去干活的时候就偷懒。旁边的男士一看，她没干到我的一半就能拿半个工分，我也得偷懒。

所以，放于利而行，则多怨，不要过度地相信金钱的价值。同时，我又要提醒大家，不要因为这句话就觉得孔子是完全反对物质激励的人，孔子认为适当的物质激励是很有意义的。

比如子贡有一次从齐国赎回了几个鲁国的奴隶，根据当时的政策，政府会给子贡一定的奖励，但被子贡拒绝了。孔子知道这件事情后，反而批评了子贡。孔子说："现在鲁国穷人多，如果你不要钱，别人怎么好意思要呢？如果你拒绝了奖励，那些本来想去赎奴隶的人，就没什么动力了，毕竟不是所有人都能达到和你一样的境界。"

孔子认为适当的激励是没有任何问题的，但是如果到了"放"的程度，就过分了。如果过分强调利益，唯利是从，就一定会生出怨恨。

一个公司肯定需要有合适的奖励机制，OKR（目标与关键成果法）也好，

KPI（关键绩效指标法）也好，都可以用来管理员工。但是，我们不能事事都按照数字来，不能时刻都按照算法来，人毕竟是有情感、有情怀的，要给大家一些空间，让大家的自尊水平不断地上升，让大家真正乐在其中，在工作中找到使命感。

否则，员工做了很多事，却仅仅是为了完成KPI，没有使命感，自尊水平也无法提高。他永远只能把自己当作一个挣钱的机器，自然越活越没劲。这就陷入了孔子所说的"放于利而行，多怨"的处境。

能以礼让为国乎： 礼是治国之道、快乐之源

子曰："能以礼让为国乎，何有？不能以礼让为国，如礼何？"

有子曾经说"礼之用，和为贵"，这句话把很多人教成了"老油条"。关于这一点，孔子与有子的态度并不一样，孔子说"能以礼让为国乎"，他认为礼的核心不是和，而是让。

为什么礼的核心是让？

我们先来了解礼的作用是什么。礼让人类从原始人慢慢地过渡为社会人。原始人每天的主要目的就是生存，他们要天天打猎，跟野兽搏斗。要想生存下去，最重要的行为是争，不争就饿死了。原始人其实是处在一个动物的状态，而动物世界中，讲究的是丛林法则，是弱肉强食。

当人类进入文明社会，安定富足了，不再处于生死的边缘时，礼就诞生了。礼的核心是让，比如男士说"女士优先"，女士说"有酒食，先生馔"。

"能以礼让为国乎，何有"，是说如果能够用礼让来治理国家，这有什么困难的呢？

有人可能会对这里的"让"产生误解：以礼让治国，是不是齐国打过来，就让地给齐国？当然不是。鲁国每次与齐国之间发生争执的时候，孔子都会努力地维护鲁国的利益，可见"能以礼让为国"并非无原则地妥协、退让。这里的让，针对的是国内的态势。孟子说："上下交征利而国危矣。"什么叫"上下交征利"呢？君王有自己的小金库，觉得自己的钱不够多，要收诸侯们的税；诸侯也觉得自己的钱不够多，想办法去收大臣们的钱；大臣们的钱被收走了，便想办法搜刮佃户们的钱……所有人为了钱不断地斤斤计较，整个国家靠利益而维持表面的稳定，实则处在动荡的边缘。

为什么宋朝时期的王安石变法间接地导致北宋开始衰落？核心就在于王安石算的只有国家的账，只想着怎样把税收上来，怎样让国家有钱。然而，这些钱都是从老百姓手里收过来的，当老百姓变得越来越穷，国库看起来充盈时，就会打仗。打完仗，国库又空虚了，整个国家开始变得虚弱。

在孔子看来，如果能以礼让治国，从君王到诸侯，从大臣到家臣，再到百姓，所有人都能够有一些礼让的态度，能收十分税的收八分就够了，能免则免，这时国家治理起来就容易多了。到时候，根本不用强制收税，人们可能还会主动奉献，做有益于国家的事。比如当年亚洲金融危机时，韩国的国民们把自己的手表、戒指拿出来捐给国家，帮国家度过危难。

我读过关于法国巴黎的一部传记，书中写到巴黎历史上有过国民主动要求增加照明税的事。

路易十四发现，要想让巴黎变得更加繁华，必须在晚间保证城市的安全，最好家家户户都点蜡烛。蜡烛很贵，但人们都自愿表示他们支持这项措施。一六六七年年末的一天，大约三千盏灯一起照亮巴黎的夜晚，使得巴黎成为全世界的时尚之都。后来，人们越来越享受在晚上也能自由地逛街、社交的生活环境。一六七一年五月，巴黎的一些热心市民分别在巴黎十六个行政区召开会议，投票选出代表前往高等法院，表示他们愿意自费来延长照明的时间。这就是礼让，大家都愿意让出一份利益，来保证所有人的生活都更加美好。

"不能以礼让为国，如礼何"，如果不倡导礼让态度，礼又有什么意义呢？礼就真的变成了表演。

有一天，我在网上看到一张照片——一位妈妈带着孩子乘坐高铁，将一本书立在高铁的桌子上，封面上有大大的两个字："礼仪"。与此同时，妈妈和孩子都把脚跷起来放在了桌子上，脚和这本书并排放在一起。此时，"礼仪"二字就显得特别讽刺。

学礼是为了什么？为了考试，还是为了说话好听？或是为了搞关系？都不是。一个人哪怕穿得再得体，西装笔挺地去跳优雅的华尔兹，但做事不讲礼节，就是因为不懂得礼的核心是让。"让"是什么？为长者开门，是让；让女士优先，是让；有些利益我可以不计较，是让。

清朝的大学士张英在安徽桐城有一座府邸，家人在修缮宅子时，由于地界不清而与邻居发生了争执。家人便给大学士张英写信，请他出面交涉。张英一看这信哭笑不得，回信说："一纸书来只为墙，让他三尺又何妨？长城万里今犹在，不见当年秦始皇。"多洒脱！

家人见书信，率先让了三尺。邻居一看，深受感动，也退了三尺。两座宅邸之间于是就有了一条六尺宽的巷子，这就是有名的"六尺巷"。

这个典故一点都不夸张。在现实生活中，如果我们能够主动礼让，客客气气的，就会少很多纷争。

有时我开车在路上，当旁边有辆电动车过来，或者是有行人要过马路时，我猛踩一脚刹车停下来，就能够感受到行人的意外和惊喜。有的行人起初很吃惊，站在那里不走，似乎担心我会撞到他。这时候我示意他"您先请"，他会很高兴，朝我点点头表示感谢。我感觉到他的谢意，自己也会高兴。这种感觉真的很美好，为此，我觉得踩那么一脚，费点油也是值得的！

人们总觉得生活中充满痛苦，想方设法甚至倾尽钱财去追求快乐，其实快乐有时候来得很简单，你只需要有那么一点点礼让之心，多费一点点时间等一等别人，多排排队，就自然能够感受到生活的温度。

患所以立：放弃关注圈，扩大影响圈

子曰："不患无位，患所以立。不患莫己知，求为可知也。"

置身在名利场中的人，听到这句话会觉得太安慰了。

我上大学的时候有个坏习惯。那时候还没有BBS，我很在乎出名，就经常去看海报栏，看到上面有我的名字，能高兴半天，觉得今天成功了。如果我的名字没有登上榜单，或者参加了一个评比却没被选上，我就会无比失落。这时候最能够给我安慰的，就是孔子的这句话。

孔子告诉我"不患无位，患所以立"。不要担心自己没有位子坐，而要担心自己有没有坐这个位子的才能。

比如在大学里，有人想当学生会主席，但如果能力不够，即使费尽心思当上了，也不见得会给自己带来什么正面的影响，反而会因为该做的事情做不好，导致怨声载道，令大家讨厌，甚至被老师质疑。

在生活中，也有很多人整天都在"患无位"。有人为了能够"上位"，想尽一切办法去钻营、送礼、请客吃饭，他没有想过，得到位子才是痛苦的开始。德薄而位尊，就会陷入无边的痛苦，因为他根本没有能力担起这个位子应该承担的职责，会焦虑而惶恐，这就是"患所以立"。

如果一个人所担心的是自己凭什么去坐一个位子，这时所带来的就是进取和努力。真想当学生会主席，就努力向学生会主席的要求靠近，提高自己的沟通能力、领导水平、筹划和协调能力，可以适当地组织一些活动，慢慢地训练自己的能力。

在史蒂芬·柯维博士的著作《高效能人士的七个习惯》一书中，作者用影响圈和关注圈来表示我们所接触到的事物。关注圈是个很大的圈，表示你所关注的事情，比如"老板要是多给我发点工资就好了""我要是能一夜暴富就好了""如果行业形势更好一些就好了"。在这个大圈中有个小圈，叫影响圈，代表自己能力范围之内的事情。如果我们将自己的精力放在关注圈，自然会感觉力不从心，感到焦虑和痛苦。正确的方法是，将自己的精力放在影响圈，做好自己能够改变的事情，让影响圈不断地扩大，一点一点占据关注圈。

从这个角度来讲，"不患无位"和"患所以立"两者所关注的内容截然不同。"不患无位"，属于典型的将精力放在关注圈——没有人了解我，不给我位子；"患所以立"则是将精力放在影响圈——看我自己能够做到什么程度。

"不患莫己知，求为可知也。"为什么没有位子呢？是因为大家都不了解自己吗？很多人觉得自己怀才不遇，抱怨老板看不见自己的闪光点。"不患莫己知"提醒我们的是，不要担心别人不知道你；"求为可知也"告诉我们，要去思考自己的才能是否足以让别人关注。

也要问问自己：你的事让别人知道了，真的好吗？

有段时间流行的价值观是"出名要趁早"，很多人年纪轻轻就一心想着出名。其实很多明星都会因为过早地成名而给自己带来一些负面的影响，他可能会变得无比膨胀、盲目自信，看不清自己的位置在哪里。

我们要追求的状态是"实至名归"。有时候我们赞美别人"您真是实至名归"，这句话说起来简单，但真的要做到是非常不容易的。连孟子都说自己有

"不虞之誉"，像他这么了不起的人物，都认为"有很多赞誉是自己根本没有想到的，我还没有到那么好的程度，是别人夸张了"。

我们常常会遇到"有不虞之誉，有求全之毁"的情况。当遭遇他人的无端指责，面临求全之毁的境况时，也要多想想自己所获得的不虞之誉。

我们在社会上努力拼搏时，可以有远大的理想，可以期望自己做出一番事业，但不要将过多的精力分散在对外界的关注上，不要总想着别人知不知道自己，而要把注意力集中在自己到底有什么能力坐这个位子，有什么闪光点能够让别人知道。

我在前文也提到过一个案例。曹丕得知曹操把位子传给他以后，喜不自胜，高兴得手舞足蹈。大臣提醒他，坐上这个位子意味着担子更重了，应该感到恐惧、担忧才是，怎么能手舞足蹈呢？

大臣的劝诫，与孔子的精神是一致的。

吾道一以贯之：孔子的哑谜

子曰："参乎，吾道一以贯之。"曾子曰："唯。"子出，门人问曰："何谓也？"曾子曰："夫子之道，忠恕而已矣！"

这是一段颇有故事情节、有场景感的对话。

我以前给企业讲课的时候，经常引用这段话，这是《论语》当中一段打哑谜的地方。

《论语》的对话中，孔子基本上都会把答案说出来。他是一个热心肠，生怕对方听不懂，他与庄子飘然、冷峻、置身事外的处世态度是不一样的，也不像老子给人一种高妙的感觉。老子似乎觉得他的道理说出来，一般人也接受不了，所以他说话比较深奥玄妙，是让人听了之后要反反复复琢磨的。老子是个很好的教练，"道可道，非常道；名可名，非常名"，仅这一句话，就可以让人们思考、琢磨两千多年，这是老子的高深之处。

总之，孔子是个很慈悲、热忱的人，他总怕别人听不懂，所以把每个道理都掰开了、揉碎了，试图让大家理解清楚。只有这一段，他没有把话说透。

此时的孔子已经七十岁左右了，而曾参作为孔子很年轻的学生，都已经当老师了。

设想一个场景。有一天，孔子在院子里散步。他已经是一个古稀之年的老人家了，他缓缓地对曾参说："曾参啊，我思考的事情，始终有一个核心贯穿着。"

曾子说："是的，我知道。"

听完曾子的话，孔子就走开了。

我想，孔子可能本来还想继续说下去的，但是曾子张口就说自己知道，孔子就想："算了，无论是你是真知道还是不想听，我都不说了。"然后就离开了。

孔子走出去后，其他的学生就问曾子，夫子说的"一以贯之"指的是什么。曾子说："夫子之道，忠恕而已矣。"

"忠"和"恕"，一个是指做事，一个是指待人。做事要秉公办理，要尽心尽力，要忠心；待人要懂得理解和尊重，要以诚相待。

曾子经常"吾日三省吾身"，每天反思自己"为人谋而不忠乎""与朋友交而不信乎""传不习乎"。曾子最为重视的是做人做事，做事要公正，要尽心，做人要推己及人，能够站在他人的角度思考问题，这样与他人相处才长久。

做到"忠恕"，既会做人，也能做事，在曾子看来，最高的境界莫过于此，这就是他认为的"吾道一以贯之"的"一"。

很多人反对曾子的观点。南怀瑾先生以及其他一些对《论语》进行训释的学者，都认为曾子说错了。这存在两种可能。

第一种可能是，问曾子问题的这个门人是个很年轻的人，比曾子的境界还要低一些。当年轻人求教孔夫子说的"一以贯之"的"一"是什么时，曾子不愿意跟他解释得太复杂，不会说"一如同禅""一就是道"这样有些玄妙的话，他也怕年轻人听不懂。所以，曾子鼓励年轻人把事干好，把人做好，做到"忠恕"的境界就足够了。

第二种可能是，曾子确实没那么聪慧，因为孔子评价过"参也鲁"，认为曾参资质平平，但他愿意下苦功夫，所以后来取得了不小的成就。从曾参的先天条件来看，他或许真的无法理解孔子的境界，他所能触及的境界就是"忠恕"。

为什么我们认为孔子说的"一以贯之"的"一"不仅仅是忠恕而已？

什么叫一以贯之？"道生一，一生二，二生三，三生万物"，一是发源端，能够生发出世间所有的事。忠和恕，只是表明我们该怎样好好做事，怎样与人相处，这当然也是人们应该去追求的境界，但仅仅做到忠和恕是远远不够的。一个人该如何对待自己的内心，该怎样追求道，都无法从"忠"和"恕"这两个字推演出来。

忠和恕，只是我们应对日常生活的基本原则和方法，它肯定不是最底层的核心逻辑。

对佛教来说，"一以贯之"的"一"是什么？是空。世间万物都有着因缘，没有任何事物是完全独立、永恒不改的。

对老子来说，"一以贯之"的"一"是什么？是道。道又是不可描述、不知道、说不清的。

孔子的"一以贯之"的"一"是什么？有人说是仁。仁者爱人，你内心有别人，你做任何事都是从仁出发，它能够生发出各种各样的美好德行。

我的观点和孟子比较接近。我认为孔子所说的"一以贯之"的"一"，很有可能是"反求诸己"。孟子说"行有不得者皆反求诸己"，一句话概括了一个人在做任何事情遇到阻碍时，不怨天、不尤人的态度。"不怨天，不尤人"是孔子的原话。

孔子还说过"邦有道，则仕；邦无道，则可卷而怀之"。国家让我做官，我就好好做官；国家不让我做官，我就回去教书。他从来不抱怨，从来不满腹委屈地问："为什么他们那样对我？"他做所有事情的核心，都是反求诸己，在自己身上找原因，找答案，找解决方法。

在这段话中，孔子是在打哑谜。对于孔子的"一以贯之"的含义，也没有正确答案，大家可以自由吸收对自己有益的观点。

我推荐的观点是，"一"是"反求诸己"，但你要把它想成仁，我觉得也没错。因为仁和反求诸己之间是有联系的，当你能够做到反求诸己时，也就能够做到仁了。

君子喻于义：小人和君子的区别，在于价值观

子曰："君子喻于义，小人喻于利。"

关于这句话的解读有很多，有一种解释是，"喻"是明白、知晓的意思。君子非常理解道义这件事，他每天思考、了解的都是与道义有关的大问题；小人每天脑子里琢磨的是利，想着怎样赚钱，怎样获得蝇头小利。

还有一种解释是，"喻"的偏旁部首是"口"，所以是和说话有关。君子在说任何事情的时候，是从义的角度阐发的；小人在说任何事情的时候，是从利的角度出发的。

比如和某个小人讨论创业的问题，他只问这件事能挣多少钱，市场有多大，

盈利点在哪里。他可能会说"我三舅做这个挣了钱，所以咱们也做"，丝毫看不到他对创业本身的热爱，也看不到他内心的理想。驱使他创业的，只有对钱的热爱，这叫作"小人喻于利"。

"君子喻于义"指的是君子在做一件事情时，首先思考的是这件事情有没有社会价值，这件事情是否能给人们带来积极的影响，自己能够让社会发生怎样的改变。

"君子喻于义"与"小人喻于利"，诠释的是两种完全不同的人生观和价值观。这句话既可以对外使用，用来判断一个人更为看重的到底是利还是义，用来评估和识别他人的境界，也可以对内运用，用来审视自己，看看你跟别人沟通或者讨论问题时，是更多地关注义，还是更重视利，放于利而行。

《论语》的第四篇，每节的文字普遍不长，却产生了大量的名言。就如同这一节，短短的一句话，简洁而充满哲思，发人深省，令人深思。

见贤思齐：内省的最佳方法

子曰："见贤思齐焉，见不贤而内自省也。"

这一段与前面的"唯仁者能好人，能恶人"呼应起来了。

老子说："善人者不善人之师，不善人者善人之资。"当我们遇到了比自己好的人时，他是老师；当遇到了不如自己的人时，他就是借鉴。

有一个词叫"师资力量"，"师资"两个字就源于此。善人者是不善人之师，不善人者也可以为教育提供资源，作为反面教材，让我们"见不贤而内自省也"。"好仁者"，就是"见贤思齐焉"；"恶不仁者"，就是"见不贤而内自省也"。我们可以将这两段话统一起来理解。

如果要用现代的书籍来理解孔子的逻辑，我推荐《他人的力量》。这本书阐述了人际关系对一个人的影响，我们周围的所有人，包括朋友、亲人、恋人、同事等，无时无刻不在改变着我们，帮助我们进行内省。

有一些人的价值观是反过来的。要么是"见贤不思齐"，看到别人表现得好，心中想的不是怎样变得与对方一样好，而是"他怎么还不出事"；要么是"见贤挑剔"，总能首先看到别人不好的地方，认为他虽然在有的事情上表现不错，但很多事情还是没有做到位的。

还有一种"见不贤"，就是看到一件糟糕的事，立即做"键盘侠"，在网上不断地骂人，释放暴戾之气，把自己全部的力量用在了外在，只想着如何去规范和约束别人。孔子的核心是反求诸己，他做所有的事情，都着力于内在，思考自己到底能够做些什么，到底如何才能做得更好。无论是"见贤思齐"，还是"见不贤而内自省"，都是问自己："我能不能向他学习做得更好？""我能不能够从他身上吸取教训，不重蹈覆辙？"这都是在自己身上下功夫。《论语》中还有一句话，"古之学者为己，今之学者为人"，跟这一节也是呼应的。我们学习，到底是为了提高自己，还是为了给别人看？

很多人喜欢在网上"吃瓜"，看各种八卦新闻，我觉得真的浪费了太多时间。别人身上发生的很多事，其实都是过眼云烟，也许就是为了炒作，为了博眼球。有时候，某个名人出事，成为热点，就会有无数个公众号扑上来写。写文章的人可能并不是真的恨当事人，只是单纯地在"做生意"，在"蹭热点"。很多不明就里的网友却乐呵呵地跟着看，只是花时间成就了别人的点击率而已。

所以，不要浪费时间在无聊的事情上，骂同一个人的文章，看一篇也就够了，切莫将太多的精力放在研究别人的事情上。

在我看来，一些被骂的公众人物其实也为社会做过贡献，在他犯错之后，却没有人想到"见贤思齐焉，见不贤而内自省"，这样，即便你看再多批评他的文章又有什么意义呢？

劳而不怨：当我们和父母产生分歧

> 子曰："事父母几谏，见志不从，又敬不违，劳而不怨。"

这段话在现在会引起很多争议，很多人也许不同意孔子的这个观点。

"几"，是微小的、一点点的。

"事父母几谏"有两种解释。第一种解释是，父母如果做错了事，不要正面跟他们杠，不要直接批评他们，这是不孝。要轻微婉转地提醒父母，悄悄地跟他们讲。

第二种解释是，当发现父母犯了一个很小的错误时，去制止他，会比较容易。

我个人觉得第二种解释在操作上有困难，因为我们认识父母的时候，他们已经是成年人了，他最初犯小错误时，可能是在很早很早之前，你已经来不及干预了。

我更同意第一种解释：我们要用委婉的方式给父母提意见。

父母可能不听，他们很执拗。请问诸位读者，你们有成功地改变过自己的父母吗？很难。那怎么办？

孔子接下来又说："见志不从，又敬不违，劳而不怨。"你还是得按照父母能够接受的方法来，就算他们做错了事，也要尽量地配合他们，劳而不怨。比如，年轻人提醒父母不要做什么，但父母非要做，你免不了要辛苦奔波，为其善后。当你疲惫焦躁的时候，想到自己之前明明提醒过他们，就容易摁不住火气。此时，孔子说"劳而不怨"，不要抱怨父母，这种抱怨是给老人家雪上加霜，让他们更加自责、更加难过。

这个道理其实挺有实用性的，在心理学上也得到了验证。有一本书叫《爱的序位》，讲到家庭的秩序是非常重要的，也就是孔子所说的"君君臣臣，父父子子"。西方的心理学家在这本书中告诉我们，家庭的秩序不能打乱，一旦被打乱，整个家庭会变得不幸。假如我们人到中年，成了家里的经济支柱后，就敢对父母呼来喝去，把父母当成孩子一样教训，父母就会越来越不讲理。因为当我们担任了父母的角色时，父母就自然会充当孩子的角色，像孩子一样胡闹——他们在自己的孩子这里找到了久违的父爱和母爱。

孔子的办法是，无论孩子多少岁，有多大成就，无论父母多大年纪，多么羸弱，孩子在父母面前永远都是孩子，这才是合理的家庭关系。

父母做错了事，我们可以适当地提醒；父母不听，我们也不应强迫，听不听是父母的事。如果父母惹出了乱子，我们要帮助解决，但也别埋怨。当孩子真的能够做到"又敬不违，劳而不怨"时，整个家庭马上就会变得和平，父母会立刻回到该在的位置上，承担起自己作为父母的责任，不会再像任性的小孩子一样肆意妄为。

有一句话，在家庭治疗中经常被用到，孩子要对父母讲"你是大的，我是小的"，小的应该向大的撒娇，而不是大的向小的撒娇。孩子可以偶尔做一些任性的、幼稚的事情，但是父母是大人，要有父母的威信，要保持父母的尊严，我们不能将父母当作小孩子去控制和批评。

我知道，要做到劳而不怨真的太不容易了。作为孩子，我们难免会心烦、会恼火，觉得"我提醒了父母那么多次，他们为什么不长记性""为什么还要给诈骗犯汇钱""为什么非要买一些不可靠的保健品"。

比如我父亲是个非常节俭的人，但他几乎将自己的所有退休金都用来购买保健品。起初，我搜索这些保健品的名字，展示各种证据给他看，告诉他有多少专家揭露这些保健品的功效是言过其实的。可惜我父亲并不相信，还认为是揭露者在造谣。

后来，我不再跟他争论。他每次买保健品，心里得到了安慰，感觉自己吃了保健品，身体就变得更好了。我就只当这些保健品产生了安慰剂效应，这样一想，这笔钱也能算作正常的支出了。

父母在，不远游：陪伴的重要性

子曰："父母在，不远游，游必有方。"

这依然是关于孝顺的话题。父母在的时候，孩子不要到处乱跑。但这句话是一个悖论。

孔子自己就去周游列国了。有读者说孔子周游列国的时候，他的父母已经不在了，但他还带了一群学生跟自己一起到处游学，学生的父母总是在的。那么，孔子的这句话岂不是无法理解了？因此，有人认为这句话是假的，是后人添加的。

但这句话其实并不算绝对，"游必有方"还是有回圜的余地的，意思是，如果需要远行，必须告诉家人自己要去哪里，隔三岔五让人捎一封信回去，叫父母不要担心。

当代，不存在这个问题，孩子不管身在何处，都可以给父母发个定位，和父母视频聊天。这些高科技手段，让父母与孩子之间的关系变得更加紧密。

我在准备给大家分享这句话的时候，突然很感慨，想到了孟郊的那首《游子吟》：

慈母手中线，游子身上衣。

临行密密缝，意恐迟迟归。

谁言寸草心，报得三春晖。

孟郊是在怎样的情况下写的这首诗？看这首诗的时候，我们脑海中会出现这样的画面：孩子明天要出远门了，母亲在一针一线地缝衣服。临行之前，孩子写下了这首诗。

其实，真实的写作场景不是这样的。这首诗是孟郊离开家很多年以后，终于把母亲接到身边的那一刻，他站在岸边，看着远处的小船慢慢地驶向自己，船上站着许久未见的母亲，他突然有感而发，写成此诗。

将孔子的这句话与孟郊的这首诗联系起来读一读，我们会感觉到一种极纯朴的亲情的力量。我们跟父母之间的情感联结是非常深厚的，不应该因为时间和空间而减淡。希望大家不要嫌父母烦。父母年迈，所求不多，就是希望知道孩子在哪里，在干什么。

我每次跟父母打电话，我爸的第一个问题一定是"你在哪儿"，他觉得我可能在世界上任何一个城市。

我们要让父母知道自己在哪里，多保持联系，哪怕不在父母身边，也尽量给父母多一些陪伴和安慰。

三年无改于父之道：传承家风

子曰："三年无改于父之道，可谓孝矣！"

这与前面《学而》中的一句话是重复的。这是对历史上很多人造成了负面影响的一句话。

很多人僵化地理解这句话，导致重蹈父亲的覆辙。最典型的就是宋徽宗，他一上台，就恢复了宋神宗的所有制度，导致了北宋的灭亡。

大家可以参考《学而》。

父母之年，不可不知：我们如何面对父母的老去

子曰："父母之年，不可不知也。一则以喜，一则以惧。"

我用这句话安慰过我的一位朋友。

他当时每天郁郁寡欢，有点轻度抑郁症。有一回，我跟他散步，就问他为什么这么不高兴。他一下子就哭了，说母亲已经八十岁了，每天只要一想到母亲可能不久便会去世，就忍不住流眼泪。

思虑过重，总喜欢想一些悲伤的事，动不动就会流眼泪，这是典型的轻度抑郁的症状。

我对他说："你知道孔子在面临这样的问题时，他是怎么说的吗？他说：'父母之年，不可不知也。一则以喜，一则以惧。'你现在的表现是惧怕，但你不要忘了，你还可以有喜悦。天增岁月人增寿，父母又多活了一年，多长了一岁，是非常难得的一件事。妈妈已经活到八十岁了，你应该开心。"

孔子的这句话是有人道主义精神的。孔子爱人，看到很多人为这件事痛苦，他说，父母的年龄你不可不知，一定要时刻都记得。

有人曾把"父母之年"解释为父母的生日。我们一般会很重视自己的生日，你得知道，你的生日其实也是母亲的受难日，在那一天，除了庆祝之外，还应该感恩妈妈。父母很少忘记孩子的生日，但是孩子经常说不清父母的生日，我倡导大家有意地记住。

但我个人认为不应该将"父母之年"解释为生日，因为如果将其解释为生日，就没法理解接下来的"一则以喜，一则以惧"。知道父母的生日，为什么要害怕呢？这个逻辑并不合理。

但我们会因父母的年龄而害怕。即便如此，也要喜悦，人生就是这样喜忧参半的过程，如同弘一法师临终时，在纸上写下"悲欣交集"四字。人生到最后，就是悲欣交集，有一些事情没有完成，有点遗憾，有点痛苦，有点不舍，但也会有欣慰，在自己这一生走过的画面里，有陪伴自己经历风风雨雨的人。

中国古代的风俗有很多延续到如今，七十岁以后的老人过世，被称作喜丧。喜丧是要唱戏的，搭起大戏台，全村人跟过节一样，热热闹闹的。

我参加过村里老人的葬礼，老人过世时是八九十岁的高寿，是喜丧。全村人来道贺，说老人家岁数够长，寿终正寝。

我们对于丧葬，需要做好充分的心理准备。最为重要的是，我们要记得父母的年龄。

古者言之不出：别轻易许诺

子曰："古者言之不出，耻躬之不逮也。"

孔子说：古代的人不轻易将想法说出口，因为他们特别害怕自己说到做不到，如果做不到，就是极大的耻辱。

中国古人讲"轻诺者，必寡信"。有的人敢于许诺，高兴的时候，张嘴就答应你很多事情，但这种人往往实现不了他说的话，有时候说完就忘了。

我见过这样的人，他许诺一件事，过两天你再问他，他却忘了，他不认为自己说出来的话需要"言可复也"。孔子说"信近于义，言可复也"，一个人讲信用，并不是非常高级的境界，只是"近于义"。很多人哪怕没有达到义的境界，也能够做到"言可复"。信守承诺，是一个人做人最基本的原则而已。你说的话，如果是合情合理的，要能够逐渐地去实现。

"刚、毅、木、讷近仁"是孔子喜欢的人格特质。一个人看起来不太会说话，似乎显得不太会社交，也不爱夸夸其谈，不会轻易对人承诺什么东西，不容易给别人话柄，这种人往往近仁，因为他懂得对自己说的话负责任。

一诺千金就是讲的这个道理。但即便做到一诺千金，也绝对不是人生最高的境界。

以约失之者鲜矣：遵守规则，是做人的基本

子曰："以约失之者鲜矣！"

"约"可以理解为约束、谨慎，或者简约、节约，这两种理解都被采纳过。一个人过分地约束自己，或者过分节俭，都可能会犯错，这叫作"以约失之"。

要想理解"以约失之"，不妨延伸一下，除了"以约失之"外，还存在很多"以……失之"。与之相对的是"以奢失之""以荡失之"。如果一个人过分奢侈、过分放纵、过分马虎，也都会犯错。

"以奢失之"的人多，还是"以约失之"的人多？很明显，"以奢失之"的人要比"以约失之"的人多。

孔子的这句话并不是说"约"就是人生最高的境界。孔子自己就不喜欢太过拘谨，他喜欢舒服、惬意，喜欢合乎中道。但是孔子说，一个人如果真的谨慎、节俭，约束自己，他犯错的可能性是极小的。

这种人也许依然会犯错，但他犯错的可能性要比放荡的人、奢侈的人、纵容自己的人小得多。

孔子当然希望最终的目标是达到舒服、合适的状态，不放纵自己，也不需要过分地约束自己。所以，这句话描述的并不是一个完美的境界，而是退而求其次，认为与那些对自己要求不严的人相比，谨慎之人要更好。以上是我采用的解释。

还有另外一种解释，我认为不太站得住脚。孔子说，君子一定是能够说到做到的，很少能够失约。这不像孔子的做派，孔子一般不会下这样的结论，连

孔子自己都会失约，有时会说话不算话，因为他觉得"义"更重要。在孔子看来，守信并非做人的最高境界，一件事合不合乎道义，是在信守承诺之上的。合乎道义就该做，不合乎道义，就不要教条化地讲信用。比如你跟一个坏人讲信用，就是不合乎道义的。这是孔子的原则。

孔子只是提倡人应该对自己有一些约束。你可能还达不到中庸之道，还无法找到最舒服、最合适的状态，但在这之前，你可以先尝试着对自己有一些约束，这至少比放纵自己要好。以约失之者，毕竟是少数，给自己定一些规矩，不会有什么错。

君子欲讷于言：行胜于言

子曰："君子欲讷于言而敏于行。"

我觉得这句话有点孔子自我提醒的意思。孔子说："我希望自己做一个君子，能够少说话，多干事。"

"讷于言"，指说得少，不太会说话；"敏于行"，指行动快，执行力强，做事高效。

孔子每天都在说话。他周围那么多学生，天天找他请教，他每天都在输出知识和观点。所以，我觉得孔子是在说自己："我希望自己也能够讷于言而敏于行。"

清华大学的广场上有一个日晷，日晷上刻着四个字："行胜于言"。行胜于言是清华的校风。

这样的做法有心理学的依据。在《刻意练习》《掌控习惯》两本书里，都提到过一个现象。老师将学生分成两组，教他们摄影。对第一组的学生说，考核标准是要看一学期共拍了多少张照片，谁拍得多，谁的成绩高；对第二组的学生说，不用多拍，只需要根据一张水平最高的作品来打分。

第一组学生天天拍很多照片；第二组学生就琢磨、研究理论，分析摄影技巧，欣赏别人拍的作品，他们很少拍照，作品数量不多，只能选择一张最满意的照片，如履薄冰地交上去。

所有的作品被混在一起进行评选，最后发现，最优秀的作品几乎都出自拍得多的这组。为什么？因为练得多、成长快。

这就叫作"坐而论道，不如起而行之"，一天到晚坐在那里讨论一件事，理论再丰富，观点再先进，远不如亲身实践一次。实际动手做一做，不管效果如何，很快就能得到反馈。在行动中找到乐趣，不断试错，不断复盘，当然会越做越好。

我们要少一些高谈阔论，多一些实干精神。宋朝末期的时候，很多人批评宋儒，说他们不做实事，只是标榜自己忠君爱国。有一句话叫"无事袖手谈心性，临危一死报君王"，觉得自己很爱国，自我感动，但是对国家没什么贡献，每天只是把手笼在袖子里，谈论类似心性之类的观点，到国家危难之际，就跟着国家一起灭亡。

这类人是好人还是坏人？他们当然不坏，但他们为国家做贡献了吗？他们连生命都愿意献给国家，却没有为国家"起而行之"，只是坐而论道。

这与我们当下的创业环境有很大的相似之处。很多创业者一开始踌躇满志，但慢慢地却变成大家整天在一起讨论创业的方法，到处上培训班，参加各种企业家讲座，甚至有人将一年的利润全部交了学费。因为创业者花了太多的时间参加论坛，参加学习，自然没有精力去干活，去脚踏实地地经营公司，往往还没学完，公司就倒闭了。

空谈之人误事，所以孔子说："君子欲讷于言而敏于行。"

在读这句话时，我想到了两组人物对比——牛顿和莱布尼茨，王阳明和朱熹。

牛顿和莱布尼茨，两个人是一辈子的敌人。牛顿不爱说话，用一个又一个的物理学研究不断地震撼世界，总是提出各种各样深入的、令人惊叹的理论和方法。

莱布尼茨是外交家出身，他非常活跃，特别喜欢参加各种各样的宴会，到处高谈阔论。虽然莱布尼茨也是相当了不起的人物，但跟牛顿比起来，他为这个社会所做的实际贡献肯定是差很多的。

王阳明和朱熹也是这样。王阳明批评过朱熹，说朱熹这辈子在文化和思想领域没有什么突破性的进展，原因就是朱熹写了太多的书，把大量的时间用来写书、编书，没有进行深入的思考。

以上都是值得借鉴和思考的案例。

德不孤：美好的人，总会成群出现

子曰："德不孤，必有邻。"

这句话可以用来安慰我们自己。十步之内必有芳草，一个人不要老觉得自己是世界上最好的人，总是孤芳自赏，觉得周围的人都不理解自己。

"德不孤，必有邻"，一个德行出众的人不会孤单，你多向周围看一看，一定能看到跟你差不多的优秀之人。

我创办"樊登读书"之初，就有这样的感受。我对大家说，希望大家每年一起读五十本书，让更多的人加入读书的行列中来。我那时并没有想到竟然会有那么多人热切地响应，他们告诉我："我们愿意干这件事，我们不赚钱也愿意干这件事，只要能够让更多人来读书。"

我深切地感受到了什么叫"德不孤，必有邻"。

很多孤高之人，总是觉得自己曲高和寡，觉得"没人理解我""他们都不配跟我探讨""其他人都太笨了"。这样想的人，会越来越孤单，也会故步自封。

希望我们都能够用欣赏和接纳的态度，去发现身边的优秀之人、有德之人、好人，你一定会收获很多共鸣。

好人也应该站出来，让别人看到你是好人。如此，社会的风气才会越来越好。

朋友数，斯疏矣：亲密无间，反而会造成疏远

> 子游曰："事君数，斯辱矣；朋友数，斯疏矣。"

此处的"数"读shuò，意思是屡次、多次的意思。

《论语》中，孔子学生说的话往往会有一些奇怪的地方。

子游的意思是说，如果一个人总与君王或者领导待在一起，就会招致侮辱；如果总与自己的朋友天天腻在一起，分不清你我，过于亲密无间，这就是疏远的开始。

这有一定的道理。人与人之间，应该有一个适当的距离。不管关系多么密

切，每个人都需要有自己独立的空间，如果离得特别近，超越了界限，双方反而会相处得不舒服。

君王身边总有红人，但是能红多久是一个问题。

比如张廷玉和雍正，他们保持着一个仁臣和君王之间恰到好处的距离：你不找我，我不找你；有公事我找你，私事绝不麻烦你。这样，他们的关系可以维持很久。但是假如变成了类似和珅和乾隆之间的关系，君臣整天在一块儿，和珅热衷于揣摩皇帝的喜好，变着法子讨好皇帝，最后就变成了一个没有人格的奴才，变成了对方的一个工具。这是招致侮辱的开始，所以到最后，和珅的结局并不好。

恰如其分的自尊是非常重要的。一个人得有独立完整的自尊体系，保持着人和人之间合适的距离。

"君子之交淡如水，小人之交甘若醴"，小人之交是甘甜得不得了，天天混在一起都嫌时间不够，但如同甜酒，慢慢发酵，时间一长就坏掉了。君子之间的关系如一汪清水，可能不够甜、不够浓厚，但这样的关系将永远保持在一种美好的、真切的状态。

总跟朋友待在一起，也会出现这样的问题，所以要给朋友一些空间，也要给自己留一些空间，要清楚地区分什么是他的事，什么是我的事。当我们给朋友提意见时，如果发现朋友并不想听，就要懂得不可则止，因为那是他的事，需要他自己去琢磨、去决定，不能因为是朋友，就越俎代庖地替他做选择。

不太熟的朋友，我们一眼就能看得出来。如果两个人不太熟，在一起时总要没话找话，生怕不说话就冷场了。真正熟的朋友坐在一起，哪怕都不说话，也不会觉得尴尬。可能两个人坐了一下午都没有任何交流，你看你的书，我写我的字，彼此愉快、放松、自如。

只有当两个人之间的感情出现了裂痕时，反倒需要刻意地维护亲热的关系，去修复感情。

当然，我们不必把上述内容当作金科玉律，认为只要是《论语》里讲的知识，就一定要照着做。读任何书，都不能太教条，所谓时移世易，现在的时代已经跟过去完全不一样了。

《论语》给我们带来一些参考、一些启发、一些思考的角度，让我们认知的角度更多，思考得更深了。我们可能经常会觉得"我以前怎么没有这样想过"，这就是经典存续到今天的意义。

公冶长第五

可妻也：判断一个人，要看本质

> 子谓公冶长："可妻也。虽在缧绁之中，非其罪也。"以其子妻之。

这一篇讲到了孔子的一些学生。孔子对他的学生，分别做出了不同的评价。

首先出场的这位叫作公冶长。公冶是一个复姓，战国时期，常以"公"表示官职，而"冶"一般是指工匠的身份，比如负责铸造铜器或者铁器的官员就称为"冶"。

传说公冶长有一个独特的技能，精通鸟语。有一天，公冶长听到小鸟说某个地方死了一个人，他就去报官了。官差到现场一看，果然死人了，但官方质疑他为什么会知道这事，就把他抓了起来。当然，这是传说，不足为信。

公冶长在缧绁之中，缧绁就是古代捆犯人用的绳子，此处指代他被抓进监狱里。出狱后，孔夫子"以其子妻之"，"妻"在此处读第四声，是动词，意思是孔子将女儿嫁给了公冶长。

这是相当了不起的一件事。当然，很大一部分原因是孔子知道公冶长没罪。

但这依然令人佩服。如果我们看到有人被冤枉入狱，也许会在道义上理解、同情和支持他，甚至可以借钱给他，或者帮助他创业，但谁敢说愿意把自己的女儿嫁给他呢？这需要莫大的勇气。

孔子为什么能够做到这一点？《恰如其分的自尊》这本书中说，当一个人拥有稳定的高自尊时，他才能够真正做到不怕别人说闲话，不惧非议，对一个人、一件事，拥有自己独立完整的判断。这是孔子给我们做出来的表率。

电影《英雄本色》里有一段情节：狄龙扮演的角色进了监狱，刑满出狱后找不着工作，最后到了一个修车厂，里面收的全是从监狱里出来的人。

社会对一个人身份的判断，往往具有强大的杀伤力。如果一个人是从监狱里出来的，人们往往并不关心他到底为什么入狱，只会认为进过监狱的，就不是一个可以靠近的人。

孔子能够不受外界舆论的影响，从一个人的本质上做出判断，并且愿意把自己的女儿嫁给公冶长，这一点是非常值得我们钦佩的。

结合下一节来看，你就知道这里还有更多的深意。

邦有道，不废：一个智慧之人的处世之道

> 子谓南容："邦有道，不废；邦无道，免于刑戮。"以其兄之子妻之。

孔子的另外一个学生叫南宫适（kuò）。

孔子说南宫适"邦有道，不废"，当国家政治清明、社会环境特别好的时候，他不会被排挤，能在主流中做出努力，在盛世的条件之下，创立自己的一番功业。这说明他有人品、有能力。

"邦无道，免于刑戮"，如果国家政治昏乱，乱臣贼子当道，他则能够免于刑戮，不会受到罪责，不会进监狱，不会受到牵连。这说明他有智慧、有担当。

孔子认为，"邦有道"的时候能为人们做出贡献，"邦无道"的时候能够明哲保身，是一种有智慧的表现。

有人对孔子的这个观点表示怀疑，因为这句话让我们感觉孔子不是那种舍生取义的人。

我们可以将孔子和孟子的言论进行比较，去理解孔子的观念。我们会发现，孔孟二人是不一样的。

孟子说："鱼，我所欲也；熊掌，亦我所欲也。二者不可得兼，舍鱼而取熊掌者也。生，亦我所欲也；义，亦我所欲也。二者不可得兼，舍生而取义者也。"

类似孟子的这种豪言壮语，孔子从来没有说过。孔子说，到了乱世能够卷而怀之、明哲保身是很重要的。

我个人觉得，孔子是一个能够舍生取义的人，我们能够从他的行为中看出这样的处世态度。但是孔子很欣赏在乱世时期能自保的人，在那种昏天黑地、艰苦恶劣的环境下，无论是活下去还是选择死亡，都是有勇气的表现。自保不等于苟且偷生，不要随便地批评和轻视。

对于南宫适，孔子"以其兄之子妻之"，把自己的侄女嫁给了他。

我们把公冶长和南宫适放在一起对比，很明显地感觉到，南宫适的条件要好得多。"邦有道"的时候，他在当大官，做生意；"邦无道"的时候，还能免于刑戮，可以说集智慧、责任、担当、人品于一身。孔子把自己的侄女嫁给南宫适，却把亲生女儿嫁给一个从监狱里出来的人，古人分析这件事，认为孔子有礼让之心。

君子哉若人：孔子大赞子贱

子谓子贱："君子哉若人！鲁无君子者，斯焉取斯？"

说这句话的时候，孔子可能喝了点酒。孔子经常晚上喝酒，但饮酒不及醉。

这时，他处于微醺的状态，开开心心地看着自己的学生们。

子贱就是宓不齐，子贱是他的字，宓不齐是他的名字。子贱一定是做了一件特别好的事，孔子很开心，称赞他说，这就是君子该有的样子。夸子贱是君子之后，孔子又替自己说了一句话，他说：如果说鲁国没有君子，那这一位君子是谁培养出来的？

这短短的一句话，是老师喝了酒以后，颇为自得的感慨。孔子在告诉大家：我的学生是君子，我以我的学生为荣。

学生是老师最好的作品。我们每个人都是老师的作品，我们每个人也可能在某种层面上成为别人的老师。我们特别希望看到自己教育过、影响过，或者提携过的年轻人，能够有所作为。这样，好的文化和精神就能够一代一代地传承下去。

瑚琏也： 孔子评价子贡

子贡问曰："赐也何如？"子曰："女，器也。"曰："何器也？"曰："瑚琏也。"

这是一段特别有画面感的对话。我们不妨联系上文来看。孔子表扬子贱，子贡听到了，也跑来问"我怎么样"。

子贡是对孔子最忠心的一个人。他很有钱，又特别敬重孔子，晚年都是他在照顾孔子的生活。

孔子说了一句令子贡难过的话。他说"女（汝），器也"，你如同一种器物。

孔子说过"君子不器"，如果要成为君子，就不能将自己物化。可有的人就喜欢把自己"器之"，比如"我是一个会计师，只管算账，别的事你别烦我""我只管营销，售后的事我一点都不想听"。这就是把自己变成执行环节上的一个工具、一个螺栓。人，变成了器物，仿佛只有一种功能。

大家千万别把自己变成一个器物。每个人都应该是活泼、灵动的状态。你上班时是会计师，但是下班后还可以成为一个音乐家，可以参加球赛，可以成为一个好爸爸……而且你今天是会计师，不意味着你一辈子都干这行，你还可能会有别的职业。作为一个人，我们要让自己被活泼的人性充满。

孔子把子贡比作一件器物，看到这里，我都有点难过，但子贡的心态还挺好。对话继续，子贡问："我是什么器物？"孔子说："你是瑚琏。"

瑚琏是祭祀用的器皿，是用来盛放粮食的，不那么光彩夺目，但还算贵重。假设是鼎，就属于国之重器，很了不起，比如袁隆平，没有他，很多人就饿死了。

孔子说子贡是瑚琏，证明子贡还是很不错的，但不算最重要。这是孔子和子贡之间打趣的一段对话。

我觉得孔子对子贡有点苛刻了。其实子贡是相当了不起的，有学问，有修养，偶尔表现得比颜回差一点点，就总是被孔子敲打。

但这一段也告诉我们，孔子对君子这个头衔的要求是多么高。"女（汝），器也"，就是还没有达到君子的状态，君子应该是活泼的、多元化的。为什么子贡会得到这样的评价？子贡特别会做生意，孔子觉得，子贡是一个会赚钱的人，倾注了太多的精力在赚钱上，所以慢慢地被孔子认为是祭祀用的工具。

很有可能在这段对话之后，子贡就发生了很大的改变。总之，在这里，我们看到了非常有画面感的场景。

焉用佞：谁说做人一定要有好口才

或曰："雍也仁而不佞。"子曰："焉用佞？御人以口给，屡憎于人。不知其仁，焉用佞？"

当古书中出现"或曰"的时候，后面说的往往不是什么特别好的话，以至于连说话之人的名字都不愿意提及。

"雍"是冉雍，字仲弓，是孔子门下"三冉"之一，"三冉"分别为冉耕、冉雍、冉有。

"或曰：'雍也仁而不佞'"，意思是有一个人评价冉雍，说他"仁而不佞"，达到了仁的境界，但是表达能力不怎么样。"佞"就是会说话、口吐莲花的意思。

这个人的评论，令孔子相当不满意。

首先，对方轻易地论断有人达到了仁的境界这件事，孔子就不能够接受。

孔子在《论语》中，除了说颜回三月不违仁之外，很少评价某个人真正地做到了仁，他认为一个人要处于仁的境界是非常困难的。

其次，有人轻易地评价冉雍已经达到了仁的境界，但是表达能力却不行，这如同我们今天评价一个人，说他很不错，就是不太会包装、不会自我炒作。

对此，孔子的回复是"焉用佞"。为什么非得那么会说话、非得那么能表达？这是孔子的标准。

"或曰"的标准，代表了一种世俗的观点。世俗的观点认为，仁没有多么了不起，更了不起的事是会表达、会说话，能够左右逢源，能够口吐莲花，这个评论整个被孔子推翻了。孔子强调，冉雍到底算不算达到仁，我并不知道，但是，用不着那么会说话。

孔子不喜欢一个人口才特别好，他觉得"巧言令色，鲜矣仁"，如果一个人特别喜欢表达，表情非常丰富，言辞特别华美，很少是仁人。所以孔子说"焉用佞？御人以口给，屡憎于人"，如果一个人整天靠着一张嘴来跟别人打交道，引诱别人做一些事，这种人往往最终都会招致厌恶。

孔子对很多人都说"不知其仁"，这其实显示出一个很深刻的道理，因为仁这件事情是内在的，很难从外部看到。我们可以从外在判断一个人是否有治国的能力，是否会理财，是否懂礼乐，但是他的内心是不是真正处于仁的状态，我们看不出来。看不出来，就不能够随意论断。

《论语》中，多次出现"不知其仁"的说法，我们千万不要以为这是孔子对学生的否定，这只是孔子在客观地表达"我说不清楚"。在这里，我们也千万不要以为孔子是在批评冉雍，"不知其仁"是因为孔子真的不知道他是否达到了仁。

我们还可以看到，孔子评论一个人，经常是从做事情的角度，说某个人能做什么，能做到什么程度，他不会直接评判这个人是个好人还是坏人。与孔子相反，我们普通人在生活中很少站在事情本身的角度去衡量别人，而是从道德层面、整个人的层面去给他人下定义。比如，某人守信用，某人不守信用；某人是一个好人，某人是一个坏人；某人品位高，某人品位低。

孔子对仁这件事是很谨慎的，也许对方有仁，只是自己还没有看到。当他说一个人不仁的时候，才是否定，觉得对方做的某件事情不符合仁的标准，但是说"不知其仁"的时候，就是表示自己不知道，因为他不能通过一个人的外在表现简单地做出评价，不能随便地给某个人贴上"仁"的标签。

孔子最后又强调"焉用佞"，意味着一种强烈的否定，就是"你干吗非得引诱我的学生，让我的学生变得那么会说话"。

"或曰"的观点，代表着世俗对于成功的评判，而孔子所看重的，是我们对内在的真正追求。

吾斯之未能信：做一个谨慎、自知的人

子使漆雕开仕。对曰："吾斯之未能信。"子说。

漆雕开是漆工出身，擅长画漆器，受过刑，是一个残疾人。他的身份、阶层、地位都不高，还有一些自卑。

孔子的学生遍布三教九流。孔子之所以伟大，在于他颠覆了只有贵族才能受教育的传统。一个受过刑的工匠，也可以来求学，孔子还给他做官的机会。

孔子让漆雕开出来做官，至于是到自己家里做官，还是到鲁君那儿去做官，或者是到"三桓"那儿做官，并没有交代。总之，孔子给了漆雕开一个公务员的身份，说："你出来工作吧。"漆雕开说："我还不太有自信，我觉得我也许还做不好这件事。"

漆雕开谨慎而敬畏的态度令孔子很开心，子说（悦）。至于漆雕开后来有没有做官，并没有交代，但是孔子从这件事上看出来漆雕开心中有"仁"的存在。

很多人做官唯恐不大，赚钱唯恐不多，只要有机会，就一定要想办法去钻营。不畏惧当大官的责任有多重，不担忧当大官需要更大的能力，一门心思想往上爬。如果自身的德行和能力都无法匹配其官职，突然坐到那个位子上，反而是煎熬。

西方有一本书叫《彼得原理》。书中讲到，在大的组织里，一个人的职位会随着能力的提高而不断地提高，会一步一步地被提拔起来，最终一定会提拔到他的能力无法胜任的高度，这就是大组织到最后效率变得越来越低的原因。往往并不是某个总经理能力不行，有可能他当副总经理时还很得心应手，但是坐到总经理的位子上就有些吃力了。

普通人从来不怀疑自己的能力，不担心自己是否能胜任，我们的想法就是有官就当，有位子就上，上去了再说。但是漆雕开能够进行内省："我觉得不是很有谱，我心里还有点紧张，我担心自己可能做不到。"

不管孔子最后是鼓励他勇敢去做，还是同意他再学习一段时间，孔子对他的态度都是十分认可的。孔子看出了这个人关心的是天下事，而不是一己私利。因为如果一个人想的是一己私利，他肯定会先占住位子再说；如果他想的是天下事，就会考虑到自己能够为天下带来什么样的好处，能不能造福一方百姓，孔子认为这个出发点是对的。

如同前文所说的"不患无位，患所以立"，不用担心自己没有位子坐，要担心的是凭什么去坐那个位子。

好勇过我，无所取材：孔子评价子路

> 子曰："道不行，乘桴浮于海。从我者，其由与！"子路闻之喜。子曰："由也好勇过我，无所取材！"

这也是画面感极强的一段话，一定会成为很多人脑海中一场美好的对话。

由是指子路。子路的性格给人的感觉有点像张飞，或者李逵。他只比孔子小几岁，非常忠于孔子，孔子走到哪儿，子路就跟到哪儿，几乎充当着孔子的半个保镖。子路性子非常直，有话就直说，也相当莽撞。

有一天，孔子感慨"道不行，乘桴浮于海"，"桴"指的是小木筏。这是一个千古感叹，如同现在有人说"创业不成，我就移民"。孔子对于他的时代也有点失望，觉得自己想推行的仁道不被采用，他说："如果实在不行的话，我就坐个小船，漂到海上去。到时候，能跟我一块儿走的，恐怕只有子路了。"

子路听到后很高兴，面露喜色。

孔子一看，子路又翘尾巴了，就接着说"由也好勇过我，无所取材"，解释自己为什么带着子路，因为子路比自己勇武，能够搭把手、帮帮忙，但做别的事也就一般。

也有人把"无所取材"翻译成"找不到木板"，如果这么翻译的话，就是子路比我好勇，可是我想漂到海上去的话，也找不到造船所需要的木材，所以也就算了吧。

我个人觉得，从"由也好勇过我"，转到"我也找不到那么多木板"，转折和跳跃的幅度太大了。

我个人更倾向的说法是，子路有一个优点，就是"比我还厉害，比我还好勇"，但是别的也没什么了不起。

因为子路性格莽撞，孔子看到他面露喜色，担心他一旦膨胀，就容易做出很多出格的事，所以刻意地提醒子路。这是非常生动的对话场景。

很多老先生做文章，到艰难处，经常引用这个典故。凡是提到"乘桴浮于海"，就是借用孔子的感叹，说实在做不下去我就走了。

不知其仁：不要随意论断他人

孟武伯问："子路仁乎？"子曰："不知也。"又问。子曰："由也，千乘之国，可使治其赋也，不知其仁也。""求也何如？"子曰："求也，千室之邑，百乘之家，可使为之宰也，不知其仁也。""赤也何如？"子曰："赤也，束带立于朝，可使与宾客言也，不知其仁也。"

这里谈到了孔子的三个学生：子路、冉有、公西赤（也叫公西华）。

孟武伯向孔子要人才。孟武伯问："子路达到仁的境界了吗？"

在前面的内容中，我讲过类似的问题，你应该猜到孔子的应答了，孔子说不知道。我再次强调，孔子不是否定，只是以严谨的态度，表明自己确实不知道。

孟武伯接着问："子路到底能干吗，他达到什么水准了？"

孔子说："千乘之国，可使治其赋也。"千乘指的是一千辆车，一辆车四匹马，千乘之国就是大概有四千匹马的国家。这句话的意思是，子路可以去管一个有四千匹马的大国的军事、税收。

孔子特别喜欢推举自己的学生，因为对于每一个贤人来讲，被举荐而做自己擅长的工作是非常重要的。当你身边有特别能干的人时，就不要让他埋没了，这是为国家做贡献的一条途径。

孟武伯接着问冉有这个人怎么样。

孔子说："千室之邑，百乘之家，可使为之宰也，不知其仁也。"千室之邑，是指一个大城镇，镇上大概有一千户人家；百乘之家，指一块有一百辆战车的大封地。可以让他做这个大城镇、大封地的总管。至于他是否仁，孔子不知道。

孟武伯接着问公西赤怎么样。

孔子说，假如他打扮一下，穿上适宜外交的礼服，站在朝廷之上，能够很得体地负责主持仪式、接待宾客，他能够做办公室主任或者外交官。至于是否仁，孔子也不知道。

这是孔子对他的学生子路、冉有和公西赤的评价。孔子从来不会拿"仁"来忽悠人，跟别人说自己的学生很仁，但是他能够准确地判断学生做事情的能力，给学生安排一个合适的岗位。《论语》中有"君子易事而难说""小人难事而易说"，就是这个道理。

想让孔子夸一个人仁，孔子做不到，所以"君子易事而难说"。你与一个君子合作起来很方便，但是你很难取悦他。相反，"小人难事而易说"，你很容易取悦小人，你想让一个小人夸你仁很简单，给他送个礼物，讨好他就行了。但你无法和小人在一起共事，因为小人根本不按章法做事，他会将责任推给你。

像孔子这样的人，他不会指责别人，也不会轻易地被人取悦，他会根据他人真实的能力，客观地看待对方。比如孔子对自己的学生，他不会轻易地说学生达到了仁的境界，但是孔子了解他们，能够给他们安排一个最合适的工作岗位。

回也闻一以知十：怀念颜回

子谓子贡曰："女与回也孰愈？"对曰："赐也何敢望回？回也闻一以知十，赐也闻一以知二。"子曰："弗如也；吾与女弗如也。"

在这段对话中，我们可以做如下推测。

颜回做了一件了不起的事，或者有可能是颜回去世了以后，孔子和子贡的对话。

如果是颜回去世后，孔子一定是天天思念颜回。他实在太爱颜回，话题也经常围绕着颜回。有一天，孔子就问子贡："你觉得你和颜回谁厉害？"

子贡说："我哪敢跟颜回比啊。"子贡是多么谦虚，"何敢望回"这四个字体现了两个学生的了不起：首先是颜回的境界高，其次是子贡的谦虚。

子贡说："颜回是闻一知十，我是闻一知二，我俩差远了。""闻一知十"能够对应孔子说的"举一反三"，能够从一件事情类推到其他许多事情。子贡谦逊，说自己只能做到闻一知二，老师教了一件事，他只能联想到两三件事。但是颜回是一通百通，学会一件事就能豁然开朗，弄清楚很多事。用现代科学的研究来说，颜回这种表现叫作大脑神经元连接丰富，"闻一知十"是子贡对颜回非常佩服的地方。

最有意思的是，孔子接着又感慨："确实不如他。"

"吾与女（汝）弗如也"有两种解释。

第一种解释："与"作为连词，就是"我和你都不如他"。如果是这样，就是孔子正式承认自己的境界不如颜回，或者自己的天分不如颜回，这是对颜回莫大的褒奖。

所以，我更怀疑这段话是发生在颜回去世以后。当我们怀念一个人时，带着特别强烈的思念与不舍，就会给他如此的溢美之词。

第二种解释："与"作为动词，表示同意、赞成，"吾与女"就是我同意你，你的确是不如他。

我个人觉得"与"应该是连词，因为如果是动词的话，这句话实在是太不客气了。当子贡自己都说"我不如颜回"时，孔子为什么还要强调"你就是不如他"？孔子何必这样跟子贡过不去呢？

因此，我觉得孔子是在思念颜回。在强烈的思念之情下，孔子说，颜回的境界真的很高，其实咱俩都不如他。

听其言而观其行：根据行为识人

宰予昼寝。子曰："朽木不可雕也，粪土之墙不可杇也。于予与何诛！"子曰："始吾于人也，听其言而信其行；今吾于人也，听其言而观其行。于予与改是！"

孔子发脾气了，脾气发得还很大。这两千多年来，老师们发脾气莫过于此。

宰予是孔门十哲之一。他应该算得上很有能力、很了不起，才能够进入十哲的行列中。但是宰予在《论语》中出现的时候，往往是被孔子责骂。尤其在这一段，被骂得太惨了。

"宰予昼寝"，是说宰予在白天睡觉。这事在当时有多恶劣？现在很多人在白天都午休，这似乎很正常，但对古人而言，太阳一下山就睡了，早上五六点鸡一叫就起来了，晚上睡眠的时间足够多，白天不应该再睡了。在古代，昼寝意味着一个人不勤奋。

很多古代学者都替宰予打圆场，说"昼寝"恐怕是字写错了，可能是画寝。我认为不对，此处应该是昼寝，因为在别的书里也出现过"昼寝"这个词。

孔子因为宰予昼寝而生气，他说朽木不可雕也，这句话不用特别解释。"粪土之墙不可杇也"，是因为古时候农村砌墙并不平整，由于材料太糟糕，想将它的表面抹平是非常难的。"杇"就是抹墙用的抹子。

"于予与何诛"，"予"是宰予，看到"于予与"，我们能理解意思，但如果是听到这三个字，可能我们会以为孔子被气得结巴了，气都不顺了。"于予与何诛"，意思是，宰予啊，我该拿什么话骂你，简直是无话可说！

接下来，孔子又说"始吾于人也，听其言而信其行；今吾于人也，听其言而观其行"。以前对于你们这帮人，不管你们说什么话，我都相信；从今以后，我不能只听你们说了什么，我得看你们怎么做。

"于予与改是"，意思是我因为你，三观都毁了。孔子是因为宰予昼寝这件事，改变了自己的看法，原来评价一个人，不能只看他怎么说。

宰予昼寝为什么会让孔子这么生气？将上下文结合起来，我们会发现，孔子生气的原因可能是宰予骗了他。宰予能说会道，应该是跟孔子承诺过，自己一定废寝忘食、勤勉于学，要好好做学问，结果孔子转过身一看，他大白天居然还在睡觉。所以孔子很生气，因为宰予骗人这件事，他不能够接受，他说今后要听其言而观其行。

我小时候做错了事，我爸会让我写检查。看了我写的检查之后，我爸常说："听其言而观其行。你检查写得再好，也要看你今后怎么做。"

这段充满了力量的对话，展现了孔子生气时的面貌。孔子有时候跟别的学生逗趣、开玩笑，语气很活泼，让我们感觉到孔子是面带微笑、嘴角上扬的。这次孔子可能是气得拿拐杖杵地了，宰予真是把他气坏了。

吾未见刚者：真正的坚韧，是管住欲望

子曰："吾未见刚者。"或对曰："申枨。"子曰："枨也欲，焉得刚？"

在这一段对话中，被孔子点评的是申枨。申枨也是孔子的学生，是孔门七十二贤人之一。

孔子有一天感慨地说："我没有见过一个真正做到刚的人。"

什么叫刚？林则徐写过一副对联："海纳百川，有容乃大；壁立千仞，无欲则刚。"刚的特点，就是无欲。

听了孔子的感慨，就有人回应他说："你说你没有见过刚的人，申枨不就是吗？"

申枨看起来挺刚强的，有棱有角、有原则。但孔子说："申枨内心的欲望很强，他怎么可能刚？"

一个人要有原则、有棱角，要有自己不能够逾越的规矩，是相当不容易的一件事，因为当一个人的欲望特别强盛，对某一些事特别在意的时候，弱点就出现了。

武侠小说里，很多正派人士为了某本武林秘籍而你争我夺、自相残杀，罔顾道义和原则，是因为欲望。在一些公司里，有的员工为了获得晋升的资格，而无原则地讨好领导，也是因为欲望。

至于申枨有什么样的故事，没有交代，我们不得而知。我们也很难找到申枨的人生事迹，并不知道为什么孔子这么说他。

但我们从孔子的话中明白了一个道理：一个人内心的欲望太强烈，或者他对某些事特别在意的时候，他就难以变得刚正不阿。

刚正不阿是守住自己的原则、底线，而真正能做到是相当困难的一件事。

非尔所及也："己所不欲，勿施于人"有多难

子贡曰："我不欲人之加诸我也，吾亦欲无加诸人。"子曰："赐也，非尔所及也！"

子贡在孔子面前总是吃瘪。每次子贡想要跟孔子表达一点点自己的小心得，总要被孔子鞭笞一下。我要是子贡，有可能会产生巨大的心理阴影。

这一次，子贡跟孔子说："我不希望别人强加于我的事情，我也不会加诸人。"这句话其实就是孔子所说的"己所不欲，勿施于人"，子贡认为自己今天终于达到了老师说的境界。

结果孔子给他泼了一瓢冷水，说："端木赐，这事你做不到。"

那么，能做到的人应该处于什么境界？《思辨与立场》一书中讲到批判性思维。所谓批判性思维，就是对自己要进行深深的反思。高级的思维方式都有一个非常重要的特点，叫作思维的公平性，也就是说，人们在评论自己时的态度和评论别人时的应该是一致的，不要"双标"。

但是在现实生活中，"双标"这件事实在是难以避免。家人或者朋友做了一件糟糕的事，比如随手将一个塑料袋丢到车外，你只会提醒他注意点，轻描淡写地批评他一下。但如果你看到前面的车上，你不认识的人丢了一个塑料袋出来，你可能会非常生气，觉得对方的人品差到极点，恨不得立刻曝光对方。

通过一件日常生活的小事就能够看出来，想要做到"己所不欲，勿施于人"是非常难的。所以孔子对子贡说："这件事没有那么容易，这事你未必能够做到。"

再举一个最简单的例子。当你自己受了委屈，别人安慰你的时候，你最烦别人说"想开点""没什么大不了的""不要紧"，但是当你去劝朋友时，一开口就是"想开点，没有过不去的坎"。

这样的话根本没有什么安慰的作用，但只有我们作为当事人才能了解这一点，而当我们跟别人说的时候，很难体会到对方的真实感受。佛教中有一个很高的境界。菩萨发的大悲心，叫作同体大悲。同体大悲就是像在对方的身体里一样，能够感受到别人所感受的深切悲痛，这时候才能够真正成为菩萨去度人。

子贡说的这件事，真的是太难了。孔子能够这么直接地评价子贡，是因为孔子觉得自己都未必做得到。孔子并不是批评子贡，而是实事求是地说出自己的看法，提醒子贡不要轻视这件事的难度，这件事没有他以为的那么简单。

我们从中也能理解一件事：我们很难摆脱双重标准的态度，所以千万不要总是指责别人"双标"。不要提到"双标"就暴怒，认为别人在用双重标准对待我们，我们要反思自己是否也在"双标"，是否做到了保持思维的公平性。

夫子之言性与天道：为什么孔子绝对不谈论天道

> 子贡曰："夫子之文章，可得而闻也。夫子之言性与天道，不可得而闻也。"

这句话是对孔子的概括。

在这句话中，讲到了"性与天道"。"性"与"天道"，老子和孟子提及得多，而在《论语》中极少提到。"天道"只在这句话里有；"性"在《论语》中还出现过一次，"性相近也，习相远也"。

子贡说"夫子之文章，可得而闻也"，意思是孔子的文章谈论的基本都是现实世界，就是礼、乐、射、御、书、数、治国、理政、收税等事情。孔子愿意谈这些事。

"夫子之言性与天道，不可得而闻也"，就是说，关于人性与天道的讨论、关于宇宙是如何运行的、关于地球到底是圆的还是平的等这样的话题，子贡从来没有听孔子说过。

这就是西方人认为孔子不是哲学家的原因。作为哲学家，你得像亚里士多德、柏拉图那样，经常思考到底是地球绕着太阳转，还是太阳绕着地球转，以及宇宙万物到底是如何和谐共处的，自然界是怎样运行的……国际上认为老子是哲学家，因为老子讲的是"道生一，一生二，二生三，三生万物"，是万物运行的逻辑。

孔夫子关注的是现实世界，他对于形而上学的东西，总是有一种"六合之外，存而不论"的态度。他觉得有些事可能有，也可能很重要，但是因为自己不清楚就不说。

如同孔子常说"不知其仁"，一个人是不是达到了仁的境界，只能靠揣测，因为内在的、本性的东西是无法轻易判断的，只能说不知道。孔子提倡"敬鬼神而远之"，对于自己搞不清楚的事情，既不轻易相信，也不随意否定，要保持敬畏之心。这都说明孔子有一种实事求是的态度。

在《孔子家语》里，有一段很有趣的对话。如果这个故事是真的，刚好可以跟子贡说的这句话连在一起。

子贡有一次问孔子："人死了以后到底是去哪里，到底是有还是没有？"孔子说："我知道，但是我不能说。"

子贡追问："为什么不能说？"孔子说："我如果说人死了以后就什么都没有了，那些不肖子孙就会把父母扔在路边不管了，反正死后一切都不存在，就没有孝道了；如果我说人死了以后有灵魂，那更麻烦，那些有钱人会拿活人殉葬，把葬礼办得要多铺张有多铺张，耗费整个社会的资源去办葬礼。所以，有或者没有，我都不能说。"

子贡接着说："那老师可以私下里跟我说，我不跟别人讲。"

孔子的回应是："等将来，经历了死亡，自然就知道了。"

孔子紧紧地捂着生死的盖子不谈。

这段对话，让我觉得孔子真是相当有智慧。孔子认为无论人死后是否还有灵魂，对这个社会都会产生动荡，他的言论会影响人们的行为，让人们做出不当的事。既如此，孔子只好"六合之外，存而不论"。

从这里，我们也能看到子贡就是好奇心重，喜欢不断地发问。颜回就很少这样，孔子觉得颜回的境界高，因为颜回没那么多工夫来问孔子这些事情。

后文还会讲到子贡。孔子批评子贡"夫我则不暇"，意思是子贡关心的那些事情，如果换成孔子，是没有那么多时间来关心的。子贡经常跟孔子探讨一些外在的东西，比如排行、境界、对自己的评价等。说到底，子贡是一个世俗之人，颜回是一个高人。颜回根本不谈论这些，他每次出场关心的都是本质、核心，他也从来不问孔子对他有怎样的评价。

唯恐有闻：我们应该如何对待新鲜事物

> 子路有闻，未之能行，唯恐有闻。

"唯恐有闻"正是出于此。

这句话的意思是，子路一听到好的观点和说法，就马上去做，并且在还没做到位时，不会再去听新的学问。

子路是直性子，动作快，效率高，老师一说就立刻行动，但是他"唯恐有闻"，就会出现这样的态度：我宁肯不学习，也不想再接受新的事物和思想，先等我把之前学的东西吃透再说。

在《论语》中，与之对应的内容是子路问孔子"闻斯行诸"，意思是，我听到了，是不是就要去做。

孔子说：你的父亲和哥哥都在，你凭什么听了就去做？劝他谨慎决定。而面对同样的问题，孔子对冉有的回答是：你听到了，就赶紧去做吧。子路是急性子，做事火急火燎；冉有是慢性子，思虑太多，行动力差。面对性格截然不同的学生，孔子有完全相反的回应。

子路的心性还需要不断地磨炼。当我们知道了一件事情后，如果立刻就能做到，那它未必是一个多么高级的追求；高级的追求，往往是需要用一辈子慢慢琢磨、慢慢尝试、反复练习的。很多事情到了最后，我们甚至会发现自己只做到了一点点。

而子路的特点，是希望一听到就能够做到。

在"樊登读书"，我有时候会看到这样的留言："为什么我听了这本书，生活没有改变？""为什么我按照这本书中的方法去做了，但是没有多大效果？"我想告诉大家，这是因为大家太急了。有的习惯是你花了几十年的时间养成的，而你此刻却期望着听一本书，你的人生就突然变好，哪有那么便宜的事？

所以，当你听到某个道理或者方法很好的时候，你需要慢慢做，慢慢琢磨，慢慢练习。在这个过程当中，你还可以继续学习其他更好的道理和经验。一点一点来，不要想着立竿见影、立地成佛。

从行动力的角度看，子路有值得我们学习的地方，但是他心浮气躁，没办法像颜回那样学到更多的东西，领悟更多的道理。

创业者中也有很多类似的例子。有个在大公司任职的朋友说，他的老板有一段时间迷上了外出学习，每次学完归来，先和大家分享自己学的知识和经验，然后马上在公司搞改革。一开始大家也很兴奋，觉得老板进步了，懂得拥抱变化；

后来慢慢地麻木了；到最后，大家都感到恐惧、焦虑，一天到晚改来改去，事情到底应该怎么做？这就是典型的"闻斯行诸"。当一个人缺乏自己的判断，没有独立的见解，不经过深思熟虑，听到了就立刻行动时，会让情况变得更糟糕。

孔子观点的核心还是中庸之道。一个人听到很多有用的道理，但像冉有一样，琢磨来琢磨去，迟迟不行动，肯定不行；一听到就去做，发现不合适再朝令夕改，像子路一样，也不行。

中庸之道是你要有自己独立而清醒的判断，要有耐心，同时还要果敢，将这些能力综合在一起，才是一个合格的学习者。

孔子教育这些性格完全不同的学生是多么不容易的一件事。

子路急性子的背后，是不急于闻而急于行。对他而言，"听"和"做"这两件事是相互割裂的，这完全不同于王阳明的境界。王阳明说知行合一，但是子路却将这两件事完全分开了，把闻和行对立起来，因此便产生了"唯恐有闻"——再有道理的事情也别跟我说了，眼下的事情我还没做好呢，再说我就乱了。

我们要把握好闻与行的度，不要让自己成为子路。

不耻下问：内心强大之人，才敢于放低身段

子贡问曰："孔文子，何以谓之文也？"子曰："敏而好学，不耻下问，是以谓之文也。"

子贡很喜欢提问。这一次，子贡问孔子：卫国大夫孔圉（卫国的一个官

员），死后的谥号叫"文"，为什么给他"文"这个字？

"文"是很难给到普通人的，比如周文王，是多么了不起的赞誉。什么是文？古书讲：经天纬地曰文。当一个大丈夫拥有经天纬地之才时，才能够谥为"文"。子贡听说孔圉死后被赐谥号"文"，就来问孔子缘由。

孔子的回答是，"敏而好学，不耻下问，是以谓之文也"。孔圉辅佐过卫灵公和卫出公，他跟孔子应该是在同朝共事过，孔子当时是卫国的顾问。孔子说：据我观察，孔圉的特点就是他本身就天资聪慧，境界颇高，而且特别好学，如果遇到了不懂的问题，他甚至能够向比他身份低的人请教。

大家不要小看这件事。"不耻下问"听起来似乎很简单，事实上却是非常困难的。孔子这句话其实也是在提示子贡：你有问题别只知道问我，要和更多人去探讨和学习。

为什么不耻下问很困难？比如在职场中，有多少领导能够放下身段向下属请教问题？作为一个领导，他要维护自己的尊严，当他内心不够强大时，走到哪儿都希望能够掌控局势，假装自己所有的事都懂，尤其在下属面前，一定要保持全知全能的形象。然而，如果领导者遇到自己不懂的问题，不愿意屈尊请教下属，往往会为了保持伟岸光荣的形象而将错就错，甚至做错了也没人敢说。到最后，他越走越偏，可能会触发更大的问题。

"不耻下问"的技术难度并不高，但想要真正做到，一个人的内心要足够强大。孔子说的这句话对子贡是个提醒，因为除了孔子，子贡不太服其他人。子贡是一个商业领袖，地位相当高，又很有学问，在孔子去世以后，甚至有人说子贡应该替代孔子的位置，被子贡骂了一顿。子贡非常敬仰孔子，所以整天围着孔子，不断地问问题。孔子说：你其实可以先问问其他人，哪怕是学问不如你的人，所有人都可以成为你学习的对象。

有君子之道四焉： 四条管理之道

　　子谓子产："有君子之道四焉：其行己也恭，其事上也敬，其养民也惠，其使民也义。"

　　孔子很欣赏子产，每次提到子产，言语间都充满了赞美之词。

　　子产是郑国的大夫，孔子评论他符合君子的四种道德——

　　其行己也恭：恭是对自己，是指一个人端端正正、和颜悦色、气定神闲的样子。子产能够做到很端正。

　　其事上也敬：敬是对别人，是指一个人对于上级尊敬而谦逊的态度。子产对君主的态度很恭敬。

　　其养民也惠：子产重视老百姓的福利，知道怎样对老百姓好。

　　其使民也义：古代"使民"是一件很大的事，当时各种工作都是靠老百姓来干，官员懂得"使民"也是一项非常重要的能力。孔子在《论语·学而》就讲到"使民以时"，你要在老百姓不用插秧、不用收割的农闲时期，让人们来帮国家干活。

　　如果在平常种地的时候，国家急需请老百姓做事，那就要给老百姓福利。子产知道怎样合理地使用老百姓的时间和精力。

　　恭、敬、惠、义，这四个特质，是子产身上符合君子的特点，这是孔子对子产的高度评价。

久而敬之：相处之道，是不因熟悉而怠慢

子曰："晏平仲善与人交，久而敬之。"

这段话是孔子评论晏婴的。晏婴是齐国的大夫。

这句话有两种解释。第一种解释：晏平仲跟你相处了很长时间，你依然会尊敬他。这代表的是晏婴与人交往的结果。

第二种解释：晏平仲善于与人交往，因为无论他跟别人相处多久，依然能够保持恭敬。这代表的是晏婴与人交往的过程。

大家读我讲的《论语》，一定会出现大量的争论，这是很正常的，因为对于每一种解释，我们都能找到大量的古书和典籍作为支持，我们只需要选择自己愿意相信、对个人有用的就足够了。对于孔子的这句话，我个人选择第二种解释。

孔子希望大家能够向晏平仲学习，如果是第一个解释，它更强调结果，而结果是没法学的。比如，孔子说晏子这个人很了不起，别人都很尊敬他，你还是不知道该怎么学他。但是，我们可以学习晏子待人接物的过程，学习他与人相处时的恭敬态度，学习他的"久而敬之"。

为什么这是需要学习的呢？

孔子说："近之则不孙，远之则怨。"

和一个人离得太近了，他就不把你当回事，就开始不逊了。越近的朋友越喜欢互相插科打诨，开玩笑的尺度越大，甚至随便讽刺对方，说放肆的话；离得太远了，又会产生抱怨，觉得对方不在意自己，这就是人与人交往中的难点。

孔子说，"久而敬之"是交友之道。"晏平仲善与人交，久而敬之"，即便是几十年的老朋友，每次见面依然能保持足够的恭敬，依然尊重对方的人格，给对方足够的鼓励和肯定，而不会因为特别熟，就肆无忌惮地打趣、挖苦、揶揄。

这是我们每一个人都需要学习的东西。一个人是否有修养，是否受过良好的教育，是否有气质，就反映在这些细节之上。

所以，我个人更倾向于把"久而敬之"当作一种过程，当作我们交友的一种方法。

我们跟别人在一起的时间无论多长，都应该保持恭敬的态度。尊敬他人是一个过程，有了这个过程，最终自然会产生互相尊敬的结果。

臧文仲居蔡：孔子评论臧文仲

子曰："臧文仲居蔡，山节藻棁，何如其知也！"

这句话中，孔子评论的是鲁国的大夫臧文仲。

孔子说"臧文仲居蔡"，"居蔡"的意思不是说他住在蔡国。"蔡"是指蔡国出产的一种大乌龟，叫大蔡，据传其特征是有三条脊柱、六扇翅膀。

从恐龙时代起，自然界就开始筛选，大量的物种消亡了，而在孔子那时候，留下一个样子有点奇怪的龟，也是很有可能的。

这种龟很珍贵，常用于祭祀。臧文仲给大蔡做房子，用的是山节藻棁（zhuō），这是装饰天子宗庙的材料；他还用斗拱雕成山的形状，在柱子上画了水草的花纹，下了很大的功夫，做得特别奢华。

孔子就感慨了一句，"何如其知（智）也"，说他也太聪明了。

这当然是个反话。孔子的意思很明显：臧文仲这人的想法肯定有问题，为什么给一个乌龟做这么奢侈精致的房子？他把心思放在乌龟上，玩物丧志，这个人真不算智慧。

孔子评论臧文仲不该在没意义的事情上下那么大的力气，耗费那么珍贵的资源，这话说得很重，在我们日常生活当中引用得不太多。从中我们能看到，当孔子看不惯某件事情时，是怎么评价的。

未知，焉得仁：我们永远无法看穿一个人的内心

> 子张问曰："令尹子文，三仕为令尹，无喜色；三已之，无愠色。旧令尹之政，必以告新令尹。何如？"子曰："忠矣！"曰："仁矣乎？"曰："未知，焉得仁？"

> "崔子弑齐君，陈文子有马十乘，弃而违之。至于他邦，则曰：'犹吾大夫崔子也！'违之。之一邦，则又曰：'犹吾大夫崔子也！'违之。何如？"子曰："清矣！"曰："仁矣乎？"曰："未知，焉得仁？"

子张是孔子的学生，叫颛孙师。一般情况下，在《论语》中看到"师"，往往就是指子张。子张问孔子："令尹子文，三仕为令尹，无喜色；三已之，无愠色。旧令尹之政，必以告新令尹。何如？"

"令尹子文"指楚国的宰相子文，"三仕为令尹"，就是他三次被选为宰相。

令尹子文三次被任命为宰相，面无喜色；后来，他三次被罢免，也没有愠色，不生气。三起三落对他影响都不大。

一个人如果突然被罢免了，交接工作的时候有可能装病，有可能故意不配合，说"我不知道，你问秘书，我不清楚"。职场中，很多人在交接工作的时候都不太愿意配合，甚至故意制造麻烦，给接任者留下烂摊子。

而令尹子文虽然三次被任命成令尹，又三次被罢免，但每一次交接工作，他都能做到"旧令尹之政，必以告新令尹"，将自己之前做的工作事无巨细地交代给新被任命的官员。子张认为他境界很高，就问孔子"这个人怎么样"。

孔子对令尹子文的评价是"忠矣"。他能够做到忠诚，能够认真地对待自己负责的事情。忠是爱国，忠是认真对待自己的岗位。他是一个忠君爱国的人，这是孔子承认的。

子张接着问："仁矣乎？"在这里我们看到，孔子的学生是多么想挑战"仁"的境界，几乎将"仁"作为衡量一个人的最高标准。大家都想问，哪个人达到了仁的境界，谁是楷模。所以子张问孔子：令尹子文仁吗？

孔子说：不知道，这怎么能看出来呢？

在孔子看来，令尹子文的做法的确是忠君爱国，但这是理所应当的事。孔子本人也是当了官被罢免，又当了官又被罢免，最后周游列国。对孔子而言，尽忠职守是不需要到达仁的境界也能够做到的，令尹子文能够做到忠，但未必能达到仁。

想想看，有没有可能令尹子文在做这些事的时候内心是澎湃的，是愤怒的，但他表面上看起来是正常的？孔子无法判断令尹子文是否仁，因为做到那些，还不必达到仁这么高的境界。

子张接下来又问了另外一个人——陈文子。说到陈文子，要提到的一个背景是崔子弑齐君。崔杼是齐国大夫，他把齐庄公给杀了。弑君是大罪，而崔子竟然杀了他的国君。陈文子有十辆马车，约四十匹马，家财颇丰，相当于我们今天的十辆豪华轿车。他已经在齐国安家立业了，但是发生了崔子弑君的事之后，他就把自己的家产全部抛下，"弃而违之"。

这里需要解释一个古语当中常用的词——"违"。"违"即离开，比如一个人到一个地方，觉得不舒服就走了，就是"违之"。

到别的国家之后，他一看情况，说："犹吾大夫崔子也！""违之。"发现这个地方不好，他又离开了；到了新的地方，他又说："这些人和崔子一样坏。"又离开了。

离开齐国后，他发现天下乌鸦一般黑，辗转流亡了两三个国家。

子张问孔子：陈文子如何？孔子评价他"清矣"，意思是这个人不同流合污。

子张又问：陈文子算是仁吗？孔子说：我不知道，我看不出来。

孔子永远在别人问他某人是否仁的时候，说不知道。因为当一个人做的事看起来符合道义，但都还达不到仁的境界时，无法反映出一个人是否仁。

孔子对令尹子文的评价是忠，对陈文子的评价是清。"忠"和"清"分别对应的是什么？"忠"是爱国，"清"是爱名。"忠"爱的是国家，是政事，是能够把事做好；"清"爱的是自己的名声，爱的是洁身自好。这两者爱的都是外在事物。

有个典故叫周公握发吐哺。周公洗头的时候，有人来汇报政事，他握着头发就出来跟人谈事情了，可见他有多勤勉；周公正在吃饭的时候，有人跟他汇报工作，他立刻把口中的食物吐出来，放下筷子去迎客。

"周公吐哺，天下归心"，人人听完都会觉得感动。但还有一句话，叫作"周公恐惧流言日"。当大家都在说周公的坏话，说周公要谋反，要取代小国君的时候，人们会认为周公是好人吗？

不到最后一刻，你永远无法判断一个人到底是仁还是不仁。

对于仁，孔子依然是非常保守的，是不敢轻易许人的。

再，斯可矣：如何提升个人判断力

季文子三思而后行。子闻之，曰："再，斯可矣！"

季文子是鲁国的贵族，是"三桓"的季氏家族中更往上几辈的人。

关于这句话，有两种截然相反的解释。

第一种解释是：季文子做任何事至少想三遍。"三"在古文中言多，就是翻来覆去地想，反复琢磨、分析，最后才去做。孔子评论他说"再，斯可矣"。孔子认为，一件事情思考两次就差不多了，别想太多，一旦想太多，就有可能做不了了。有一句俗语叫作"筑室道谋，三年不成"，意思是，如果你要盖一座房子，跟每一个路过的人讨论应该怎么盖，那这房子三年也盖不起来。这个解释的核心是，孔子认为季文子这个人想得太多，有些优柔寡断。

第二种解释是：孔子说，季文子做事总是三思而后行，但即使这样还是不够，还得再想一遍，还应该再谨慎一点。这个解释也有道理。

这两种解释，一种是说孔子思考问题更简单、更果断，只要想两遍就够了；一种是孔子考虑事情更复杂，要多想几次才行。我觉得都说得通。

对于我们现代人而言，其实大部分事情想两遍就够了。我个人也倾向于想两遍就去做——第一次思考的时候，想想优势，想想这件事情好在哪里；第二次思考时，想想可能存在的风险。

如果觉得该做，就去做吧，思虑太多确实太耗费精力。

愚，不可及也："愚不可及"的原义，是大智若愚

子曰："宁武子，邦有道，则知；邦无道，则愚。其知，可及也；其愚，不可及也！"

这一段是我非常欣赏的。

从中可以看到一个词——愚不可及。当某个人被说愚不可及的时候，往往会觉得自己被人骂了，是对自己的一种莫大的侮辱。

但实际上，愚不可及是一种相当高的境界。然而，在这么多年的流传和演变中，这个词变味了，被后来人理解为批评甚至谩骂了。

在这里，孔子其实是在表扬宁武子。宁武子是卫国的大夫，死后谥号是"武"。孔子说，宁武子这个人了不起，"邦有道，则知（智）；邦无道，则愚"，国家安定、政治清明的时候，他立刻就能展示出才能和智慧；当国家无道、政治混乱时，他就韬光养晦，看起来很糊涂。

"邦有道"，正是好人没有后顾之忧的时候，有志之士应该"撸起袖子加油干"，只管全力以赴，展示自我，做出贡献。如同我们当下一样，国家稳定，法制健全，人们道德素养高，创业者尽管去实现自己的抱负。

"邦无道"是什么状况？当君主昏乱，臣子没有道德，法制混乱的时候，人们的态度就是"不打篮球的人不犯规"，因为做得越多，错得越多。

很多人有"上帝视角"，总是站在道德制高点去评价做事的人，对方有一点点失误，就大肆指责。然而，只有真正做事的人才会犯错，永远不做事的人当然永远不犯错。所以，当那些不做事、不尽职的人站在道德高地上指手画脚时，

有才能的人还不如表现得糊涂一些，愚蠢一些，别做事。

面对卫国风云变幻的政坛，宁武子不是不想干活，也不是不能干活，他要看环境而定。

孔子最后说："其知，可及也；其愚，不可及也！"愚不可及，是指他大智若愚，而不是真的愚笨。

有人说，孔子是在说其他人学不到宁武子的这种处世态度。

其实不是，这是孔子自道。孔子感慨自己学不到宁武子的境界，无法拥有像他那样的智慧。他认为，在国家安定时期，尽力表现自己的才能，他也能做到；但是像宁武子那样，在政治混乱的时期装傻充愣，他的境界还达不到，因为聪明易学，糊涂难学。

孔子绝对不是一个明哲保身的人，但他对于明哲保身的人，往往都是蛮钦佩的，是羡慕的。但宁武子的"愚不可及"、难得糊涂的态度，他实在是学不会。

孔子是那种不表明自己的态度会如鲠在喉的人，如果所处的环境不允许他好好做事，他宁愿流落他乡，到处去教书，去游走，总要把自己的理想付诸实践。

这里讲到的宁武子，多半是个道家人物，他善于自保，才做到了"愚不可及"。这是孔子对于宁武子的褒奖。

归与归与：孔子对故土的极度思念

子在陈曰："归与归与！吾党之小子，狂简，斐然成章，不知所以裁之。"

在胡玫导演拍的电影《孔子》中，陆毅演了一个角色，叫季孙肥，就是季康子。剧中有个情节是，季康子很年轻的时候便接管了季氏家族，在其他人的劝说之下，迎回在外面漂泊了多年的孔子。当时，孔子在陈国。

这一段话应该是孔子接受季康子的邀请之后发出的感慨，也可能是孔子看到季康子写在竹简上的一封长信后，有感而发的评论。这里暗含着一股欣慰之情。

孔子说：回去吧，该回去了，漂泊了这么多年。

"吾党之小子，狂简"："吾党"，即乡党；"狂简"的意思是志气很高。"斐然成章"，指文章写得很好。

孔子赞扬：我们这个地方的年轻人真不错，我回去拿什么教他们呢。

这句感慨是很有温度的，很有可能是孔子看到从故乡传递过来的文章、信件，或者是邀约，觉得很欣慰。我认为这是讲得通的一种解释。

还有一种解释，就是"吾党之小子，狂，简"，在断句时把"狂简"分开，意思是，孔子说年轻人志向虽然远大，也能够写出漂亮文章，但还有些粗率，缺少节制。我觉得如果这样理解，这句话的味道就变成孔子对来信相当不满。似乎在说：我回去后要好好地教教这帮小子。这种情感色彩并不合理，即便从戏剧的效果上讲，我觉得这种感情也不是孔子这样一个老人家在那个时候会表达出来的。

我的理解是，在外颠沛流离多年后，孔子对故土真的太思念了，他愿意回去，并且为自己回鲁国找到了一个台阶。因此，他感觉很欣慰。

"我能教他们什么"，这是一种自谦的态度，令孔子的形象更加饱满。

当然，这都是后人的猜测了，因为当时没有严格的标点符号，句读不同，理解也不一样。

怨是用希：放下过去，就是放过自己

子曰："伯夷、叔齐，不念旧恶，怨是用希！"

伯夷和叔齐是商末孤竹君的儿子。两人先是在纣王的手下做臣子，后来觉得纣王太暴虐，就去投靠了周文王、周武王。

武王伐纣等于是反叛，两个人拉着周武王的马头劝阻，可周武王执意伐纣。灭掉了商纣王以后，伯夷、叔齐非常不高兴，不食周粟，也就是不吃周朝的粮食。最后，两个人饿死在首阳山之上，这是古代的清者。

当别人评价某个人，说他很清时，就经常会引用这个典故。

孔子点评伯夷、叔齐，说这两个人"不念旧恶"，就是过去得罪过他的，他们不会耿耿于怀，过去了就过去了。

"怨是用希"有两种解释，第一种是，这两个人自己产生的抱怨会少很多；第二种是，怨的对象是伯夷和叔齐，意思是，埋怨他俩的人会越来越少。

我认为应该是第一种解释，伯夷、叔齐内心的仇怨会少很多。因为在其他章节里，子贡问孔子，伯夷、叔齐这两个人如何，孔子说"求仁而得仁，又何怨"——想做一个好人，也按照自己的想法去做了，干吗要埋怨呢？这句话中，"怨"的主语就是伯夷和叔齐，所以我认为，此处"怨是用希"的主语依然是伯夷和叔齐。孔子在教大家怎样才能够不生怨恨，怎样才能够不天天纠结。

《心的重建》这本书讲到，我们过去受过的一些伤，比如被别人欺负，或者遭到了不公正的对待，可能会在我们心中不断地反刍。心理学上的反刍，是指每过一段时间就想起这件事，感到难过和痛苦，这件事仿佛是我们的一个心理漏洞，我们很难挣脱它。如果这个伤害是在童年造成的，很有可能你根本想不起来，但是它进入了你的潜意识，在无形中左右着你的命运，让你总是在同类事情上栽跟头。

孔子想让大家放下过去的那些事，他的办法是"不念旧恶"。为什么要不念旧恶？因为恶是因缘和合的结果，无数原因凑在一起，才导致了一件恶的事发生。既然恶的因一直在变，我们怀恨在心又有什么意义呢？就算过去大家曾为了一件事情争得不可开交，但那个因早就过去了。

举个例子，两个姑娘喜欢上了同一个帅哥，成了情敌，但这么多年过去了，帅哥早就和另外的人成家立业，说不定头发都掉光了，谁还为这件事生气呢？恶的因都已经不在了，一直念旧恶毫无意义。所有的矛盾都是缘于事情本身，而不是人与人的关系出了问题。如果我们把所有的矛盾都归咎于人与人的关系，那仇恨就永远无法化解。

如果我们能够有一点雅量，有一些包容度，就能够像伯夷、叔齐一样，做到"不念旧恶，怨是用希"。要做到"不念旧恶"，其中最重要的核心是无私。为什么有的人会把和他人的矛盾全都视作人和人的关系本身出了问题？就是因为太看重自我，太看重私利。

很多学者也对孔子这句话有着不同的理解。钱穆先生认为"怨是用希"是指伯夷、叔齐对别人不念旧恶，心中没有那么多抱怨。

朱熹认为，伯夷、叔齐是宾语，他的理解是大家对伯夷和叔齐没有太多的怨恨。我觉得朱熹的解释不是很合理，一个人不念旧恶，别人就一定不会怨恨他吗？

所以，我更同意钱穆先生的解释。

孰谓微生高直：什么才是真正的直

子曰："孰谓微生高直！或乞醯焉，乞诸其邻而与之。"

"微生高"，即尾生高。

"尾生抱柱"的故事我们应该都听过。这个故事出自《庄子·盗跖》，有一次，尾声高与人约在桥下见面，结果到了约定地点，左等不来，右等不来。那时候没有电话，也没有微信，联系不上对方，结果河水涨上来，尾生高依然抱着柱子在桥下等着，最后被淹死了。

该说他是太轴、太直，还是太讲信用呢？我们来看看孔子的观点。

孔子批评这个尾生高，说："谁说这个尾生高直率？有一次，有人找他借醋，他家里没有却不跟人直说。他跑去向邻居讨要，然后把醋给了对方。"尾生高的做法在孔子看来并不是直。

直，有真假之分，有人真直，有人假直。假直就是把直当作一种政治本钱。很多文官都属于假直的范畴，有一句话叫作"武死战，文死谏"，武官最得意的是死在战场上，马革裹尸还，觉得这才是为国尽忠了。文官怎样死比较体面？进谏，向皇帝提逆龙鳞的要求，皇帝一生气，把他杀了，这就是死得其所。过去，很多文官都让人抬着棺材上朝，一副"我就算拼了命也要进谏"的样子，很多皇帝都为这样的事情发愁。

《万历十五年》里，皇帝后期再遇到这种情况，就认为大臣是在要挟自己，直接把人拉出去杀了。抬棺进谏，其实是把直当作一种政治本钱，在与皇帝抗衡。

假直的人，其实并不好，惹人讨厌。

什么是真直？有一句话说，"直心是道场"，真正的直心就是无心，不存心。"我若无心于万物，何妨万物常围绕"，如果你不存心，当别人找你来借醋时，有就是有，没有就是没有，你不会掩饰；但如果你因为害怕得罪对方，担心对方误会你连醋都不愿意借，脑袋里瞬间就会诞生出无数想法，这时，你就会"乞诸其邻而与之"，这活得多累！

如果一个人是真的直，就不会在乎别人对他的评价，不在意自己是高大还是卑微，不会刻意讨好别人，会以实事求是的态度面对一切。这样，整个人生会变得更加坦然、简洁、舒服。

在生活中，很多人开口就是"我这个人说话很直，我就直说了"。你注意，说这种话的人往往是假直——他接下来说的话一定很难听，所谓的直，只是为自己说话难听找理由。

说话难听不代表直。直是一种很高的境界，是一种无心、无我的境界，这是非常难做到的。

巧言令色足恭：过分的恭敬，是可耻的

子曰："巧言令色足恭。左丘明耻之，丘亦耻之。匿怨而友其人，左丘明耻之，丘亦耻之。"

文中的左丘明，传说是《左传》的编著者，也有说是孔子的前贤，是鲁国人。听孔子的语气，应该是孔子相当认可的人，也可能是孔子的偶像之一。

"巧言令色足恭"，意思是，如果一个人花言巧语，见到人就眉开眼笑，有点过分谄媚，恭敬到极致，甚至到了低三下四、卑躬屈膝的程度，这种人，左丘明不喜欢，孔子也不喜欢。

"匿怨而友其人"，就是明明厌恶某个人，却把怨恨藏起来，故意对他好。这里的"友"是个动词，是交往、讨好的意思。

这种虚伪的现象，在今天其实很多。听了孔子的话，我们可能会认为他是"站着说话不腰疼"，因为孔子是个知识分子，又当过官，地位那么高，有那么多学生围着他，他不需要讨好任何人。可普通人，比如一个销售人员，需要把产品卖给客户，不搞好关系还怎么做生意？

我也听过很多人说，不喝酒就拿不下单子，在这种情况下，只能"匿怨而友其人"，即便内心对客户恨得牙痒痒，也只能虚与委蛇，毕竟还得与对方做生意呢。

其实，高段位的销售人员和低段位的销售人员是不一样的。低段位的销售人员往往是"巧言令色足恭"，但是一个真正高段位的销售人员，可以跟客户平等地对话，让客户感受到他的分寸和学养，客户从而愿意与他结交，与他成为心灵上的朋友。生活中，很多人都和卖给自己东西的人成了朋友，这样的销售人员有着更高境界的修为。

哪怕我们暂时做不到，也不应该否定孔子，我们可以朝着更高的段位去努力。

孔子并不是一个以功名利禄为目标的人。但是在现实生活中，很多人为了生活可能不得已地要"巧言令色足恭"，对于他们，我们也要体谅和包容，但是我们要清楚，这绝不是一件好事。

人，永远要朝着更好的方向发展。一开始，我们可能迫不得已要"跪着挣钱"，但每个人都要不断地修炼自己，慢慢地学会站着把钱挣了。

盍各言尔志：人生志向的三个层次

颜渊季路侍。子曰："盍各言尔志？"子路曰："愿车马衣轻裘，与朋友共，敝之而无憾。"颜渊曰："愿无伐善，无施劳。"子路曰："愿闻子之志！"子曰："老者安之，朋友信之，少者怀之。"

颜回很少出场，但每次出场都很重要。这一段对话表明了孔子之志，也是很有名的一段对话。

颜回跟子路站在孔子身旁。孔子说：何不说说你们各自的志向？

人的志向分很多种，想当一个什么样的官，想做多大的事业，想为世界带来什么贡献，等等。

颜回和子路说的都是人生理想。子路说："愿车马衣轻裘，与朋友共，敝之而无憾。"这里的"轻"字，有的版本上有，有的版本上没有，我个人倾向于有。在《论语》中，"轻裘"是一个比较常见的词。子路的意思是，我愿意把我的好东西都分享给朋友们，用坏了、用破了，都没关系，无所谓。

每次只要孔子问问题，子路如果在，他都是第一个答的，他根本等不及。这一段话体现出子路的特点是不恋外物，在他眼里，外在的东西不重要，重要的是感情。子路重情重义、率直可爱的形象跃然纸上。

颜回说，希望自己做了很多事，有很多的功劳和贡献，但不需要跟别人吹牛，只要觉得是自己愿意做的就满足了。颜回总是默默地闷头做事，他可能写了很多的文章，也可能帮助别人做了很多好事，但是不太表达出来，这符合颜回的特点。他博学、聪慧，但是很谦虚，不喜欢说话。

关于颜回，有个故事。孔子绝粮于陈蔡两国之间的时候，好不容易有学生弄了点米，由颜回煮饭。不一会儿，饭香四溢，有个学生跑来跟孔子说：饭熟了，我看见颜回在偷吃了。孔子说不可能。过了一会儿，另一个人又说颜回偷吃……连着好几个人来向孔子告颜回的状。

总不能大家都陷害颜回吧？孔子来到厨房，对颜回说：要用煮好的米饭先祭拜祖先。颜回连忙阻止，说：刚刚我发现有灰尘掉进饭里，就把沾灰的饭取出来吃了，这饭已经不能用于祭祀了。

颜回有些内向，喜欢自己默默地做事，不愿意跟别人多交流。

子路和颜回各自表明了志向之后，子路就问孔子：老师，你未来想成为一个什么样的人？

孔子说："老者安之，朋友信之，少者怀之。"

这三个人的境界，一个比一个高一层。子路抛弃了外物，觉得外在的东西不需要留恋，他到了一个很高的境界；颜回抛弃了名声，不在意别人对自己的看法，好好修炼自己就很满足了，这类似于佛教小乘的境界；到了孔子这儿，是佛教大乘的境界——他想到的是别人，是"我能够让老者因为我而安心，让朋友对我信任，让后人记得我"。

孔子说过，"父母唯其疾之忧"，除了生病，其他事情我们都不要让父母担心，这就是"老者安之"。

此外，还要让朋友对你信任，觉得你可以托付，能够安心与你合作；要让那些比我们小的人得到关怀，或者说，能够怀念、记得我们。

这段对话，代表着这三个人希望拥有的人生理想，子路是不恋外物，颜回是自度，孔子是度人。

我希望，我们也都能立一个大志，等到我们五十岁、六十岁的时候，能够做到老者安之、朋友信之、少者怀之。

自讼者：批判性思维的最终目的

子曰："已矣乎！吾未见能见其过而内自讼者也！"

凡是孔子说"已矣乎"这个词的时候，就是表达一种感慨，意思是"算了吧"。此处，孔子为什么要说算了吧？他说，他根本没见过能够主动发现自己的错误，勇于自我批评，并且在内心不断地反省的人。

我们推测对话背景，很可能是有人跟孔子吹嘘，说"我非常善于自我批评"，孔子回答他"你得了吧，我就没见过这样的人"。

这话是不是说得太绝对了？我们不是经常进行内省和自我批评吗？

理解这段话，需要结合《思辨与立场》来看。《思辨与立场》中提到，批判性思维的最高境界叫作自我批判的外显化。

批判性思维的最低层次，是一个人从不反思自己做错了什么，总觉得是别人的错；比这个境界高一点的，一是知道自己错了，但不愿意承认，虽然自己心知肚明，但别人批评就是不行；二是知道自己错了，也愿意承认，但不愿意说出来；最高的境界，是知道自己错了，也能够坦然地告诉大家，这就叫作自我批判的外显化。

为什么孔子说做到主动而坦然地承认错误很难？

"见其过"是第一难，一个人能够看到自己的错，这本身就相当不容易。

"内自讼"是第二难，意识到自己错了，未必能够在内心当中进行自我批评。

"吾未见"就反映出了第三难，一个人可能"内自讼"了，但不想让别人知道。

批判性思维是孔子一直强调的，而能够达到将自我批判外显化的人，孔子说他从没见过。

对于每个人来说，批判性思维的最终目的不是批判别人，而是批判自己，要经常反思自己所做的决定，反思自己的推论是不是科学的、公平的，是不是符合逻辑的。当我们能够将批判性思维贯彻在自己的生活中，我们的烦恼和痛苦就会大大减少。

《思辨与立场》开篇就告诉我们，如果你生活当中还有烦恼，根本原因是你的思维方式错了。这不是夸张，因为要做到"内自讼"，并且愿意被别人看到，是非常难的——这就是为什么我们总是感到烦恼和焦虑。

不如丘之好学也：孔子感叹"好学不易"

子曰："十室之邑，必有忠信如丘者焉，不如丘之好学也。"

"十室之邑"是指大概有十户人家的小村子。孔子说，在这个范围里，一定有人和他一样能够做到忠和信。"不如丘之好学"，意思是在这样的一个小村子里，最好学的可能就是孔子了。

孔子是不是自吹？他为什么敢这么肯定自己好学这件事？

我们要注意，孔子从来没有夸耀自己是圣人，他甚至没有说过自己做到了中庸，也没有说过自己是仁人。他是一个很谦虚的人，中庸也好，仁也好，都是他终其一生所追求的境界，他从未表示自己已经达到了。但是孔子为什么经常说自己好学呢？比如"下学而上达""不如丘之好学"……

孔子强调的是好学本身。一个人，无论境界高低，都可以追求好学，好学是一个过程，不是结果。孔子能够肯定地认为自己是一个好学的人，不懂就问，追求"一事不知，儒者之耻"。孔子不是夸耀自己的境界高，只是向大家强调，好学不是一件容易的事。

"十室之邑，必有忠信如丘者焉"，因为在孔子看来，忠、信都不是很高的境界。一个老实巴交的人完全可以做到忠、信，但为什么他一生当中都没有太大的变化？因为他有懒惰的一面。他也许非常勤劳，黎明即起，下地干活，忍受弯腰驼背、风吹日晒，但就是不愿意学习，不愿意动脑子，不愿意改变。

要知道，学习、动脑子、改变，是对自我人格的挑战。

一个人在什么情况下才愿意努力学习？是对自己产生不满，觉得自己的状态不够好，才愿意去学。如果一个人很自得，觉得自己"日出而作，日入而息。凿井而饮，耕田而食。帝力于我何有哉"，满足于当下，看不到自身的不足，就不会有学习的动力。

职场上也是一样，很多人能够做到忠、信，工作十分勤勉，但就是不愿意自我批判，不愿意主动学习、思考。这就是用战术上的勤奋来掩盖战略上的懒惰，很多人的人生陷入了"不好学"的泥潭，从此停滞了。

孔子讲这句话不是自吹，而是感叹好学之不易。

有人说，孔子所处的时代，人生下来就是当农民，没有学习的条件，像孔子这样的知识分子是很少的，更别提意识到学习的重要性了。那在我们当下，学习的环境已经足够好了，我们能够做到好学吗？

其实，在当下，很多人看起来都在努力地学习，报各种班，但如果报班只是为了能够混到一张文凭，拿到一张证明，或者抱着"别人在学，我也要学"的心态，这不叫好学，这跟种地是一个道理。别人做什么，自己就做什么，这是思维上的懒惰，是随大溜。

真正的好学，是像孔子这样，遇到问题爱思考，有好奇心，有求知欲，做到"学而时习之，不亦说乎"。去报班不叫好学，考分高也不叫好学，只有"乐之""不亦说乎"，才叫好学。

我讲《次第花开》的时候，有人问作者：我觉得学不学佛无所谓，只要我做个好人就行了。这话听起来挺有道理，但作者回答：这个说法没错，你想做个好人我当然很高兴，但你首先得知道什么叫好人，好人是有一系列标准的。当你自以为是个好人的时候，你往往并不是一个好人。

从这句话中，我们就能看出学和不学的区别了。你看，如果不学习，你可能连做个好人的资格都没有，因为你根本就不知道什么叫好人；不学习，我们局限在自己人生的视线和格局之内，永远没法突破。

这句话，是孔子苦心地教导我们，要真的对人生充满好奇心，努力地学习，努力改变自己。

雍也第六

雍也可使南面：孔子称赞冉雍

子曰："雍也可使南面。"

雍是冉雍，字仲弓。孔子夸冉雍有才能，有君主气度。这句话初听起来，似乎有点大逆不道。

什么叫"南面"呢？在中国古代，皇帝或者君主临朝，一般都是面南背北，端坐于朝堂。所以，"南面"的意思，一般是指皇帝、君王。

那么，这句话中的"南面"，也是要做皇帝的意思吗？孔子说这样的话，是不是有点太大胆了呢？我认为此处的"南面"应该已经慢慢地引申出了领导力的意思，孔子不是说冉雍可以当皇帝，而是说冉雍这个孩子具备当领导的能力，可以成为地方上的一把手。

仲弓果然做到了季氏的家宰。虽然家宰听起来是一个家臣，但已经是当时平民出身的他能够达到的最高位置，要想再往上升，就必须是贵族出身了。

仲弓是"孔门十哲"之一，待人宽厚，品行道德好，在孔子看来，这就是做领导最好的特质，孔子认为他是政事之材。他是仅次于颜回被孔子表扬比较多的学生，每次在《论语》当中出现，基本是正面的评价。

居敬而行简： 自我修炼的标准

仲弓问子桑伯子。子曰："可也，简。"仲弓曰："居敬而行简，以临其民，不亦可乎？居简而行简，无乃大简乎？"子曰："雍之言然。"

这句话是孔子和学生点评他人。仲弓问孔子：子桑伯子这个人如何？

子桑伯子的风格有点类似竹林七贤，率直洒脱，随性恣肆。有一次，孔子带着学生去拜访子桑伯子，子桑伯子没穿好衣服就招待了孔子，两人进行了对谈，讨论一些学问上的事。

离开后，孔子的学生觉得特别别扭：老师怎么见这么一个人？这人连像样的衣服都不穿，像话吗？

孔子说，子桑伯子质胜于文，质是内在的，文是外在的。孔子希望子桑伯子能够在文的方面多一些修炼。

子桑伯子也有学生，他的学生也不乐意：老师跟这么一个酸文假醋的孔子聊什么天？子桑伯子认为孔子这人也不错，但文胜于质，对于外在的东西太讲究了，内在虽然也有，但没那么强。子桑伯子希望孔子能够加强内在，减少外在的投入。

两个人对彼此的评价都还不错，也都试图影响对方。

在这段对话中，孔子用一个字来评价子桑伯子——简。就是此人简单、简洁、简约，没有那么多繁文缛节，做事直接、干脆。

仲弓做了这样的回应："居敬而行简，以临其民，不亦可乎？"居敬，指个人修养需要端庄；行简，是指做事的时候方法简单；以临其民，是指用这样的方法来教育人民。仲弓认为，这样做是可以的，但是"居简而行简，无乃大简乎"——如果一个人独处的时候，对自己毫无要求，没有修养上的约束，这就简得太过分了，不够中庸之道。

孔子说"雍之言然"，对冉雍的观点是认可的。

"居敬而行简"和"居简而行简"的区别在哪里呢？比如《亮剑》中的李云龙和赵刚。赵刚是燕京大学毕业的大学生，做事果断，也很简单直接，没那么多弯弯绕绕，没那么多繁文缛节，但他对自己有要求、有约束，这在儒家的角度叫"居敬而行简"；而李云龙就是"居简而行简"，穿衣服不修边幅，张口闭口说脏话，言行放纵随意。

还有竹林七贤中嗜酒不羁的刘伶，也是典型的"居简而行简"。

而王阳明则是典型的"居敬而行简"，他对自己的言行和修养有约束，每天坚持克己复礼，但是跟别人打起交道来，却没有那么多外在的文饰和无用的条条框框。

如果一个人喜欢儒生的"文质彬彬"，就会对自己有更多的约束，做到"居敬而行简"。

不迁怒，不贰过：对自己的情绪负责

哀公问："弟子孰为好学？"孔子对曰："有颜回者好学，不迁怒，不贰过。不幸短命死矣！今也则亡，未闻好学者也。"

这是相当哀伤的一段对话，可见孔子对于颜回的死亡是多么惋惜，多么悲痛。

此时，孔子年纪已经很大了，应该超过七十岁了。某一天，鲁哀公问孔子：您的弟子当中，谁能够称得上好学？

孔子说："有颜回者好学，不迁怒，不贰过。"

作为中国人，我们得学会这句话——不迁怒，不贰过。

"不迁怒"，就是一个人犯了错，不要去迁怒于他人。

如果迁怒别人，社会就会变得混乱。心理学上有个"踢猫效应"，讲的是负面情绪是如何传染的。比如，一位老板心情不好，把来汇报工作的经理批评了一顿；经理莫名其妙挨了骂，就把火气发在部门员工的身上；员工满腹委屈无处发泄，下班回到家把沙发上跳来跳去的孩子臭骂了一顿；孩子心里窝火，狠狠去踹身边打滚的猫；猫从窗户跳下去，一辆小轿车刚好路过，司机为了避让，撞上了旁边的护栏，而这个司机正是一开始的那位老板……

一个人受了气，将负面情绪发泄在比自己弱，或者觉得自己可以欺负的人身上，而被欺负的人又去欺负下一个人……直到最后，负面的情绪最终还是会回到自己身上，这就是"踢猫效应"给我们的启示。

"踢猫效应"是可以终结的。终结的关键，就在于情绪链条的第一个人，只要他能够意识到不要迁怒，负面情绪就会到此为止。

"不贰过"，做错了某件事，不会再错第二次。

"不迁怒"和"不贰过"这两者是有联系的，我个人认为，一个人只有不迁怒，才能不贰过。

为什么我们难以做到"不贰过"？这是因为人在做错了一件事之后，往往不敢面对错误的本质，不愿意承认自己不对，而是迁怒于别人，将责任转移给外界，比如体制的问题、环境的问题、经济形势的问题……永远不肯进行正确的归因，以至于很多人不仅无法做到不"贰过"，而且会"三过""四过""五过"，甚至终生循环在同一个问题上，持续犯错。

人只有会反思，才能够有行动力。颜回的所谓不迁怒、不贰过，并不是简单的并列关系，而是递进关系——只有你能够做到真正的不迁怒，才能够做到不贰过。

人们特别容易迁怒，这有一个深层次的心理学的原因，叫作认知失调。人们往往不能够接受认知失调，比如狐狸看到了一串葡萄，很想吃，但是吃不到嘴里，就会很难受，但狐狸自我解释"葡萄肯定是酸的"，感觉就好多了，认知失调的问题就解决了。

做事情也是如此，人们做不好一件事，或者没有达到自己想要的效果，但是内心又觉得自己是一个很棒的人，不愿意接受自己不行的时候，只好解释"这事怪别人，这事不能怪我"，迁怒就出现了。认知失调导致了迁怒，迁怒导致失去解决问题的真正焦点，最后就是重复地犯错。

如果真的想做到像颜回那样"不迁怒，不贰过"，需要冷静的分析能力，更需要极大的勇气，敢于客观地面对自己。只有知道"我是有错误的，我是可以改变的"，并将这种信念植入脑海，才能真的做到孔子心中的"好学"。

当鲁哀公问孔子哪位学生好学的时候，孔子单独表扬了颜回。难道子贡、子路、子张就不好学吗？他们每天也都跟着孔子勤勉地学习。

但在孔子看来，如果一个人所有的学习都只是外在表现，只是在向别人展示自己的知识，比如，为了标榜我学过《论语》，我会说很多成语，那不叫好学，那叫作好表演，是为了扮演一个有学问的人而已。只有颜回，他学习是为了让自己能够"不贰过"，遇到问题不迁怒，这才叫作真正的好学。

其实孔子对于好学的要求并不是太高，没有达到令人难以企及的程度，只是对于什么是好学，他存在不同的认识，秉持着"反求诸己"的态度。

可惜颜回只活到了三十一岁。孔子对颜回的早逝耿耿于怀："今也则亡，未闻好学者也。"

孔子说：颜回不在了，我也再没有听说过有谁是好学之人了。

孔子对颜回的赞美也许会让其他学生伤心，但这代表了孔子对颜回深深的怀念以及最高的褒奖。

了解了这段对话，希望我们每个人都能尽力做到不迁怒、不贰过。

尤其是父母们，如果能够学会不迁怒，孩子的成长环境就会好很多。很多家长责骂甚至打孩子，其实就是缘于自己心烦，将负面情绪发泄到了孩子身上。

君子周急不继富：锦上添花易，雪中送炭难

子华使于齐，冉子为其母请粟。子曰："与之釜！"请益。曰："与之庾。"冉子与之粟五秉。子曰："赤之适齐也，乘肥马，衣轻裘。吾闻之也：君子周急不继富。"

这一段故事，有一处我一直不太理解。

此时，冉有是孔子家里的管事。在这段话中，冉有被称作"冉子"，说明这一段是冉有的学生记录的，所以对冉有用尊称。

子华就是公西赤。公西赤代表孔子出访齐国，去完成一项任务，他走的时候，冉有就为其母请粟。所谓"请粟"，是指有人出公差，要给出差之人的母亲配发一些粮食作为福利。

孔子说给一釜，一釜就是六斗四升，一斗相当于今天的十二点五斤。六斗四升是不小的数量。

冉有觉得太少了，请求再多加一点。孔子说，那就再加上一庾（yǔ）吧。

一庾是二斗四升。

结果，"冉子与之粟五秉"，也就是冉有竟然一下子给了子华的母亲五秉米。五秉是什么概念？一秉是十六斛，五秉就是八十斛，一斛是十斗，一共八百斗。

就是说，孔子认为给公西赤的母亲八斗八升米就够了，但冉有没有听孔子的，竟然给了八百斗，远远超出了孔子批准的数量。八百斗相当于一个普通官员的年俸。

孔子非常不高兴，说："赤之适齐也，乘肥马，衣轻裘。吾闻之也：君子周急不继富。"

意思是，公西赤出访齐国的时候，是乘肥马、衣轻裘。他不是骑驴去的，他骑的是高头大马，相当于今天的豪车；他穿的也不是粗布麻衣，而是轻而暖的皮衣，这说明他很阔气。孔子批评了冉有，说：我听别人说过，"君子周急不继富"——我们要救济的应该是那些没钱的人，给有钱人锦上添花，不是君子该干的事。

令我很不理解的一点是，为什么冉有会违背孔子，给出去那么多的粮食。

北京大学的李零教授评论冉有，说他是一个善于聚敛的人，所以后来为季氏做家宰的时候，一味地为季氏赚钱，被孔子痛骂。孔子很生气，把他的学籍都开除了，说"小子鸣鼓而攻之"，大家都可以骂他，他不是我的学生。

李零教授认为冉有这是在理财，而且他的理财观念很现代。理财的人有一个特点，就是只把钱借给有钱人，越有钱的人越敢借；不能借给没钱人，因为害怕借钱不还。冉有判断公西赤未来很有前途，就在他身上多投资，将更多的粮食给他的母亲。

不管冉有的初衷是什么，总之，这段话给我们留下的启示就是"君子周急不继富"。人们要多帮衬那些遇到急事、遇到困难的人。锦上添花易，雪中送炭难，但雪中送炭才是君子应该做的。

与之粟九百：孔子的人文主义精神

原思为之宰，与之粟九百，辞。子曰："毋！以与尔邻里乡党乎！"

原思是孔子的学生，也叫原宪。《论语·宪问》开篇就是原宪在提问。

原宪给孔子当总管，孔子给他发工资是"粟九百"。孔子在鲁国时的年俸大概是六万斗，虽然九百后面没有量词，但我们可以推测是当时通用的计量单位"斗"。

一斗十二点五斤，而孔子给原宪开的年薪是九百斗，可以说待遇非常优厚了。

原宪拒绝了，说不要这么多。孔子说：如果你吃不完，可以分给你的邻居乡亲呀。

为什么孔子非要给原宪"粟九百"呢？因为原宪是个穷困潦倒的人。我们将这一章和上一章对比，可以看到孔子并不吝啬，他只是希望粮食能够给到有需要的人。子华很有钱，用不着接济；原宪贫穷困苦，所以孔子给他九百斗粮食。

孔子不是投机的投资者，而是人文主义者。对于穷人，他愿意尽自己所能去给予帮助。

山川其舍诸：是金子总会发光的

子谓仲弓曰："犁牛之子骍且角，虽欲勿用，山川其舍诸？"

这段话没头没尾，有些难以理解。

这是孔子鼓励冉雍的一段话。

"犁牛"是耕地的牛。在中国古代，耕地的牛是不能够用于祭祀的，因为地位低贱，毛色也不好看。

"骍"（xīng）是指牛的皮毛是红色的。"骍且角"，指牛的毛色要漂亮，角也要长得完整、端正，这样的牛才能用来祭祀。

"用"，指的是宰杀祭祀用的动物。

"诸"，是"之乎"的意思。

孔子说，如果耕地的牛生下一头小牛，小牛毛色又红，角又端正好看，虽然有的人不愿意将它用于祭祀，但山川之神难道会舍弃这么一头漂亮的牛不用吗？

这句话对我们有怎样的启发呢？

很多人觉得自己在某家公司发挥不出实力，认为领导和同事瞧不上自己，于是就颓废了。

孔子劝解道：你公司的人看不上你，但整个社会生态都认可你的价值。如果你真的是"骍且角"，能力和品行出色，那你何必担忧？你的才能总是有发挥空间的。

冉雍在普通人家长大，内心可能有点自卑，觉得很多岗位都不是为普通人设立的。他觉得普通人很难出头，难以施展抱负。也许他在孔子面前表现出了失意或颓废。

于是，孔子劝他"犁牛之子骍且角"，引申开来就是，就算出身平凡，也要相信是金子总会发光的。最重要的，是修炼自身，让自己真的成为金子。

三月不违仁：维持仁的境界，有多难

子曰："回也，其心三月不违仁，其余，则日月至焉而已矣！"

在《论语》当中，我们常听到孔子说"不知其仁"，几乎对所有人，他都不敢判断对方是否仁。孔子最确切地认为还算符合"仁"的人就是颜回，他说"其心三月不违仁"。颜回的境界真的很高，连续三个月都能够始终处在仁的境界中。"其余，则日月至焉而已矣"，其他的人，能保持十天半个月在仁的状态也就很好了。

这是孔子对颜回极大的褒奖。令大家深感疑惑的是，一个人在什么样的状态下，才能算作"不违仁"呢？我个人想到了如下几点，这几点一天之内能做到都够呛，比如，平和、淡定、喜悦、聪明、关爱、有行动力。

我们回忆一下自己最好的状态，可能就是在这样的状态里：能够自我批评，却不会妄自菲薄；勇于进取，但不会利欲熏心。

想想看，我们在生活中有多少挑战、多少诱惑，会把我们从仁的状态中拽出来？困难、挫折、物质诱惑、毁誉称讥、名缰利锁、权牢情关……无数的不确定性让我们动摇，无法维持仁的境界。

但是，颜回能够做到不为所动！

我们都会有"仁"的时刻，比如看到一本价值观比较正面的书，听了一堂关于自我成长的课，当时我们都能够做到内省，发誓要让自己变得更好。然而，往往不到两天，就又"打回原形"了。

有的父母看了我的一本著作，叫《陪孩子终身成长》，里面说要无条件地爱孩子，要以终身成长的心态来看待孩子的错误。可能合上书的那一刻，他们觉得自己状态很好，可一回家发现孩子两位数加减法总是算不对，就一股怒火冒出来，马上就"违仁"了。

三月不违仁，是非常不容易的一件事。

我们曾在《里仁》提到过"君子无终食之间违仁，造次必于是，颠沛必于是"。孔子对自己的要求是很严格的，他希望自己时时刻刻都处在仁的境界中，能够心怀爱意地关心自己、关心他人。

仁的境界是非常难达到的，但是从另外一个角度讲，孔子又说"我欲仁，斯仁至矣"，要追求仁，不需要特别费劲，如果你费尽心力地去试图达到仁的境界，又错了。这就是梁漱溟先生讲的，孔子处于一种"不找"的状态。

《孟子·公孙丑上》里，有一句"必有事焉而勿正，心勿忘，勿助长也"。你要提起一口气，提醒自己要达到仁的状态，向着仁的方向去审视自己，但是也不要强迫自己进入这种状态，否则就是揠苗助长了。仁不是装出来的，也不是演绎出来的，如果做不到仁，再使劲也没用。仁或者不仁，看的是心的状态，而不仅仅是外部表现。

在孔子看来，有的人可以称得上忠、信，有的人可以被称赞为清，有的人也可能被评价为简……忠、信、清、简，这些都是不错的表现，但这都不是仁。

对于这些人，孔子只能说"不知其仁"，因为只有从内心入手，我们才能够判断是否达到了仁。

于从政乎何有：果断、通达、才能，管理者的三个特点

季康子问："仲由可使从政也与？"子曰："由也果，于从政乎何有？"曰："赐也可使从政也与？"曰："赐也达，于从政乎何有？"曰："求也可使从政也与？"曰："求也艺，于从政乎何有？"

仲由是子路，赐是子贡，求是冉求。这三位是孔子的大弟子，都很有能力，是政事之材。

季康子问孔子：子路可以从政吗？

这是季康子在选家宰。我们之前说过，家宰是平民做官能达到的最高级别。孔子说，子路行事果断，行动力很强，从政这件事对他来讲，何难之有。

季康子接着问：子贡能不能来给我当家宰呢？

孔子说，"赐也达"。

"达"是通达之意。关于通达，有两种解释。第一种解释是通情达理，形容一个人能够换位思考；第二种解释是通权达变，古人讲权变之术，遇到问题自己要能够灵活地权衡，懂得变通。孔子说，子贡很通达，从政对他来讲没有难度。

季康子又问冉求怎么样，是否能做官。

孔子回答他，冉求会的东西很多，从政也不在话下。

孔子对他的这三位学生是相当得意的。其实，善于从政的除了这三位，还有冉雍，此时的冉雍在季氏已经当了五年的家宰。季康子问孔子这些问题，可

能是想找一个人替换冉雍。

他最终选择的是冉求，冉求会打仗，懂管理，也善于收税、理财。冉求当季氏家宰期间，一心为季康子聚敛、赚钱，最后被孔子责骂。

"果""达""艺"这三个特点，被孔子认为"于从政乎何有"。三位弟子的底色，孔子都十分认可，从政所需要具备的基本的道德操守、原则、礼法、才能，他们都已经满足了。此外，三位还各有闪光点，子路果断，端木赐灵活，冉有有才能。

善为我辞焉：闵子骞为何拒绝做官

季氏使闵子骞为费宰。闵子骞曰："善为我辞焉！如有复我者，则吾必在汶上矣。"

"费"在古代有两种读音，一种念mì，一种念bì。此处，我念的是bì。"费"，在今山东费县西北。

闵子骞名为闵损，子骞是他的字。季氏让他去费当宰。

如果你喜欢看戏或者听评书，可能经常会听到一出传统名剧，叫《鞭打芦花》。《鞭打芦花》被写进了《二十四孝》，讲的就是闵子骞的故事。

闵子骞同父亲和继母一起生活，但是继母对他十分刻薄，到了冬天，她给亲生的两个孩子用棉花做冬衣，却给闵子骞用又轻又薄的芦花做衣服。

有一天，一家人出门，闵子骞驾车。天寒地冻，闵子骞浑身发抖，手也冻僵了，车翻进了沟里。父亲很生气，拿起鞭子就抽打闵子骞，结果一鞭子抽下去，衣服烂了，露出了芦花。父亲惊愕，又摸了两个弟弟的衣服，发现是棉花，此时，父亲才知道闵子骞被继母如此虐待。

父亲气坏了，回去就要休妻。闵子骞跪下来求父亲，说了一句令人十分感动的话："母在一子寒，母去三子单。"继母在这里，只有自己一个人受冻；如果她被赶走了，三个孩子都要受冻了。

孔子评价闵子骞真是孝顺，说"孝哉，闵子骞，人不间于其父母昆弟之言"。"人不间于其父母昆弟之言"的意思是，他的父母兄弟夸他的话，外人听了都赞同，没有异词，因为他是一个愿意维护家庭团结的人。

在本章中，这段话讲的是季氏让人来请闵子骞到费县去做官，闵子骞对来人说：你快替我婉言谢绝吧，如果再来找我，我就跑去齐国了。

闵子骞的行为不像孔子的学生，因为孔子的学生大部分都在努力地进取，争取学而优则仕。

闵子骞有点像庄子。楚王派使者去请庄子当官，庄子当时正在河边钓鱼，他"持竿不顾"，头也不回地说："哎，你们赶紧走吧。"

许由也发生过类似的故事。尧想把王位传给许由，许由听了，赶紧跑到颍水边洗耳朵——这话太脏了，光是一听，就把耳朵都给玷污了。

闵子骞也是不想当官的人。孔门十哲中，闵子骞属于"德行科"，"德行科"中有孔门中最重要的四人：闵子骞、颜回、冉伯牛、仲弓。

伯牛有疾：纯良之人，怎么会生病呢！

伯牛有疾。子问之，自牖执其手，曰："亡之，命矣夫！斯人也而有斯疾也！斯人也而有斯疾也！"

伯牛是冉耕的字，他也是孔子的学生，以德行著称。伯牛得了很重的病，有学者认为是麻风病，也有人说未必是。总之，他病得很重，孔子来探望他。

"自牖执其手"，"牖"（yǒu）指窗户。孔子没有进屋，伯牛将手从窗子伸出来，孔子拉着他的手，悲不自胜，带着哭腔感叹：哎呀，完了完了，命运真是太无奈了，我将要失去这个学生了。这么好的人怎么会得这样的病呀！这么好的人怎么会得这样的病呀！

台湾作家李敖和别人发生争执，就引用过这句话，他说"斯人也而有斯疾也"，意思是像我这样的人是不会被气死的，我怎么可能生闷气呢？

一个人得什么样的病，有可能跟他的性格有关。现在越来越多的医学证据表明，情绪能够对人的身体产生极大的影响，甚至是导致癌症的重要因素。当一个人的情绪总是起伏跌宕，或者习惯将情绪压抑在心中，无法排遣时，人体的癌细胞就更容易生长。李敖引用孔子的话，是想说明以他的心态，是不可能生闷气的。

孔子的这句话，其实是在表达惋惜之情，他说：像我的学生伯牛这样善良纯洁的人，怎么可能得这样的病呢？他不愿接受，不愿相信。

回也不改其乐：快乐是一种奇妙的能力

子曰："贤哉回也！一箪食，一瓢饮，在陋巷，人不堪其忧，回也不改其乐。贤哉回也！"

这是对颜回生活的真实写照。颜回过得清贫，一碗饭，一瓢水，住在简陋的巷子里。看到颜回的人都觉得，这日子也太苦了吧，简直没法过下去，太惨了，太穷了。但是颜回依然开心，依然喜悦，依然自得其乐。

孔子说，颜回真贤。

孔子曾经对子贡说：我和你都不如颜回。在这点上就有分明，孔子自己并没有像颜回一样过这么苦的日子，他看到自己培养出来的一个学生，在极端穷困潦倒的境遇下，依然能够一心好学，觉得无比欣慰。

在宋朝，学子们想上岳麓书院或者白鹿书院，理学家要对他们进行面试。面试中常常有这样一个问题：分析一下，孰为孔颜之乐？也就是问，孔子跟颜回两个人到底在乐什么。

这个问题直到今天可能都没有一个标准答案。我个人觉得，颜回的快乐和孔子的快乐，可以用一个词来形容——法喜充满。

有人读经书，读到某一处，觉得太好了，便雀跃起来。其实他也没得着什么了不得的好处、挣着钱，生活也许还是一样艰苦，但是在顿悟的那一刻，他觉得自己跟以往不一样了，感到发自心底的喜悦和满足！

孙悟空听他的师父菩提老祖讲经的时候，常常高兴得从座位上跳起来。师父问：你这猢狲，跳什么跳？孙悟空说：听到了一个道理，觉得非常开心。这就叫"法喜充满"。

"法喜充满"是一种求知之乐,是一种出自生命本体的快乐,是一种正念之乐。

这种快乐是由内而外的,不依赖于外物。如果能够拥有这种快乐,我们就会发现,似乎没什么可烦恼的了。想一想,我们过得比颜回可好多了,颜回都能那么快乐,我们有什么好抱怨的呢?

这句话也能够反映出颜回比子贡高级的地方。子贡曾问孔子:"贫而无谄,富而无骄,何如?"意思是一个人贫穷但不谄媚,富有却不骄慢,这状态怎么样。孔子说可以,但比这个更高级的,是"贫而乐,富而好礼"。

"贫而无谄,富而无骄"是一种拧巴的、使劲的状态,要时刻提醒自己,约束自己;而像颜回这样,在陋巷也能过得快乐,这才是孔子真正欣赏颜回的地方。

中道而废:不开始努力,怎么能断定自己做不到

> 冉求曰:"非不说子之道,力不足也。"子曰:"力不足者,中道而废。今女画!"

我十年前做过培训老师,常在课程结束时引用这句话。

冉求对孔子说:我对您教的知识其实很喜欢,也愿意学,但我天分不高,力不足。我已经尽力了,但还是只能留在原地。

冉求这是在以"力不足"为借口。孔子一句话就洞穿了他的内心,孔子说,

"力不足者，中道而废"。今天，我们常常听到"半途而废"这个词，我觉得这是一个影响很坏的词，它让我们觉得，事情只要不成功，就是毫无意义的。

其实，"半途而废"并不是一个不好的状态，当我们朝着目标前行的时候，即使倒在半道上又如何呢？它说明至少努力了。

孔子认为冉求的这句话很没志气。如果真的"力不足"，至少也是停在半途中，可你却故意止步不前，你给自己画了一个圈，将自己禁锢起来，这叫画地为牢。

冉求与子路做事的态度处于两个极端。子路是"闻斯行诸，唯恐有闻"，行动力很强，听到了就马上去做，不管做得对不对，也不管会到达怎样的程度，先做了再说。冉求则刚好相反，听了老师的话，即便觉得有道理，也会思来想去，踯躅不前，会找大量的理由让自己放弃。孔子点醒他——你还没开始行动，就说自己"力不足"，把自己限制在原地了。

我对这句话感触很深。很多人对我说：樊老师，你讲的东西太高深了，我们根本做不到。还有人说：樊老师，现实生活没有那么美好，处处都是障碍，哪有你想的那么简单？你是含着金汤匙出生的，读到博士，而我连上大学的机会都没有。我每天为了生存就耗费了所有精力，我怎么可能做到你说的那些。

每到此时，我就想搬出孔子的这句话："力不足者，中道而废。今女画！"你还没有去尝试，连第一步都没有走出去，就给自己找了一大堆理由放弃吗？

我推荐过《刻意练习》这本书，这本书破除了我们对天赋的假想。在这个世界上，只要有一个人能做到的事，其他人就能做到，只看你愿不愿意去全心投入，付出足够的努力。

孔子的这句话，请所有人谨记于心，我们要对自己有信心，别再给自己找借口。

女为君子儒：什么是"君子儒"，什么是"小人儒"

子谓子夏曰："女为君子儒！无为小人儒！"

子夏是孔子比较年轻的学生。孔子对子夏说，要做"君子儒"，不要做"小人儒"。

"君子儒"和"小人儒"，并不是指儒者中的君子和小人，而是指当时的两个行业，一种被称为君子儒，另一种则是小人儒。

儒的起源并不是孔子，在孔子之前有很多儒生。在中国古代，士、农、工、商是主要的行业，而儒在当时是一种贱业，主要是靠教书、襄礼、操办红白喜事谋生。

我爷爷过世时，我回到农村老家去办丧事，发现村里竟然有很多颇有学问的老人家，他们戴着圆圆的眼镜，谁家有丧事或者喜事，就请他们写对联，确定流程，让操办礼节符合当地的要求。那一刻，我突然联想到当年的儒生，他们在社会生活中扮演的角色想必也是如此。他们有文化，懂礼节，可以告知大家婚丧嫁娶的规矩，谁家有大事都请教他们，再用点钱银作为答谢。

像这样的儒生，读书、学本事只是为了养家糊口，这就叫作小人儒。小人儒并不是贬义，只是当时的一种职业。

孔子对子夏的要求很高。子夏可能做了一些类似的事来赚钱，孔子就提醒他要立志做君子儒，要研习典籍，研究文化和礼仪，修身、齐家、治国、平天下。

我们今天学习儒家文化是为什么？是因为我们对自己有要求，我们想要提升自我，为社会贡献自己的价值。一个人有理想和抱负，愿意肩负使命，希望通过自己的改变来推动世界的改变，就是君子儒。

孔子对子夏说，不要让自己失去理想，别把自己的儒生身份变成一个混饭吃的职业，而应该让它成为自己学习的入口和路径。

儒家从一个小范围的职业，演化成一个大的流派，在这个重要过程中，孔子充当着伟大的改革者和推动者的角色。

行不由径：不走捷径，是君子之道

> 子游为武城宰。子曰："女得人焉尔乎？"曰："有澹台灭明者，行不由径，非公事，未尝至于偃之室也。"

子游就是言偃。孔子称"偃"这个字的时候，常指子游。

子游在武城做宰，宰相当于一个地方官。孔子去视察，对他说，做一个地方官，最关键的是擅于发现人才，这对整个国家都极为重要。

子游就对老师提到了一个人，叫澹台灭明。

这个名字很特别。关于这个名字，有一段很有趣的故事。中国古代有一本书叫《夜航船》，作者是明末清初的文学家、史学家张岱。这本书类似于现在的百科全书，书里有一个个有趣的小故事、小知识点，从天文地理到经史百家，涉及广泛。

《夜航船》讲到，在南方水乡，人们外出都要坐船。旅途漫长而无聊，尤其晚上更是难挨，大家就凑在一起侃大山。船上各色人等应有尽有，聊天的内容包罗万象。

古代的船很小，坐船的人又多，大家几乎是凭本事占位置，你见多识广，就底气足，自然敢大大方方伸展手脚。在夜航船上，可以说学识就是"硬通货"，万一说错了，不仅被人耻笑，连铺位也不好意思占了。所以张岱开篇就说，"天下学问，惟夜航船中最难对付"。

有一次，一个儒生在船上高谈阔论、滔滔不绝，占了很大的地方。旁边有一个僧人，蜷缩着脚，听儒生讲话。听着听着，僧人觉得不太对劲，就问儒生：澹台灭明是一个人，还是两个人？

儒生答道：这还用问？当然是两个人。

僧人又问：尧舜是一个人还是两个人？

儒生说：自然是一个人。

僧人听完，说了一句话，这句话是所有读书人的噩梦，他说："且待小僧伸伸脚。"意思就是，他听儒生讲了这么多，发现这个儒生其实是一个忽悠，所以他不再尊敬这个儒生，便理直气壮地"伸脚"。

这是《夜航船》序中的一个小故事。这个故事也延伸出中国古人做文章、讲课时对自己的基本要求，就是不要给别人"伸脚"的机会。

故事中，僧人说的澹台灭明，字子羽，是孔子最晚入门的学生。有一句话叫"以貌取人，失之子羽"，就是说孔子曾经以貌取人，因为澹台灭明相貌不是很端正，结果判断错了他的品性和才能。

子游给孔子介绍说，他发现了一个人才，叫澹台灭明，那个人"行不由径"。

"行不由径"是什么意思？首先要理解什么叫"径"。走已经规划好的路，叫走路；而那些不是原先规划和铺设的、被很多人慢慢地踩出来的小道，叫作径。

那时候没有水泥路，也不像今天这样可以用鹅卵石铺一条很漂亮的小径。在古代，除了大道是由官方清晰标记的，其他的小路都是人们用脚踩出来的。

澹台灭明行不由径，意思就是他从不抄小道，不走捷径，他只是循规蹈矩地走自己该走的路。

这需要一定的定力和勇气。我们经常看到公园里的草坪上，有一条条被人们踩出来的小道，走这些小道很明显更近。有人觉得，反正都已经踩成这样了，自己继续踩踏也没关系。

但对于旁行的这种小路，澹台灭明是不会走的。"行不由径"是君子的一个标志，能够反映出他遵守规矩，不违背礼法准则。

"非公事，未尝至于偃之室也"，澹台灭明作为下属，如果没有公事，从来不去拜见子游。这也是他不走捷径的一个印证。

生活中，一些人为了能够跟领导打成一片，经常对领导嘘寒问暖，过分殷勤。比如问领导要不要吃东西，要不要打牌，要不要一块儿出去玩……想尽办法跟领导建立私交。

澹台灭明没有公事从不上门，这在子游看来是非常值得认可的。我们也要提醒自己行不由径，不能因为别人走近道，就允许自己和别人一样违背原则。

非敢后也：孟之反的幽默感

子曰："孟之反不伐，奔而殿，将入门，策其马，曰：'非敢后也，马不进也！'"

孔子描述了一个很有趣的画面。

孟之反也叫孟侧，是一位将军。他是我很喜欢的一个人，虽然在《论语》当中只出现了一次。

"不伐"如同"不伐善、不施劳"，意思是不夸耀自己的功劳。孔子说，鲁国的大夫孟之反，最大的优点是不夸耀自己的功劳。

"奔"，指部队败走。

打仗的时候，最危险的位置是什么？进攻的时候最危险的是前排，撤退的时候最危险的是队尾。

战场失败，孟之反留下来殿后，这说明他很勇敢。撤退时，快跑到城门他才使劲策马，做出一副着急逃命的样子。他还自嘲："我不是敢留在最后，实在是马跑不快，气死我了。"但实际上，如果真是逃命，应该是一开始就赶紧逃，跑到军队前面去才最安全，而孟之反是将入门的时候才策其马。

这是一个既有幽默感，又愿意深藏功与名的人。

孔子也是这样的人，从不标榜自己有多厉害。别人都惊讶孔子怎么会那么多东西，六艺俱足。孔子回应的是，他小时候身份地位低微，啥事都干过，比如放羊、会计、祭祀等，自然懂得多一些，没什么了不起。

孔子由衷地喜欢孟之反这样的人，幽默诙谐，谦虚而低调。

我们也可以试着让自己拥有这种幽默感。有一天，李善友教授对我说：樊登，你知道我觉得你最好的一点是什么吗？是我见到你永远都是开开心心的状态，你真是厉害。我回答说："我全靠演技。"

其实，我是读《论语》读的次数多了，在不知不觉中受到了影响。

难乎免于今之世矣：口才和外貌，是小人之道

子曰："不有祝鮀之佞，而有宋朝之美，难乎免于今之世矣！"

祝鮀是卫国的一个大夫，口才特别好，善于表达。

宋朝是宋国的一个公子，长得漂亮，跟卫灵公的爱妾南子闹过绯闻。

此处存在两种完全不同的解释。

第一种理解是，一个人长得太美是一件很危险的事，如果貌美但不太会说话，肯定要倒霉。正如"君子无罪，怀璧其罪"，君子没有罪，但揣着一块碧玉，这就是你的罪。长得好看本来就容易惹祸，那要怎么保护自己？最起码得像祝鮀那样会说话。这是一种最直观的解释。

我觉得这种解释说不通，孔子怎么会突然替一个美男子感慨呢？又怎么会觉得一个人长得好看是很危险的事？

另外一个解释，我觉得更合理。"不有祝鮀之佞，而有宋朝之美"可以理解成一个人在这个世界上，要么像祝鮀一样会说话，要么像宋朝一样模样俊美。除了这两种人，别的人很难吃得开。这句略微泛着酸意的话，其实是一种感慨。他在概叹，正人君子要想凭本事吃饭，真的是不容易。

这就是孔子对于当时卫国政治环境的评价。一个人要么能言善辩，会表现自己；要么就是像宋朝这样模样好看，又愿意以色事人，才能够在圈子中混得开，而普通人想活得好是极为不易的，甚至很难免于刑戮。

我觉得这是孔子一时的感叹。大部分的时候，他还是非常努力、上进的，心态积极，觉得未来是有希望的。

何莫由斯道：走正道，还是走偏门

子曰："谁能出不由户？何莫由斯道也？"

把这句话跟上一句结合起来读，我们会发现这两句是有联系的。

这句话是比兴，前面是喻体，后边是本体。比如《诗经》里的"参差荇菜，左右流之""辗转反侧，寤寐思服"，其实我们想表达的是"辗转反侧"，却先说"参差荇菜"。

孔子说："谁能出不由户？"哪个人外出的时候不是从门走出去的呢？每个人都要从门出去。"何莫由斯道也"，意思是，但是为什么大家做事不走正道呢？

人们都知道出门要走大门，但做事的时候都不走正道，这句话也是孔子的感慨，可以和前文"祝鲍之佞""宋朝之美"联系起来。"祝鲍之佞""宋朝之美"就不是正道，是旁门左道，甚至根本不能称之为门。

俗话说，上天给你关上一扇门，一定会打开一扇窗。生逢乱世，实在没有走正道的机会怎么办呢？如同二十世纪二十年代的大上海，正人君子在上海滩难以生存，想出人头地，必须有些手段。在冒险家的乐园里，要学会从窗子里跳进跳出，要试着走后门、捞偏门，在刀口上过生活，那是时代造成的。

孔子感叹，我们每天行走时都走正门，但为什么做事不走正道呢？因为正道全堵着，人们只能从窗户跳进跳出，走后门，走偏门。这也是当时的时代特点，想做出一番成绩，为人们做出一些贡献，是极为不易的。

文质彬彬，然后君子：什么是真正的内外兼修

子曰："质胜文则野，文胜质则史。文质彬彬，然后君子。"

这段话是孔子去见了子桑伯子以后发出的感慨。

"质"是一个人的内在本质，"文"是一个人的外在修饰。子桑伯子认为孔子文胜质，孔子认为子桑伯子质胜文。

"野"是粗陋之意。有些人，肚子里有知识，但讲话粗枝大叶、不拘小节，对别人不客气，或者穿衣打扮不修边幅，这叫作"质胜文"。质胜文则野，一个人内在胜过外在，显得粗鲁。

"史"是虚伪浮夸的意思。一个人尤其注重外在修饰，比如穿衣入流，会用香水，但是一张口却发现腹中空空，好像什么都不知道，这就是浮夸。

无论是"质胜文"，抑或是"文胜质"，都不是孔子提倡的。孔子认为"文质彬彬，然后君子"，"文"和"质"要配合起来。"彬彬"就是配合的意思，从字形上看是两个木头比肩而立，相互协调搭配。

文和质是可以结合的，既对内在有要求，又对外在有讲究。孔子对于自己

行走的姿势都是有讲究的，上朝怎么走、退朝怎么走、回到家怎么走、见宾客的时候怎么走；见到了盲人怎么做，路上遇到别人奔丧怎么做……不同的情况有不同的要求，这是外在的文饰；但孔子绝不是腹中草莽之人，他读了那么多的书，修《诗》《书》《礼》《乐》，精通六艺，是一个大学问家。他真正地做到了文质彬彬，将内在与外在结合起来了。

竹林七贤很明显就是"质胜文"，他们文才出众，天资不凡，但外在却放纵不羁，仿佛跟世界不融合，就是要光着身子打铁、喝酒，将天地视为被褥，将房子当作衣服，觉得自己光着膀子见客也是很正常的，这就是"质胜文则野"。

"文胜质则史"很容易让人想到金庸武侠小说《笑傲江湖》里的华山派掌门岳不群，他表面上非常像正人君子，轻袍缓带，手摇折扇，外表潇洒文雅、正气凛然，内心却阴险狠毒。当然这是一个很极端的例子。

人之生也直：君子安身立命的根本，是正直

子曰："人之生也直，罔之生也幸而免！"

孔子说，人这一辈子要想安身立命，靠的是走正道。有人说：我看到别人弄虚作假、溜须拍马，似乎也活得挺好的呀。孔子说：那只是侥幸。

"君子居易以俟命，小人行险以侥幸"，就是这个道理。

一个人目光短浅，只能看到社会规则的作用，觉得个别人做了坏事也活得很好。其实，一个人作弊了，或者走了捷径，暂时拿到了想要的结果，在短期内可能是社会规则在起作用，但从长期看，一定还是自然规则来决定的。

孔子看得更远，"人之生也直，罔之生也幸而免！"有些人走旁门左道成功了，但那只是侥幸，大家不要羡慕。这句话可以给我们内心注入很强的力量，让我们摆正心态，让我们知道，选择做一个正直的人并不是一件吃亏的事。

所有的好人都是最有智慧的人，所有的坏人都是最愚蠢的人。比如，某个人虽短期收获了一点小利益，但如果他选择的整个方向是错的，就还是一个笨人。暂时的利益只是侥幸，从长远看，他一定无法获得好的结果。

孔子提醒我们，想长久地、好好地发展，要靠走正道。

知之者，好之者，乐之者：学习的三重境界

子曰："知之者不如好之者，好之者不如乐之者。"

这句话直译很简单，也许很多人都觉得自己能够轻松理解这句话。但如果深入剖析一下，就会发现其中展现了完全不同的境界。

什么叫"知之者"？我们从小到大上学，经历了不同老师的教导，有的老师只是尽职尽责地做好老师的本职工作，虽然也是认真地上课，但永远用同样的方法教一门课。他对这门课并不热爱，也并不想成为行业里的专家，只是知道怎样能够考高分；他也并没有"欲栽大木柱长天"的理想，他只是将教书作为一门谋生的职业。

这就是"知之者"，知之者的特点是不得已而学，知道一些事情，懂得某项技术，以此为生计。

所以孔子说"知之者不如好之者"，"好之者"是爱学习的人，也就是为追

求而学，为目标而学，在学习中追求精进。

比"好之者"境界更高的，是"乐之者"。"好之者"虽然在努力、在拼搏，但是他是为了一个目标，是希望自己能够追求更多的东西。在这个过程中，他并没有感受到快乐。这就像我们大部分人，我们拼命学习，总是有个目标的，在学习的过程中，我们可能还会感到有些艰难，甚至有些苦恼。

而当一个人真正达到了"乐之者"的境界时，就能体会到那种"不学习就难受"的感觉。这样的人，学习不是为了达到某个目标，仅仅是因为热爱，因为享受学习这个过程。

我曾经采访过导演李安，我问他，为什么他拍的每一部电影都跟之前不一样，跳跃性和风格差异都那么大？

李安在回答时感到很纳闷，他说：为什么不呢？拍电影太好玩了，有条件的时候，应该什么都去尝试一下。这就是"乐之者"。

再比如居里夫人、爱因斯坦，还有牛顿，他们在求学的过程当中，体会到了"心流"的感觉，他们沉浸在学习和研究中，是真的能够体会到知识所带来的愉悦感和满足感。达·芬奇画一幅画，能够画到永远不交工，画到生命终止，因为他是真的热爱画画。

"知之者"，是普通的学习者；"好之者"，是努力的学习者；"乐之者"，是享受的学习者。以上是为学的三重境界。

成为"乐之者"，享受学习的过程，才是人生的最高境界。

中人以下，不可以语上也：夏虫不可以语冰

子曰："中人以上，可以语上也；中人以下，不可以语上也。"

有些人攻击孔子，认为他用"中人以上""中人以下"给人划分等级。

老子也做过分类："上士闻道，勤而行之"，境界很高的人，听到了真正的"道"就能坚持去践行；"中士闻道，若存若亡"，中等境界的人听到了"道"，认为有道理，但是并不太在意，难以去实践，或存或亡；"下士闻道，大笑之"，"下士"这一层次的人，听到一个高妙的道理就嘲笑，说"太逗了，这样做根本就行不通"。老子还补充一句"不笑不足以为道"，说的是不能让认知水平低的人嘲笑的道理，那就不是高深的"道"。

孔子认为社会上有两种人很难改变，一种是上智，一种是下愚。上智像释迦牟尼、老子，他们开悟了、通透了，能看明白很多事物的本质，这种人被孔子称为上智者。上智不移是有道理的，这类人所知道的已经非常接近真理。还有一种人很难改变，是下愚者。正如有句话讲的那样：认知水平越低的人越固执。对这样的人说"你要改变、要努力、要去创业"，他无动于衷，还觉得别人是在欺骗自己，有很多个理由来拒绝改变。这是令孔子痛心的地方。

孔子跟他的学生讲，对于中等资质以上的人，可以跟他讲一点高级的东西。如果一个人是中等以下的资质，就不能跟他探讨高级的东西，因为他理解不到本质，反而徒增烦恼。

我在"樊登读书"里讲过《这书能让你戒烟》，书中有一句"戒烟最重要的是：不要用毅力"，这句话很考验领悟能力。如果真的把这个道理搞明白了，就

知道用毅力戒烟往往会失败，用毅力来控制自己戒烟，其实潜意识中认为抽烟是一件愉快的事，这种情况下想达到戒烟的目的何其之难？但这个道理说出来，有一些人就会骂："胡扯，什么样的事不靠毅力能做到！"一句话就让他逆反了，再也听不进其他解释了，完全不再进步了。

孔子的提醒是，在与那些不愿意改变、没有开放态度的人沟通的时候，不要说高深的东西。他不但接受不了，还会认为你是错的，认为你是坏的，甚至仇视你。

在群情激愤，人们为某一件事开始大吵的时候，最好不要随便掺和，以免引火烧身。虽然你讲的可能是对的，初衷是好的，但是很多人听不进去，只会认为你站在他的对立面，对你进行猛烈的抨击。

敬鬼神而远之：敬畏上天，但不迷信

樊迟问知。子曰："务民之义，敬鬼神而远之，可谓知矣。"问仁。曰："仁者，先难而后获，可谓仁矣。"

这一章和上一章可以结合起来读。孔子刚讲过"中人以上，可以语上也；中人以下，不可以语上也"，樊迟就跑来问问题。

樊迟经常给孔子驾车，做过小小的地方官。他总是问一些让孔子很无语的事，所以很多人认为孔子不太待见樊迟。比如，他问孔子怎么种菜，孔子说：种菜这事儿，我不如老农。孔子对樊迟关心的种地、种菜之类的事，并不热衷。

而这一次，樊迟问的问题是高级的。他问孔子，一个人怎么才算有智慧，孔子说"务民之义"。"务"是专注、致力的意思,"之"是去往、达到的意思。义者,宜也,"义"可以理解为"合宜"的"宜"。中国古代有些字同音就同义,如礼者理也,仁者人也。"务民之义"就是要让老百姓朝着适当合宜的方向发展。

孔子还说"敬鬼神而远之"。为什么孔子跟樊迟强调敬鬼神而远之?这是一个操作层面的回答,孔子认为应该给樊迟一个可以具体操作的答案,因为对于什么是智慧这样的论题,不同的层面有不同的见解。说得太高级、讲解太虚的话,对樊迟来说,接受起来不容易。

为什么不敬鬼神而"亲"之?或者既然你远之,那可不可以根本就不相信有鬼神呢?在孔子看来,敬鬼神,是因为老百姓需要有底线,需要相信举头三尺有神明,如果什么都不信,什么都不怕,什么都敢干,社会问题就多了。敬鬼神而远之是既有底线,也不迷信。孔子是一个想得非常明白的人。

荀子讲到"君子以为文,而百姓以为神"。比如国君要去打仗,拿着乌龟壳烧,占卜师出来分析:龟壳上的裂纹预示大吉。"君子以为文",意思是既然已经决定要去打这个仗了,占卜只是让大家安心。"百姓以为神",说的是老百姓认为这是神迹,以为占卜大吉,肯定能赢。荀子接着讲"以为文则吉,以为神则凶也",就是如果国君心中清楚,占卜只是做给大家看看的形式,是没有太大问题的;但如果把占卜当成真事来看待,对此深信不疑,那这个国家就麻烦了。

我讲过《宋徽宗》,宋徽宗的问题就出在"以为神",他觉得所有的瑞相都不得了,他真信彩云、仙鹤。真信的结果则为凶。

儒家所讲的"敬鬼神而远之"是非常实用主义的讲法。只要能够把握好度,让老百姓相信有鬼神,但不过度迷恋,知道事在人为,这就叫作明智。

樊迟又问仁是什么,孔子说"先难而后获"。此处有两种解释,第一种是先耕耘后收获。不要着急地把结果放在前边,做事的核心是过程,先把过程享受了,努力地做,至于最后能够得到什么东西,不要太在意,这就叫作仁。第二种解释,要先义而后利,这和"先难而后获"是一个道理。做一件事,首先考虑的是我能不能够去承担些责任,重点在义,而不是在最后的利益分配上。这两种解释都讲得通。

这是孔子给樊迟的答案。我觉得这不一定是孔子对于智和仁最高级的解答，但可以说是孔子给樊迟恰到好处的解释。

知者乐水，仁者乐山：仁与智，是每个人都要追求的境界

子曰："知者乐水，仁者乐山。知者动，仁者静。知者乐，仁者寿。"

这里的"知"就是"智"。"智者乐水，仁者乐山"，这句话被后世引用的频率极高。这句话翻译起来非常明白通俗：智慧的人喜欢水，仁厚的人喜欢游山。

喜欢水和山，跟智和仁有什么关系呢？我曾经百思不得其解，直到我看到一个注解，觉得很有道理。

如果我们改变一下句读，把逗号点在"乐"的后面，道理就通了：智者乐，水；仁者乐，山。一个追求智慧的人，把智慧作为第一要义，这种人的快乐像水一样，是流动的、活泼的、灵动的；一个仁厚的人，他忠厚、包容、博大，他的快乐像山一样，如如不动。

水和山，动和不动，两者是一种辩证关系。如果没有山，显不出水的活泼和流动的态势；如果没有水，显示不出山的厚重，这两者是相互配合的。

智和仁本身就是我们要追求的东西。孔子说，用智慧来获得的快乐像水一样灵动，用仁厚获得的快乐像山一样稳重；智者动，仁者静，智慧的人喜欢变革、喜欢行动，仁厚的人喜欢守成、喜欢安静；智者能够寻获多元的快乐，仁者能够拥有长久的满足，因为仁者爱人，心中充满了爱。智与仁是一体的。

智、仁、勇这"三达德"，在儒家是最好的智慧。一个人要想成为完人，成为孔子所说的仁者，既要有智，也要有仁，还要有勇。智者不惑、仁者不忧、勇者不惧，这是孔子对于人格的更高的要求。

智者和仁者不是对立的，并不是说这个世界上有一批人叫智者，还有一批人叫仁者，而是说，每个人体内既有智者的成分，也有仁者的成分。

我们要尽量提升自己智者的成分和仁者的成分，让山、水相呼应，在内心形成一幅美妙的山水画，去感受智者和仁者的乐趣。

鲁一变，至于道：孔子对周礼的尊崇

子曰："齐一变，至于鲁；鲁一变，至于道。"

这也是一句比较令人费解的话。要理解这句话，需要先了解鲁国和齐国的来源。

武王伐纣，建立了周王朝，并对土地进行分封。分封的时候，姜子牙被封到了齐国。齐国靠近大海，在今天的青岛、淄博一带，当时那里的物产并不丰富，可以算是比较偏僻贫瘠的地方。同时，姬姓的周公被封在了鲁国，对于自家亲戚，武王还是有点偏心眼的。

后来，在发展过程中，齐国竟然发展得更快。齐国在管仲的治理下，大兴改革，发展经济，煮海水作盐，在山上开采石头用于炼铁。随着盐铁业的发展，齐国的国力变得比鲁国强盛得多。慢慢地，齐国的很多风俗、礼仪就发生了变化，离过去周王朝的文明更远了一点。

鲁国虽然没有齐国富裕、强大，但尊崇旧典，很大程度上沿用了周朝的礼仪。这句话中的"道"，指的就是周道，即周朝的礼仪、原则等。

孔子看不惯齐国的改革和变化，他认为最值得尊敬的是周公，而鲁国比齐国更加接近于周道。他希望能够回到周朝的风俗、礼仪、原则上来。

所以他说，齐一旦往好里改变一点，就可以回到鲁国的状态；鲁国也是在周礼的基础上发生了一点变化，如果再往回改变一下，也许就能回到西周时候的状态，也就是"至于道"。

这是孔子的理想，但这个理想是行不通的。历史很难开倒车，历史的车轮只会不断地向前走。

这句话现在引用得很少了，因为它的生命力并不强。

觚不觚：孔子"待价而沽"

子曰："觚不觚，觚哉！觚哉！"

这句话是孔子的感慨，看起来是没头没尾的一句话。

觚很有可能是古代盛酒的一种器具，上圆下方，长口长身，中间有一些棱，呈喇叭状。

对于这句话，有三种解释。第一种是说，孔子有一天拿到了一个觚，但这个觚是一个创新的觚，没有中间的棱。孔子的感叹就好比我们看到了一个造型不符合常规的杯子之后发出的吐槽："杯不杯，杯哉！杯哉！"意思是，这东西能叫杯子吗？这多难看呀！孔子看到有人把觚这样一个祭祀的礼器改成这个样子，就感叹"这还能叫作觚吗？就勉强算它是个觚吧"。这代表着孔子对突破常规的新东西是看不惯的。

第二种解释是，孔子借"觚"的发音讲自己的心事。因为孔子说过，"沽之哉！我待贾者也"，意思是孔子不想在家闲着，所以说"看谁出价高、谁重视我，我就去为谁做事"。在这个情境下，孔子拿到了一个觚，突然联想到了"沽"这个字，他说："沽不沽，沽哉！沽哉！"意思是，做不做事呢？我还是要做事的，等着人来请我吧。这个解释，代表着孔子想去做事的态度。

第三种解释是说，"觚"是孤独之意。孔子拿着觚说："孤不孤独呢？好孤独！好孤独！"

以上理解都可以讲得通。我读《论语》的版本比较多，可能是先入为主的关系，我个人倾向于第二种解释，即结合"我待贾者也"进行理解——干不干活呢？还是得干活。

君子可逝也，不可陷也：如何避免上当受骗

> 宰我问曰："仁者虽告之曰'井有仁焉'，其从之也？"子曰："何为其然也？君子可逝也，不可陷也；可欺也，不可罔也。"

宰我又出场了。宰我也就是那个白天睡觉被孔子责备的宰予，他比较调皮，曾令孔子发过很大的脾气。

有一天，宰我挑衅孔子，说："您整天教我们学仁，仁者爱人，主要是关心别人。当我真成了一个仁者时，有人跑来骗我说'井里有个人'，我要不要跳下

去捞人呢？这不是要命吗？"此处，"井有仁焉"的"仁"通"人"。

宰我怀疑仁者在社会上的生存能力，一个人如果真的不在乎自我，只是全心地关心别人、爱别人，万一被人家骗了怎么办？万一被骗到井里丢了性命呢？难道说井里边有个人，我们也必须跳进去吗？

这就是在挑衅孔子——"您教的仁我觉得生活中很难实践，万一被人利用、被人骗，该多惨"。宰我用一个很夸张的假设，表达了对于仁的怀疑。

孔子对宰我提出了反问："何为其然也？"为什么会导致这样的局面？君子明知道是假的，为什么要跳进去？即使井里有人，君子可以过去帮忙，但明知道跳进去于事无补，还要拖累别人救两个人，难道君子是傻子吗？

"逝"是往的意思，这里指去井边救人；"陷"指的是被诱骗落井。

"欺"和"罔"都是欺骗的意思，但意思有差别。"欺"是指利用一个人的善良来骗他；"罔"是指利用不合情理的事情骗他。

君子可不是傻子，君子"可欺也，不可罔也"。"欺"是别人对君子做出的行为，别人想利用君子的善良来骗他，那是别人的动机，我们无法干涉；但"不可罔也"，说明君子是智慧的，他有判断力，不会那么轻易地上当。

孔子教大家做君子、做仁人，并不是让人做糊涂虫。孔子教的这套方法，在现实生活中是可以灵活运用的。

拿孔子来说，他收入很高，地位也很高。他教了那么多的学生，包括子贡、子路，都把"仁"运用得很好，他们在生活中也都过得很好。但是很多人就是不愿意相信仁的作用。宰予所提的问题很极端，他的这种心态也比较常见，当一个人对学习产生怀疑的时候，就会提出一些夸张的提问来掩盖自己的惰性：我做不到，肯定不是我的问题，是你的方法本身存在漏洞。这是认知失调的一种表现。

颜回对孔子所说的话从来不提问，有点憨憨的，不违如愚。但看看颜回做的事，你会发现他做得都对。颜回为什么不问？因为他举一而知十，他一听就明白，就知道该怎么运用知识，但是像宰予和冉有这样的人，就会有大量疑问。

孔子对于宰予这种带挑衅意味的提问很不满，告诉他，谁说君子就必须跳进去呢？也许骗子会盯上君子，但君子并不容易被骗，因为君子"非其道"的事不做，不符合常理的事情不会相信。

生活中，很多人容易上当，原因是"非其道"的事情也相信。大量的诈骗都是基于人们的贪心，骗子极其擅长利用人的贪心实施骗术。如果我们失去判断是非的能力，就希望能够以"非其道"的方法牟利，自然就上当受骗了。

君子不动心，不会轻易地为小利所惑，也不会去做一些违反原则、道义和常理的事，所以很难被骗。

博学于文，约之以礼：君子要如何约束自己

子曰："君子博学于文，约之以礼，亦可以弗畔矣夫！"

"文"是人文学术，"礼"是礼仪规范。孔子提出，君子既要广泛地学习人文经典，同时又要懂得以礼来约束自己，这样就不会离经叛道，不会做出越轨之举。这句话在极大程度上影响了中国文化。

自古以来，我们都将科技上的发展，比如生产一个东西、设计一个机关，叫作"奇技淫巧"。中国一流的知识分子认为奇技淫巧不是大道，他们整天都在研究心性，研究道义，研究怎么把孔子的学问进行延伸。

读《中国思想史》，我们有时候会疑惑，为什么很多在孔子的时代出现的命题，到了清朝还没讨论完。清朝的儒生还在讨论孔子说的话到底是什么意思，还在互相争论谁的释义更正统。

孔子说"博学于文，约之以礼"，他希望大家不要随意背叛，不要做出格的

事，不要做太多颠覆传统的事。但在整个西方的科学体系上，文明的发展正是源于一代一代的颠覆，比如亚里士多德的理论被发现是错的；到后来，牛顿的研究也受到质疑，被证明是有问题的；爱因斯坦的发现也在被人质疑，有可能是不全面的……后来者不断地颠覆前人的认知，科学才会不断进步。

孔子所提倡的"博学于文，约之以礼"，在某种程度上是没有问题的，但是对于"亦可以弗畔矣夫"，我持有保留意见。

每一代人都要敢于挑战前人的思想和研究，尤其经过千百年，我们的生活状态已经完全不一样了，我们的认知更贴近于当下。能够挑战过去的知识，挑战前人的想法，我觉得是很值得认可的。

子见南子：一段"八卦"

子见南子，子路不说。夫子矢之曰："予所否者，天厌之！天厌之！"

"八卦"出现了。

孔子到了卫国以后，大家都提醒他，只见卫灵公没用，在卫国，说话管用的是卫灵公的夫人南子。南子的口碑并不好，跟美貌的男青年传过绯闻，但是南子知道文化名人孔子来卫国了，使人传话给孔子，说凡是想见卫灵公的人，都得先拜见她。

孔子很犹豫，不去似乎不合乎礼，去吧，又不太情愿，但最后还是去了。南子隔着帷帐接见了孔子。孔子讲究礼仪，见面必先行大礼，南子也叩首还礼，还礼时身上的配饰清脆作响。回来以后，子路不悦。

子路脾气大、性子直，他感到不满，觉得孔子跑去见这样的女人，像话吗？孔子特意跟子路解释自己的初衷，他只是出于礼节，不得不见。子路还是不高兴，甚至怀疑孔子有没有做出格的事。

孔子被子路逼急了，发誓说：如果我有什么非礼之举，让老天爷惩罚我吧。

孔子跟自己的学生赌咒发誓，可见子路把孔子气到什么程度。当然，这只是一种解释，这种解释令人疑惑之处是，孔子干吗费这么大劲跟学生澄清这件事情？

南怀瑾先生对这句话的解释与此不同。南怀瑾先生认为，孔子绝对不会跟子路做这样的赌咒。孔子所说的"予所否者，天厌之"，意思是，南子并不是个坏人，我真正不喜欢的，是老天都不喜欢的人。

一个连天都厌之的人，才是孔子不喜欢的，南子虽然名声不好，但见了就见了，没有什么关系，这是另外一种不同的语态。

我认为两种解释都有道理，但我个人倾向传统的说法，孔子在当时的环境下，或许真的被逼急了。也许子路说了很难听的话，毕竟他一向不太擅长说话，有时候当着孔子的面，就直接指责孔子，说话比较过分。这一次，子路把孔子逼急了，是有可能的。

中庸之为德也：中庸之道，到底是什么

> 子曰："中庸之为德也，其至矣乎！民鲜久矣！"

孔子说，中庸之道是最高的德行，但在生活中，已经很少见到了，老百姓

早就没有接触过真正的中庸了。

这句话我们需要深入地解释一下。

关于中庸之道，有一个误解是大家认为做事情做得差不多就行了，比如考试，满分100分的话，考个60分就行了。这其实并不是中庸之道。

真正的中庸之道，是一种适宜、舒适到极致的状态，是一种非常难以达到的境界。一个人做任何事一出手就合适，才叫中庸。

孔子甚至认为自己都做不到中庸，他说他一辈子都没有见过谁能够真正达到中庸。

中庸不是和稀泥，不是墙头草，不是"差不多就行了"的敷衍。我们用如下例子来解释中庸是什么，它有多难达到。

暴力不好，软弱也不好，勇敢才是中庸。

奢侈不对，吝啬也不对，慷慨才叫中庸。

自卑不对，自大也不对，自信就是中庸。仅仅从自信这个角度来看，人们很难做到恰如其分的自信。

一个人无知，不愿学习，肯定不对；但如果整天掉书袋，变成书呆子，也不好。好学就是中庸。

无原则地溺爱孩子是不对的，但是不爱孩子更不对，关爱就是中庸。

管理一家公司，完全放任的态度不对，但是什么都要管又会变成独裁。放任和独裁是两个极端，而信任才是中庸。

所有美好的事情，都需要把握一个度，中庸之道就是把事情做到最合适的状态。

孔子说"民鲜久矣"，为什么老百姓接受中庸很困难？因为人的大脑不是为了求真，而是为了求存，人们不是为了探求真相而活，而是为了活着而活。人们需要给大脑留出大量的空间，用来走路，用来消耗能量，用来玩乐，用来消遣时光……我们的大脑喜欢简单的东西，能不使劲就不使劲。

中庸这件事太难了，因为太复杂，要想把每件事情都做得恰到好处，需要思考、探讨、切磋。所以很多人总是希望能有一个极端的、简单粗暴的答案，很多人的是非观，是非黑即白，非此即彼。比如互联网上最容易流行的是哪些内容呢？几乎都是简单化的信息，一个口号、一段热血的内容、一勺心灵鸡汤、一篇煽动情绪的文章……人们觉得好痛快、好痛快！在这种情况下，人的感受很容易到达一个极端，但这又是最容易被大众接受的。

孔子感慨："中庸之为德也，其至矣乎！民鲜久矣！"其实现在，中庸依然是很鲜见的。

当然，这对于我们每个人也是一个机会。因为人们的大脑都不愿意接受复杂的东西，如果我们愿意下点功夫，认真地思考，有一些批判性思维，就会进步很快。这就是学习的好处。

能近取譬：人人都应该拥有共情能力

子贡曰："如有博施于民而能济众，何如？可谓仁乎？"子曰："何事于仁！必也圣乎！尧舜其犹病诸。夫仁者，己欲立而立人，己欲达而达人。能近取譬，可谓仁之方也已。"

子贡这次的提问是做了一个假设：如果一个人能够救济天下百姓，能够让大家都过上美好的生活，这算不算是到达仁的境界了？

以往的篇章中，孔子的回复几乎都是"不知其仁"，他不给仁下判断。这次，孔子的回应却完全相反，孔子说，如果一个人能够做到"博施于民而能济众"，让老百姓都过上美好的生活，这比仁的境界还要高，这是圣的境界。

但是孔子接着说，"尧舜其犹病诸"。古语中的"病"，往往是担心的意思，"诸"是之于的意思。病之于此，意思是连尧、舜这样的圣人，都为这件事感到担心，连他们都做不到这一点。

"能近取譬，可谓仁之方也已"，什么叫"能近取譬"？意思是，如果你是一位仁者，就会用自己的事情来打比方，做到推己及人。这句话是用来解释"己欲立而立人，己欲达而达人"的：如果一个人希望自己三十而立，能够在社会上立足，他也能够意识到其他人也有这样的理想，希望有一个安身立命的场所，过上安稳的生活；如果一个人希望自己能够富有、显达，也能够意识到别人也有同样的需求。这种推己及人的能力，就叫作"能近取譬"。

孔子认为，这就是达到仁的最重要的方法。

整段对话，孔子并没有直接批评子贡，也自始至终没有否认子贡做不到。子贡富可敌国，所以他可以来问这么大的命题：如果让老百姓都过上好日子，是不是仁？如果子贡真想做，很大可能是能做到的，他可以给大家发很多粮食。

但孔子还是表明了观点。孔子说，只是救济百姓，这不叫圣。因为你要做到圣，得先做到仁，要能够"能近取譬"，推己及人。只有这样，你才可以真正"博施于民而能济众"。

比如有的人在做慈善时，很夸张地把钱垒成墙，再发下去。这种情况表面上似乎是"博施于民而能济众"，但是，如果让孔子看到，他一定会问：你济众的是什么？你给别人发的只是粮食，你有没有做到"立人"和"达人"？

一个人想成为仁者，但是他无法设身处地地想到老百姓真实的需求，他以为老百姓需要的只是粮食，这怎么能算是达到仁的境界呢？子贡的目标是好的，他希望让老百姓过上更好的日子，但孔子提醒他，你需要从根源上去看老百姓真正需要什么。要知道，你想要的东西，也是老百姓所追求的。

子贡想要的当然不是粮食，他已经那么富有了。他追求的是仁，是立和达。同样，老百姓想要的，也是能够安身立命，能够安乐通达。

这段对话中，我们看到孔子对子贡的态度还是比较温和的，他没有正面否定子贡，而是让子贡知道，我们先不要谈论圣，关于圣，尧、舜尚且做不到。一个人能做到"己欲立而立人，己欲达而达人"，就非常好了。这就是追求仁的关键路径。

孔子讲过修炼的三重境界：第一重境界叫"修己以敬"，先从自己做起，让自己拥有道德修养，懂得尊敬别人；第二重境界叫"修己以安人"，不仅要修炼自己，还要影响周围的人，让他们变得更好，这里的"己欲立而立人，己欲达而达人"便是这一层境界；第三重境界，叫"修己以安百姓"，这就是子贡问的这个问题，不仅要修炼自身、安定身边的人，还要关怀大众，让百姓安身立命。

这三重境界中，前两个境界属于"仁"的层面，而第三个，到达了"圣"的层面，这是连尧、舜都很难做到的。

如果我们只从温饱的角度考虑如何救济百姓，那境界算不得多高；但如果我们能够从"修己"的角度出发，做到"修己以敬""修己以安人""修己以安百姓"，就能达到超凡入圣的境界。

在生活中，当我们接济一些经济困难的人时，不应该只是想到给钱，还要推己及人，想到如何才能真正帮他们安身立命。我们要做的，是激发他们的志气和智慧，给他们提供立足的方法。

最为关键的，是我们要拥有推己及人的能力——我们如何理解自己，也要如何理解别人。

述而第七

述而不作，信而好古：真正的创新离不开旧有知识体系

子曰："述而不作，信而好古，窃比于我老彭。"

"述而不作"是知识分子常用来自谦的词语。有人说"我述而不作"，意味着他是把前人的东西综合起来传递给大家，并没有去创作新的东西。

这句话有一定道理。世界上真正创新的东西相当有限。有的学术科研机构经常要求数量，比如要有一定数量的原创论文或者著作。人们为了凑数，挖空心思地创造各种新名词、新概念。但对于孔子来讲，他认为能够把前人的知识和经验讲透彻就不错了。

孔子认为自己的治学方法、教育方法述而不作，说明他谦虚，也代表着他对于前人的尊重。

"樊登读书"讲书、分享内容的过程，秉持的也是孔子述而不作的思想，我们希望把他人好的知识传递和扩散给更多人，这也是一种价值创造。

从另外一个角度来理解，述而不作也是一种创新的方法，是对过去的事物和认知进行解构，然后按照一定的逻辑进行重构的过程。"美团"创始人王兴和记者有过一段对话，大意如下：

记者说：您并没有做创新，您的项目是把过去的各种要素重新组合，变成一个新公司。这其中没有颠覆，就不算创新。

王兴说：您写文章，有没有哪个字是自己造出来的？您也只不过是把字重新组合，就变成一篇文章，但这依然会被认为是原创。

所以，述而不作，既可以代表一种治学的态度、传播的态度，本质上也可

以是一种创新的方法。

"信而好古"是孔子经常说的词，他特别相信前人所写的东西。孔子讲的"信而好古"，我认为并不是老古板的意思，可以把"古"理解成经验，"好古"就是"温故而知新"。今天学习牛顿算不算学"古"？学爱因斯坦算不算学"古"？学钱学森算不算学"古"？当然算，因为这都是过去的经验。

与"好古"相对而论的，是"妄作"。妄作者根本不学习过去的经验，不研究他人的案例，也不在乎别人有什么理论，凭着自己的异想天开来做事情。

"窃比于我老彭"的意思是，我私下里把自己比作老彭。关于老彭，目前有多种解释。第一个解释是两个人，"老"指老子，"彭"指彭祖。第二种解释老彭是一个人，仅指彭祖，传说活了八百多岁。

彭祖在古文中经常出现，传说也非常多，但并没有像老子这样被大众熟知。按理说，彭祖可能比老子存在的年代更久，影响力应该更足，更被人了解。但因为他被过度神化，是"活了八百多岁"的传奇，导致彭祖人物形象模糊化、神圣化，与大众的认知疏离。大家说彭祖的事迹是假的，或者根本就没有这个人。这也告诉我们一个道理：塑造一个偶像的时候，真的不能太过夸张。

孔子讲"窃比于我老彭"，说明孔子认可自己的好古、好学。

学而不厌：延迟满足能力多强，成就才会有多高

子曰："默而识之，学而不厌，诲人不倦，何有于我哉？"

"何有于我哉"是一个倒装句式，古代汉语中很常见。这句话的意思是这事对我有什么难的。孔子说了如下的三件事对他不难。

第一件事叫"默而识之"，就是能够积累知识、默习功课，能学到东西，还能够把它记在心里。孔子的记忆力很好。

第二件事叫"学而不厌"。有人认为"厌"是厌恶，其实在古文当中，"厌"经常表示满足的意思。当一个东西特别多了之后，大家就烦了。"讨厌"的"厌"和"厌倦"的"厌"，从根子上来讲是一样的，就是因为过于多，超出了某个度，所谓过犹不及，使人产生了厌倦的情绪。学而不厌，就是学习起来，永远都不会觉得满足，永远都不会觉得太多。

第三件事叫"诲人不倦"，孔子教别人的时候不觉得劳累。教别人是一件很辛苦的事，特别是遇到像子路这样的人，偶尔还会抬杠，容易让寻常人生气。但是孔子对教学有追求，所以有诲人不倦的境界。

把学而不厌和诲人不倦合在一起，会发现，孔子强调的治学思想是"有恒"。孔子说我见不着圣人，我也见不着仁人，这两类人境界太高，很有可能这辈子都碰不到，能够碰到的一个是君子，一个是有恒者。

有恒者就是能够一如既往地坚持下去的人，一个人如果能够做到学而不厌、诲人不倦，这就是有毅力的表现。

为什么对普通人来讲很难的三件事，对孔子来说不难？

有一个心理学概念叫"延迟满足"：一个人延迟满足感的能力越强，越容易做成大事。

假如你想干活后立刻拿到钱，那最好做小时工；如果能够忍受周薪，可以去咖啡馆打工；如果能够忍受月薪，可以找一份相对稳定而长期的工作；能够忍受年薪，那可能就是CEO的岗位；如果能够忍受用这一辈子慢慢地耕耘一份事业，才有可能收获像曹雪芹潜心创作《红楼梦》一样不凡的果实。

对一个人来讲，延迟满足感是非常重要的一种能力。很多人是一学就厌，一教别人就希望得到回报。没有好的回报，没有及时的反馈，马上就没动力了，延迟满足感的能力很低。

一些人做不到学而不厌、诲人不倦，根源在于他们学或者教都是为了得到回馈，而不是享受学和教本身所带来的快乐。

孔子在学和教这两件事上，本身能够找到快乐，所以他对此没有困顿。他不是忍耐着去学习。忍耐着去学习的人，心里想的是什么时候才能学出个头，什么时候才能考上研究生，一旦考上研究生就终于可以不学了，这都是把学习当作通往最后结果所要忍耐的过程。教也是同理，不赘述。

对于孔子来讲，学习本身就是目的，所以他能够做到不厌不倦。

他说做这三件事对他没什么难的，听起来像是讲大话。实际上孔子所传达的是，如果一个人真的体会到了学习的乐趣、教学的乐趣，那么就不会觉得默而识之、学而不厌、诲人不倦有什么难度。

希望我们每个人都能够感受到学习本身的乐趣，这是终身学习的内在保障。

不善不能改，是吾忧也：应该怎样审视自身缺点

子曰："德之不修，学之不讲，闻义不能徙，不善不能改，是吾忧也！"

德之不修，学之不讲，闻义不能徙，不善不能改，这是"孔子四忧"。

关于德之不修，有两种解释。

一派观点认为，担心德之不修等的主语是社会。孔子担心整个社会层面不修习德行，不尊重教育，不从善如流，不提升自我。

另一派观点认为，这是孔子对自己的担心。我个人也倾向于这种观点，因为本篇第二节孔子说有三件事对自己来讲不难，这紧接着的第三节说有四件事对他来讲是比较担心的，这顺理成章。

孔子很少要求别人，君子求诸己，小人求诸人，何必担心和要求别人？管好自己的事尚力不能及，哪里还有工夫去操心别人做不好。

孔子担心自己德不能修：有一天不能认真地对待我的道德修养，让自己不断地提升；担心自己学之不讲：不愿意去讲学，不愿意去传播知识；担心自己闻义不能徙：获知了正确而有益的事情，却不能去接近、跟从；担心自己不善不能改：做错了事，或者有一些缺点，却不能及时改正。

生活中，"不善不能改"的问题很常见，值得我们深思。"改"的难度在哪儿？在于自我认知能力的缺乏，根本不知道自己的"不善"之处。一个真正知道自身问题的人，多少会有点改变。最可怕的就是生活在惯性之中，对自身存在的问题视而不见、听而不闻、习以为常。

孔子所担心的这四个问题，最大的难度和敌人就是惯性，当一个人在惯性中生活的时候，就会把错误视作正常。有人在家里发脾气，觉得这很正常——难道家都不是一个可以发脾气的地方？有的人在单位里跟别人争斗，觉得这很正常——不争斗怎么获得权益？由于惯性的存在，很多人认识不到自身存在的问题，自然就做不到"不善则改"。

被惯性遮蔽，不能够冷静地反思自己的行为，无法正确地看待自我，这是孔子的担心。

子之燕居：对待家人应该和接待朋友一样谦恭

子之燕居，申申如也，夭夭如也。

燕居，郑玄认为"退朝而处曰燕居"，就是孔子每天下了班以后，退朝回家闲居的时候。申申如也，舒畅而严整的样子。孔子回到家很放松，但是又不是很放肆。他不是直接换上便服，而是依然穿着整洁而舒适的衣服。《诗经》里边有一句"桃之夭夭，灼灼其华"，"夭夭"是树叶绚丽茂盛的样子。本句"夭夭如也"，指的是孔子体貌舒适、和容悦色的情态。

这一段讲孔子下班以后的状态，"观其言而察其行"，了解孔子闲居的行为举止也非常有意义。

分享一个窍门，当我们要识别一个人生活是不是真的幸福时，不要看他在工作岗位上怎么表现，而要看其居家的状态。人们在职场中当然需要表现得很成功、很棒，需要充满阳光、有战斗力。只有在家里的状态，才能够比较客观地反映真实的幸福指数。

比如有的孩子，本来开开心心在家里玩，突然看到下班回家的爸爸，感觉有一片乌云压过来。家里其他人也都不自在，不继续闲聊。因为这位爸爸在单位里受够了气，已经忍了一天，回到家里脸色不好看，谁也别惹他。通过这一点，我们就可以判断他白天的好状态都是演给别人看的。

我们也能够从一个人的居家情况来侧面分析，生活中他会如何对待他人。有些人把家当作发泄的地方，觉得"我在家还不能够放松一下吗，我还需要把自己管得那么严吗"。当他说这种话的时候，只是把家人当作放松的对象，而不是当作可以沟通的"人"。如果你把家人当作"人"，当作和单位里一样需要有所顾忌的"人"，就能明白，大家都一样，需要被尊重、被爱。辩称"因为你是我的家人，我冲你发脾气是应该的"，是把对方物化了，当作转移压力的对象，而不是可以交流沟通的对象。

一个真正的人道主义者，一个真正的仁爱之士，对家人和对外人的态度，应该一样地谦恭。

上古传说尧、舜、禹三代禅让。尧听说舜很不错，因为舜在哪儿，哪儿的人就变好。他去打鱼，渔夫就变好；到山上打柴，樵夫也都变好。尧也认为这个人不错，但依然没有轻易地把天下让给他。他继续安排自己的大臣去跟舜交朋友，让自己的儿子去跟舜交朋友。最后还存有一些疑虑，干脆又把两个女儿娥皇、女英都嫁给舜。"外人"交朋友以观其外，女儿嫁给他以观其内，最后内外结合，判断此人是圣人，才把天下托付给他。

总而言之，了解一个人的生活状况、道德水准、个人修养，要看他下班的状态，看他回到家以后跟家人怎样相处。这样才能够知道，他工作时的表现是不是费力的表演。

我们也要重视自己在家里的形象和状态，不硬挺、不假装。我这样倡议，大家不用悲观地看待，认为自己以后的生活，上班累，回家也累，要一直累。

大家应该积极乐观地应对生活中的各种压力和烦扰。上班的时候，真诚对待同事；回到家里，真诚地对待亲友。严于律己，诚以待人，谦恭谨慎，积极沟通，生活才会越来越顺畅和谐。

过去很多人认知里的真诚，是有话直说、有脾气就爆发。通过学习，我们知道这里所讲的真诚，应该有更丰富的内涵和外延。我们应该慢慢变得更加理解和包容，让自己的境界不断提升。当内在和外在都能够表现得非常从容自在的时候，就接近孔子所展现的那种自如舒适的生活状态。

《论语·乡党》，我们会看到孔子如何待人接物。孔子教学生，不只靠言语教导，还以身作则，用自己的行动引导学生。学生跟他生活在一起，能够看到、感受到、学到孔子是怎么处理生活中的各种事情的。

吾不复梦见周公：孔子的偶像

子曰："甚矣，吾衰也！久矣，吾不复梦见周公！"

这段话令人感慨万千。这应该是孔子年过七十岁，回到鲁国后说的话。

有思想的人大概都有一个偶像，孔子一辈子的偶像就是周公。

周公是周武王的弟弟，跟着武王伐纣。周武王去世以后，周公就辅佐周武王的儿子，实际上相当于是摄政王。周公在曹操的《短歌行》中出现过，里边有一句"周公吐哺，天下归心"，就是用的周公的典故。周公帮着侄子打理朝政，尽心尽责。有一回他正在洗头，有人找来处理公事，他马上把头发拧一拧，握着便出来谈事情。等处理完回去洗，洗到一半又有人来了，便再去处理事情。

吃饭也是如此，经常吃饭的时候有人来谈事情，他立马就将没咽下去的食物吐出来，先将事情处理好再吃饭。周公就是这样勤奋、以天下为己任的人。

为什么周公是孔子的偶像？周武王打下江山，周公辅佐治理天下、制定周礼。孔子信奉周礼，认为如果周礼能延续，用周礼来治国治家，整个天下就太平了。这是孔子的政治理想。

日有所思，夜有所梦。孔子在年轻的时候，经常梦见周公，觉得这是很好的警示。这是孔子年轻时候的心劲儿。

我相信大家也有这样的感觉，比如经常听到有人说梦见马云，也许是因为他非常想赚钱，也许是因为他非常渴望创业。

但此时，孔子感叹：我现在真的老了，已经很久没有梦见周公了！

有的老师批评上课走神的学生时常说"你是不是见周公了"。老师说的见周公，主要用的是睡觉的意思。实际上在孔子的意愿中，能够见到周公，是一件很美好的事。像孔子这样，真正地把理想完全渗入到自己的身体当中，日思夜想只为做好某件事，才能够超凡入圣，才能够成为万世师表。

孔子有教育工作者的匠人精神，他真的沉浸其中，他热爱教与学。如果我们每个老师都能沉浸式地思考怎么才能做好本职工作，经常梦到的是孔子，那是一件多么美妙的事情。

关于梦见周公，也有生理学的依据。我看过一个研究，晚上做梦越丰富，梦的层次越多、情节越复杂，这样的人越聪明、智商越高。因为大脑活跃度极高，晚上睡觉才会经常做非常复杂的梦。

此时的孔子，很明显大脑的活跃程度不如往昔，每天晚上一睡觉就昏昏沉沉，他梦不到周公了，由此才有这么痛惜的感慨。

志于道，据于德，依于仁，游于艺：怎样看准一个人

子曰："志于道，据于德，依于仁，游于艺。"

这是孔子对自己学生的要求：如果一个人希望自己能够安身立命，要把这四件事做到。

孔子曾说怎样看准一个人：视其所以、观其所由、察其所安。这里说志于道、据于德、依于仁、游于艺，能够解决所以、所由、所安的问题。

志于道。一个人立的志向，如果是赚钱、买房，这实在是太单薄了。假如一个人的毕生所求都是物质层面的，生活上必然会感到非常痛苦，无论其最终目标是否实现。物质的追求是最容易达到的，但又是最难以满足的。立这种志向的人，多数都浮于人生、社会的表面，熙熙攘攘、争名逐利，在个人思想上升华不了，于社会来说意义也不大。孔子提出志于道，就是要去追求真理，人生的目标要突破物质的束缚，进入到探索世界运行的规律当中去。比如牛顿、爱因斯坦、老子，就是志于道。他们想要搞清楚宇宙、人生，在这样大的志向之下，人生不会无聊，追求的道路永无止境，完全能在精神上满足自我。

据于德，有两种解释。第一种解释，"据"是依据、凭借的意思，指做事得有底线，德是行事的基本准则和警戒线。德者，得也。比如在路上行走，人人都能按照规矩沿着右边走，那么所有人都能高效地到达目的地。如果有人沿着右走，迎面来的人非得沿着左走，那就撞在一块儿，对双方都不便。大家应该相互尊重，遵循一定的规则，道德的目的就在于此，让社会更有秩序，效率变得更高。

第二种解释，有人认为"据"是熟悉的意思，一个人需要对道德体系非常清楚。不了解什么是"德"不重要，能够遵循"德"的要求做事情才有意义。目不识丁者不一定熟知"德"的内涵、外延，但是不妨碍他们尊长爱幼、乐于助人。所以我个人更认同第一种解释。

依于仁。"仁者爱人"，一个人的行事方法应该以仁作为依靠，这样才能利人惠己。

游于艺。"游"是广泛涉猎的意思，"艺"是礼、乐、射、御、书、数等六艺，指要在礼法、音乐、射箭、驾车、读书、识数等技艺中不断地磨炼自己、提高自己。人生得有趣味，不能只是谈仁义道德，还要将这一切付诸实践。孟子讲"必有事焉"，说的是人只有历经实践磨炼，才能看到自己的仁和德到底修炼到了什么样的程度。

孔子认为，做好这四件事便是正确的求学方向。

这对当下的生活有没有意义？我们看看当下社会的情形。

有的人志于钱财，目标是过上奢靡的生活；有的人据于法规，只要不犯法什么都可以干；有的人依于手段，只要手段强、有效果，不在乎仁义；有的人游于手机，沉迷于游戏。

如果一个人志于钱财、据于法规、依于手段、游于手机，生活就会变得很颓废。没有高尚的追求，长此以往，与亲友、主流社会渐行渐远，幸福感会越来越低。

自行束脩：天下没有免费的午餐

子曰："自行束脩以上，吾未尝无诲焉。"

"脩"是干肉，一束脩，即十条干肉。当别人问我：你做"樊登读书"为什么要付费？为什么不免费讲书？我就引用孔子这句话回答：你看孔子都收了十条干肉。

古代的人没有冰箱，想吃肉不容易。可能杀一头猪，要吃一年，这就需要做成干肉存放。孔子收的肉到底值多少钱，我们不好估算，从孔子的说法来分析应该不太贵。但是中国古代，很多老百姓是吃不上肉的。

孔子说给我十条干肉，我没有不教的学生。他不会因为对方是个犯人，或是工匠就拒绝收为学生。孔子教学的对象，不分贫贱富贵。孔子的学生从王公大臣到贩夫走卒，从监狱里边出来的犯人到残障人士，都有。这是孔子了不起的地方，他开启了一扇大门叫"有教无类"。

在孔子之前，能够接受教育的多是贵族，只有贵族的子弟才能够识字，才能够受教育。但是孔子把"普罗米修斯的火种"带到了民间，开始教普通的大众识字，让大家能够学礼习艺，这是非常了不起的事。

我们有时候经常开名校的玩笑，说名校没有太了不起，考上的学生本身就特别厉害。有的学校录取学生万里挑一，培养了四年，最后学生毕业却变成了千里挑一的人才，哪有什么成就感？当然这仅仅是玩笑的说法。但在今天全民教育、终身教育的时代，孔子的教育理念依然值得深思、借鉴。

《反脆弱》的作者塔勒布就特别不喜欢哈佛大学，说哈佛大学的教育模式是教小鸟飞。小鸟本身就能飞，然后非得念念有词地教它：张开翅膀，第一步、第二步……最后说：你看，我教它学会飞了。这其实根本不是教会的，而是鸟本来就会飞。

孔子这种"广开方便之门"的教育做法，是颠覆传统的。想要学习的人交十条干肉，通过教育学习，慢慢地成为一个能干的人，一个能为社会做出更大贡献的人。

南怀瑾先生提出了一个说法：孔子为什么强调他要收钱？这是代表着孔子没有野心。因为孔子弟子三千，这个数量在当时社会环境下，是一股强大的力量。有的国家才几万人，与孔子亲近的、信奉他的、很有才能的人就三千个，如果孔子造反，鲁国受不了。孔子用此表态：我不造反，我是挣钱的，我收十条干肉。孔子让当政者安心，认识到这不是一股政治力量，而是一股教育力量。

孔子那时候就开启了知识付费的商业模式，这对于我们民族是一个很了不起的贡献。电影《放牛班的春天》讲到一位老师被派去一所像少管所一样的学校，学生都是别的学校不要的，情况极为复杂，没法分类，没法挑选。老师运用音乐的力量，慢慢地教育、改变这些学生，使他们往正方向成长，并获得了成功。这是相当感人的一部电影，我强烈推荐做老师的人去看看这部电影。

老师们应该做到有教无类。让我特别难过的是，有的老师对孩子说："你成绩太差了，能不能转学？"这样不负责任的话，不应该出自教师之口。一个学生出现在你的班级里面，坐到你的讲台之下，这就是一份信任。你应该想办法把他教得更好，而不应该因为他会拖累班级的分数，影响到自己的工资和奖金，就白眼相待……学业好的学生成了为学校招生的广告，这是非常遗憾的事。

恳请所有的教育工作者，广开教育的方便之门。

举一隅不以三隅反： 让人喜爱学习才是最好的教育方法

子曰："不愤不启；不悱不发。举一隅不以三隅反，则不复也。"

我们常说教育就是"启发"，便是从这里来的。

"愤"是一个人憋在心里的感觉。孔子说如果一个学生，没有那种憋在心里边说不出来的痛苦和挣扎，没有认真地思考过问题，就不要着急地去启开他的思路。"启"的意思有点接近于提问，指的是老师用提问式的方法，让学生明白问题。

"悱"就是话到嘴边了，组织不好语言，表达不出来的那种感觉。如果一个学生没有到这样的时刻，就不要跟他讲明白。

中国古代有一个说法，老师培养一个孩子，最好的状态叫啐啄同时：鸡蛋要孵开的时候，小鸡在里边拿嘴啄蛋壳。外边的母鸡一看，小鸡拿嘴啄蛋壳了，也"啪"地从上面"啄"一下，小鸡就出来了。

假如母鸡不等小鸡在蛋壳里有点反应，就着急地梆梆梆啄开了，小鸡很可能就没生命了。假如外头的母鸡看不到小鸡使劲啄蛋壳也出不来，不帮忙啄破蛋壳，小鸡就会憋死。这讲的就是里外一起努力，与孔子"不愤不启；不悱不发"的教育思想类似。

这种教学策略相当于我们所提倡的"翻转式教学"，让学生先讨论、先体会、先发问。学生心中对一件事真的感兴趣，觉得自己太想知道答案了，心里好像有点感触，但又说不清楚，怎么办？学生会主动问老师能不能帮帮自己。这时候，老师再给他启发、提问、指导，进行引导式教学，这样学生的收获才会最大。

"举一隅不以三隅反"是什么意思？"隅"就是桌子角，一张桌子有四个角。老师讲明白了其中一个桌角，学生若不能明白其他几个角，就太不变通了。孔子希望学生能够举一反三，要动脑，学会自己推演。

"则不复也"存在两种解释。第一种解释比较残忍，孔子虽然是有教无类，但并不保证教会所有人。对于不能举一反三的人，就不再教了。

我个人认为不是这个意思，在教育学生方面，孔子不是没有耐心、毅力的人。从《论语》中看，孔子除了因为德行问题批评学生，很少说某某不是他的学生。

第二种解释认为孔子不是不教，而是不希望代替学生去思考，进行填鸭式教育。当他讲清楚了一个角，学生想不明白其他几个角的时候，孔子便不再往下讲，而是让学生好好体会他讲的第一个角，直到其理解后能推测其余的几个角为止。

很多老师给学生讲课，讲明白一道题，当学生遇到同类型的题却不会做时，依然只是继续给予讲解。这并不能激发学生去思索，反而让他们感到"痛苦"。这里所说的痛苦不是体罚，而是大脑中的矛盾与冲突。这种教学，学生很难对这个知识点有很深刻的理解，遇到稍有变化的同类题型依然不会。

《认知天性》讲人的大脑内部要产生摩擦：大脑使了半天劲，无论是想出来了，还是没想出来，都有收获。最怕的是大脑不使劲，老师讲了一个角，学生说还有另外一个角也不会，老师再给讲另外这个角。接下来学生再问下一个角……虽然老师全面地讲解了很多知识点，但是学生在学习的过程中并没有获得本质上的感悟，只了解到表面的知识点，因此这种教学往往收效甚微。所以，孔子提倡不要再讲了，应该让学生自己好好思考问题本质。

在我看来，孔子的教学方法相当科学。孔子作为一个老师，可以带那么多的学生一块儿出去郊游，在野外、在树下、在河边，在玩的过程中、吃着饭、聊着天，身体力行，就把学生给教了。这是多么不容易。

灌输式教育方式，从两百多年前沿用至今。教室里坐着足够多的学生，老师一个人在前边讲台上讲。在我小时候，中学的一个班要坐七十多个学生。课堂上，至少有一半的学生听不懂老师所讲的内容，还有一半的学生早就懂了，没耐心听下去。老师没办法，只能讲大部分人听得懂的东西。所以，有一部分学生浪费了时间，有一部分学生却跟不上，就这么随大溜地学。

一些孩子，脑子很聪明，但是因为在某个环节有一个概念没学会，可能就会被耽误了。比如有个孩子在很小的时候没学会分数，将来他的微积分能学好吗？有可能他这一辈子就被落下了，因为没有老师能帮助他补足分数没学好的知识盲区。

孔子针对每一个学生，不愤不启、不悱不发。对学生进行观察，让学生内在生出动力来，他才给点破，这样每一个学生会沿着自己的方向，去更好地成长。

教育的重点和难题，在于如何看待和引导孩子的愤与悱，如何让一个孩子能够发自内心地想知道答案。

教育不是注满一盆水，而是点燃孩子内心中的那团火。

让孩子有理想，要让孩子有乐趣，要让孩子感受到学习本身的魅力。说起来很简单，实际上如果做对了也很简单。当不否定孩子，能让孩子主动去学习的时候，老师要做的事就不会太多，孩子能动地去寻求答案，很容易便能学会。

有的老师喜欢用批评、恐吓，甚至威胁的方式对待学生。有些老师看到学生不按自己的想法来，就说"你要再这样，我就叫家长""你要再这样，将来长大了没出息，连工作都找不着"等。这是极为不恰当的，不仅不能起到积极的教育作用，更大的可能是适得其反，激起孩子的逆反心理，进而让他们变得讨厌学习。

如果整天吓唬孩子，导致孩子觉得学习是一件让自己身心都很痛苦的事，他不愿意愤，不愿意悱，启发将无处施展，教育便成为难题。教育若是难做下去，绝大可能是因为方向不对。如果方向对了，教育其实是一件很轻松愉快的事。我们要明白，孩子有向往学习、求知若渴的本性。

教育孩子跟造汽车完全不一样，造汽车是把一堆不会动的钢铁整合到一起，变成一辆能按照操作开动的汽车。但孩子本身就会成长、会思考，有自己的思想和意愿。大人唯一要做的，应该是让孩子们爱上自己的人生，让他们主导自己的成长，仅此而已！

不少大人错误的教育方法，导致孩子讨厌学习，甚至对自己的人生感到失望。太多的孩子希望活在幼儿园时代，不愿意上小学，甚至不愿意上学。这是多么失败的教育。所以，我们一起来读《论语》，学一学科学的教学方法。

子食于有丧者之侧：一顿饭就能看清人的素养

子食于有丧者之侧，未尝饱也。

这是很感人的场景：孔子去参加葬礼，如果坐在服丧者的旁边吃饭，他从来不会吃饱。

《论语》中经常会出现参加葬礼的描述，原因很简单，那时候人的平均寿命短，人口繁衍更迭较快，丧葬之事较为频繁。加之孔子所交甚广，也受人尊重，有葬礼就会被邀请。

为什么我说这很感人？那个年代不比医疗、卫生水平比较发达，人均寿命八十多岁的今天，一个人可能因为某个小病而失去生命。一件事情常见，很多人便会视而不见，习以为常。但是经常参加葬礼的孔子并没有习以为常，没有漠视生命的无常，每一次参加葬礼，都以实际行动对死者及其家人表示尊重。

这是对生命的尊重和敬畏。

参加葬礼是很重要的一个社会活动，能够反映出一个人内在的修养。

我在很小的时候，上二三年级，回村去参加过一次葬礼。在我的印象中，不像是在办丧事，好像是全村人在欢庆。在做丧事期间，全村人每天到我们家来吃饭，我还看到有人拿我家的鸡蛋、馒头。我告诉大人怎么有人拿馒头，大人说没有关系，作为主人不要提这事，拿了就拿了吧。

这跟孔子参加葬礼形成了鲜明的对比，孔子去参加葬礼，不吃饱。吃饱是生理需求、口腹之欲。

周国平先生写过一篇文章，专门探讨灵与肉的关系，我高中时读过，启发很大。文章大意是说，人的灵魂需要追求高尚的东西，但是高尚的东西经常被物质牵绊。比如一个母亲失去了自己的孩子，痛哭、难过，但是过段时间她不得不去吃饭，因为她饿了，饥饿使她暂时远离痛苦；恋人吵架吵得天崩地裂，觉得没有爱情了，一时间好像人生都失去了色彩，但是到点了照样要上厕所。灵魂和肉体，一个在空中，一个在地上，互相纠缠。

对孔子来说，当然需要吃饭。但这是参加别人的葬礼，死者亲友必然很难过，他不会为了口腹之欲而大快朵颐，忽略他人的哀恸。吃一顿饱饭和照顾亡者亲友的感受，二者之间，孰轻孰重？

很多人会说，吃饱饭并不影响我的同情心。所谓知行合一，行动是认知的表现。在丧礼中只顾自己吃饭的人，必然不守礼法，缺乏真正的仁爱之心。

孔子认为，爱人是尊"礼"的最重要的原因之一。如果真诚地关爱他人，参加葬礼是真心致哀，不是走过场，坐在那儿稍微吃一点，用行动表达内心的悲痛与同情，这是"礼"在具体事情上的应用。

哭则不歌： 乐观的人更能体会哀伤

子于是日哭，则不歌。

这句话我引用得很多。如果某个地方出现了矿难、爆炸、地震、海啸等令人难过的事件，这句话就会浮现在我的脑海里。

孔子如果某天参加了葬礼，哭了，就不会再唱歌了，一整天安安静静度过。这是因为孔子感到难过，这也体现着他对生命的珍视。

从反面来揣测孔子，在他的生活中，只要不参加葬礼，每天可能都唱歌奏乐，内心很快活。如果不从这个角度来分析孔子，便会觉得孔子距离我们太遥远，肯定是个老古板，而且他说的很多话都没法执行。实际上孔子活得乐观积极，不是像贾政那样的假正经，不是一个假道学，不是一个燕居在家也道貌岸然的人。

如果没参加葬礼，孔子可能每天都会哼哼歌，很怡然开心的样子。他歌唱得也不错，后边我们还会讲述。孔子听到别人歌唱得好，一定会请求再唱一遍，跟人学一遍，再和一遍。由此可见，孔子对音乐的喜爱之情来自灵魂深处，并且能通过音乐找到快乐。

对别人致以哀伤的时候，我们应该静默一天。不要高高兴兴地哼着歌，随意说着"我挺你"之类的口号，漠视和轻视别人的痛苦。

临事而惧，好谋而成：创业不能靠勇气和热血，要有规划

子谓颜渊曰："用之则行，舍之则藏，惟我与尔有是夫！"子路曰："子行三军，则谁与？"子曰："暴虎冯河，死而无悔者，吾不与也。必也，临事而惧，好谋而成者也。"

颜回总是被孔子捧在手心上，子路则经常被孔子敲打提点。

这一次，孔子跟颜回说："用之则行，舍之则藏，只有咱们两个人能够做到吧？"孔子跟颜回多亲近！

"用之则行"，国君如果用人，要让我出山，让我去当官，我可以马上上任，没有任何问题。孔子做过大司寇，所以这话并不是吹牛。"舍之则藏"，得不到任用，能心情很坦荡地回家修行、认真学习。孔子在鲁国当官的时候，胙肉不至，挂印而去。鲁君祭祀，完成后其用的肉会分给每一个大夫，这代表一种国家的荣誉。孔子等了好几天，没有分到肉，官印一挂，便走了。孔子到了边境线上，又等了三天，看肉会不会送到边境，还是没人来，这才开始周游列国。

在我看来，能够做到"用之则行""舍之则藏"其中一条就不容易。

人的性格不是完美的，当用一个人的时候，他有可能推三阻四、害怕、犹豫，怀疑其中是否有陷阱。林则徐说的"苟利国家生死以，岂因祸福避趋之"，这种用之则行、立刻承担责任是需要勇气、能力和担当的。

"舍之则藏"也很难做到，人们常常"舍之则怨""舍之则难过"。在家里辗转反侧，觉得自己受委屈了、受气了，怨愤难平。还有很多人觉得自己明明能力很强，但是别人总看不到，产生大量的负面情绪。

孔子认为颜回和自己就能做到如上两点。这一天，不知道孔子为什么这么放松，当众说了这么一句夸奖颜回的话。子路在旁边听着可能有些小情绪，毕竟自己很早就跟着孔子学习，可以说是大弟子，得有点儿面子和地位吧。

于是，子路就问孔子："子行三军，则谁与？"老师要去打仗的话，带谁去？这句话可能是说颜回身体羸弱，打仗肯定不行。

孔子回答子路，"揍"得好狠，认为子路是暴虎冯河，做事情一味地凭借勇气，过于莽撞。"暴虎"指的是老虎来了，徒手与之搏斗。想想看，连武松打虎都还有一根哨棒，徒手对付虎，是不是太莽撞？"冯河"指的是如果没有船、没有桥，过河的时候就直接从河中间蹚过去。

孔子说自己不带这样的人同行，这种人"死而无悔"，从不觉得自己的生命有多么重要。

我国古代有一个时期流行"玄谈"，大家袖着手，聚在一起聊一些玄之又玄的内容。突然战争爆发，国家有难，打不过对方，怎么办？临难一死报君王。死给君王看，显得自己很忠诚。可这有什么用呢，国家又不缺一个去死的人。从古至今，总有人以死来表示自己的忠诚，表示自己的勇气。在孔子看来，这种死而无悔者，不值得与之同行。

孔子认为，人的生命很重要，不能轻易地处置自己的生命。孔子欣赏的是"临事而惧，好谋而成"。这并非胆小懦弱，而是一种饱含智慧、认真对待事情的态度。有些年轻人说话常常把"做"了什么事情，说成"玩"了什么事情。比如，把"学摄影"说成"玩摄影"。更有甚者，面试的时候，介绍自己的过往工作经历概之为"玩"。一个人把过去的工作都叫作玩，用对待游戏的态度来创业、工作，心中缺乏敬畏，是很难把事情做好的，更不会追求自我超越。

有部分人觉得"认真做事"很没有面子。我和考北大、清华MBA的同学们有过一次座谈，他们内心觉得上考前辅导班很丢脸，不愿意让别人知道，怕别人说"考MBA还要上考前辅导班？自己在家里看看书就行了"。他们不愿意提这件事，因为存在心理上的弱势。我引用了孔子的这句"必也，临事而惧，好谋而成"来开导他们。当你认定了自己要考名校的MBA时，也必须认定这是一件很严肃的事。临事而惧，就是知道竞争很激烈，这不容易。那应该怎么做？应该好谋而成，努力地去上辅导班，认真对待，好好学习，而不要整天标榜"我无所谓，就是试试看，考不上也不要紧"。

内心很在意，表面上看起来却无所谓。这么做主要是秀给别人看，让别人觉得自己好像很轻松就把一切事情都做了。这种态度不对。做一件事情，要知道做事的责任和难度，之后才能根据实际情况认真地规划，把所有能想到的细节想清楚，尽最大努力做成这件事情。

拿破仑一开始横扫欧洲，总打胜仗，因为拿破仑清清楚楚地把握了战争的每一个细节：一条路有多少个谷仓，大概能够容纳多少士兵，带多少士兵需要多少粮食，有多少门大炮，安装这些大炮需要多少个位置、需要多少颗螺钉，拿破仑都能够一口报出来。这就是临事而惧，好谋而成。

后来为什么失败？打俄国的时候，别人告诉他，俄国可没有那么多的谷仓，没有那么多能够得到接济、吃饭、磨面的地方。听到没有磨坊，拿破仑当时犹豫了一下。但他认为自己都赢了这么多场了，自大忘我，认为不会有问题，便没有改变计划，最终招致失败。

这一段话，孔子对子路确实是有点严厉，不过对于我们来说，很有教益。

尤其是学生，我希望你们能明白，不论是要考初中、高中，还是大学，都需要认认真真对待。不要总希望自己能够毫不费力地玩耍着就能考出好成绩。能够考出好成绩的人，一定都是临事而惧，好谋而成。

富而可求： 创业应该把事情做到极致，而不是跟风

子曰："富而可求也，虽执鞭之士，吾亦为之。如不可求，从吾所好！"

我觉得这一节是孔子在跟学生开玩笑，他说："如果真的能够求到富贵，哪怕成为一个执鞭之士，我也愿意去做。"

关于执鞭之士有不同解释。过去很多人将执鞭之士理解为车夫，因为驾车要甩鞭子。孔子驾车技术很高，他能教人怎样驾车。简单理解，就是孔子说自己愿意当司机。

后来有人考证，执鞭不是指拿着驾马车用的鞭子，而是指给官员开道。古代官员出行，前面有人拿着鞭子开路，警示民众让开、回避、肃静。

无论怎么样，执鞭之士被古代很多人认为是低贱的差事。

接着孔子又说：若是求不到财富的话，我还是去做我想做的事，从心所欲，逍遥自在。

孔子的这个观点，对当下的创业者来讲不是一个好的激励。

创业者不要觉得可以求得富贵就去创业，求不来富贵就不创业了。因为没有人能保证创业一定会成功，没有人敢承诺只要现在先创业，今后保证能够上福布斯排行榜。以这种心态创业，够呛能成功。创业是干出来的，结果不可预知。

我觉得孔子更想表达的是，提醒学生们务实一点。通过正当途径能求得财富，就努力去做好，不要觉得做某份工作是丢脸的事。如果求不到财富，也不要执着，别成天瞎折腾。不能为了求得财富，老折腾些不高级的事情，总想着

送个礼、喝酒拉关系之类，各种钻营。这些不务实的做法没法保证你成为一个成功人士。所以，大家还是要好好守住本心，干自己该干的事。

我们看看当下的创业市场，人们都瞄着风口在哪儿，总是看别人做了什么自己就跟着做什么。这种人往往追不上什么好机会，还忙得团团转。真正能够做出成绩的，是把自己喜爱的事做到极致的人。如果一个人真的能够守住本心，把自己最爱的事情认真地做好，做到极致，把自己做成专家，这时候就有话语权了，这样才能成功。

孔子说的这句话，前半句是开玩笑，后半句是告诫我们要认认真真做自己喜欢做的事，尽量把它做到极致。从创业的角度来说，孔子极其成功，他建立了儒家的体系，最终成为至圣先师。

这句话很适用于我们普通人自我安慰。当我们看到周围的人都在折腾，好不热闹时，要提醒自己别跟着折腾，折腾来折腾去，还不如守住本心，认真地钻研，干好自己的事。

这句话可以从多种角度解读，但都能给人带来激励或者安慰。

子之所慎：社会发展中无法回避的问题

子之所慎：齐，战，疾。

孔子最慎重、最小心认真对待的三件事情："齐"念"zhāi"，同"斋"，是祭祀；"战"是打仗、战争；"疾"是疾病。

祭祀、战争和疾病，往往能影响人类历史的走向。读一读《人性中的善良天使》《丝绸之路》这种贯穿着世界历史的书，我们会发现一些影响历史进程的重要转折点，比如黑死病暴发，比如蒙古人席卷而来的战争，比如君士坦丁大帝突然信仰基督教。

从历史学的角度看，某些信仰、战争和疾病事件，已经给整个世界的发展带来巨大的转折。

孔子对待这三件事是非常谨慎、非常睿智的。

祭祀、斋戒这种宗教方面的事情涉及人和天的关系，孔子认为，在看待人和天的关系上，人要端正地对待天地自然，不可无敬畏之心。

战争，是人和生命的关系，战争总是以剥夺别人的生命为基本手段来谋得其他目的，是非常残忍的一件事。

疾病，是人和健康的关系。

如果能够处理好这三大关系，妥善处理信仰、战争和疾病相关的问题，让这三种最难以控制的事物得以掌控，国家才能够沿着所设想的方向不断地前进。这是孔子之所以重视这三件事的原因，对我们今天的社会也极有借鉴意义。

三月不知肉味：怎样进入忘我的心流境界

子在齐闻《韶》，三月不知肉味。曰："不图为乐之至于斯也！"

有个词叫"在齐闻韶"，还有一个说法叫"三月不知肉味"，都是从这句话里边来的。

有人考证过，这件事发生在公元前五一七年。孔子大概三十五岁，刚刚进入中年，在齐国听到了《韶乐》。《韶乐》是舜的音乐，我觉得孔子受当时音乐的背景影响。有可能孔子喜欢舜，所以舜的音乐在他听来特别好听，好听到回家三月不知肉味。

孔子是一个爱吃肉的人，但"食不厌精，脍不厌细"，肉切得不整齐，他不吃；肉做得不好吃，他也不吃。孔子讲究生活情趣，很有格调，喜爱音乐艺术。孔子听了《韶乐》回去后，三月不知肉味，吃饭都没味，发愤以忘食，可见他对《韶乐》的痴迷程度，远远在吃肉之上，判若云泥。

当一个人对一件事情特别投入、深入钻研的时候，他会沉醉其中，物我两忘。

牛顿的妹妹讲，牛顿四五十岁的时候，有些行为就跟五六岁的小孩一样。如果没有人叫他吃饭，他往往不会吃饭。到了饭桌上，如果没有人把饭放在他的盘子里，他也不会吃。牛顿还经常穿着睡衣拖鞋，头发也不梳，就在剑桥大学校园中到处闲逛、乱走，脑子里想那些复杂的数学公式，还常常会拿着东西在地上乱画。他完全沉浸在学术的世界里，对于吃饭这样的事毫不在意。

有一回数学王子高斯走在马路上，突然想到一个公式，觉得不得了，太棒了，千万不能忘了这个美好的证明。当时他手头没有纸笔，但突然发现街上有一块黑板，就赶紧抓了个东西往黑板上写公式。写着写着，黑板就"跑"了，高斯就追着黑板写。后来才发现，他是把证明公式写在别人的马车上。这就是完全投入的状态。

要想体会孔子三月不知肉味的境界，可以去读读米哈里·契克森米哈赖创作的在心理学领域非常有影响力的一本书《心流》。书里有论述，当一个人做一件事进入到心流的状态时，会对时间的流逝没有感觉。

有的女孩子跟闺密喝下午茶聊天，两个人坐在那儿相聊甚欢，不知不觉四个小时过去了。如果是有人规定，她在咖啡厅必须坐够四个小时才可以走，她一定会说"凭什么剥夺我的权利"，觉得坐四个小时是非常要命的一件事。但是她跟人聊天聊兴奋了，四个小时一晃就过去了。

我有个同学跟他老婆结识，属于真正的一见钟情，介绍人也是我的同学。他俩一坐下来，互相看了一眼，就完全忘记介绍人。介绍人坐在旁边坐得实在没意思，起来买单离开了，两人也没在意。后来他俩聊了一晚上，第二个星期就结婚了，到现在他们还生活得很好。

当一个人能够找到三月不知肉味的感觉，进入心流的状态时，时间、外部环境就变得都不重要。

孔子最后感叹"不图为乐之至于斯也"，这句话有两种读法：第一种是"乐"读"lè"，第二种是"乐"读"yuè"。

我认为都可以。第一种解释，"乐"是快乐，没想到《韶乐》能带给人如此的快乐。

第二种解释，"乐"是音乐，没想到这个音乐有这么美好。

求仁而得仁：成熟的人能对自己做的事情负责

冉有曰："夫子为卫君乎？"子贡曰："诺，吾将问之。"入曰："伯夷、叔齐何人也？"曰："古之贤人也。"曰："怨乎？"曰："求仁而得仁，又何怨？"出曰："夫子不为也。"

这一段话如果不进行讲解，很难懂。

当时的卫国，卫灵公夫人南子名声不好，跟宋朝有染，风言风语很多。因此卫灵公的儿子蒯聩非常厌恶南子，就与人合计暗杀南子。但是同党临阵反悔，被南子察觉，向卫灵公告发。卫灵公因此大怒，要杀蒯聩，蒯聩便逃到邻国晋国避难。晋国是一个大国，所以蒯聩得以保命。

公元前四九三年的春天，卫灵公想立郢为太子，但是公子郢不接受。同年夏，灵公去世，南子秉承灵公之意希望公子郢即位，但是公子郢却让太子蒯聩的儿子辄即位。最终辄即位，为卫出公。

这时候，事情就复杂了，因为卫出公辄的父亲还在晋国。晋国一看这是介入卫国事务的好机会，就把蒯聩送回卫国，所持有的态度是蒯聩回来了，辄必须把王位让给蒯聩，否则就是不孝。但一旦把位子让给了蒯聩，晋国的大兵跟在后边，直接就打进来了，卫国就算完了。

孔子此时在卫国，做类似于参谋的角色。冉有和其他学生私下里聊天，猜测咱们的老师会不会保护新的卫君，要不要为现在的卫出公做事，会不会留在这儿……因为这个牵扯到其他学生的动向。夫子如果留在这儿，大家可能就要跟夫子一块儿对抗晋国、对抗蒯聩，必然会爆发战争，一定要小心。

他们要打听这事，子贡便说他去问问。子贡很聪明、很灵活，没有直接问孔子这么敏感的问题，说老师打算怎么做。这种直指站队的隐秘问题不能直接问。

子贡进来以后问"伯夷、叔齐何人也"。这是明知故问，因为古代人都知道伯夷、叔齐的典故。他们俩是孤竹君的儿子，孤竹君想让位于三子叔齐，孤竹君死后，叔齐却认为长子伯夷应该继承王位。尊于礼法仁义，兄弟俩都不愿意继承王位，不约而同地跑了。他们是礼让之人，孔子说这是古代的好人、贤人。

子贡又问：这两个人难道心中没有怨恨吗，国君也不当了，后来饿死在首阳山上？

孔子说了一句名言，也是我的座右铭——求仁而得仁，又何怨？这句话意义非凡。求仁而得仁——你不就是想做个好人吗？你现在当上好人了。你求的是仁，又不是名，如果你求名而得仁，或者你求利而得名，或者求利而得仁，你怨恨都是正常的。但是你声称就是求仁，你本身就想成为一个好人，那你现在成为好人了，有什么好抱怨的呢？

说到这儿，聪明人全明白了。子贡就属于"举一隅而以三隅反者"，孔子跟他说一个角，别的角子贡也都明白了。

子贡出来跟冉有说：夫子不会留在卫国帮卫出公的。

因为这场战争怎么打都是乱象丛生。想想看，如果是蒯聩回来，带着晋国灭了卫国，这明显是卫奸的做法，等于蒯聩把卫国拱手让给了晋国。而且最重要的是，蒯聩是被父亲卫灵公驱逐出去的，若是带着外部势力打回来，孔子肯定不会帮蒯聩。但是，如果帮着卫出公来打蒯聩，儿子打父亲，这在孔子看来也是大逆不道的一件事。

子路后来就死在这件事上。有人请子路去帮卫出公，子路那时候年纪也大了，判断力可能出了一点问题，就答应去一趟。孔子说：你不要去，太危险，根本没法保命回来。但是子路说：我已经答应人家了，必须去，一诺千金。子路去了。孔子很早以前就说过，依照子路这种性情，"不得其死然"，将来怎么死都不知道，结果一语成谶。

卫国大乱，子路为了保护王子，被乱刀砍死。子路死得非常英勇，临死之前，帽子打歪了，还自己扶正了。因为夫子说了，君子在任何时候，帽子都应该戴正。

卫国的这件事情，在当时影响非常大，孔子不愿意参与其中。

当我们听到"求仁而得仁，又何怨"的时候，就知道孔子不会为了当官，不会为了获得利益，留在卫国这样的地方。伯夷、叔齐是礼让之人，现在这父子俩都不是礼让之人，不符合孔子的思想理念，这是孔子离开卫国的原因。

在这一节中，我们要记住的是"求仁而得仁，又何怨"。这句话充满力量，我在"樊登读书"里讲了很多书，想和大家一起学习怎么做一个好人，怎么样倾听对方，怎么样体谅对方，在对方生气的时候怎样表达情感。

有一次我的朋友对我说：为什么你教的那些东西，都是教我们做好人，教我们去礼让别人，教我们感受爱，教我们做情感反馈？别人为什么不学？为什么不是别人来对我们做这样的事？

这就是认为做好人是吃亏的观点。如果觉得做好人吃亏，就根本感受不到做好人的快乐，这时候可以默念"求仁而得仁，又何怨"。

做一个好人就是对自己最大的奖赏，不需要感到痛苦，不需要感到委屈。因为你是一个成熟的人，知道什么是对、什么是错。把这句话经常放在心里默念，我们的人生就会生出特别多的力量。算计、占便宜只是外在的表现，一个人内心是不是觉得安稳、平和、喜乐，是在于他有没有求仁得仁。

乐亦在其中矣：如何理解幸福？幸福应该是一种能力

子曰："饭疏食、饮水，曲肱而枕之，乐亦在其中矣。不义而富且贵，于我如浮云！"

这是孔子的自我评价，说的是他自己的状态。

"饭疏食"就是吃一些粗粮，也可以理解为食物粗糙简陋。那时候热水被称为汤，"水"指凉水。饮水，就是说平日里喝凉水，热水都不一定有，别说酒之类的了。我们今天说粗茶淡饭，对比孔子的饮食来说，不异于山珍海味。"曲肱而枕之"，就是没有枕头，枕在胳膊上。这些在孔子看来，自有一番滋味，"乐亦在其中矣"。然后孔子总结道，"不义而富且贵，于我如浮云"。在孔子看来，如果做一些不义的事，比如和阳虎、季氏这样的人在一起谋划，打成一片，即便能获得土地、财物、权力、地位，变得富且贵，也只不过像天上的浮云一样。

宋儒考学生的时候，问"孰为孔颜之乐"。颜回的乐是"一箪食，一瓢饮，在陋巷，人不堪其忧，回也不改其乐"；孔夫子的乐是"饭疏食、饮水，曲肱而枕"。

什么是生命本源的快乐？比如一个人需要呼吸，呼吸本身就是人生最伟大的奇迹。难道不觉得生命很奇妙吗？一口气呼出去还能再吸回来。如果只出气不进气，那就不奇妙了。当一个人能够体会到呼吸的快乐、生命本源的快乐时，"法喜充满（修行顿悟的快乐）"的感觉就来了。

孔子感知快乐的能力很强大，能够随时随地获得快乐。幸福不是一种状态，幸福是一种能力。如果一个人认为幸福是执宰一方，幸福是腰缠万贯，幸福是香车十乘等这样的标准，那么幸福就是一种状态。实际上，有人有马千乘，内心照样颠沛流离，魂无所依。因为幸福跟拥有多少东西关系不大，而是需要拥有感知幸福的能力。如果拥有感知幸福的能力，疏食饮水，曲肱而枕，也能很快乐；假如没有感知幸福的能力，即便拥有很多，也会焦躁不安。

我个人从这句话当中还读出了一些感悟：正常思维，"饭疏食、饮水，曲肱而枕之，乐亦在其中矣"，后边紧接着的应该是"富且贵于我如浮云"。为什么插入"不义"二字？从逻辑上讲，既然"饭疏食、饮水，曲肱而枕之"已经很好了，所以又富又贵，应该如浮云，不义而富且贵，应该如乌云，这才是一个递进的关系。

从这个逻辑上能够看出来，孔子并不排斥富且贵，他排斥的是不义而富且贵。有人理解得比较浅显，说孔子是个会生活的人，是犬儒主义。关于犬儒主义，这里有一个很好的故事来诠释。

有人和海边的一个懒汉对话——

"你干吗躺在海边，什么事也不干，大好的青春浪费了。"

"你忙着干啥？"

"忙着工作。"

"忙着工作干啥？"

"工作挣钱。"

"挣钱干啥？"

"挣钱买房子。"

"买房子干啥？"

"买房子给儿子。"

"买房子给儿子挣了钱，然后你干吗？"

"我要躺在海边好好享受"。

"我现在已经做到了。"

犬儒主义者常用的说法是你想享受的，现在已经享受到了，比如躺在海边，海南岛那样的地方不会饿死人，靠椰子都能活下来。

如果这样理解，就把孔子的境界理解得太低了。孔子根本不是一个能闲下来的人，也根本不是犬儒主义者，只是他不仅仅追求物质。富且贵，对于孔子来讲并不是他追求的目标，不义而富且贵就更不是他追求的目标了。

这段话给我们的启发，就是如何理解幸福。

五十以学《易》：若十年前没种树，最好的时机是现在

子曰："加我数年，五十以学《易》，可以无大过矣！"

这句话确实不太容易理解，我们需要先普及一点常识。

四书：《论语》《孟子》《大学》《中庸》。

五经：《诗》《书》《礼》《易》《春秋》。

《易经》：《连山》《归藏》《周易》。

如果一个人有兴趣，可以尽量多地研读以上书籍。《连山》《归藏》不见传世，所以《易经》基本上指《周易》。

"加我数年"，"加"是通假字，通"假"，就是借来的意思。孔子说：假如生命能够再借我几年，我五十岁的时候开始学《周易》，我的人生便不会犯什么大错了。可见，孔子把《周易》看得很高，这句话很明显是对《周易》极大的褒奖。

这句话令大家产生一个疑问：这是孔子五十岁以前说的，还是五十岁以后说的？

很多学者经过复杂的考证，认为这是孔子五十岁以前说的。但是司马迁说孔子"晚而喜《易》"，就是说孔子到了晚年的时候，开始喜欢《周易》。孔子活了七十多岁，所谓"七十三""八十四"是迈不过的长寿的坎儿，七十三岁是孔子，八十四岁是孟子。按司马迁的意思，孔子应该是六七十岁以后喜欢《周易》的。

有人问：孔子说这句话的时候，学没学过《周易》？我认为，肯定是学过。

一个人没有接触过《周易》，不可能突然说，如果让我学了《周易》，我就可以少犯很多错误。这样从逻辑上根本讲不通。

我觉得从情理上来讲，这句话应该是孔子五十岁以后说的一句回顾式的感慨。

孔子在六七十岁的时候，学到了《周易》，突然发现《周易》原来饱含人生真谛。《周易》讲的不是算命，《周易》讲的是生活态度，"潜龙勿用""见龙在田""终日乾乾""或跃在渊""飞龙在天""亢龙有悔"都是人生态度。

《周易》中，为什么乾卦那么重要，就是人要随时随地保持谦虚的态度，这是很棒的卦象。再如"否极泰来"，是告诉我们，如果人生暂时走投无路，只要自己坚持奋斗，好的情况就会出现。

《周易》给孔子，包括给我们后来所有的读者提供的最重要的知识，绝对不是卜卦算命。没有哪个国家靠卜卦能够治理好，没有哪个企业靠算命能够经营好。《周易》带来的文化上的积淀，不在于算命和预言，而在于让我们理解世界的规律，让我们知道人要能够学会控制好自己生命的节奏，做事不要做到极端，要学会中庸之道。

孔子在晚年读了《周易》后，发现对他提出的中庸之道是一种非常良好的支持和印证，所以他感慨"如果上天再借我几年，让我回到五十岁的时候，就能够学《周易》，可以无大过矣"。

孔子这一生有哪些大过？很难下结论。但是他五六十岁周游列国的时候，一定吃了很多的苦，遭遇了很多悲凉的事。他的学生也跟着他遭了很多的罪，他内心难免有一些自责。

如果当时学过《周易》，孔子能够更好地经营自己和世界的关系、和他人的关系、和领导的关系，那么他犯的过错可能就会少一点。

子所雅言：人生有很多事情，要执着以待

子所雅言，《诗》、《书》、执礼，皆雅言也。

当时各地也有不同的方言，雅言相当于官方规定的通用语言，大概是夏朝的语言。

孔子的语言口音跟雅言不一样。他在讲《诗经》《尚书》，还有执行礼事、做主持人的时候，都用雅言。不用熟悉的腔调，而用雅言，说明孔子对这三件事特别重视。

心理学理论研究表示，一个人能够当着其他人的面，坦然地讲自己的方言，是一种自信的表现。

我上大学的时候，班上有很多同学不会讲普通话，站起来就讲方言。同学

们哄笑之后，老师安慰讲方言的同学，说这是自信的表现。

我过去讲陕西话。但是，当我要在其他人面前跟我的老乡讲陕西话的时候，我觉得有点说不出口。现在没关系了，当着所有人的面说陕西话我也觉得无所谓。

乐以忘忧：自信的人，是怎样介绍自己的

叶公问孔子于子路，子路不对。子曰："女奚不曰：'其为人也，发愤忘食，乐以忘忧，不知老之将至云尔。'"

有个成语叫叶公好龙，"叶"以前应该念"shè"，今天不用这个读法。古代大的县的县长叫公，小的县的县长叫尹，叶公是叶县的地方长官。可能原来有个小国叫叶国，被吞并了以后，就成为叶县。

叶公的名字叫沈诸梁，在《论语》中出现了好几次，在历史上也很有名。叶公跟孔子不熟，孔子周游列国，到了叶县，叶公就问子路："孔子到底是个什么样的人，讲讲你的老师。"

子路嘴比较笨，概括不出来，就告诉孔子："叶公问你是个什么样的人，我不知道怎么说，就没说。"

孔子对子路说："你为什么不这么跟他讲：'他这个人忙起来、工作起来，非常努力，连饭都可以不吃。他在这个状态中享受快乐，把很多烦恼的事都抛在脑后，每天高高兴兴带着学生不断地学习，周游列国。虽然年龄很大，但是他像不知道一样，还觉得自己活在年轻的状态当中。'"

这是孔子对自己的评价。

在社交活动中，一个人怎么介绍自己，代表着他内心的自信程度。有句话说"缺什么就炫耀什么"，也是有一定道理的。介绍自己时强调外在地位，就没有轻松写意地介绍自己爱好的人自信，前者本质在于希望获得别人认同，后者并不在意别人认同与否。好比营销助理的名片写满了联系方式和职位，而很多成功人士的名片上可能只有姓名和电话。比如有人说："我是外企的职员""我是好爸爸""我是名校毕业生""我是海归……"介绍的全是自己的外在条件，属于社会的位置。这种介绍越是全面详细，他内心的担忧焦虑就越多，压力越大。

当一个人看到的全是身份性自我，强调并放大这种社会属性时，其压力自然会变大。因为他要配得上海归身份，配得上爸爸身份，配得上名校毕业身份，配得上外企白领身份……

怎么介绍才能让自己轻松愉快呢？"我是一个正直的人，我是一个诚实的人，我是一个守信用的人，我是一个有爱心的人，我是一个特别乐于帮助的人，我是一个你可以信任的人……"以上介绍，所流露出来的自我不是身份性自我，而是本质性自我。如果这些不是说谎美化自己的话，而是你平常所展现出来的东西，那么你自然就能做到，当然就不会有压力，也就不会产生焦虑了。就像李白说的"天生我材必有用""我辈岂是蓬蒿人"，柳永说"才子词人，自是白衣卿相"一样。

当一个人经常性地回归到本质性自我，去看自己的特点的时候，会很轻松愉快，内心很有力量。回到自我价值观，人就有力量。

人们在社会中觉得压力大，就是因为脑子里常常想的是身份性自我，关注自己又获得了什么身份，荣誉是真的假的，我对不对得起自己的头衔，对不对得起自己的身份，万一别人瞧不起我怎么办……但我们想想看，有人会瞧不起一个正直的人吗，哪怕这个正直的人就是一个贩夫走卒？你会瞧不起他吗？不会！因为他的本质比钻石更珍贵。

当我们能回到自己的本质，更多地看到自己内在的生命特性，而不是外在身份的时候，压力状态就会改变，人就会变得轻松、愉快、自信，做事有章法。

孔子的这段自我介绍，没有说自己是人类历史上伟大的教育家，当过鲁国的大官。孔子心中没有这些，因为这些对他来讲太不值一提了。即便流落至此，孔子也没有想到去说那些外在性的东西。

孔子对心流的状态了然于心，一个人只有又努力又快乐，才能到达心流的状态。只快乐、不努力，不会产生心流。比如一个人总去蹦迪，蹦到觉得一点劲都没有，没意思、不好玩；一个人去打游戏，打到一点挑战都没有，觉得分分钟闭着眼睛都能打过关，也不好玩。这便无法进入心流的状态，只有努力与快乐加在一起，才能叫作心流。

孔子所言，发愤忘食就是努力，乐以忘忧就是快乐，不知老之将至，就是已经进入了心流的状态。所以，孔子向子路展现的，实际上是一个活得很愉快的人。孔子更看重的是本质性自我，而不是身份性自我。

希望大家在读这一节的时候，能够体会到其中的深意。

我非生而知之者：认知失调是成功路上最难跨越的坎

子曰："我非生而知之者。好古，敏以求之者也。"

有人跟孔子说，"你是圣人，你厉害，我们普通人做不到"。在当今社会上，也有很多人喜欢将别人封圣，喜欢神化天才。比如莫扎特钢琴弹得很好，大家就会说，我们没法比，他是天才，五岁就会作曲。有人说贝多芬厉害，马上就有人说那也是天才；有人说华罗庚厉害，同样会有人说他是天才。

我在生活中也常常遇到别人的"表扬"："樊老师讲书讲得好，这是天赋。你别否认，我告诉你，你就是有天赋。"

我说："我之前不爱读书，这真不是天赋，我是工作以后才慢慢学的。"

"不可能，你小时候常常参加诗歌朗诵会，你肯定得过奖！"

有些人往往把别人的一些长处归于天赋，从而给自己的不行动找理由和借口。

人就怕认知失调，做了与自己认知不一致的事情，从而引发内心的不舒服。我觉得自己是个很厉害的人，为什么我就达不到莫扎特的水平？觉得自己不如莫扎特有天赋，自己在钢琴方面天生笨拙，莫扎特能做到的我做不到！这就会感到痛苦，感到很难过。

因认知失调而感到难过的时候，怎么办？人就会想办法改变。很多人没有高超的钢琴演奏技艺，并非天赋极差，而是因为不愿意像莫扎特一样去做大量而有针对性的练习。

既不愿意下功夫练习，又想解决认知失调，只好说莫扎特是学不来的，他是天才，几百年就出这么一个。这样给他人贴上一个神圣的标签，自己就得到了安慰。莫扎特没有从这种神化中得到任何好处，他也从来不认为自己是个天才。

孔子也不认为自己是个天才。

孔子说：我非生而知之者，生而知之者是圣人，我不是那样的人。但是老百姓和学生希望孔子是这样的人，因为这样一来，大家都可以轻松了，不用像他一样学习，不用那么努力，解决了认知失调。这就是人们喜欢给出色的人贴圣人标签的原因。

我们如果真的有志气，就要相信，孔子能做到的事，自己一样能做到。王阳明十八岁的时候，在江西遇到大儒娄谅。娄谅跟王阳明说的一句话，让这个小伙子转变了整个人生的方向。他告诉王阳明"圣人必可学而至"，这意味着孔夫子这样的圣人，人们通过学习也是能够达到他那个程度的。只要努力学习，其他人也能成为圣贤，这让王阳明豁然开朗。

如果我们简单地把周围那些厉害的、很棒的人，贴上"天才""天赋异禀"的标签，那我们就堕落了，就算自己有天赋也难免泯然众人矣。

孔子在这儿跟他的学生强调：我根本不是生而知之的圣人，不是天生就什么都明白。

接下来，孔子说"好古，敏以求之者也"。

"好古"其实就是爱学习，孔子喜欢学习前人的经验，而不是闭门造车。

孔夫子解释过孔文子"敏而好学，不耻下问"。孔子提倡，对于学习知识，要非常敏锐、勤奋，讲求主动、能动地学习。"敏以求之者也"，差不多就是这种求学状态。

要想把这句话理解透彻，推荐阅读《刻意练习》，它点破了关于天才的神话，告诉我们像莫扎特、帕格尼尼这样的人，全是靠勤奋练习才取得的成就。孔子在两千五百多年前就讲出了这个道理。

孔子把人做了分类：最上的人叫圣人，生而知之；其次，学而知之；再次，困而知之，就是有疑难了才去学习；最次者，困而不学，民斯为下矣。被问题困住了还不学，每天生活得很痛苦，在痛苦里挣扎，天天"撑"人、骂人、难过，就是不学习。

孔子说他没见过生而知之的人，这种人可能有，但他没见过。他认为尧、舜可能是圣人，孔子对死去的人一般比较宽容，死去的人得一个"圣""仁"名号都是可以的。

但如果一个人活着，孔子不会说这个人是圣人，这个人是仁人。他也从来不承认自己是圣人。

通过学习这一节，希望我们能够更多地相信"敏以求之"，相信"好古"，去努力地学习前人的经验，而不是非要说厉害的人都是天才，其他人没法达到他们的程度。

子不语怪、力、乱、神：成功者都是专注做好自己事情的人

子不语怪、力、乱、神。

清朝的时候袁枚写了一本书，名字叫《子不语》，其序开篇便道"怪、力、乱、神，子所不语也"，表明书的内容就是说孔子从来不说的事情。其实古代还有别的书，也叫《子不语》，元朝就有一本，可见大家对于子不语的事都很好奇。

很多八卦的事情基本上都是怪力乱神。"怪"就是超自然的现象，比如百慕大三角海域灵异传说；"力"就是施暴、强权、争斗；"乱"就是悖乱、八卦、绯闻之类的事情；"神"指的是神出鬼没，鬼神系统里的东西。

孔子对于这些怪、力、乱、神的事情，从来都不说，别人讨论的时候他也不参与。

一个人管好自己的言谈举止很重要，语言会影响到思想，思想会影响行为，行为会影响习惯，习惯到最后变成命运。

说话负责任，对我们来说非常重要，不明白的不乱说，有争议的不妄论，不仁义的不宣扬。对怪、力、乱、神，孔子的原则始终是存而不论，可以有，但不讨论。

在传播上来看，讨论怪、力、乱、神最容易吸引眼球。但我们要知道，这些对于解决问题没有什么好处。比如某个地方发生了自杀事件，被纷纷报道。这类事件报道得越多，反而引起某个地域的自杀现象增多，这叫曝光效应。所以，媒体对暴力事件的报道，一定要谨慎，尤其要注意相关报道不能对意志力

薄弱的青少年产生负面影响。

其实，那些神神怪怪、八卦舆情，都与己无关。比如明星们的情感纠纷，与我们并没有什么瓜葛，何必费心思关心这样的事情。所有怪、力、乱、神，通通都是关注圈内的事情，我们其实只要做好自己影响圈内的事，做好那些自己能做的、能够改变的事即可。

择其善者从之：自律反熵而行的人才能具备成长型心态

子曰："三人行，必有我师焉。择其善者而从之，其不善者而改之。"

这句话大部分人都懂。几个走到一起的人，其中一定有在某些地方比自己强、能够做自己老师的人。分辨出这些人的优点，就跟他学；对于他们的一些缺点，也对照自己的情况比较一下，看看自己存不存在这样的问题，以便自我反省，努力改正。

曾经有人批评说孔子的这句话是废话，一点实际意义都没有。我觉得说这种话的人，看问题太简单草率。这句话是"三岁小儿都知道，八十老翁做不到"，听起来很简单，做起来非常难。

观察一下我们的现实生活，就知道孔子这句话的意义在哪里。

首先，择其善者从之，不仅需要一个人有良好的认知能力，能明辨善恶，还得相当谦虚。如果不够谦虚，就不会对别人的成就随喜、开心，也不会择其善者而从之。

有人特别能干，周围会有人跳出来说，他其实也没那么好。还有的人，总盼着公众人物出丑闻，大家能一起"吃瓜"。

为什么木秀于林，风必摧之？为什么吃瓜能令一些人兴奋？可能它能解决一部分人认知失调的问题。看到一个人比自己好这么多，就会认知失调。只有或主观或客观地发现他没那么好，没什么了不起，甚至很糟糕，认知就能再次回到协调的状态。

择其善者从之，在一定程度上可以看作一个反熵行为，是一种生命行为。在了解反熵行为之前，我们先来了解什么叫熵增行为。熵增行为，通俗点理解就是不约束自己按照规范要求或者社会道德等做事情，想做什么做什么，怎么舒服怎么来。比如，一个人回到家，往沙发上一躺，把沙发搞得越来越乱，家里边搞得越来越脏，他觉得很舒服。再比如，有的人看到别人好，看到别人厉害，就开始挑毛病、挑刺，挖掘各种八卦开始吃瓜。这类都是熵增行为。这类行为就好比把一个杯子摔碎，轻而易举就能做到。

反熵行为与熵增行为相反，是有一定目的性的、让自己往好的方向改变的行为，这可以看作一种能力。反熵行为简单比喻一下，就是尽管工作一天很辛苦，但是回到家依然先打理卫生、收拾房间。更通俗一点说，就是将摔得支离破碎的杯子重新制造成一个完好的杯子。也就是说，尽管别人身上有缺点，我依然能够看到他的某些优点，承认有比我强的地方，努力地向他比我好的方面学习，择其善者而从之。

其次，其不善者改之，就是看到别人做了错事，第一反应是"哎呀，我也可能做这样的事，我有时候也有这样的苗头，我要把它改掉"。但有人严以待人，宽以律己，看到别人做错事，第一反应就是骂别人。对别人落井下石的时候，他快乐得要命。他只想证明自己好，别人差。

如果我们一天到晚在网上发评论，都只想证明自己是对的，只想证明自己是好的，只想证明自己知道很多东西，那我们就陷入了《终身成长》里说的固定型心态，是很难有进步的。

相反，一个人能够做出很多反熵行为，严格要求自己，做到择其善者从之，其不善者改之，就能长期保持成长型心态。因为无论别人做得对还是不对，他都找得到自己可以借鉴学习进步的地方，长此以往，他一定能成为一个优秀的人、成功的人。

这句话是孔子非常重要的贡献。在现实生活当中，能够做到的人少之又少。希望我们能够把这句话悟透，在生活中努力实践。

天生德于予：只有心怀使命感和责任感才能创造奇迹

子曰："天生德于予，桓魋其如予何？"

这里可以学一个古汉语句式："如予何"，意思就是"能拿我怎么样"。

这大概是孔子六十岁的时候说的，并经过考据证实。孔子离开卫国去往陈国，路过宋国的时候，被刺杀过一次。据《史记》载，孔子在大树底下跟弟子研习礼仪，宋国的司马桓魋将大树伐倒，希望砸死孔子。未果，孔子便只好离开宋国。途中弟子劝孔子快点离开，于是孔子说了此话。

这里存在有待商榷的地方，宋国司马要杀一个流亡的老师，用得着用砍树这样奇怪的方法吗？一箭射杀不就好了吗？

我认为伐树的动机，更多的不是谋杀，而是羞辱孔子，将孔子赶出宋国。因为孔子来宋国的时候，宋国国君打算恭迎孔子，并重用孔子及其弟子。正得宠的桓魋却怕孔子师徒来后，会取代他们的权势，所以孔子在哪里讲学，他就在哪里捣乱。孔子离开，也就遂了他的心愿。

发生了刺杀，弟子劝孔子：老师，快走快走，这里很危险，尽早离开为好。

这时孔子说："天生德于予，桓魋其如予何？"意思是，上天把德行赋予我，我身上肩负着很多的责任，我需要去传播德行，上天自会厚待庇佑我，桓魋能把我怎么样。

还有一次，孔子在匡地被匡人围住威胁，很危险。孔子说了一段话，其中也有一句"匡人其如予何"。整段话这里不赘述，大致意思是我是有责任的人，我有很多事要做，上天将让我肩负这些责任，我就不会有事情，这些人能把我怎么样。

这种自己给自己打气的自信心，到底有没有用？

在历史上，王莽也说过类似的话。当汉军打来的时候，王莽对周围的人讲"汉兵其如予何"。王莽觉得自己是继承正统的人，所以说"这些汉兵能把我怎么样"。后来王莽惨死，他说了这句话也没有用，可能是因为老天没有把德给他。

这种话给儒家的学生带来了很大的精神力量。民国时有一位大家，从内地去香港的时候，日军在天上轰炸，渔船在海里漂荡，很多船被炸翻了。很多人躲在船舱里不敢出来，吓得瑟瑟发抖，这位老先生挺立在船头，并不惧怕。

他踏踏实实上岸，接他的人一看说：老先生，炸弹乱炸，您站在船头，不害怕吗？老人家说：我还有两部书没写，怎么可能会死。

这是一模一样的道理。熟读《论语》的人，找到了这样的精神寄托和力量。

我前两天在看《加缪传》，加缪是诺贝尔文学奖得主，和萨特是好朋友。在这本书中讲到，德军在巴黎撤退，盟军的飞机过来轰炸德军，巴黎人跟在后面跑。他们看着轰炸德军的炮弹在那儿爆炸，感到欢庆、开心。大家后来回忆起来很奇怪，为什么那么自信，觉得炸弹只炸德军，不会炸到自己？其实他们跟德军离得很近，很有可能会被炸弹误伤。这可以归结为纯粹的精神力量——胜利所带来的精神力量。

实际上解放巴黎的时候，死了很多法国人，巴黎并不像我们想象的那样，盟军进来就赢了，德军潮水般地撤走。当时法国人全都拿起了枪，说"我们要让盟军看到这是一个战斗中的巴黎，而不是一个投降的巴黎"。在最后那段时间，巴黎天天发生巷战。

加缪写文章有这样的表达：在这儿拦住一个敌人，我们东部的战区就会少花费一颗子弹。巴黎人就在巴黎的街上，跟德军进行巷战。

孔子有着很强的责任感，叫天命，也叫使命感。使命感有时候会创造奇迹。

吾无隐乎尔：给自己怎样的定位，就能有多高的成就

子曰："二三子以我为隐乎？吾无隐乎尔！吾无行而不与二三子者，是丘也。"

这是孔子跟他的学生推心置腹的谈话。

"二三子以我为隐乎？吾无隐乎尔！""二三子"在这里指的是孔子的诸位弟子。孔子说：你们以为我有什么隐瞒没教的东西吗？我从来不隐瞒。

"吾无行而不与二三子者，是丘也。"孔子表示：我所有的行事方法、行为都在你们面前暴露着，从来不会有所隐瞒，这才是我孔丘的教育方法和理念。

欧阳修有副对联：书有未曾经我读，事无不可对人言。君子坦荡荡，小人长戚戚，孔子肯定是一个坦荡的人，但孔子是不是就没有隐私？一个人可以保留有自己的隐私，我觉得这是很正常的一件事，没必要把自己家里所有陈谷子烂芝麻的事全都告诉别人，认为那才叫无隐。孔子并不是没有隐私，而是行事坦荡。

他不需要刻意地向学生隐瞒什么东西，也不需要贩卖自己的隐私给别人。

那为什么孔子的学生会怀疑孔子有隐瞒呢？甚至有一个学生就真的跑去问孔子的儿子孔鲤，说你父亲教你的东西，跟教我们的东西一样吗？

当时很多学生怀疑老师讲的不是全部，觉得老师一定会有所隐瞒，原因如下：

第一个原因，古代是小农经济，真的会有教会徒弟、饿死师傅这样的事。比如一个人把所有的东西都教给了学生，学生会了，以后祭祀、婚丧嫁娶的事情都不用请老师了，老师就没饭吃了。

那为什么孔夫子无隐乎？正如孔子跟子夏说：你要做君子儒，不要做小人儒。学生都把自己定位为小人儒，把做儒家当作养家糊口的饭碗，村里办红白喜事都得求着他，那么老师在教学时有所保留完全可以理解。这就是过去的木匠教徒弟，手艺越传越糟糕的原因。老师总是留一手，一代老师留一手，都遵循"猫教老虎，不教上树"的原则，到最后老家具打造不出来了。

但孔子是君子儒，他希望自己的学生也是君子儒，君子儒以天下为己任。当孔子的愿景是以天下为己任，希望天下变得更好的时候，教三千多个学生都未必够用，所以干吗要隐瞒呢？这就是孔子跟其他很多老师完全不一样的地方。

第二个原因，孔子的学生产生这样的揣测，是因为孔子因材施教。孔子对不同的人教的东西不一样，所以有的学生会猜测：是不是我交的钱少，所以学的东西和别人不一样？

孔子跟学生们解释这件事情，他说的两句话，前面讲教学并没有隐瞒，后边又补充说自己的行为也没有对学生隐瞒。老师的行为、做事的方法也是一种教育方法，叫作行不言之教。由此可见，孔子不论是在教导学生方面，还是行为规范方面，都是非常坦荡磊落的。

文、行、忠、信：**我们应该学习的人生境界和生活方法**

> 子以四教：文、行、忠、信。

这句话不是孔子说的，这是别人对孔子教育内容的总结。

孔子教学生主要是四个大类的内容：文，知识和文化；行，身体力行做事；忠，处世的原则，要忠诚；信，立身的准则，要讲信用。

我个人认为，孔子未必完全认可这个说法。因为这个概括对于孔子来讲，不是最理想的概括，孔子教的东西要远远超过文、行、忠、信。比如君子，比如仁等，孔子所教的内容都蕴含着渊博的智慧。

这句概括很具体，就难免窄化了孔子教的内容。在我看来，孔子教的是人生的境界和生活方法，文、行、忠、信尽在其中。

亡而为有，虚而为盈：**放空自己才能更上一层楼**

> 子曰："圣人，吾不得而见之矣；得见君子者斯可矣！"
>
> 子曰："善人，吾不得而见之矣；得见有恒者斯可矣！亡而为有，虚而为盈，约而为泰，难乎有恒矣！"

孔子说自己这辈子是见不着圣人了。孔子曾经评价自己，他还达不到圣和仁这两个境界。

孔子把人分成圣人、仁人、君子、普通的世人。

圣人是天纵英才。要达到圣人的境界，光有能力不行，还得有事功，得有机会发挥出力量，能够让整个国家变得更好。在孔子眼中，能够称为圣人的，有尧、舜、禹、汤、文、武、周公，这些都是当权的人。

孔子说自己不是圣人，也见不到圣人，能够见到君子，就觉得不错了。

君子，可以在生活当中见到。孔子评判君子有很多标准：君子成人之美；君子固穷，小人穷斯滥矣；君子周而不比，小人比而不周；君子和而不同，小人同而不和；君子求诸己，小人求诸人；等等。就孔夫子设定的这些标准来说，在生活当中能看到有的人是可以称得上君子的。君子的标准，是一个行为层面的标准，是可以看到的。

孔子讲自己没见过善人。如果善人是我们很多人认为的心地善良的好人，那孔子这话说得太绝对了，一竿子打翻一船人，失之偏颇。其实，孔子说的善人等同于仁人，是能够达到仁的境界的人。语言是不断变化的，我们今天普遍理解的善人，内涵、外延都与孔子的时代相去甚远。

为什么孔子讲没见过仁人？是因为仁是一种内在的思想境界，进无止境。一个人内在的境界能达到什么样的高度，可能只有等到最后才能盖棺论定。

所以，被孔子说是仁人的基本上都是过去的人。

孔子从来不说自己是仁人。他说能够见到一个始终朝着仁的方向不断努力的人，这就很好了。

最难体会的是最后这一句：亡而为有，虚而为盈，约而为泰，难乎有恒矣。

说得通的解释至少有三种——

第一种：一个人没有而装作有，一个人空虚而装作充盈，一个人很穷而装作富足的样子，他怎么能够成为一个有恒的人呢？

这种理解，就是字面上浅显的解读，我觉得意义不大。

第二种：所有的人都希望从无到有，所有的人都希望从虚到盈，所有的人都希望从约到泰，每个人都在努力地朝着那个方向奋斗，看到自己没有别人有的东西，都想拥有。

当一个人心中有强烈的欲望，在不断追求的过程中，怎么能够做到有恒？有恒是希望自己能够成为一个仁人，而不是成为一个有钱人。可是更多人希望自己成为有钱人、有地位的人、有名声的人，这是一个动态的过程。

我个人觉得这个解释有点牵强附会。

第三种：如同老子的境界。孔子很少用盈、虚这样的词，盈、虚很像老子语言的风格，也有可能是后人在《论语》中添了这么几笔，令我们搞不明白了。

这个解释是说无而为有、虚而为盈、约而为泰，无有、虚盈、约泰不是对立关系，而是辩证统一的关系，这是一种高级的境界。

把虚无和拥有两者统一起来，这是老子的观点。老子说一间房子，当其无，有室之用。一间屋子，里边是空的，这个没有就是有，可以放东西进去；如果里面不空，塞了满满的粮食，人就进不去。正因为屋子里是空的，所以它有了用处。

约而为泰，就是看起来很穷，其实很富足。有的人虽然穷，但是也过得幸福快乐。穷而没有心事，拥有一些自由的时间，可以游山玩水，过得快快乐乐，难道这不是另一种富足吗？有些人一天到晚忙于赚钱，想着升职，旅游过吗？玩过吗？山间之明月，江上之清风，有闲者得之。一个人都没闲去享受，那就谈不上得到。

这种解释接近道家的思想。

如果你真的想成为一个有恒者，想成为一个君子，你得能够把亡（无）和有、虚和盈、约和泰对立统一起来，这是多么难的一件事。

各位读者可以自己琢磨这三种解释，自己决定采信哪一种。古文有意思的一点就在于微言大义，其言外之意、话外之音，似若山水画的留白，给足了人揣摩的空间。

钓而不纲，弋不射宿：君子处世要有原则和底线

子钓而不纲，弋不射宿。

古代的人要参与打猎，孔子也会参与。孔子追求仁、善，却并非不杀生。

但是，孔子钓而不纲。有一个词叫纲举目张，纲就是网，网一打开，孔就张开了。孔子钓鱼，但是不会拿网子捞，用网杀伤性大。这证明孔子钓鱼，可能就是为个乐趣，或者自己家有限地吃一条就够了。

孔子抓鱼，有节有制。如果真的是拿网去捕鱼，就变成渔民、渔夫了，这不符合孔子的身份。孔子志不在此。

还有一种关于捕鱼的说法，就是渔网的大小与仁心有关。现在我们国家对海上捕鱼都有相关规定，限制着渔网网眼的大小。人越贪心，用来捕鱼的网眼就越小，将水里的大小鱼都给捞起来。小鱼捞光了，鱼就越来越少，甚至会造成物种灭绝。

孔子"弋不射宿"是什么意思？

弋是一种射箭的方式，就是在弓箭的后边连着一根绳，啪，箭射出去以后，命中一只鸟，拖着绳子就可以把鸟带回来。

孔子也射箭，但不射回巢的鸟。回巢的鸟要哺育孩子，巢里边有小鸟嗷嗷待哺。大鸟出去忙活一阵，带着虫子飞回来，小鸟张着嘴，等着被喂食。如果一箭射死，有可能一尸多命，所有的小鸟都得饿死。

孔子认为这样做特别不道德、不仁爱，对生物太残忍，要让大鸟回去喂小鸟。这是爱惜生灵的表现，孔子的仁爱之心可见一斑。

但很多人喜欢射宿，因为鸟要归巢，飞行的方向更容易判断。只要在鸟巢边等着鸟飞回来，一箭一射，马上就射中了。

我们不是不能够去打猎，不能够吃肉，人也是动物，也是生物链当中的一环。但是，要有底线，有取有舍，珍惜那些小鱼小鸟，这才是未来。

多见而识之：创业成功的秘诀是什么？多闻多听多学

子曰："盖有不知而作之者，我无是也。多闻，择其善者而从之；多见而识之，知之次也。"

孔子说，大概有那种既不懂也不经过学习就去做事的人吧。但我不是这样的人。

有人把"不知而作之者"解释为妄作。

有调查表明，创业的失败率约为百分之九十八，这个数据很吓人。创业失败往往由于"不知而作"，创业者没有学过创业的任何知识，也不知道应该怎样经营一家公司，只是感性上觉得自己该创业就跑去创业。这样不知而作的创业，就有很大的失败风险。

以我的理解，孔子说不知而作，未必全是批评，可能还带有一些肯定，一丝羡慕。

因为不知而作者，有点接近于圣人的状态，天生会做生意，或者天生会当领导。孔子说我不是这样的人，我的办法是多闻、多听、多学习，然后择其善者从之，别人做得好的赶紧学；多见而识之，识就是记住，多看别人，赶紧动脑子记住。孔子把自己学习的这种方法叫次一等的求知方法。

孔子说最高等的是生而知之，接下来是学而知之，他把自己定位在学而知之的层面。更往下一点，就是困而知之的层面。

困而学之，就是当某个人在生活当中被疑难问题困住了，觉得创业、带孩子、带团队都很难，不知道怎么做，就努力学习解决问题的方法。

最后，是困而不学，遇到了困境也不学。

人要想进步，首先得承认自己的局限性。如果不承认自己的局限性，就根本想不到要去学习，这样怎么能进步呢？

孔子提醒我们，人要承认自己的局限性。困而不学的人如果能进入困而学之的状态，就是进步。

人洁己以进：成熟的人应该学会处理矛盾

互乡难与言（童子）。童子见，门人惑。子曰："与其进也，不与其退也，唯何甚？人洁己以进，与其洁也，不保其往也。"

互乡是一个地方，关于"互乡难与言"，有两种说法——

第一种说法：互乡的民风不好，很难与那里的人打交道。

第二种说法：民风再不好，也不可能那里的人都难打交道。我的理解是"互乡难与言童子"，"童子"因避复而被省略。这句话的意思是，互乡一个特别难打交道的小家伙，来见孔子。

总之，来了一个互乡的童子，十来岁的年轻人，孔子见他了。

孔子的学生很奇怪，说：他们那么讨厌，那么让人生气，老师怎么还见？

孔子说：我们赞同别人不断地进步，不赞成他退步，何必那么过分呢？人家现在都知道求学进步，跟咱们讨论问题，咱们应该欣喜，应该支持他进步。

别人追求洁身自好，希望把自己变得更好，求上进。我们就要支持他这个行为，而不去死守他过去的表现，认为他曾经令人讨厌，就一辈子都令人讨厌。那样就把自己困在了原地。

比如我们跟人打交道，难免有摩擦。可能是对方没有做好，导致争议发生，然后大家都在气头上，情绪没有得到控制，结果闹了很多矛盾。如果对方醒悟了，向我们道歉，我们就应该坦然而大度地接受，并且鼓励他、肯定他。

孔子是在用进步的、发展的眼光来看待人。我们有句俗话说得好，不打不相识，道理就在这儿。如果有人以往做事情并不是很好，但是现在能够发自内心地进行改变，而且这个改变可能会很持久。

我们不要一生气就跟别人断绝往来，也不要因为别人有缺点就否定他的一切，否则就把自己困在了原地。

大家都可以前进，我们可以向"互乡难与言"的童子学习，主动地寻求学习和进步的途径。

我欲仁，斯仁至矣：世上无难事，想做、去做，就能做到

子曰："仁，远乎哉？我欲仁，斯仁至矣！"

在《论语》中，凡是提到"仁"，都说仁是非常难做到的事。问孔子某个人

算不算仁，孔子通常说不知道。

在这里，孔子突然问了一句："仁，远乎哉？"——仁真的很远吗？真的很难吗？

孔子自己也做了回答："我欲仁，斯仁至矣！"——我只要想到仁，我就已经具备仁了。

佛教讲的"放下屠刀，立地成佛"，也是这个道理。

孔子既提倡通过学习一点一滴地进步，也不否认可以通过顿悟而忽然明白某些道理。比如他说不断地学习，默而识之，学而不厌，诲人不倦，是渐渐地学，一步一个脚印。

但是孔子突然说的这一句"我欲仁，斯仁至矣"，可以说是顿悟。既然我求仁，那么按照仁的标准去做事就成功了。也就是说，仁是一种向善的状态。当某个人在某一刻心念一起，突然想做一个好人的时候，那一刻就是仁。

仁到底难在哪里？一时的仁不算难，难在保持。比如净土宗说一心念佛，也是同理。只要一心念南无阿弥陀佛，就能够接引西方。但很多人念了一辈子，也体会不到佛的境界。因为做到一时心不乱不难，但是要一直保持心灵纯净，就无比艰难。

我从这句话中领悟到一个道理：世界上很多的事情都具备这样一个特征，既难也不难。

比如我去演讲，别人就问我："樊老师，演讲最重要的事是什么？"我说："演讲最重要的事是放松。"他说："放松很难。"我说："放松很难，放松也很简单。"若说放松很难，但放松难道不就是最正常的状态吗？所以，放松是一件既难又简单的事。

再比如，对孩子来说什么最重要？爱最重要。爱孩子很难，爱孩子又很简单。简单是因为你真的爱他，但是正确地爱他非常难。所以，爱是一件既难又简单的事。

孔夫子说"仁"，老子说"道"，孟子说"吾善养吾浩然之气"，共同的特点是，既难也不难。

这些不仅要把握度，要合适，更要能够坚持。像颜回，已经连续三个月都处在仁的状态当中，已经很不容易了。

不要觉得孔子讲的东西我们做不到，其实只要我们想做、去做，就能做到。

苟有过，人必知之：向成功者学习怎样去承担责任

陈司败问："昭公知礼乎？"孔子曰："知礼！"孔子退，揖巫马期而进之，曰："吾闻君子不党，君子亦党乎？君取于吴，为同姓，谓之吴孟子。君而知礼，孰不知礼？"巫马期以告。子曰："丘也幸，苟有过，人必知之。"

这段故事讲了孔子被骂的事情。

当时孔子在陈国做官，陈司败是陈国的司寇。有一天陈司败问孔子："鲁国的国君鲁昭公懂礼吗？"

这个话其实是悖论。陈司败知道鲁昭公做过不合礼法的事，才故意问孔子这个问题。孔子知不知道鲁昭公做过错事？连陈国人都知道，孔子肯定知道。但是孔子咬着牙回答："知礼。"

孔子无论怎么回答，都一定会犯错。若说鲁昭公不知礼，陈司败就会说孔子居然说自己的国君不知礼。孔子认同的关于礼的体系当中，父为子隐、臣为君隐，直在其中。就是父亲做错了事，孩子不能跳出来整天讲。说亲长是非，不是孔子所倡导的。孔子说一个国家真的民风淳朴，父亲做错了事，这个儿子要默默想办法帮父亲弥补过失。不能帮父亲补救犯下的错，反而想

着大义灭亲、四处宣扬，捆起来送到法院去，这是不孝。而且，这也并不是真正的正直，不符合礼。

所以，孔子明知道鲁昭公做过错事，但仍只能回答"知礼"。陈司败问的这个问题，若在辩论赛当中，能一击定胜负。

孔子走了，陈司败在门口给巫马期作揖，让他进去，说："我听说君子群而不党，不党意味着人不可以结党营私。难道君子也结党营私吗？鲁昭公娶了吴国的一个女子，而吴国是太伯之后，鲁国是周公之后，都姓姬。他们跟武王姬发一个姓，同姓不能婚娶，这不合礼法。而鲁昭公为了遮掩，不把自己的老婆叫吴姬，而叫吴孟子，欲盖弥彰。如果说鲁昭公知礼，那谁不知道礼？"

巫马期回来以后，告诉孔子说：陈司败说你这事做得不对，鲁昭公不知礼，你非得说他知礼。

孔子的回答很精妙，我为什么说这句话很精妙？一般情况下，有人可能会这样和巫马期说："那你让我怎么回答。鲁昭公是我的国君，我必须说他知礼。我怎么能说他不知礼呢？我说他不知礼，还有人臣之礼吗？"

如果孔子在意自己的名声，过分在意自己的表现，他就可能跟别人这样去解释，从而将国君不合礼法之事间接地宣之于口。

但既然孔子前边已经替国君承担下了"不合礼"的问题，那就承担到底。孔子在这里被人骂，是替鲁昭公承担错误，这是有责任感的臣民应该有的表现。

孔子根本不去跟巫马期解释，而是说："我真幸运，只要我有错，别人就一定会告诉我。"

事情发展到这里变成一个"闻过则喜"的过程。这里至少隐藏着三层不同的道理。

第一个叫作臣为君隐，要维护国家形象。

第二个叫闻过则喜，苟有过，人必知之。

第三个叫勇于承担责任和错误——这事是我错了，不去找原因推卸责任。

孔子这样处理，事情结束后，陈司败可能扬扬得意，觉得自己明辨是非，能揭人之短，孔子没什么了不起。

但是孔子做到了遵守本分。如果孔子在鲁国，可以进言批评鲁君不知礼。但他作为鲁国人，到了陈国，别人指责自己的国君，孔子就有责任替鲁君扛下指责。

子与人歌而善之：向优秀的人学习，生活更加有趣味

子与人歌而善，必使反之，而后和之。

"反之"在古汉语里出现，经常是再来一次、重复一次的意思。

孔子跟别人一块儿唱歌，如果发现别人唱得特别好，就一定求人家再唱一遍。别人唱第二遍的时候，孔子跟着一块儿哼。

那时候的歌没有现在这么复杂，曲调都很简单，变化不多。孔子喜爱并精通音律，学上一两遍就会了。

如果是学一些难度高的歌，我估计孔子没法跟着和。

这一句话至少说明了孔子好学，生活得开心、合群，所在的地方气氛很好。

躬行君子：君子怎么做事？勤奋努力，谦逊虚心

子曰："文莫，吾犹人也。躬行君子，则吾未之有得。"

文莫，乃"忞（mǐn）慔（mù）"之假借，形容一个人做事很勤奋的样子。

孔子说："我可以和别人一样勤奋，但是真的像君子一样地做事，把身段放下来努力地做事，我还没有做到。"

这是孔子特别谦虚的一句话。我觉得孔子至少应该承认自己是君子，如果孔子做事都算不上君子，其他人恐怕更无望成为君子。

这段话还说明，知易行难。

也有人从"文莫"中间断句，即"文，莫吾犹人也"，"莫"是也许的意思。这也说得通，意思就是："从书本知识来说，也许我跟别人一样，都能够掌握。但努力和做到是有区别的，我在不断地努力、不断地勤奋，但真要与那些躬行君子比较，我还没做到。"

两种解释，都是孔子自谦的说法。

为之不厌，诲人不倦：成功者只有起点，没有终点

子曰："若圣与仁，则吾岂敢？抑为之不厌，诲人不倦，则可谓云尔已矣。"

公西华曰："正唯弟子不能学也。"

孔子说："圣和仁这两个境界，我可不敢当，我做不到。只不过为之不厌，诲人不倦，也就只能这么说了吧。"

为之不厌，意思是学习起来不满足，做起事来，一直在追求圣与仁。

诲人不倦，就是教导别人不觉得疲倦。

公西华说："这个境界听起来很简单，但这正是我们努力却学不到的地方。"

公西华的这句话是有自知之明的。一个人真的做到学而不厌、诲人不倦，非常不容易。你需要成为一个有恒者，需要知道学习本身的乐趣，需要找到心流的状态，这不是一般人能够做到的。

在网上看过一个段子，我觉得有一定道理。"你的顿悟，有时候只是别人的常识；你的追求，有时候只是别人的起点。"比如公西华、子贡，他们拼命做到的言行，其实只是孔子的日常行为。一个人想要达到的那个状态，对孔子来讲可能只是常态。

可是，孔子还是很谦虚。他说自己只是做自己努力能做的，至于将来能够得到什么，并不知道。我只要在通往圣与仁的路上，为之不厌、诲人不倦就行了。至于将来别人说我是圣还是仁，跟我没关系，不重要。

孔子跟樊迟说过先难而后获是君子，只问耕耘，少问收获，就在于此。

后来，子贡推举孔子，把孔子封圣的时候说，"学而不厌就是智，诲人不倦

就是仁，智且仁难道还不是圣吗？"也因此，孔子逐渐地被封圣。

丘之祷久矣：了解并学会运用心理安慰剂

子疾病，子路请祷。子曰："有诸？"子路对曰："有之。诔曰：'祷尔于上下神祇。'"子曰："丘之祷久矣。"

古汉语中，疾是小病，病则是较为严重的病。

这是很温馨的一段对话。孔子生病了，并且日渐严重，子路就给孔子做祷告的仪式，祈祷孔子早日康复。

诸，"之乎"合音，也是"之乎"的意思。"有诸"，即有这样的事情吗。更进一步，其实孔子的意思是这样做有用吗？

子路有他鲁莽的一面，但是也有他天真的一面。最重要的是，子路非常敬爱孔子。

子路说："是有这样的事情，我觉得会有用吧。我看一些诔文上描述，天上地下的神仙啊，向你们祈祷。"诔是祭祀的文章，给去世了的人写的，《红楼梦》中贾宝玉就给晴雯写过《芙蓉女儿诔》。子路说的诔文，不是他为孔子祈祷写的文书。应该是子路从一些诔文上听说神灵的能力，觉得祈祷神灵能帮助孔子康复，以诔文举例。

诔文用于祷告，是替死者祷告神灵。子路在这里引用"诔曰"，很不恰当，孔子有点生气。

孔子说："我的祷告早就做过了。"孔子隐含的意思，估计是说祷告没什用，也可能是说"是的，我早就被你气死了"。

这里我想告诉大家，祷告可能是有一定用的。有一本心理学著作叫《安慰剂效应》，书中讲述给患者吃药，吃的就是普通维生素片，但告诉患者吃的是灵丹妙药，结果真带来了一些正面作用。

生活中有一些通过祈祷而使得病情好转的案例，很多人想不明白，就把它神化，归功于神迹显灵。其实不然，绝大可能是安慰剂效应。

科学证实，心理是能够影响生理的。心灵有了足够的慰藉，有了足够的信心，对一件事有足够信念的时候，人的行为、行动便会足够自信。事情往往都是人做的，做事的人意志坚定不移，并且信心十足，慢慢会促使所做的事情发生好的改变，有时候改变的幅度还会非常大。

祈祷有时候有效，并不是迷信，而是缘于安慰剂效应，这是常见的心理学现象。

从现代心理学的角度来看，孔子和子路讨论的，其实是关于安慰剂有没有用的问题。

奢则不孙，俭则固：爱自己，但别太爱面子

子曰："奢则不孙，俭则固。与其不孙也，宁固！"

孔子说了两种不同的生活态度，一种是奢侈，一种是过度节俭。

"孙"通"逊"，谦逊恭顺的意思。孔子说如果一个人奢侈的话，他会桀骜不驯。

一个过奢侈生活的人为什么会桀骜不驯？这两者有什么样的联系？电影中的富二代开着跑车，和别人说话都是抬着下巴，特别目中无人的样子。为什么一个开跑车的富二代往往就会表现得特别牛？

　　因为奢侈是为了面子，是为了证明或者炫耀自己某方面的实力。不少人买跑车，穿贵的衣服，拿贵的包，很大的原因是在意外在的评价，在意外在的面子，在意别人对自己的看法。

　　不逊，同样也是为面子，觉得自己高人一等，不希望别被人看低。这两者是同一个源头出来的——在意自己外在的身份和面子，怕别人瞧不起，这都是固定型心态所导致的错误结果。

　　俭则固，如果一个人特别节俭，他容易固陋。固陋的毛病就比如见识短、死心眼、吝啬、待别人苛刻。

　　如果两者选其一，孔子认为"俭则固"犯的错误要小，而不逊犯的错误更大。

　　我认为孔子持这个观点有两个原因。第一个原因在于，这两个状态转化起来难度不一样，由俭入奢易，由奢入俭难。比如一个人年轻的时候吃了很多的苦，到了晚年想过得富裕一点，这很容易。如果一个人很容易就适应了坐头等舱的生活，突然变成骑自行车，他就会觉得受不了，可能身心都跟不上。

　　第二个原因是俭是恋物，只是爱某个东西；奢是恋名，恋的是外在的东西。老子说过"圣人为腹不为目"。为腹，吃饱就行，是内在需求，是本能；为目，追求感官享受，是外在欲望，是享乐。若是为名，名是虚的，则更难断，为物则易断。

　　所以孔子认为"宁固"不容易惹祸，也容易改。而奢因为难断，所带来的不逊特别容易犯错、容易骄傲。与其恋名，不如恋物。

　　当然最好的状态是，既不奢，也不俭，保持在中庸的状态。中庸就是，不仅能够做到慷慨，也能够做到爱物，不浪费。别人需要帮助的时候，自己也能够帮助别人。

君子坦荡荡：不求于人才能生活自在

子曰："君子坦荡荡，小人长戚戚。"

"君子坦荡荡"，因为君子求诸己。当一个人面对问题时，首先想到的是自己哪儿做得不对，自己有什么地方可以改进，没有什么需要隐瞒的。他不把自己的成功与否、幸福与否，建立在对别人的依赖之上，就能每天坦坦荡荡、开开心心地上班，回到家里也舒舒服服、快快乐乐。

"小人长戚戚"，"长戚戚"就是忧愁的样子。紧张、担心、抱怨，斤斤计较，患得患失；永远有心事，走到哪儿都显得一副心情沉重的样子；总容易和别人爆发矛盾，焦躁不安。为什么会这样？因为小人求诸人。比如，生活能不能过得好，跟领导的心情有很大关系，跟孩子的表现有很大的关系。这样，内心就全部被外在的东西牵动，当然"长戚戚"了，毕竟外在的东西可控的实在是少之又少。

人根本没法控制很多外在的、属于别人的东西，而如果自己又依赖它们，每天就会感到焦虑、痛苦、难过。如果一个人能够知道自己所做的一切、所承受的一切，都是由自己做出来的，向内求，就永远有使不完的劲，出了问题自然会明白该怎么做。

希望我们每个人过坦荡的生活。生活坦荡自在，便会觉得没有那么多需要责怪的事情，没有那么多需要抱怨的地方，没有那么多需要担忧的问题。

那些所谓不可控的因素，该怎样发生就怎样发生。我们能做的，是控制好该做的事。行所当行，做自己该做的事，这就是儒家带给我们最大的力量。

威而不猛：领导者应该具备这些气质

子温而厉，威而不猛，恭而安。

这是学生们对孔子的描述。有人描述过孔子的外貌，说"望之俨然，即之也温"。远看孔子，庄严肃穆的样子，觉得不好接近，但是你跟他接近、聊天，发现他挺温和的。

有一些大领导就是这样。有的人刚接触他们，就觉得很紧张。领导开开玩笑，并真心勉励，比如说"小伙子加油，好好学习"，后面交流就很和谐了，便是即之也温。

孔子该生气的时候也生气，这就是菩萨心肠和金刚怒目。孔子一方面爱众人，但是另一方面，当他需要点醒你，重视一件事的时候，他也会表现得严肃、严厉。这是一种教育方式。

孔子温和又有威严，但是威而不猛。"猛"是咄咄逼人。如果一个人过度威猛，就跟打仗时的武将一样，那么他的进攻性就太强了。孔子个子很高，很雄壮，力气也很大，射箭又很厉害，驾车、打仗都在行，加之孔子又是师长，对学生来说当然威严不凡，但他没有攻击性。

"恭而安"也是孔子表现出来的气质。"恭"和"敬"是两种状态，"恭"是对自己，"敬"是对别人。孔子自己一个人的时候，样貌衣着端庄整洁，行为举止谦恭得体，让别人一看就觉得他安稳、安详，也让来跟孔子结交、沟通、求学的人安心。

康熙皇帝说过，皇帝跟臣子的关系要可亲而不可犯。皇帝可以跟臣子们很亲近，大家在一起唠家常，没有问题，但臣子不能过来随便跟皇帝勾肩搭背。

孔子给人的感觉就是这样："温而厉，威而不猛，恭而安"。

泰伯第八

三以天下让：拥抱不确定性，才能够坦然地做到不争

子曰："泰伯，其可谓至德也已矣！三以天下让，民无得而称焉。"

解释这句话前，先说一个历史故事。

周王朝早期的先祖叫周太王。周太王有三个儿子，老大叫泰伯，在古语中，"泰"和"太"是相通的，泰伯也叫太伯；老二叫仲雍；老三叫季历。

季历的孩子姬昌，即后来的周文王。中国自古以来，就有将王位传给贤明的继承者的传统。比如康熙希望传位给乾隆，就把皇位传给乾隆的父亲雍正。周太王喜欢姬昌，就想把王位传给老三。

按长幼有序的规矩，老大和老二在继承的序位上更优先，但泰伯和仲雍深知父亲的心思，为了打消顾虑，于是"断发纹身"。在古代，一个人如果把头发剪掉，在身上刺青，就说明他决定成为一个野蛮人。当时，除了中原地带，其他地方都被称为荆蛮之地，所以他们干脆披头散发地跑出中原，跑去吴越当野蛮人。

孔子说"三以天下让"，就是泰伯和仲雍曾经有三次当王的机会，但他们三次都推辞了。孔子感慨，泰伯的德行真是高尚到了极致，愿意三次将天下让给别人。

"民无得而称焉"在《论语》中多次出现，大意是老百姓找不到合适的词语来描述，有时候是好到没办法形容，有时候是坏到没办法形容。此处是指泰伯三让天下的行为高尚到没有语言可以形容。

在这里，"让"非常重要。泰伯三让天下的举动让孔子大加赞誉，因为礼的

核心就是让。人类之所以成为人类，很大程度上就是因为我们懂得礼让、协作和团结。动物生存就是靠争抢。动物在进食时，谁能不顾一切地冲到最前面，谁力气大，谁就可以吃得多。我们从动物进化到人类，慢慢地有了族群的概念，规范了争抢的局面，才能够形成文化，形成统一、团结的力量。在《人类简史》中，我们看到人类是因为有了想象力，能够协作，逐渐趋于文明，才能够打败虎豹豺狼。

对孔子来讲，不争是一种美德。

我们总会担心，如果真的什么都不争，那会不会最终什么都得不到？实际上，懂得礼让才是拥有的前提，拼命去争抢，未必能得到自己想要的。孔子习惯了礼让，反而得到了很多别人不敢想的东西，比如了不起的地位和名誉。各国君主以极高的礼遇接待他，将他奉为老师。

有人问子贡："孔子为什么能得到那么多，他不是不争吗？"

子贡说："夫子温、良、恭、俭、让以得之。"孔子正是用温、良、恭、俭、让作为原则来生活的，自然而然地得到了别人的尊重。

关于让的结果如何，能不能得到，更不必去计较。我们要从更深的层次来理解人生。

人生是具有不确定性的，这也意味着我们的得失是随机性的。有人为了眼前的利益争得头破血流，因为他的大脑中有执念：如果一件事情不按自己想象的方式发展就是失败了。比如，这次我如果没有成功升职，那我这辈子就是一个失败者。似乎一切都必须按照他所设定的流程发展。

我们不妨在人生当中引入随机性的概念，能够拥抱不同，敢于应对各种变化。不是每次出发，都必须到达设定的终点。不管命运的机缘把我们带到哪里，我们都能进行创造与开拓，这才是人生最轻松、最高效的活法。

有个计算机术语叫"爬山算法"。爬山算法是在模拟爬山的过程中，每次都选择自己当下所能达到的最优位置，然后以此为新的起点，朝着更高处移动，直到到达山顶。爬山算法的核心是找到"局部最优解"。在人生中，我们也可以运用爬山算法，快速地从不确定的变化中抽离出来，找到人生的最高点。

习惯拥抱不确定性，才能够坦然地不争、安心地礼让，我们的内心也会更加笃定，相信只要努力地做好眼前该做的事，终可以抵达自己理想中的目的地。

礼让不是妥协，更不是失去自我，不是无原则地放弃权益。尤其是在孔子的时代，礼让是让社会良好运转的重要方式，所以他对于泰伯的"三以天下让"才如此称颂。

恭而无礼则劳：哪怕做好事，也要注意分寸

子曰："恭而无礼则劳，慎而无礼则葸，勇而无礼则乱，直而无礼则绞。""君子笃于亲，则民兴于仁；故旧不遗，则民不偷。"

孔子倡导中庸之道，做任何事情，都不能过度。

在《论语》中，我们可以看到大量的类似于"恭而无礼""慎而无礼"的说法，这都是在强调礼的重要性——礼有着规范、节制行为的作用。

孔子说，如果没有以礼进行节制，再好的美德也会变质。

"恭而无礼则劳"，恭敬当然是美德，但若是没有以礼节之，就会表现得过分恭敬。比如，年轻人过年回家走亲访友，有的亲戚招待人时的态度特别热情，甚至"无微不至"到了侵犯人隐私的境地。也许他们只是发自内心地、单纯地想要恭敬待人，但是表现过了头，难免让人感觉被冒犯了。

还有的人，可能心思并不单纯。他想得到一些支持，所以表面上恭恭敬敬，

一味地打躬作揖，但因为没有掌握好尺度和分寸，结果忙前忙后反而不能如愿。

再比如，我们与国外友人接触，如果不了解外邦礼仪，只是用自己习惯的方式去对人好，热情之至，反而有可能会触犯到对方的禁忌。

"恭而无礼则劳"，"劳"这个字用得非常精准。恭而无礼，对方不会接受，只能白白地消耗自己的精力。

"葸"是畏惧、胆怯之意。"慎而无礼则葸"，大意是谨慎当然是好事，但如果谨慎过头，没有以礼节之，就会变得懦弱，遇到什么状况都畏畏缩缩，不敢站出来，不敢表达自己。比如，在公共场合看到有人偷东西，不敢出面制止，甚至连喊一声的勇气都没有。

这是极其常见的一种状况。不少人因为太过谨慎，导致变成了老好人，甚至变成了"平常之恶"——因为平时不愿意为正义发声，导致最后成了恶的帮凶。

孔子说，谨慎也要有尺度，要知道自己的节制在哪里。

"勇而无礼则乱"，我猜想，孔子说这句话的时候可能想到了子路。子路是出了名地勇敢但缺乏礼的节制，他不知道勇敢的边界在哪里。

勇而无礼的人容易放纵、斗狠，甚至犯上作乱。孔子提倡"三达德"——智、仁、勇，说明他是非常认同勇敢这种素质的，但是它同样需要边界、规范、尺度。

"直而无礼则绞"，"绞"在古语当中叫"绞刺"，即伤害、挖苦、讽刺之意。如果一个人过分直率，就很容易变得刻薄。

有一句话能够很好地诠释什么叫直——"山中有直树，世上无直人"。山里确实有树长得很直，但世界上却少有人真的能做到直。如果有人说"我这个人很直"，标榜自己"胡同里赶猪，直来直去"，接下来他很可能就要说难听的话了。这或许只是他以"直"来掩饰自己缺乏修养。

早在两千五百多年前，孔子就看透了这种人，他说，"直而无礼则绞"。古代皇帝给大臣所定的罪名中，有个常见的词叫"谗曲卖直"。有的大臣抬棺上殿，标榜着要对皇帝掏心窝子，然后把皇帝骂一顿，骂完之后等着皇帝杀他，以为可以因此而名垂青史。这看似直言进谏，实则要挟皇帝，这就是"卖直"。如果一个人直得过分，缺乏礼的约束，就会流于刻薄、偏激。

直心是道场。真正的直心，是合乎于道，是不以自我为中心而表现出来的待人真诚的态度，是无心。倘若以直为名头来掩饰个人修养的不足，那就会"直而无礼则绞"，对别人造成无形的伤害。

"君子笃于亲，则民兴于仁"，"笃"是笃厚之意，君子对自己的家人、亲属，都能笃厚善待，悉心关爱，老百姓自然会效仿，所有人都会有一颗仁厚之心。

"笃于亲"并不意味着袒护和纵容，不意味着做亲属的保护伞。如果因感情深厚而徇私，只会让亲属失去应有的约束，让他们触犯规矩，反而是害了他们。"笃于亲"的核心，是真心地希望亲属能够成为德行出众的人，变得更美好、更幸福。

"君子之德风，小人之德草，草上之风，必偃"，君子会如同春风化雨般给老百姓带来影响，君子仁厚，老百姓才会愈加宽厚平和。

"故旧不遗，则民不偷"，在此处，"偷"常常被解释为冷漠无情、薄情寡义。这句话的大意是，如果君子能够与故旧保持好的联系，不轻易地抛弃，不因为自己的地位提升而忽视他们，老百姓也不会变得薄情寡义。

孔子说的这一段话，其实分了两个部分，第一部分讲什么是中庸之道，第二部分讲君子上位时应该怎样做。我们现代人读《论语》，对于皇帝的御下之道一般不怎么感兴趣，我们感兴趣的是关于"礼"的运用。这段话能帮助我们在做事情的时候合乎礼、合乎道。

合乎礼，就是要知道规范的边界在哪里，如果不知道，那就要问清楚。好比孔子进太庙的时候，每事问。别人质疑他，说孔子哪知道礼。孔子说，将不懂的礼节问清楚，就是礼。

没有人天生就懂礼。人在年轻的时候，难免会失去尺度，做一些过犹不及的事情，有时也许会恭而无礼、慎而无礼，这都不要紧。但我们要懂得反思，要慢慢地去探寻事情的边界，弄清楚做事情的分寸，以礼节之。不偏激、不极端、不莽撞，不伤害别人，这才是合乎礼节的人。

而今而后，吾知免夫：爱惜自己，就是孝

> 曾子有疾，召门弟子曰："启予足！启予手！《诗》云：'战战兢兢，如临深渊，如履薄冰。'而今而后，吾知免夫！小子！"

这一段很有画面感。

曾子生了一场重病，可能是刚刚从昏迷当中醒过来，急忙对门人弟子说"启予足"。

"启"有两种解释。第一种解释是，快把被子掀开，你们看看我的手和脚还在不在。

第二种解释是，把我的手和脚抬起来，我要看一下我的手和脚。因为他才苏醒，还没有知觉，需要让别人帮自己抬抬手、动动脚。

为什么曾子会这么在意自己的手脚？因为他极其孝顺，遵循"身体发肤，受之父母，不得毁损"的原则，认为保重身体是孝的关键，如果把父母赐予的身体损坏了，就是不孝。

曾子是古代有名的大孝子，在《二十四孝》里被称作典范。有一个故事就

形容了他的孝：有人去拜访曾子，但曾子刚好在山里打柴。那时候没有电话和微信，怎么联系曾子呢？曾母干脆咬了自己一口。咬得不够狠，不疼，再使劲咬了一下，疼了。母亲一疼，曾子在山中就会心疼；曾子一心疼，就知道母亲让自己赶紧回家，这就是曾子与母亲的通信方式。

以上只是传说故事。

回到此节。这里讲的是曾子大病一场，苏醒之后的反应，他特别关心自己的手脚是否还在。古人经常引用《诗经》里的话来表达自己的心情，曾子说："《诗》云：'战战兢兢，如临深渊，如履薄冰。'"这是形容生命悬于一线的感觉，也是形容自己对于生命小心谨慎，好像站在深渊的边上，又好像站在薄薄的冰层之上。

曾子说：从此以后，我要好好地保护好我的身体，可不要让它再受伤了。最后，他对周围的人说：你们也一定要记住。

或许只有生过大病的人，才能理解曾子说这番话时的感受。

我原来听过叶曼先生讲这一段。她说，这可能是曾子临终之前的话。但很多学者认为这并非临终前的叮嘱，后来曾子的病又好了。

如果是临终之前的话，他可能会说：我终于可以不用操心这件事了，我已经快死了，而直到现在，我的身体发肤都是完整的。这样理解其实也很美好。一个人保持自己的身体发肤不受损，不让父母担忧，直到离开世界的这一天，都能谨慎地对待自己的生命，爱惜自己的身体。

更多人的理解是，曾子说：我今天算是捡回一条命了，我一定吸取教训，从此以后，我要保护好我的手和脚。

这一段给我们的启示是，保重身体、爱惜生命是多么重要，不仅是为了健康，还是孝顺的体现。

君子所贵乎道者三：日常修炼自我的三个路径

曾子有疾，孟敬子问之。曾子言曰："鸟之将死，其鸣也哀；人之将死，其言也善。君子所贵乎道者三：动容貌，斯远暴慢矣；正颜色，斯近信矣；出辞气，斯远鄙倍矣。笾豆之事，则有司存。"

曾子身体不太好，这次，他病得很重。

此时的鲁国是季孙、孟孙、叔孙这三家当权，其中孟氏的继承人叫孟敬子。曾子很有可能是孟敬子的老师或者幕僚，孟敬子来探望他。

曾子说："鸟之将死，其鸣也哀；人之将死，其言也善。"这句话被很多文学作品引用。人之将死，他的感受自然和平时大为不同，说话也理应更有分量，更有意义。曾子这样说，是为了让孟敬子重视他后面的话。大意是：我今天已然如此了，也没必要骗你了，我想跟你说说掏心窝子的话，讲讲我认为最重要的事情。

曾子的这句话受到后世很多人诟病，觉得他接下来说的话不咸不淡。毕竟是临终之言，大家期待的是更为高妙、深邃的人生哲理。

曾子说，君子学道，最重要的是三件事：第一件事叫动容貌，第二件事叫正颜色，第三件事叫出辞气。

这三件事放在今天很容易理解，其实就是第一印象管理。初次见面，你给人留下什么样的印象是至关重要的。"动容貌"是形容肢体语言，"正颜色"是形容表情，"出辞气"是形容语言。

人和人聊天的时候，不仅仅是进行语言交流，肢体和表情也会参与互动。

我们可以根据这些"非语言信息"来判断一个人语言的真实性和可靠性。比如我们和某个人聊天，对方滔滔不绝，说得很开心，但我们可以通过他的表情发现他并不可信。

人和人如果仅仅靠语言就能传递信息，那么巧言令色的人就会轻易地说服所有人。但实际上，当有人眉飞色舞地说话时，我们常常只听个热闹便罢了。聊天结束以后，我们不会当真，因为对方的肢体语言和表情传递出来的信息，让我们判断他不是一个认真的人。

曾子所讲的"动容貌"，就是要注意自己的行为举止。如果我们的一举一动都表现得足够好，就没有人会怠慢我们、质疑我们。曾子认为，在沟通中，肢体语言应该是放在第一位的，这跟我们现在传播学的研究竟然不谋而合。传播学认为，在人与人的沟通中，肢体语言会传递最多的信息。

接下来，要"正颜色"，指的是表情要端庄，要极为认真，对方才能对你产生信任。

最后，是"出辞气"，指的是说话要文明、体面，不要恶俗，不要带有戾气，最好要有一点书卷气，要彬彬有礼、温文尔雅。

"笾豆之事，则有司存"，笾、豆是祭祀的礼器，"笾豆之事"指代祭祀的礼仪、规范。"则有司存"，大意是像你这样的贵族，不需要去管那些烦琐的礼仪流程，由专业人士去安排就够了。你要做的，是管理好姿态、表情、语言，保持端庄和威仪，这才是最重要的。将这三件事做好了，在与他人打交道的时候，别人才会尊敬你、相信你、认可你。

曾子在临终时，郑重其事地留给了孟敬子这三句话，告诉他一个人应该怎样端庄、得体地立足于社会。

第一印象如此重要。有心理学家做过一个测算，人与人在第一次见面时，在以秒为单位的时间内，就能下意识地判断对方是一个什么样的人，而且这个印象一旦在心中定格，就很难扭转，并且会在极大程度上影响彼此以后的交往。

有一本书叫《第一印象心理学》，分析的就是这件事。

我们要在修为上不断地提高自己，让自己的举手投足都符合规范，不粗暴、不张扬，保持温和典雅的形象，说话得体而真诚，这样才更容易被大家接受。

有的人可能认为日常的修为不重要，腹有诗书才重要。但我们要知道，读再多的书，只有践行才是最有意义的。我们要在日常的行走坐卧、待人接物中去练习、去规范自己的言谈举止。

我见过一个高人，他看一个人走路的姿态，就知道对方是怎样的性格。我问他：这是算命吗？他说这和算命没关系，他只是从一个人行走的姿势去判断对方在怎样的情绪里，知道对方的性格是坚毅勇敢，还是软弱迟疑。所以，无须多言，一个人的一举一动都在替他表达自己。

佛经中有一个故事。佛陀的大弟子有一次在大街上行走，路人看见，立刻跪上前说"我要皈依"。大弟子问路人缘由，路人说：因为你就是传说中的佛陀。大弟子解释：我不是佛陀，我是佛陀的学生。路人说：但是你走路的样子已经征服了我。这个故事说的就是一个人行走时的威仪能够直接让人感受到什么是修养。少林寺练武讲究站如松、坐如钟、行如风，这也是修养。

行走坐卧，皆是修炼。曾子说的这段话，并非不咸不淡。这句话看似缺少深刻的哲思，却是每个人立足于世都必须重视的。

昔者吾友尝从事于斯矣： 曾子对颜回的怀念

> 曾子曰："以能问于不能，以多问于寡；有若无，实若虚；犯而不校。昔者吾友尝从事于斯矣！"

这是曾子对他老朋友的回忆，"昔者吾友"指的是颜回。

颜回已经去世了。曾子有一天感慨说，有一种很难达到的状态，他的老朋友颜回能够做到。

做到什么是很难的事呢？

"以能问于不能"，意思是一个很能干的人愿意去问那些不如自己的人，与"不耻下问"的意思相同。

"以多问于寡"，是说他有很高的学问，却愿意去问比自己学问低的人。

这是装的吗？当然不是！颜回是真心实意地请教。为什么他愿意这样不耻下问呢？原因是所有人都会有知识盲区。

我们看很多电视竞答节目就会发现，很多参赛者都非常厉害，博古通今，知识量丰富，但有时候竟然会被一道很简单的题目难住。

好比你读到了博士，去请教一个初中毕业的技术工人如何修理自行车，也没什么张不开嘴的，因为在修自行车这件事情上，对方就是比你强得多。

术业有专攻，要能意识到每个人都有自己擅长的领域。保持一颗空心，你就会发现，向谁请教都是应该的。

"有若无，实若虚"，这句话和《道德经》里的概念不同。它的大意是说，一个人有，但他看自己就像没有一样。他不因自己拥有而自满，他依然保持谦虚，怀着空杯心理去接受新的知识和信息。这是一种真实的、敢于认识自我的态度。

这也叫"不着相"。"不着相"解释起来是一个很大、很深的话题，《金刚经》里对它的解释是，"无我相，无人相，无众生相，无寿者相"。以我浅白的理解，就是我们不要太执着于名相。不要执着于"我是一个博士""我是一个企业家""我是一个名人"……当一个人把头衔看得太重要时，就容易忽略实质。比如，实质是你不会修自行车，但是从名相上来看，你觉得自己作为博士，学识丰富，理应比修自行车的工人高明。如果对外在的头衔太过重视，就会离真理越来越远。

在《道德经》里，一个人的修为到了比较高的境界，可以形容为"挫其锐，解其纷，和其光，同其尘"。假如一个人站在人群中，刻意地显出他与周围的人完全不一样，塑造特立独行的姿态，这在老子看来并不高明。一个真正的高人，反而是跟周围融为一体的，是不露锋芒、与世无争的，愿意以平和的态度与万物相处，而不是非要追求光芒万丈。

颜回是孔子最心爱的学生，子贡、曾子都对他非常推崇，他依然能够做到"有若无，实若虚"。那些外在的名声并没有压垮他，并没有成为颜回的负担，极高的学识也没有被他当成标榜的资本，他似乎将这些东西化作了自己内在的一部分，这就叫"有若无，实若虚"。

"犯而不校"，是说哪怕别人冒犯了颜回，颜回也只是笑一笑便过去了，不会还击，也不会计较。

一个人如果对自己的名声没有那么在意，他怎么会怕"黑粉"？"黑粉"冒出来骂他、诋毁他，他也不会太放在心上。本来也没觉得自己有多厉害，偶尔听一听其他的声音，有什么可计较的呢？

正因颜回到达了"犯而不校""以能问于不能""以多问于寡""有若无，实若虚"的境界，才能如此举重若轻。

正如米兰·昆德拉的小说《不能承受的生命之轻》所揭示的道理，我们在生活中，有时候被重的东西压垮，还有的时候会被轻的东西压垮。重的东西是我们看得到的，比如沉重的房贷、养家的压力、孩子的学费等，这些都是实实在在的、能"触摸到"的重物。但与这些相比，那些轻的东西更容易压垮人，比如一个头衔、一个职称、一个名声、一个排名、别人的评价……当这些虚的事物在一个人的内心产生了化学反应时，我们的生活就会越来越沉重——已经得到了的东西，一定不能够失去。

我们无法逃离虚名的桎梏，更无法承受失去的痛苦，这种患得患失的心态，正是我们人生压力的根本来源。

颜回不为外物所牵绊的境界，是非常了不起的一个状态。

曾子的这一段话是非常得体的。颜回做的这件事，从佛家的角度讲叫"无我"，从儒家的角度讲叫谦和。

为什么"谦"与"和"要合在一起用？因为一个人内心能够做到"谦"，对外才能做到"和"。如果一个人总是很傲慢，有多余的棱角和锋芒，看谁都不顺眼，过分执着于某个名头，刻意追求与众不同，那么，他跟谁都无法和气地相处。

谦是无法伪装的，假意谦虚，人们很容易就能分辨出来。一个人只有真心地看淡名声、地位、头衔，不觉得自己现在的成就、学问和名号有多么了不起，才能够做到谦逊，才能够与他人和谐相处。这就是谦和。

曾子如此怀念颜回，可见他的境界也不低。他看得懂颜回好在哪里，普通人则缺少曾子这种对于美德的洞察力。

临大节而不可夺：君子的气节

曾子曰："可以托六尺之孤，可以寄百里之命，临大节而不可夺也。君子人与？君子人也！"

这一节又是曾子说的话。很有可能这一篇都是曾子的学生编写的，所以集中地记录了曾子的言行。

曾子有很多金句。不同于孔子的其他学生，他说话总是给人一种荡气回肠、掷地有声之感。

曾子和其他人的生命状态完全不一样。颜回总是那么温和平静，那么低调内敛，却又怡然自乐。颜回是修道之人，庄子在写文章的时候，经常托颜回之口，用颜回和孔子的对话来表达自己的思想。子贡是一个好奇心比较重的人，喜欢问问题，喜欢和孔子探讨。子路是一个莽撞直率的人。

曾子是一个内心澎湃的人，他心怀天下，说的话比孔子说的更恢宏、更有力。

他说，"可以托六尺之孤"。按古代尺寸，六尺大约是一百四十厘米，孩子长到这么高的时候，是最难托付的。刚出生的婴儿，很多人都愿意收养，因为孩子没有记忆，还能够如同亲生子女一样培养。孩子长大成人，自己都能够养家糊口了，也就不需要托付了。最难托付的，就是身高"六尺"的孩子。这时候，孩子的身心还未真正成熟，却又有了自己的思想和价值观，脑海中刻下了此前关于家庭的记忆，并且即将进入青春期，进入最叛逆的时候。

曾子说，"可以托六尺之孤"，意思是有人非常值得信赖，我们甚至能够放心地将这个时期的孩子托付于他。

"可以寄百里之命",在春秋时期,方圆一百里差不多是一个小国的面积。曾子说,能够安心地把一个国家托付给这个人。我们也可以想想看,这个人需要有多大的气魄,多大的才能!

"临大节而不可夺也","大节"至少有两种理解,第一种理解是安国家、定社稷,这是关于国家大事的。比如文天祥对抗蒙古军时兵败被俘,被蒙古军囚禁三年。在这三年里,他经受住了分分秒秒的考验。与一腔热血、立即引颈就戮的勇气相比,更难的是他在漫长的岁月里,依然坚守信念。

当时的元朝廷几乎是以宾客礼节接待文天祥,想要劝降他。设想,在整整三年的时间里,每天都有人过来劝说,只要你签字,今天你就是宰相。况且,已经过去那么长时间,时移世易,天下改朝换代,很多曾经共事的大臣都已投降,在新的朝廷做了官;一切都太平了,只要你同意,你就可以出将入相、管理天下……这种考验是巨大的,是常人无法拒绝的,但文天祥丝毫不为所动。这就是"临大节而不可夺也"。谁也不能夺其志,改变他的气节。

第二种理解是,一件事情与生死相关,就一定是大节。比如"戊戌六君子"之一的谭嗣同,在被逮捕之前,他完全是有机会离开的,但是他说,"我自横刀向天笑,去留肝胆两昆仑";他说"各国变法,无不从流血而成,今中国未闻有因变法而流血者,此国之所以不昌也。有之,请自嗣同始"。这是"临大节而不可夺也"。

综上,曾子说了三种情况:"可以托六尺之孤""可以寄百里之命""临大节而不可夺也"。

他说"君子人与",就是设问:这样的人是君子吗?

最后,他肯定地回答:这当然是君子。

我觉得这段话里,有我们中国人的英雄主义。中华民族不仅有孔子和颜回那样温文尔雅的人,也有像曾子这样有气节、有血性、内心澎湃、具有英雄主义色彩、性格底色鲜亮耀眼的人。在中国历史上,"临大节而不可夺"的人,历代都有，这是我们中国人的文化传统。

我相信大家应该会很喜欢这句话，可以慢慢地把它记下来，在心中内化。

士不可以不弘毅：君子应当胸怀博大、果敢能决断

曾子曰："士不可以不弘毅，任重而道远。仁以为己任，不亦重乎？死而后已，不亦远乎？"

曾子的名句"吾日三省吾身"人人皆知，我们且把这句排为曾子的第一金句。

在这一节中，曾子说了一段非常有气魄的话——士不可以不弘毅。这可以列为他的"第二金句"。

什么叫"弘毅"？有人说"弘"是错字，实际应该是刚强的"强"。在古文中，"弘"和"强"字形相近，是有可能写错的。但我个人觉得这种说法不合理，因为"强毅"也不是常见的词。我更认同"弘"代表广博、宏大，"毅"是强而能断之意。

"士不可以不弘毅"，意思是作为士人、君子，意志一定要足够坚定、足够宏大。

因为士"任重而道远"。所谓"任重而道远"，不是指将一家公司做到上市这样"短暂"的目标，毕竟有的公司发展几年就能上市了。任重道远，一定是因为"仁以为己任"。士的肩上，扛着的是仁；士的目标，是推行仁。

推行仁，要从两个方向入手。第一个方向是让天下归仁，让更多的人拥有

仁心。这当然是一件了不起的、伟大的、难以做到的事。

第二个方向也同样了不起，同样伟大，同样难度极高——要让自己保持在仁的状态。一个人锻炼内在的修为，也是一件长远而重要的事。我们什么时候才能确定自己处于仁的状态呢？这就像是一个无限游戏。

一个有志于道的人，一方面要心怀天下，一方面要不断地修炼自己，这件事难道不重大吗？

"死而后已，不亦远乎"，这让我们想到了诸葛亮，他就做到了"死而后已"，追求理想直至自己生命的尽头。这样做，难道不是最长远的道路吗？

曾子的这段话，可以让我们反思。我们该如何看待自己的事业？能不能像曾子一样，让自己更有使命感，既能心怀天下，又让自己变得更好，而且愿意为之不懈地努力？

如果你也愿意背负这样的使命，为实现这个任重而道远的目标，必须得有宏大的气魄和强有力的意志力，才能够把这件事一直坚持下去。

当我们在工作中遇到挫折，在生活中遇到烦心事，或者身体不舒服的时候，把曾子的这句话拿出来念一遍，便会立刻感觉有了力量。

那些圣人在临终的时候，都还在给世人分享他们的智慧。佛陀临终的前一晚，吃了新来的比丘没有处理好的肉，肚子剧痛了一夜，第二天离世。离世之前有人还问他：您这走了以后我们怎么办，我们向谁学习？佛陀说，以戒为师。给大家上完了这最后一课，他就永久地离开了人世。

孔子临终前，也给大家上了最后一课；苏格拉底临终前，喝下了毒酒，还跟大家谈笑风生，上好了最后一课；王阳明临别前，别人问他有话说吗，他说"我心光明，亦复何言"。

还有很多很多了不起的伟人，他们面对死亡，哪怕没有留下只言片语，也用生命的终结完成了对我们的授课。他们做到了死而后已。

希望我们都能将自己的人生活成一段修炼的过程，让自己的人生成为满意的作品，而不是被身上所背负的名利权情压得直不起腰。

曾子的这句话几乎达到了他语言上的巅峰，这是一句多么有力量的话！

兴于诗，立于礼，成于乐：求学的三个阶段

子曰："兴于诗，立于礼，成于乐。"

此节很短，孔子只说了九个字。

这是在孔门立学的阶段。

先说什么叫"兴于诗"。"兴"理解为兴起，也可以理解为入门。修辞里有比兴的说法，还有个常见的词叫高兴。"兴"这个字给我们的感觉是向上的、唤醒的、生机勃勃的。

"兴于诗"，是说一个人在开始学习的时候，最有效的入门方法是读诗。古代的诗是可以唱诵的，比如《诗经》。通过唱《诗经》，我们可以学很多名词，认识很多动物和植物，了解多样化的风俗。对于十来岁的童子而言，诗歌能够以最朴实的方式激发他们对于学习的兴趣，学诗是求学的入门路径和最方便的法门。

"立于礼"，意思是想要在社会上立足，必须学礼。一个人到了二十岁、三十岁，要在世间行走，要做事，都应该以礼为根本、为依据。如果一个人不知礼，就无法与人沟通，就容易做错事。

"成于乐"，意思是要以音乐养性，才算是真正的学有所成。一个人到了五六十岁，准备退休了，怎样才能保持内心的从容和喜悦，并且依然修炼自身呢？孔子认为，最好的方式是进行乐教。孔子提倡"以乐教人"，在他的私学

中，经常是弦歌之声不绝，上课时总有乐器在旁。当时，音乐分类为五声十二律，极为动听，孔子的教育可以说是一种美的教育。以音乐养人之性情，这便是学之成也。

当学问达到了一个境界时，就可以用音乐表达出来，用音乐进行涵养。

以上是在孔子那个时代，人生求学的三个阶段。第一阶段是诗教，以诗歌启蒙；第二阶段是礼教，以礼为重点；第三阶段是乐教，以乐为重点。

在中国古代，孩子十岁左右开始学习基本的规矩；十三学诵诗，二十后学礼，再之后要参加各种仪式，在仪式中将诗歌唱出来。这是学习进阶的过程。

这对我们当下的教育是否有借鉴价值？

我们可以从中学到，在孩子小的时候，重要的是激发他对于学习的兴趣，让他自己焕发出内在的力量，发现学习的乐趣，愿意去学习。

"兴"对于年轻的求学者来讲是很重要的。比如，想让年轻人学《论语》，一定不能逼着大家一遍一遍地背诵整部《论语》。只要我写的这本书中有一篇文章能引起你的兴趣，能够让你觉得《论语》原来这么好玩，之后对《论语》的学习就顺其自然了。

"立于礼"的启发是，到了该做事的阶段，我们需要洞悉为人处世的规范，要学会与他人协调、统一。孔子知道，单独一个人是走不远的，是缺乏生命力的，只有在懂礼的基础上跟别人合作，才能聚集团队的力量，一起将事情做好。

到人生的最后，最重要的是找到生命中真正的乐趣。如果过完一辈子，在抵达生命的终点之前，还是浑浑噩噩，觉得人生苦闷无聊，没什么值得回忆和品味的，那这一辈子该多么苍白？

这段话，即可以作为我们一生求学、工作的大致脉络。

民可使由之，不可使知之：孔子的管理之道，并非"愚民"

子曰："民可使由之，不可使知之。"

就是这句话给孔子惹了麻烦。很多人批判孔子，说这句话代表着孔子的愚民思想。

从表面上看，"民可使由之，不可使知之"的意思是，对于老百姓，你只能用他们，让他们做事情就够了，不需要让他们懂得太多。如果老百姓太聪明、太有思想，就不好管了。

在这样的理解之下，孔子就成了独裁政权的帮凶——不要让老百姓有智慧，不要教老百姓学会批判性思维，怕他们听懂了不利于管理；不如就给老百姓一个最简单的口号，哄着他们去做事，这样管理天下多简单。

我个人认为，这应该不是孔子的本意。我看过古今很多学者对这句话的解读，有一种解释很妙，在"民可使"和"不可使"后加逗号，变成"民可使，由之；不可使，知之"。

这样一来，整体意思就变成了：如果老百姓可以用，那么你就用吧；如果老百姓不愿意听安排，那就去教他，给他讲道理，让他明白。

这个解释，让孔子又成了一个教育家。

古书没有标点符号，确实很让人苦恼，一句话，停顿不同，甚至可以产生完全相反的理解。但我个人认为，以上依然不是孔子的本意。如果有人问我为什么这么想，我只能说是我推测的，我根据自己几十年来对孔子的感受，认为孔子不是这个意思。

我认为，孔子很有可能描述的是一个现状，而非一种策略。

如果把这句话当成一种管理人民的策略，那说话之人的心理明显是阴暗的，目的是利用老百姓，把老百姓当成工具，让老百姓傻傻地干活。但如果孔子只是在描述一个现状，那意思就是，统治者让老百姓做事情是没问题的，但你想让百姓懂得所有道理，这事太难了。在此，"不可使知之"只是一种感慨。

有一种现象叫"旅鼠效应"。成群结队的旅鼠在迁徙时，每一只旅鼠都跟着前面的小伙伴走，不管第一只旅鼠往哪儿走，后面的一个接一个地全都跟着。如果第一只旅鼠不小心跳下悬崖，那所有旅鼠都会跟着往下跳。在跳下悬崖之前，没有一只旅鼠会对当下的情况进行观察和分析。其实，在人类社会，这种领头羊的现象也是非常常见的。

孔子一辈子教书育人，我不相信孔子会反对老百姓懂得知识和道理。孔子提倡有教无类，无论是贵族士子，还是贩夫走卒，他都愿意教。假如孔子只教贵族，那他倒有可能关起门来说出"别让老百姓懂太多"的话，但以孔子对于教育的理解，他绝对不可能传播愚民思想。

孔子为什么会感慨"不可使知之"呢？因为他教了一辈子书以后，发现教育这事儿真的太难了。一个国君能够做到调动老百姓做事情，这已经相当不容易了；要让所有的老百姓都能理解国家政策，都愿意接受，那可能是"筑室道谋，三年不成"。管理者在治理国家的过程中，怎么可能让一切政策都得到百姓的支持和理解呢？这太难了。

如果我们理想化地认为，全社会的人都知道礼，都愿意按照礼法做事，并以此为前提来制定社会规则，那社会的效率很有可能会变低。

所以，在我看来，孔子这里所说的不是一个策略和方法，而是一个状态。他不是号召当权者这样做，而是在描述一个事实。

其实，在两千五百多年后的今天也是如此。在一个团队中，领导号召成员一起做事，给每个人布置任务，也许所有人都能做到；但要人人都懂得、理解领导的意图，难度就高了太多。

关于这句话的三种解释，我们都能够找到相应的学术依据。各位读者可以根据自己的感受去体会，选取你觉得更合理的那种。

人而不仁，疾之已甚：通往地狱的道路，往往由善意铺就

子曰："好勇疾贫，乱也。人而不仁，疾之已甚，乱也。"

孔子经常提到"乱"这个字，因为他唯恐天下乱。

春秋时期，社会并不安定。一打仗，损失最大的就是老百姓。什么样的人容易带来祸患，喜欢打仗？孔子说，"好勇疾贫"。

"好勇"是说一个人喜欢练武术，喜欢逞强、斗狠。

"疾贫"是我们每个人都不愿面对的，却是很难避免的。

如果一个人特别畏惧贫穷，又血气方刚、逞强好斗，觉得自己被逼上了绝路，就容易作乱。

"人而不仁，疾之已甚"是什么意思呢？

有一个词叫疾恶如仇。当你看到某个人不仁时，比如村子里有一个地主，总是欺负雇农，你可以讨厌他，但不必过分地仇恨。"疾之已甚"就是过度地痛恨，到了恨不得去把不喜欢的人杀了的地步。这样的心态就是导致社会不安定的因素，容易引起混乱。

孔子说，以上两种人，会给社会带来动荡。

我在"樊登读书"上讲过《有限与无限的游戏》这本书，书里有一个很有意思的哲学概念——邪恶是什么。邪恶来源于想要消灭邪恶。当一个人执着于干掉邪恶时，反而会导致新的邪恶发生。正如我经常引用的一句话——通往地狱的道路，往往是由善意铺就的。一个人的出发点可能是好的，但最后他可能会以一种错误的、极端的手段导致更坏的结果。

如果我们不喜欢一个坏人，可以通过法律手段，通过公正的程序来惩治他。程序正义是很重要的，一个社会如果失去了程序正义，通过搜索、人肉、网络暴力等手段来进行"群体裁决"，导致的结果是人们屈从于舆论的压力，屈从于巨大的声量，屈从于不理性的意愿。

参与裁决的人或许当时很痛快，但是一旦破坏了程序正义，那么下一次如果他自己变成了被攻击的人，没有人能够用正确的方法保护他。

还有一种情况，用巨大的声量来讨伐和攻击别人的人，往往根本不了解一件事的内情，只是在外围看热闹，跟着其他人一起推波助澜，结果很可能会导致网络暴力的发生。

网络暴力在我们这个时代太常见了。在国外，网络暴力甚至导致有的艺人或公众人物自杀，发生各种恶性事件。这其实就缘于整个社会失去了程序正义的保障。

孔子的这句话向我们诠释了什么叫真正的程序正义。作为社会参与者，我们每个人都应该学习这句话。

社会赋予我们恨一个人的权利，但也需要我们用理智去维护。

使骄且吝，其余不足观也： 骄傲和吝啬，是危险的缺点

子曰："如有周公之才之美，使骄且吝，其余不足观也已。"

孔子的偶像是周公，《周礼》就是周公制定的。

孔子在赞美某个人时，常常会拿周公来进行比照。孔子说，一个人纵使有周公的才华和能力，但倘若他存在骄傲和吝啬这两个缺点，那么哪怕他其他的优点再多，也"不足观也"。这个人也没什么好说的了，所有的能力皆不值一提。

孔子提出了一票否决。对于一个人才来讲，假如出现了骄和吝这两个特征，他就算能力再强，在孔子这儿也会被全盘否定掉。

这句话背后有多层深意。为什么孔子会对"骄"和"吝"这么反感？

设想一下，为什么孔子说的不是"如有周公之才之美，如恶且混，其余不足观也已"？"恶"和"混"明显更糟糕、更坏，他为什么不用这两个字？

因为一个人的缺点太明显，就很难遮掩，不但周围的人能够看出来，他自己也会意识到。如果一个人是个混世魔王，整天以欺负别人为乐，那人人都会讨厌他，这种恶很容易被识别。

但骄和吝这两个缺点是难以判断的，因为它们的尺度很难拿捏。比如，自信是好的品质，但自信过头就容易变成骄；有底线、有棱角也是好的，但也容易被误会成吝。

对于我们自己来说，即使存在骄和吝这两个缺点，我们也很难进行自我审视。我们可能会开解说："我这不叫骄，我这叫自尊自爱，我这叫自信，我这叫

有个性。"

总之，这两个缺点是模糊的。正因为模糊，很难被人意识到，就容易造成更大的伤害。

孔子说这句话，是为了提醒我们，要小心骄和吝，不仅要审视自身，也要提醒他人。

骄是爱名，吝是爱物。爱名和爱物，其实就是贪。贪会带来嗔、痴，带来大量的痛苦。

无论是爱名还是爱物，都是以自我为中心——骄是精神上的，吝是物质上的。如果一个人在精神上和物质上都以自我为中心，他即便有着经天纬地之才，整个人生的大逻辑也是错乱的。最后，他极有可能会成为王莽那样的人。王莽有着比肩周公的才华，大家甚至认为他是儒家的接续者，是圣人。但他后来实行新政，把整个国家折腾得一塌糊涂。为什么会这样呢？因为他的自我非常强大，既要名又要物，而不是把自己的价值和整个社会的价值融为一体。

"骄"与"吝"的人，自己的内心也是缺乏愉悦感的。在《自卑与超越》一书中，作者阿德勒只给我们分享了一种消除自卑感的方法，即将个人的价值和整个社会的价值融为一体，放弃对自我的执念。当你做的一切只是为了追求个人的功名利禄时，就很容易被困住；当你考虑社会的价值时，你才能真正成就了不起的事业。

我们在观察一位创业者或者职业经理人时，要看他关注更多的到底是天下苍生，还是他自己的名利权情。很多人做事就是为了自己留名，希望得到荣耀的评价，这其实是以自我为中心，是骄且吝。我们要以此为警戒。

能够做到无我，这是圣人的气度。哪怕我们无法达到这个境界，也可以试着从过度关注自我的陷阱中跳出来。当你多考虑社会的价值之后，也许一切都会豁然开朗。

三年学，不至于谷，不易得也：求学之道，是心无旁骛

子曰："三年学，不至于谷，不易得也。"

这句话有不同的解释。

第一种解释令人觉得特别好笑。"谷"是俸禄，古代发工资一般是按照谷米来计算，称为禄米。这句话的意思是，如果一个人跟着我整整学了三年，还没有混成公务员，没有吃上官饭，这种人太少见了。

如果这样理解，那这句话简直像是孔子的招生广告。如同孔子大声地喊出一个口号：跟我学三年，保证有饭吃。

这还是孔子吗？这完全不是孔子的风格。所以，这句话肯定不是这个意思。

我认为第二种解释更合理：如果守道好学，心无旁骛，一门心思地学习了三年而没有去钻营、想办法赚钱，这种人才难得。

在《论语·公冶长》中，曾经讲到"子使漆雕开仕"，孔子希望漆雕开去当公务员，为稻粱谋。漆雕开说：我现在还不行，我觉得我还没达到应有的境界，我应该再修炼一下。孔子大为赞赏，说好样的。你看，因为漆雕开没有着急去挣俸禄，孔子很高兴！

这两个内容就应和起来了。我们先前也提过，在孔子的时代，儒生是一种职业，既有君子儒，也有小人儒。将儒学当成一门赚钱的手艺，以给人写信，替人操办红白喜事，站在婚丧嫁娶的场合进行宣礼，叫小人儒。

孔子希望大家学君子儒，即以天下为己任，抱持推行仁政的理想。

其实在当时，跟随他学习儒生之礼的很多学生，有很大一部分的目的就是

找工作。希望学个两三年，被推荐到一个好的去处，挣点钱。

好比当下，有的研究生读到了第二年，就开始实习、找工作，他们的脑海里并没有执着于学问研究，他们只想立即找到合适的工作，在社会上安身立命，这就是普通人。但还有一些人，他们一直在钻研学问，读完硕士读博士，读完博士还想接着研究自己感兴趣的课题，这种人是非常罕见的。就像爱因斯坦，他就是一辈子以研究为乐的少数人。

孔子说，一个人能够守道好学、心无旁骛，是非常不容易的一件事。当然，对于那些还没毕业就准备找工作的人，我们也要理解，社会本来就需要我们工作。

所以，孔子并没有否定小人儒的价值，也没有认为求学之后去当官、挣俸禄不好。孔子只是说，那种愿意坚守自己求道的初衷，一心向学的行为和态度很难得。这样理解孔子的说法更适宜，也更容易讲通。

笃信好学，守死善道：无能与无德，都是耻辱的

子曰："笃信好学，守死善道。危邦不入，乱邦不居。天下有道则见，无道则隐。邦有道，贫且贱焉，耻也；邦无道，富且贵焉，耻也。"

如果将此节和上一节结合起来理解，我们会发现意思是连贯的。

上一节的"三年学，不至于谷，不易得也"，正是因为这一节的"笃信好学，守死善道"。

"笃信"和"好学"之间没有顿号，两者非并列关系。"笃信"是动词，"好

学"是名词，意思是，一个人相信学问的力量，相信求学是能够带来回报的，认为学习是非常重要的一件事。

我坚信学习的力量。我创立"樊登读书"这么多年，也受邀参加过很多场演讲。每次去演讲，主题看似千变万化，核心其实只有一个，就是希望大家能够相信学习的力量。学习可以改变生活、改变心性，让我们变得不一样。

"守死善道"也是同理，"守死"是动词，"善道"是名词。孔子提醒我们，要死死地守住善道，立志做个好人。在中国古代，如果有年轻人说我要去学习了，请老夫子给自己题一个词，老先生多半拿起笔就题四个大字：学做好人。

很多老夫子都喜欢题这四个字，因为读书的最终目的，就是学做好人。柏拉图说，哲学的目的就是让自己成为一个更好的人。在这里，东西方的理念竟然是相通的。

笃信好学，给你带来学问；守死善道，给你带来道德。有学问、有道德，就是所有的学子未来要追求的目标。

接下来，孔子又提醒所有的学生：危邦不入，乱邦不居。当时不流行旅游，很少有人对国外的事情感兴趣，不像今天，大家都愿意去国外看一看。那时候的人，如果"危邦要入，乱邦要居"，往往是抱着投机、赌博的心态。就像我们看年代剧里，上海滩是冒险家的乐园，"危邦要入，乱邦要居"是冒险家的态度。

孔子说"危邦不入，乱邦不居"，是提醒我们要爱惜生命，不要随意去寻求那些诱惑大、风险也大的机会。这是因为，"天下有道则见，无道则隐"。孔子尤其在意天下是有道还是无道。如果天下有道，社会井然有序，人人守礼节、讲道理，这时候我们就可以放心大胆地入世，努力做事；如果天下混乱，人人朝不保夕，比如董卓都已经进入长安了，那就赶紧跑，躲得越远越好。

"邦有道，贫且贱焉，耻也"，大意是，当一个国家非常有秩序，欣欣向荣时，在这种环境下如果有人贫且贱，就是一种无能的表现。国家安定，政治清明，所有人都在百舸争流，有人却躺在原地当懒汉，这种"贫且贱"是可耻的。

"邦无道，富且贵焉，耻也"，国家形势飘摇，朝纲颠覆，风雨如晦；有人杀人放火，有人刀口舔血；路有冻死骨，老无所依……这种环境下，如果有人天天锦衣玉食，也是可耻的，因为这是无德的表现。

无能与无德，都是孔子觉得耻辱的。

要想更深地体会这句话的含义，我们得再读一读《反脆弱》这本书。孔子是一个反脆弱能力极强的人，他所说的"天下有道则见，无道则隐"，其实就是《反脆弱》里讲到的"杠铃式配置"。孔子强调"君子不器"，天下有道的时候出来当官，天下无道的时候回去当老师，两头都行得通。假如一个人将自己变成工具，认定自己这辈子必须当官，如果不当官，人生就没有任何乐趣可言，找不到其他的价值。抱着这样的信念，人就会变得单一化，把所有的目标浓缩在当官这一件事上，无法应对外界的任何变化。邦有道还能维持，倘若邦无道，可能连命都没有了。如果有人说，"我只是个老师，我干好本职工作就好了，我无法为天下做更多的事"，这样的想法太可惜了，放弃了可以为世界创造更大价值的机会。

无论是邦有道还是邦无道，孔子都能从容地接受和安享他的生活。梁漱溟先生对孔子的评价我特别赞同，他说，在孔子的内心当中，跟别人最不一样的地方，就是乐。

曾子说话通常很有力量感，是振聋发聩的，但他更像是凭着一口气在表达。大家如果看过《一代宗师》就会知道，凭一口气点一盏灯，那算不得一个很高的境界，那是一种使劲的、忍耐的、约束自我的状态。

但是我们看看孔子说的话，他永远是从容的、活泼的，哪怕是"天下有道""天下无道"这样宏大的话题，孔子都能云淡风轻地对待，因为对于他来讲，无论命运把他抛在地图上的哪个地方，他都能够欣然接受。就如同我们之前提到的"爬山算法"，他会快速地寻找周围的最高峰，继续向上攀登。

不在其位，不谋其政：敢于信任他人

子曰："不在其位，不谋其政。"

我们应该都听过这句话，甚至在广泛地使用这句话。

比如，面对同事的求助，我们可能会这样回复："不在其位，不谋其政，这事不归我管。"

我们习惯将这句话当作推卸责任的理由，但这根本不是孔子的原意。

我在"樊登读书"上分享过《责任病毒》一书：在一个组织里，如果有人经常引用类似"不在其位，不谋其政"的说法，或者表明态度——"你要么别找我，既然找了我，你就别再继续管下去了"，始终在有意识地划分出泾渭分明的界限——是我的任务，别人不能插手；不是我的事情，我坚决不沾边……这意味着这个组织中毒了，感染了责任病毒。

责任病毒导致的结果是，我们有时候明明看着一个人在犯错，却只能旁观，无法表达，也不敢提醒，或者出现这种冲突的场景：

"你不对，我就得管。"

"行，你爱管就你管吧，我彻底不管了。"

在这样的情况下，人们就会重新定义自己的成功。"重新定义成功"，在这里并不是个好的概念，而是所有人开始认定"反正我管不了那么多，把我自己的小事做好就行了"。

当大家把自己的责任缩小在一个很小的范围内时，整个组织就会变成一潭死水。当出现问题时，没有一个人觉得自己有错，因为所有人的权利都被夺走了，都只能负责眼前的小事，大家全都陷入了"我没错，这是别人的责任"的状态。

责任病毒会让大家失去共同的目标和愿景，在工作中意气用事，成员之间缺乏信任，要么一把抓，要么撂挑子。由于对于承担责任的恐惧，所有人信奉的都是如何减少自己出错的概率，最后，表面上谁都没出错，但整个组织却离最初的目标越来越远。

孔子说的"不在其位，不谋其政"是指彼此要相互信任，不要总是对别人的工作指手画脚。当一个管理者把某项责任授权给下属时，哪怕看到下属做得不对，也能做到不管，放手让下属去试错。"不在其位，不谋其政"在这种情境下去运用，就是对的。

然而在实际生活中，"不在其位，不谋其政"是很难做到的。一个敢于放权、愿意真正信任下属的管理者，本身必然有着极大的魄力。

在《经营者养成笔记》中，柳井正说，要培养一个经营者，首先就要给他授权，让他去放手干活；其次要学会睁一只眼闭一只眼，甚至要眼睁睁地看着他做错事，因为这是他学习的必经之路。

孔子的这句话，是劝我们勇敢地信任他人，只信任还不够，还要敢于拥抱不确定性。哪怕别人做得不够好，也不畏惧结果，愿意赋予他人试错的权利和成长的机会。"不在其位，不谋其政"，绝不是一种看热闹的态度，也不意味着推脱责任，而是"我很关心这件事情，但是我知道此时最好放手，要让对方去经历这件事"。

同样的道理，我们如果自下往上看，也应该对领导有最基本的信任。很多基层的员工总是担心上面的领导决策错误，因此随时处于自我保护的状态，不管领导有没有错，先给自己找好后路，对领导下达的任务敷衍了事。当员工抱着这样的态度工作时，那公司的目标又如何实现呢？我们要能够对上级有一份信任，努力把自己该做的事情做好，选择最优的方式去帮领导实现想法。

孔子的这句话，含义其实是中性的，我们绝对不能用它来推卸责任，而应用来倡导信任，传达拥抱不确定性的道理。

这不是一句风凉话，而是一句有责任、有担当的话。

《关雎》之乱：孔子对礼乐的感受

子曰："师挚之始，《关雎》之乱，洋洋乎盈耳哉！"

这是孔子在讲自己对于音乐的感受。

孔子特别喜欢音乐，他听了《韶乐》以后，美妙的旋律在耳边萦绕，三个月吃肉都没有味道。

师挚是鲁国国家级的乐师，"师挚之始"，意思是奏乐以师挚的独奏开始。

"《关雎》之乱"，是指《关雎》的末章。"洋洋乎盈耳哉"，意思是听起来真是令人愉悦、舒服。

为什么孔子要特意描述自己对《关雎》这个音乐的感受？

《关雎》是《诗经·周南》的第一首。"关关雎鸠，在河之洲。窈窕淑女，君子好逑"，按照周朝礼乐传统的演奏方式，这一段应该放在乐曲的首篇。而当时整个周朝已经衰微，人们开始忽略周朝的文化，过去的礼仪、规范都不再受重视。礼乐已经越来越乱，哪段好听就演奏哪段，想从哪儿开始就从哪儿开始。

在孔子看来，不该把如此重要的礼乐变成流行音乐，供大家消遣娱乐。此时，孔子听到了师挚的演奏，从开始的独奏，到将《关雎》的合奏作为整个乐篇的收尾，发现他是完全按照规范来演奏的，孔子内心感到特别舒服。

这个舒服劲儿，不仅来自音乐的动听，还来自它合乎礼。

这种音乐，我们已经很少听到了。但是在读《论语》时，我希望大家能够细细地领会每个章节的含义。此节，孔子在夸赞师挚的演奏是符合礼法的。

狂而不直："缺点+缺点"的破坏性

子曰："狂而不直，侗而不愿，悾悾而不信，吾不知之矣！"

孔子说了三种缺点。

第一种是狂而不直。一个人如果狂，通常会特别进取，有理想、有冲劲，很豪迈，这当然不是问题。但孔子说，如果这样的人不直，那就危险了。狂而不直的人，表面上豪气大度，似乎什么都不在乎，但内心并不爽直。比如，有人标榜自己不在乎钱，但每次和朋友吃饭都不愿意掏钱，这就说明他并不像他表现出来的那么直率，有着歪曲心肠。

第二种是侗而不愿。"侗"是无知的状态，"愿"是谨厚的意思。一个人老实敦厚，但是处于无知的状态，这也不算大错。但是，如果无知的人不谨厚，表面上老实，实则心眼多，那就是很糟糕的。

第三种是悾悾而不信。"悾悾"是既老实又无能的意思，这样的人多半比较诚信。如果老实又没有能力，还不讲信用，这样的人实在没什么可取之处了。

最后孔子说，面对这些人，他不知道该怎样去帮助他们了，他无话可说了。一般孔子讲"吾不知之矣"，就是代表着对一个人极大程度的否定了。

每个人既有优点也有缺点。有缺点不要紧，可以用优点来平衡和补足。如果一个人的优点增多，那慢慢地，优点与优点就会相得益彰。比如，一个人谦虚，就必然会好学，也会合群、友爱，最后会变得智慧和仁厚。这些优点是相互关联、相辅相成的。

但是，如果将缺点放在一起，它们的破坏性就会加强，让人仿佛陷入一个向下的螺旋。一般来说，狂傲的人直爽，愚笨的人厚道，老实而无能的人诚信，这都是正常的状态。如果一个人狂放但是不直，一个人笨笨的、没有能力却又不厚道，一个人看起来很老实、很容易取得别人的信任却骗人，这些缺点叠加在一起，这个人就会非常糟糕。

如果一个人是真的老实，那么他在社会上是有生存空间的。如果你天资比较愚钝，笨笨的，但你像《士兵突击》里的许三多一样，忠厚而真诚，愿意努力地学习，你也可以很好地立身。如果一个人狂放，但是内心正直，能够认真做事、公正处事，他依然能够得到大家的肯定。

孔子说，最怕的是这个人表面上狂，内心却不直；本来就很笨，还不愿意好好学习；没什么本事，还喜欢骗人。孔子要表达的是对教育的无奈。

孔子有时候会生气，他一生起气来也会说牢骚话。实际上，孔子肯定教过不少令他失望的学生，他带着学生一个一个地走上中正之道。但孔子还是感慨了一句，说这种人实在是太难教了。

孔子的这句话也可以让我们警醒，不怕身上有缺点，就怕缺点加缺点。有某个缺点并不致命，但如果还有其他的缺点给它助威，就会变成很糟糕的毛病。

比如"狂而不直"，表面上豪放，实际却心细如丝，锱铢必较。比如"侗而不愿"，人不怕笨，就怕不学习、不厚道；再比如"悾悾而不信"，一个人没本事不要紧，靠一个"信"字也可以立足，如果没本事还不诚信，那就根本没办法得到帮助。

要敢于打破一个缺点，将其变成优点；优点会衍生出新的优点，慢慢地就会形成一个向上的螺旋，人生自然会发生好的改变。

学如不及，犹恐失之：如何应对求学过程中的焦虑

子曰："学如不及，犹恐失之！"

这句话表达出了一种急迫感。人要有一点适度的焦虑，如果一个人在求学的过程中没有丝毫的焦虑，并不利于他成长。

当然，焦虑也要适度。心理学家耶克斯和多德森曾经提出了"耶克斯－多德森定律"，这个定律就能说明焦虑的作用。焦虑可以带来进取，适度的焦虑会驱使人去学习更多的东西，提高做事的效率；但如果焦虑过度，反而会使人陷入巨大的心理旋涡，由于过度的紧张而失去行动力。

"学如不及"是一种怎样的状态？在"樊登读书"上，很多书友向我提过一个困惑，说越学习，越觉得知识不够用，学的东西再快、再多，都感觉来不及。孔子也是如此，他学东西已经比其他人快得多了，但还是感觉自己赶不上。

这是因为，当一个人知识的边界越大时，他所接触到的领域就越多，他越能够意识到自己无知的范围有多广。一个人如果只接触某个单一知识点，他会误以为自己什么都知道；随着他的认知圈变得越来越大，他开始觉察到，原来还有那么多自己不了解的东西。这时候，人就开始变得焦虑。这种淡淡的焦虑，就叫作"学如不及"。

"犹恐失之"，意思是非常担心将知识遗忘。这让我联想到很多书友对我说的话："我特别喜欢听樊老师讲书，只是听完就忘，记不住。"本来就感觉自己来不及学习更多东西，好不容易学到了，又担心会忘掉。在学海中遨游的人，难免会遇到这种情况。

孔子也有这样的状态，因此，大家不必焦虑。

在学习上，我们所担忧和焦虑的状况，孔子在两千五百多年前都经历过了，他把自己的心声讲出来，说"学如不及，犹恐失之"。讲出来，便意味着接纳，一旦接纳自己有这样淡淡的焦虑，接下来就能更好地投入学习，这也就是孔子曾说的，"吾尝终日不食，终夜不寝，以思，无益，不如学也"。

庄子也发表过有关学习的看法，他说"吾生也有涯，而知也无涯，以有涯随无涯，殆已"。人生是有限的，但知识是无限的，用有限的生命去追求无限的知识，是非常危险的，因为我们是做不到的。

孔子的态度和庄子不一样，孔子说，我能够感受到"学如不及，犹恐失之"的焦虑，但是我依然要努力地学习。虽然我们不可能，也没有必要把天下的知识全部学完，但我们可以让自己在有生之年不断地求索，将自己的人生活成一个作品，让自己成为一个更好的人。

如何缓解焦虑情绪？孔子已经给出了最有效的办法，即接纳。如果用批判的态度对待自己的情绪，无法接受自己焦虑的事实，就会形成认知失调——"我知道知识很好，但我学了也没用，反正我也学不完""我学了也记不住"。为了摆脱认识失调的状态，我们会用行动进行弥合，弥合的方法是，干脆不学了。因为停止学习，焦虑也就不存在了。

这也意味着，我们停止了进步。

如果我们能够真正接纳焦虑的情绪，知道焦虑是非常正常的，是千百年来人人都会有的状态，甚至连孔子都经历过，那我们就能以平和的心态继续享受学习的过程。一个人只有接纳了自己的问题和缺点，才能够真的改变；如果我们面对自己的问题和缺点，不断地自责，不愿意放过自己，就会陷入无尽的痛苦，并且更难以做出改变。

如果你也偶尔会陷入焦虑，不妨对自己说"我的情况跟孔子差不多，也有点焦虑"。

能够真正认识自己存在的问题，接纳焦虑，焦虑就不会对我们产生太大的影响。

舜禹之有天下也而不与焉：高级的管理者，并不在乎地位

子曰："巍巍乎，舜禹之有天下也而不与焉！"

"巍巍乎"是描述高耸的样子，这里可以理解为伟大、了不起。

尧、舜、禹、汤、文、武、周公都是圣人，孔子在夸奖他们的时候，用的词常常都是非常夸张的，他说"巍巍乎"，说尧、舜这些圣人是多么伟大，多么了不起啊！

"舜禹之有天下"，意思是他们作为天下的统治者，却并没有觉得自己坐拥天下，真是了不起。

为什么了不起？因为他们拥有天下，而不以成为君王为乐。古代的一些君王，在争权夺利、坐上帝王的宝座之后，常常会有一种雀跃、满足的感觉，认为自己终于坐上了宝座，可以证明给列祖列宗看了。在那一刻，他的自我不断地放大、膨胀。

然而，帝王之位意味着什么？这个位子是荣耀的象征吗？

帝王的位子是责任，而不是奖励。很多人削尖了脑袋想当大官，只是一心想着当官之后自己能获得权力和地位，却没有想过自己该承担的责任有多大，有多重要。如果一个人的能力跟他的位子不匹配，我们可以用一句话来形容，叫"德薄而位尊"，也就是德行不够，位置又很高，这是一件很危险的事。

正因为舜、禹拥有天下而不以此为意，不觉得帝王之位多么了不起，孔子才夸奖他们"巍巍乎"，说他们了不起。这个了不起，在于他们对于自己的位子举重若轻。

举重若轻不是不在乎，而是看轻名利和地位，知道这些是很轻的。举重若轻的背后，是对天下子民的敬畏，知道天下是服务的对象，而不是压榨的对象；天下的百姓与自己是平等的，而不是臣服于自己的。

这句话的含义与《老子》是暗合的。《老子》当中有一句"后其身而身先，外其身而身存"，如果管理者不把自己放在第一位，不是事事处处都想着自己的权力和利益，反倒会被大家推举到最高。因为他到达了无我的境界，百姓知道推举他对天下是有好处的。

民间的智慧是很高的。一位当官的朋友告诉我，对一个官员最大的夸奖，是"您真不像一个官员"。因为看起来没有当官的气派，不看重自己的地位，这就叫作"有天下也而不与焉"。当领导者带着服务的心态而不是统治的心态对待百姓时，才能真正地为大家做事情，为百姓谋福利。这也是孔子所称道的。

如果领导者一心钻营，全是为了自己，权力的欲望极盛，这就危险了。

孔子夸奖舜、禹，正是因为他们能够正确地看待民生，看待地位，重视自己肩负的责任。

大哉尧之为君也：孔子赞美尧

子曰："大哉尧之为君也！巍巍乎！唯天为大，唯尧则之。荡荡乎！民无能名焉。巍巍乎！其有成功也。焕乎！其有文章。"

这一节，我推测孔子可能是在写一些文章。孔子要把尧、舜的功德写出来，所以用的都是很正式的词语。

孔子把尧和舜、禹分开进行表扬。在此节，他说尧是真正了不起的人。"唯天为大，唯尧则之"，这句话是夸赞尧的境界到了无法比拟的高度。古人认为天是最为博大宽广的，能包容万物。"则之"可以理解为"比喻"，孔子说，只有尧，能够以天作为比喻来赞美他。

关于"唯尧则之"，还有一种理解：只有尧能够掌握宇宙的规则，他是一个合乎天道的人。

以上两种解释都说得通。

"荡荡乎"，让我们想到了"皇恩浩荡"这个词。荡荡，是形容水面宽广、壮阔的样子；"巍巍"是高大的意思。

尧既高大又宽广。宽广到什么程度？"民无能名焉"——老百姓无法用语言来表达。

孔子描述一个人特别好或者特别坏的时候，经常用"好到没法说""坏到没法说"来形容。

"巍巍乎！其有成功也"，"成功"二字可以分开理解，"成"是形容词，"功"是名词。合起来是说，他有极大的功劳摆在我们面前。

"焕乎！其有文章"，"焕"是美好的样子，"文章"是指典籍制度。这句话是说，他能够留下大量的典籍制度。

这一整段都是对尧的夸奖，我想大家可能很难记住，因为我读《论语》这么多遍，这一节也总记不住。它不像孔子平日跟学生说话那么自在、那么生动，这是对尧的称颂，严肃而正式。

周之德：孔子赞美尧舜、周朝

> 舜有臣五人而天下治。武王曰："予有乱臣十人。"孔子曰："才难，不其然乎！唐虞之际，于斯为盛。有妇人焉，九人而已！""三分天下有其二，以服事殷。周之德，其可谓至德也已矣！"

舜当时手下有五个能干的大臣，就把天下治理好了。武王说，他有乱臣十人。此处的"乱臣"，不是乱臣贼子的意思，而是"治乱之臣"，是治臣。

孔子说：人才难得，难道不是这样吗？

"唐虞之际"：尧的国号叫唐，唐指代尧，虞指代舜。

"于斯为盛"：从尧舜时期，到周朝开国时，是人才最兴旺的时候。"惟楚有材，于斯为盛"正是引用此句的表达。

"有妇人焉，九人而已"：武王的乱臣十人当中，有一个人是文母，即文王的妻子。古时的朝廷一代一代传下来，女性起到了很大的作用，因为王位的接班者很多都还年幼，"垂帘听政"在历史上很常见。

认真读中国历史，我们会发现，历史上影响力很大的、起到决定性作用的女性，绝对不止武则天和慈禧这两个人。历朝历代，都有很多非常优秀、强大的女性站出来，参与到天下的管理中，只不过没有称帝，名气不盛而已。孔子说，"有妇人焉，九人而已"，意思是十个能臣中，有一个是女性，相当于只有九个人。从这句话看，我觉得孔子对女性还是有点偏见。

"三分天下有其二"：当时周朝的都城在今宝鸡一带，从宝鸡开始，周朝的疆域慢慢地向外延伸。此时，殷商还没有完全被取代，偏居到了河南。而陕西与河南交界的大片地方，都已经变成周朝的天下了。

周虽然曾经是殷商的诸侯国，但是当下的局势已经是"三分天下有其二"了，已知的文明流域刚好在中原黄河流域一带，都已经归周所有。商纣王大约只剩下三分之一的国土了。

"以服事殷"：周依然对殷称臣，老老实实地做商的诸侯。

"周之德，其可谓至德也已矣"：周的德行，已经达到了极致。

孔子夸完了尧、舜、禹，再夸周朝。孔子好古，这是孔子极其认可的一条文化脉络。

"唐虞之际，于斯为盛"，这句话在我们当下来看，是对的吗？肯定不是，因为教育在不断地发展，华夏的文明越来越丰富，人才越来越多。关于这句话，我们只能理解为孔子的感慨，他说，即便是在唐虞时期，已经称得上人才繁盛了，但也才九人而已。

后面，孔子说周"三分天下有其二"，是为了赞美周朝的盛德。哪怕周的国力已经强盛至此，依然愿意履行作为诸侯国的义务，向商纣王称臣，这是多么难得的品质。

禹，吾无间然矣：孔子赞美禹

子曰："禹，吾无间然矣！菲饮食而致孝乎鬼神，恶衣服而致美乎黻冕，卑宫室而尽力乎沟洫。禹，吾无间然矣！"

"间然"是挑剔的意思，"吾无间然"就是说，我没有什么好挑剔的。

孔子说，禹这个人好到没法形容了。为什么？因为他"菲饮食"。

有一个词叫妄自菲薄，"菲"和"薄"是同义词。"菲饮食"就是指吃得非常简单。禹自己吃东西不讲究，比较简陋，但是"致孝乎鬼神"，当他去祭祀的时候，会郑重地准备丰富的祭品。

禹重视祭祀，孔子也很重视祭祀，但是孔子并不坦白地说明到底有没有鬼神。孔子的态度是，不知道这个世界上是否存在鬼，即使不知道，也要表示尊重。

既然没有人见过鬼，没有证明过这件事，那为什么整个国家都要如此隆重地祭祀鬼神呢？

人之所以成为人，之所以跟别的动物不一样，就是因为我们具有想象力。其他动物没有想象力，没有幻化出鬼神，没有祖先的概念。它们的想法非常实用，有肉就吃，没肉就走。人类的初期也是打猎之后论功行赏，再去争抢食物，没有礼仪，也不会团结；而当人有了想象力，能够想象出鬼神、祖先、图腾时，就团结在一起，拥有了凝聚力。考古发现，欧洲大陆上早早地就建立起巨石阵，巨石阵是用来祭祀的。当陆地上出现了这样的庞然大物后，大家聚在一起，发现彼此都是巨石阵的崇拜者，开始在这里祭祀。

鬼神虽然是假的，但是真的有作用，这叫"以假修真"。有些假的东西在现实生活中有着极大的作用。孔子很重视祭祀，因为祭祀能够将大家的心团结在一起。

禹宁肯自己吃得差一点，祭祀的礼仪也不能马虎，这是国家大事。通过这样的祭祀，我们能够形成统一的认知，建立同样的文明，我们这个集体才具有号召力。人们相信大家都拥有共同的祖先，这就是华夏文明形成的原因之一。

与"菲饮食"相对应的是"恶衣服"。在尧舜禹的那个时期，国力还是很薄弱的，禹是一个水利工程师，平时的工作是治水，穿的衣服破破烂烂的。

"而致美乎黻冕"，"黻冕"是祭祀时穿的服装。一个国君在祭祀的时候，如果穿得破破烂烂的，肯定不得体，因为国君需要通过营造氛围来提升组织的效力。禹虽然平常穿得很朴素，但祭祀的时候穿戴的黻冕一定非常漂亮。

"卑宫室"，指的是禹住的地方非常简陋。当我们想起宫殿时，脑子里呈现出来的是怎样的画面？是不是像阿房宫那样富丽堂皇、典雅精致。但事实上，从古代一直到唐朝，宫室都是分散在城市里很多个不同地方的，后来才逐渐形成在宫室外面筑城墙的格局。

比如南京最早是东吴的都城。《吴都赋》把南京描述得多么漂亮，实际上南京在东吴时期根本就没有城墙，或者说，用竹篱笆围起来就勉强当成城墙了。我们可以由此联想，在禹的时期，宫殿更是简陋。如果他还"卑宫室"，说不定就是建了几个茅草房而已。

"而尽力乎沟洫"，这是描述禹作为水利工程师的成就。禹虽然住的是陋室，但他并不是没有建设能力，他把建设能力用在了水利工程上。古人最怕发洪水，人类历史上，无数灾难都来自洪水。能够把水利工程做好，让老百姓受益，这就是禹为大家做的重要贡献。

禹对自己生活品质的要求不高，他吃得很节俭，穿得很朴素，住得很简陋，但是把所有的财力、物力、精力用在团结大家、营造祭祀氛围、让大家安居乐业上。

孔子说，"禹，吾无间然矣"，这句话他前后说了两遍，这代表孔子对禹极致的赞美。

很多学者认为，《泰伯》是《论语》中相对比较平淡的一篇，因为这里包含着很多对于前人的评价。大家对于尧舜禹可能不够熟知，但《泰伯》中有着"任重而道远"这种具有力量感和说服力、令人醍醐灌顶的名言警句，只此一句便值得我们反复品味，反复实践。

希望我们都能平等地对待每一篇、每一节，认真地体会和理解《论语》当中的每一句话。

子罕第九

子罕言利：找到人生的使命感，不再被利益驱使

子罕言利与命与仁。

这句话可以这样断句：子罕言利，与命，与仁。

有两种解读。

第一种解读为：孔子很少谈论利，也很少谈论命和仁。

第二种解读为："与"代表赞同，整句的意思是孔子很少谈利，他赞同的是谈论命和仁。

哪个理解是对的？

第一种解读肯定是不对的。

"利"和"命"两个字所出现之处，孔子的态度是不同的。凡是提到"利"字，孔子基本上是持一种否定的态度，譬如"君子喻于义，小人喻于利"；而谈到"命"，孔子则是一种肯定的态度，比如"乐天而知命""不知命，无以为君子"。

基本上可以判断此处断句为：子罕言利，与命与仁。

"与"不是连词，而是动词。孔子认为给人生带来最大驱动力的，绝不是利。不管是组织还是个人，如果做事的动机是利，首先考虑收益多少，有多少奖励，那是做不长久的。而且一个组织长此以往，会导致"放于利而行，多怨"，整个组织将会变得越来越松散。

孔子认为命和仁是更重要的，命有"使命""天命""宿命"，一个人要能够接受命这件事情，知道自己的人生有一些终极的任务需要完成。好比使命，就

是拼了命也要去做的事。当一个人用使命驱动自己，以仁人志士的标准来要求自己时，才能够走得更远。

孔子感慨，驱动大多数人的不是命和仁，而是利，这是走错了。

叔本华说，人是受欲望支配的，欲望不满足就痛苦，满足了就无聊，人生如同钟摆在痛苦和无聊之间摇摆。这个说法的前提，是把人生仅仅视作一个以利益驱动的过程。如果按照孔子的思想，将命和仁作为人生最重要的驱动力，这就变成了一个"无限游戏"——一边追求难以达到的境界，一边享受成长和变化的过程。

对于仁的境界，希望我们的态度是"虽不能至，心向往之"。虽然难以抵达，但总有一个美好的目标，引领着我们一直追求。这个过程不无聊，也有很多考验在其中，会让我们人生的层次更为丰富。

博学而无所成名：求学，是追求博闻还是专精

达巷党人曰："大哉孔子！博学而无所成名。"子闻之，谓门弟子曰："吾何执？执御乎？执射乎？吾执御矣！"

什么叫"党"？

过去，社会组织是一户一户聚集在一起的，最小的单位是家庭，再往上是里，然后是闾、党、乡、州。"党"是介于闾和乡的街巷，相当于今天的街道办事处。

"达巷党人"在《论语》中经常出现，有人考证说，达巷党人就是达巷童

子，也就是项橐。

项橐在历史上很有名。《列子·汤问》当中记载了一个故事，大家上小学时应该学过，叫《两小儿辩日》，讲的就是关于项橐的小故事。项橐这个孩子特别聪明，他问孔子：是早上的太阳离我们近，还是中午的太阳离我们近？如果是早上的太阳离我们近，那为什么中午觉得热？如果是中午的太阳离我们近，那为什么早上的太阳看起来更大？把孔子难住了。

后来大家说，孔圣人竟然回答不了一个小孩提的问题。项橐就是这样一个用悖论来挑战孔子的有趣孩子。

达巷党人可能是在某一天跟孔子的学生感慨，"大哉孔子！博学而无所成名"。按照项橐的一贯风格来理解，这应该是一句讽刺的话，他说，孔子这个人很厉害，什么都知道，但是没有什么专长，做什么事都不厉害。

这话传到孔子耳朵里，孔子就对他的弟子说："那我应该在什么领域厉害一点呢？我是专心地射箭，还是专心地驾车？"

其实孔子六艺皆精通，礼、乐、射、御、书、数都极为擅长。

他车驾得很好。

古代驾车可不容易。现代开车，有成熟的传动系统，方向盘也好掌握；而古代驾的是马车，马可不像方向盘那样容易掌控，而且驾车的人常常既要拉着马车，还要去战斗，难度非常高。

孔子对于射箭也很擅长，他经常带着学生到曲阜城内的靶场——矍相之圃，进行射箭演练。

听了达巷党人的评价，孔子就开玩笑说：我到底应该在哪方面更专长呢？是射箭还是驾车？我还是好好驾车吧。

此节其实引入的是关于博学与专精的讨论。一个人在世界上，到底是追求博学，还是追求专精？

一个博士是应该知道更多的东西，还是在某一方面更专长？这是一个长期以来的争论，这个争论里还关乎思想和技术的区别。

孔子所传递的更多是思想、人文、哲学领域的。但是达巷党人也许是个实用主义者，他要求的是技术，是专长，是职称。

如果要在哲学与实用、思想与技术、博学与专精之间取舍，孔子所选择的当然是前者。

连孔子自己都认为自己述而不作，甚至不愿意去写一篇论文梳理自己的门派。他觉得能把上古流传下来的知识和文化好好地传播出去就足够了。孔子的这种态度，显然是想成为教育家。

我的儿子嘟嘟有一天问我："爸爸，你是哪方面的专家？"我说："我是讲书的专家。"他疑惑："有讲书系吗？"我说："没有。"

他摇摇头，说："那你就不是专家。有机械方面的专家，有电器方面的专家，有计算机方面的专家，就是没有讲书的专家。"

我跟孔子面临着同样的窘境，我没有什么特别擅长的领域和学科，只是想把书讲好，做一个知识的传播者。

不同的学问，追求的方向不同，但都是在为人类做贡献。

在孔子对达巷党人的回应中，我们可以看出他生性是很活泼的，他并没有因为这件事拍案而起，说"这个小家伙凭什么这样说我"，孔子不会那么认真、那么计较，他只是觉得挺好玩的：既然我非得有一个专长，那选什么呢？选射箭还是选驾车？还是驾车吧。这是开玩笑。

用轻松的态度来应对质疑，这也印证了孔子的人生境界之高。

虽违众，吾从下：孔子对礼的坚持

子曰："麻冕，礼也，今也纯，俭，吾从众。拜下，礼也，今拜乎上，泰也。虽违众，吾从下。"

麻冕是用麻做的帽子，戴这种帽子，是一种礼。

纯是指丝质的布料。和麻相比，丝质的听起来应该更贵，但实际上，用麻织帽子在工艺上更难，所以在当时麻冕是更贵、更奢侈的。

"今也纯"，是说今天改用丝质的布料做帽子了。纯的偏旁是"纟"，凡是绞丝旁的字，大多跟纺织、编织有关。丝质的料子做帽子，能节省一点。

"吾从众"，可以理解为，孔子说，虽然过去戴麻冕是一种礼，但是今天为了节俭，我跟大家一样，也接受戴丝质的帽子。

"拜下，礼也"：见君主之前，在堂下就要开始拜；堂下拜完，到堂上见君主再拜，遵循这样一套复杂的流程，是礼。

"今拜乎上"，意思是现在人们把堂下拜的环节省略了，直接到堂上再拜。"泰也"，这是为了方便，舒服。

"虽违众，吾从下"，我依然喜欢遵循旧的礼仪，堂下拜完，再在堂上拜，虽然这会让我跟大家不一样。

孔子的第一句话，是说自己并非一成不变的人，并非厚古薄今，认为是古代的就一定要遵从。比如戴帽子这件事，从麻变为纯，既节俭，又对礼仪影响不大，因此是可以改变的。但是在跪拜这件事情上，不能为了追求安逸、舒适而省掉必要的"堂下拜"，因为这代表着对于堂上之人的尊敬。在这件事情上，孔子认为自己虽然违背众意，但依然要遵从。

现代社会，连"拜上"也没有了，就算见到国家元首，也只是鞠个躬、握个手，礼变得越来越简洁。其实这是必然的。世界上一切文化、民俗、礼节的流变，基本上都是先从物质层开始，物质层发生了改变，才能慢慢地改变民间的习惯；民间的习惯变化以后，才能逐渐改变制度。

从物质层到习惯，再到制度，这是社会演变的规律。从麻到纯，是物质上的改变；从过去的农业社会到工业社会，亦属于物质上的改变。制度上的改变一定滞后于物质上的改变，改变是先从民间开始的，大家对于旧有的礼仪不再像以往那样尊崇、那样谨慎、那样紧张，不再到处磕头，礼仪流程也是从繁到简，由奢至俭，最后影响到整个社会的制度。自此，礼仪规范变得简单。

也许受限于时代，孔子在这一点上稍微有点滞后。他想表达的意思是，对礼要尊崇，礼是非常重要的一件事。

子绝四：将"孔子四戒"用于管理学

子绝四：毋意，毋必，毋固，毋我。

这是我在领导力课堂上，引用最多的一段话。

"子绝四"，即"孔子四戒"，他杜绝了会给个人和组织带来严重伤害的四件事。

毋意：别臆测，别瞎猜。

毋必：不要武断。领导者将个人的主观意志变成整个公司的标准，是非常危险的事。

如果一个组织中，所有的人都唯领导者马首是瞻，领导者的要求无论对错，一定要做到，这是很危险的。但在很多人看来，这叫作有执行力。还有领导者标榜，"我宁肯有错误的执行力，也不要带一个没有执行力的队伍"，这种理念会把一个队伍带向深渊。

毋固：不要固执。对于一件事情，如果你知道了新的信息，意识到了颠覆你以往观点的事实，你就该改变，该认错。

毋我：不要主观。不要以自我为中心。

把这四个字提炼出来——意必固我，就是孔子要杜绝的东西。

将"毋意，毋必，毋固，毋我"用在当今生活中，我们会联想到一个知识点，叫推理阶梯。

"毋意"，"意"就相当于推理阶梯。大部分人有过被别人推理的经历，通过某个端倪就猜测到了一个貌似完整的过程。当我们被别人推理时，难免产生委屈、难过、愤怒的情绪。那么，我们有没有推理过别人？

人际关系中的很多矛盾，无论是朋友之间，还是同事之间；无论是下属和领导之间，还是合作方之间，关系变得糟糕，都是因为人们用推理替代了沟通。

为什么不愿意沟通，而总是臆测、推理呢？因为沟通会带来尴尬，人们觉得把一件事摊开了讲太不体面了，大家心知肚明就好了。这种心知肚明其实是对关系的一种放弃。

这种"推理阶梯"会对组织造成极大的伤害，孔子在两千五百年前就提醒我们不要瞎猜。

再说说什么叫"毋必"。举个例子，我在公司里经常会跟团队成员说：你们要允许我在会议上发言，但如果你们将我说的每一句话都不假思索地贯彻执行，我就不敢发言了。比如我要创新，我会提出很多新鲜的设想，而这就可能会犯错。我们应该以实事求是的态度来探讨、争论，再决策。

假如老板标榜"言出必行"，只要是自己讲的话，所有人就一定要做到，这家公司为了实现老板讲的话，会付出一切代价。这将非常危险。

　　心理学上做过一个测试：将同样的一个需要决策的复杂问题给到两个不同的组，其中一个组的成员都来自同一个地区，有着共同的文化背景、价值观，以及差不多的想法。另外一个组的成员来自不同的文化区域，大家的出发点就不一样，会产生大量的争论。最后，看两组决策的科学程度。

　　实验结果是，有争论的一组做出决策的科学程度远远高过没有争论的一组。

　　还有一个现象是发生在投资俱乐部里的。有的投资俱乐部是由熟人、亲戚、朋友组成的，有的则是由陌生人组成的。有人研究了大量的投资数据之后发现，凡是由熟人组成的投资俱乐部，业绩都很糟糕，大家投资的项目很难取得成功。通过分析，一个很重要的原因就是大家都太熟了，彼此顾及关系和面子，你提供了一个消息，我很容易就相信你，也不愿意去调查。由于信息层太过单一，最后导致投资失败的概率增高。

　　而由陌生人组成的投资俱乐部，常常会出现这样的情况：有人提出某个公司有投资价值，其他人不会轻易相信，都会去进行调查，去寻找数据，最后交换各自的信息，再互相辩论。通过积极的沟通、争论，也就会让最优解呈现出来。

　　孔子讲了应该注意的四点，"毋意，毋必，毋固，毋我"。只要做到"毋意，毋必"，基本上就不会固执己见，更不会以自我为中心。孔子能够做到这些，是因为他坚持实事求是，他接受不确定性。敢于拥抱和接受不确定性，才是让人生进步最快的态度。

　　如果一个人希望所有的事都能按照自己的想法去进行，按照自己设定的节点，一个一个地发生，最后达到自己的目标，那他一定很难真正地成长。这样的人是缺乏想象力的，即使进步，也属于"确定性的进步"，而不确定性才是这个世界的常态。如果一个人不能与不确定性共舞，不愿意接收外界多元化的信息，不愿意信任他人，只将周围的人当作实现自己想法的工具，那他的所作所为一定是意、必、固、我。

如果一个人能够用开放的心态面对外界，相信别人也是具有价值的，别人的决策有可能像自己的一样好，才能够做得到毋意、毋必、毋固、毋我。

"孔子四戒"的这八个字，看似简单，但要做到，真的是相当难的。

子畏于匡：文化使命感使人冷静、强大、坚韧

子畏于匡，曰："文王既没，文不在兹乎？天之将丧斯文也，后死者不得与于斯文也；天之未丧斯文也，匡人其如予何？"

这一段是讲孔子遇险。

"子畏于匡"的"畏"，其实是"包围"的"围"。

孔子在匡这个地方，被一群人围住了。

历史上记录过孔子在匡被拘五日，五天的时间哪儿也去不了。匡人拘孔子，据说是源于一个误会，因为孔子长得像阳虎。阳虎是季氏的家臣，后来有篡位季氏之意，他不仅和孔子模样很像，而且身形也相似，同样很高、很气派。阳虎欺负过匡人，作过恶，孔子周游列国的时候，匡人就把孔子当成阳虎，包围起来了。

遇到生命危险，跟随的学生就问咱们现在怎么办。孔子安慰周围的人说："文王既没，文不在兹乎？"孔子说他和文王是一脉相承的，中国的文化，从尧、舜、禹、汤、文、武到周公，一路这样传下来。所以，孔子表示："文王的文化遗产，中国的文脉，不就在咱们这儿吗？如果老天要让这个文化没落、消失，要毁灭华夏的文化，那我怎么能够继承这样的文化呢？如果老天爷不让斯

文在今天断绝，匡人能拿我怎么样呢？"

孔子有着坚定的文化血脉传承者的信念，他认为自己身上肩负着重任，无论如何，匡人都不会把他怎么样。如果匡人真的把他杀了，那是华夏文化之大不幸。或者，也有可能他就不是文化的继承人，那就更没什么好担心的，因为文化还在。

我想到一个小故事，可以与大家分享。有一位高僧大德虚云老和尚，其年表里写到，他在抗日战争期间，有一天走在路上遇到了一个日本兵，日本兵把刺刀亮出来，顶着他说："你是个出家人，你怕不怕我杀了你？"虚云老和尚看着刺刀，说："如果命中注定我今天要被你杀，有什么可怕的？如果命中注定你今天杀不了我，那更不用怕了。"日本兵虽然残忍，但听完居然收起刺刀，鞠了个躬，走了。

如果一个人真的是如孔子所说"不知命，无以为君子"，他有强大的使命感，就会焕发出一种将生死置之度外的大丈夫气概。

孔子这段话的含义就是，肩负着文化传承使命的人，绝对不会断送于此。这是孔子一辈子始终秉持的信念和逻辑。有一次桓魋伐树，想要砸死孔子，孔子说"桓魋其如予何"，他不能够把我怎么样。面对事关生死的危险，为何孔子总是那么平静而坚定？因为他知道文化是站在自己这一边的。孔子说，"如果老天爷真要丧斯文，就不可能把斯文传给我。我不会在今天就死掉，我一定能够把文化传下去"。

孔子一言，给周围的人注入了莫大的信心。

在我们遇到危难之际，最好的方法是想想自己身上还有什么使命，哪个使命还没有完成，你就能吊着一口气撑住了。医生在救人的时候，经常会有这样的感觉：患者的求生意识是非常重要的。有患者病重，到了死亡的边缘，因为有求生意识，会被救回来；有的癌症患者经历了手术、放疗和化疗之后，寿命不增反减，原因是他在治疗的过程中放弃了求生志。当一个人感到活着并不愉快，觉得自己生不如死时，药物在他身上就很难发挥好的疗效。俗话讲的

"人活一口气"，就是这个道理。

我们看看孔子的这口气，其中蕴藏着多么大的文化自信。

吾少也贱，故多能鄙事：被封圣，并非孔子本意

太宰问于子贡曰："夫子圣者与？何其多能也？"子贡曰："固天纵之将圣，又多能也。"子闻之，曰："太宰知我乎？吾少也贱，故多能鄙事。君子多乎哉？不多也！"

孔乙己经常说的"多乎哉？不多也"，就出于此。

我过去不理解这句话，现在把这句话与前面的内容结合起来，才能够领会含义。

关于太宰，有人说是卫国的，有人说是郑国的，更多的人认为是鲁国的。

太宰有一天问子贡："孔子肯定是个圣人吧？"古代人对自己不能解释的人、事、物都喜欢进行神化，会封神、封圣。一旦封神、封圣，那些难以解释的现象就说得通了，这是人类自古以来弥补认知差距的方法。

比如，不明白为什么天上竟会劈下一道雷来，把树烧着了，此时，认知失调就产生了，人们就会陷入疑惑和痛苦。但如果杜撰一下，觉得天上一定有个雷神，那就好解释了。很多神话故事、传说，就是人们为了弥补认知差距而产生的。

太宰问：为什么孔子什么都会？孔子在鲁国，在齐国，在他游历的所有国家，人们遇到了任何解释不了的事情，就喜欢把孔子请出来，问：夫子，你看

看这是什么？你说说这件事情是为什么？夫子一看就能回答。孔子知道的事确实很多。

子贡回答说，大概老天爷就是这样安排他的吧，希望他做圣人，所以孔子会的事比较多，又多能。

子贡对太宰的回复，让我们看到了为什么比起子贡，孔子更喜欢颜回。子贡不能免俗，他希望把孔子封圣。孔子死后，使得孔子成为圣人的最大力量就是子贡，子贡终日在弘扬孔子的文化。

使孔子封圣，难道不是一件好事吗？我相信这不是孔子的本意。孔子并不喜欢装神弄鬼。子贡是个普通人，他没有孔子的境界。子贡就跟别人说，也许孔子真的是圣人。

当时的村庄并不大，东头说的话，西头就听见了。子贡对太宰说的话被孔子听见后，孔子说了一句，"太宰知我乎"。古书没有标点，这句话之后有人用感叹号，有人用问号。我认为是问号，如果"太宰知我乎"是感叹句，孔子就是在感慨自己终于找到知音了。相当于他在肯定太宰的说法——"太宰了解我，我就是那个圣人！"

这当然是不合理的。

加问号，这句话的意思才通。孔子说："太宰怎么会了解我呢？他不理解我为什么会那么多东西，因为我从小贫贱。"

这句话真是大实话。孔子出生后不久，父亲就去世了，孤儿寡母相依为命，家里有一个哥哥，却又是一个残疾人。

孔子非常不容易，顶着一个没落贵族的头衔，实际上家里很穷。他需要干很多事情，曾经在村里给人记账，做过会计，管过祭祀的事；人家上坟，他也去帮忙；还要养猪、养羊、驾车……很多粗活儿他都会。孔子说自己小时候什么都没有，贫穷困苦，不得已才会这么多东西。

"君子多乎哉？不多也"，这句话说的是，如果一个人出身就是一个君子、一个贵族，他能够会这么多东西吗？不会的。

一个人如果从没有受过生活的磨炼，没有那么多的锻炼，他不可能有那么多的能力。

这一段话，非常明显地反映了孔子对自己的认知，他根本没有想让自己成为一个圣人，他就是坦白地告诉大家，我小时候太穷，才学会了很多。

孔子什么都会，还要说自己是个普通人，这让很多普通人根本不能够接受。普通人看到别人比自己强这么多，对方还强调自己很平凡，那岂不说明自己比平凡人还笨？普通人愿意相信比自己强很多的人是圣人，是天赋异禀，是天降使命。

将孔子当作圣人，这是孔子的悲哀。孔子认为自己地位低，所以很用功，通过刻意练习才学会了一切。到了子贡这里，却变成"天纵之将圣"。神圣化绝对不是圣人们的本意。如果孔子没有一个非常有钱的学生，可能到后来就被大家遗忘了；但是子贡有钱有势，开始不断地推广孔子的文化，把儒学当成公共事业去推广，最后孔子就被封圣了。

这一段话代表了孔子的自白。他是多可爱的一个老头儿啊！我们真的把《论语》读明白、读透彻，就会发现孔子从来不装神弄鬼，从来不自诩为圣人，他就是一个非常真诚、朴实的老人家。

吾不试，故艺：拥抱人生的不确定性

牢曰："子云：'吾不试，故艺。'"

这一句同上一句连在一块儿理解，比较能够说得通。

当孔子感慨自己"吾少也贱"时，琴牢在旁边补充了一句，说："孔子说：

'我没有被选中，所以多才多艺。'"

孔子曾经没有被举用，没有被上位者选择，没有出来当官，后来就成了老师，这就是人生的不确定性带来的好处。

很多人觉得，别人当副经理的时候，我当上了经理；别人当副总监的时候，我当上了总监，你看我多成功。但实际上，你跟别人只是在一条线上，相差不远。

孔子更加接受不确定性。他没有去当官，但正因如此，他才有时间和精力学了一身的本事。如果真的进入领导岗位，一旦被裹挟进一套游戏规则，每天需要花大量的精力来应对，简直身不由己。再想要独立地创造文化，想写文章，哪有时间？也许要开很多会，要记笔记，要领会思想，要一层层地往下传达思想。

当然，当领导也有当领导的意义，能够服务于人民，但是当领导也要付出很多机会成本，比如青春岁月，这段时间可以用来做很多别的事。

虽然没有当上官，但是打破惯性思维，会给生活带来一些意想不到的好处。

有的家长说："我小学、初中、高中，一路读下来，很顺利。我希望自己的孩子也能顺顺利利地把学上完，一定要读名校。"想想看，这是人生的唯一选择吗？最典型的反例就是达·芬奇，他是私生子，没有资格进贵族学校。但正因为没有接受贵族的宗教教育，所以他的思维才会那么开阔。假如达·芬奇按部就班地进入贵族学校，认认真真地学习，也许他会成为荣华富贵的达·芬奇，但肯定不会有画《蒙娜丽莎》的达·芬奇、做发明家的达·芬奇、做医生的达·芬奇、当哲学家的达·芬奇。

要正确对待人生中的不确定性，打破惯性，才有机会成长为一个跟大部分人不一样的人，一个独特的、生动的人。

希望已经成为父母的读者，在学习了这句话以后，能稍微缓解一点焦虑。如果孩子上学的节奏跟别人不同，或者没有进入理想中的名校，不必挂怀。要知道，孔子学习能力那么强，当年连公务员都没考上呢。

叩其两端而竭焉： 提问的艺术

子曰："吾有知乎哉？无知也！有鄙夫问于我，空空如也，我叩其两端而竭焉。"

这一段话的争议很多。

孔子说：我是像大家说的那样什么都知道吗？其实很多事我都不知道。孔子说"吾有知乎哉？无知也"，这和上面的"君子多乎哉？不多也"句式相同。孔子否认自己博学，他很谦虚地说自己其实很多东西都不懂。

"鄙夫"是指老实巴交的人，李零教授解释为乡巴佬。鄙夫不是一个表示尊敬的词，孔子这是在描述有人向他问问题时的情形。

"空空如也"，"空空"即为"悾悾而不信"的"悾悾"，指老实憨厚、笨笨的样子。

此处的"空空如也"，是形容鄙夫，还是孔子在说自己，有不同的解释。

第一种解释是，孔子说，鄙夫跑来问他问题，他发现这个人笨笨的，什么都不会。接下来，他"叩其两端而竭焉"。

叩其两端，不愤不启，不悱不发，如同我们当下用到的教练式教育，比如从一个问题的开头和结尾，或者一个事件的开始和结束进行询问，问对方现在和未来打算怎么做，这样做的后果是什么……经由不断地提醒和追问，让他彻底明白。

第二种解释是，"空空如也"说的是孔子自己。孔子说，别人问他一个题，把他问蒙了，他根本就不知道该怎么答。这时候怎么办呢？他不断地向别人请教，追根究底地问，尽量弄明白。

这两个解释都有道理。

到底是农夫傻还是孔子傻？到底是孔子让农夫明白还是孔子让自己明白？我个人更认同第一种解释，也就是教练式辅导的模式。孔子说"吾有知乎哉？无知也"，这看起来是自我否定，但孔子不可能真的认为自己对什么都无知。孔子从来没有说过自己无知，他肯定是比一般人博学的。

所以，我认为这句话的大意是，孔子说：我并不是全知全能，对于很多事情，我其实都不知道。为什么别人都觉得我什么都懂呢？当别人问我一个问题时，我哪怕一开始不知道，最后也可以回答他。我的办法是问他，从这个问题的首尾两头、正反两面进行追问，问来问去，他自己可能就明白了。

我认为这是一种非常高级的教育方法，能够说得通。我曾经给一些银行的董事长做过教练，我还给钢铁厂的老板、食品行业的高管做过教练。我既没在银行任过职，又没当过厂长，也没卖过食品，我凭什么给他们当教练？方法就是"叩其两端而竭焉"。

教练通常有一个辅导模型，称为"GROW模型"：G是Goal，目标；R是Reality，现状；O是Options，有什么样的选择和机会；最后是Will，打算怎么做。

作为教练，我只需要用这么一个模型，去问真正做这件事的人。

有时候教练对被辅导者一无所知，效果反而更好，因为这样就不会掺杂自己的观点和建议，不会限制对方的思维。教练最怕的是不去coaching，而去leading。coaching是教练，leading是引导。

有的教练往往是问着问着，就把自己的观点带进去，说"你为什么不试试这个方法呢"。只要教练自己的观念一出来，对方马上就放弃思考了，会说"那好，我试试"。教练结束了，但其实被辅导的人根本没有找到自己真正的目标和方法，没有意识到身上所肩负的责任。

孔子喜欢用提问的方式跟学生对谈，让学生自己去思考。通过提问，能够让对方有所触动，内心萌动，产生一股力量。接着，在啐啄的同时，帮他把蛋壳打开，他才能够突然领悟真理。

这就是我觉得这句话的正确解释，因为孔子从来不会说"我什么都不知道"。他之所以让别人觉得他无所不知，一定是有一套方法的，这套方法就叫作"叩其两端而竭焉"。哪怕对方是一个鄙夫，"空空如也"，孔子也能够通过提问让他去思考，最后想明白。

希望所有的老师、家长，都能够学会这样的教育方法。在此，我向大家推荐《高绩效教练》这本书，能帮助你加深对于"叩其两端而竭焉"的理解。

凤鸟不至，河不出图：看到人生尽头之后的无奈

> 子曰："凤鸟不至，河不出图，吾已矣夫！"

这句话是孔子的感慨，与孔子说的"吾不复梦见周公矣"，差不多是同一个时期。"吾不复梦见周公矣"是说，我很久都没有梦见周公了，我的生命应该到头了。

孔子是在感慨自己晚年精力不济。

凤鸟是古代的祥瑞，我们可以想象一下凤凰美好的样子。凤鸟的特点是非梧桐不栖，非梧桐籽不食。"拣尽寒枝不肯栖，寂寞沙洲冷"说的就是它不愿意停留在其他树上，没有梧桐树引不来金凤凰。凤鸟在此代表着孔子之志，他希望自己能够像凤鸟那样，成为有节操、有品质、有追求的人。

而"凤鸟不至"，说的是到今天也没有看到凤鸟。

"河不出图"，是说黄河里也没有出河图。李零教授认为，此处的河图不是

易学里的河图洛书。至于什么是河图，很难考证，大意上，凤鸟和河图都代指祥瑞。

祥瑞在古代是非常重要的一件事。古代的帝王、知识分子都会异常关注祥瑞的出现。

孔子在晚年时感慨，这些祥瑞都没有出现，凤鸟也不来，河也不出图，我这辈子就这样了。

当时究竟发生了什么事，让孔子这么失意？我觉得其实就是因为年龄大了。孔子一直没有放弃过对于教育事业的追求，但是到了晚年，发现无论想做什么，精力都跟不上了。

就如同"不复梦见周公"，也是精力不济的表现。当一个人精力很旺盛的时候，便会日有所思，夜有所梦，比如孔子白天积极地思考很多问题，去怀念周公，晚上梦见周公也很正常。但是，如果他已经没有精力去思考那些问题了，晚上梦不见周公，也是自然而然的事。

虽少必作，过之必趋：礼与修养，是对自身最好的保护

子见齐衰者、冕衣裳者与瞽者，见之，虽少必作，过之必趋。

这一节我认为原本应该放在《乡党》里，因为这一篇记录的全是孔子的日常起居，孔子如何待人接物。

"齐衰者"是穿着麻布丧服的人。在我国古代，亲人去世要披麻戴孝，这是一种葬礼。

"冕衣裳者","冕"是指戴正式的帽子,"衣"是上衣,"裳"是下衣。冕、衣、裳全穿齐了,代表着穿着官服、礼服的人。

"瞽者",盲人。在中国古代,"盲"和"瞽"是两种不一样的状态。如果一个人虽然看不见,但是有眼睛,眼睛是睁开的,叫作盲人;有的盲人眼睛是闭起来的,这叫瞽者。舜的父亲瞽叟,就是一个闭着眼睛的盲人。

对于以上说的三种人,就算是小孩子,只要孔子见到了,他都会起立。

"必作"的"作"有两种解释,一种解释是起身站立;另一种解释是把屁股从腿上抬起来,跪直了。中国在宋代以前无椅凳,人皆席地而坐,而那时候的坐姿,其实等同于我们现在的跪姿,屁股是压在小腿上的。见到有人过来,便跪直示意,表达尊重。

"过之必趋",是说孔子从他们身边走过的时候,速度会尽量快一些,不会在对方面前晃来晃去。为什么要这样?"齐衰者"代表着悲伤,"冕衣裳者"代表着官方和正式的场合,"瞽者"内心痛苦。这些人心中有事,在他们面前,孔子认为应该表现出足够的重视,姿态应该端庄,要让对方感受到自己的尊重、善意和同理心,这是一种人道主义的表现。

可能会有人说,瞽者连眼睛都睁不开,为什么还要这样做?在社会生活中,很多人认为人与人的交往应该是相互的,你对我礼貌,我也对你礼貌;你对我无礼,我对你更无礼,我们只选择对尊重自己的人讲礼节。但实际上,修养是我们自身的需要,尊重他人的得益者并不是他人。尊重他人,是在满足我们自己内心的需求。

无论对方是瞽者,还是年少者,我们都要做好自己该做的,表现出应有的礼节和尊重的态度。修养不是表演,修养是自己内在的人生追求。当这些待人接物的态度成为自己人生的一部分,成为无法割舍的习惯时,他会发现自己的自尊水平越来越高,内心的幸福感也会不断地充溢。

心理学实验曾经证明,一个人每天行善,比作恶感觉要舒服得多。

研究者专门做过这样的实验:让两组人坐早班公交车,规定其中一组年轻人不许让座，另外一组年轻人见人就让座。

结束之后测试两组人的状态。结果发现，让座的那组年轻人精神和身体状态更好，更愉快，更有幸福感；不让座的那组觉得很累、很疲惫。对于不允许让座的那组来说，如果其中一个年轻人旁边站着一位老大爷，即便年轻人坐着，也会觉得很累，感到不舒服，觉得车里的人都在盯着自己。

虽然他坐着，但比站着的人还累，这种消耗其实是内在的。

所以，尊重别人，讲礼节，既有道德层面的追求，也有实用层面的价值，并不是一个空泛的教条和号召。

礼与修养，是我们对自身最好的保护。

既竭吾才，如有所立：做任何事，别在突破阈值之前放弃

> 颜渊喟然叹曰："仰之弥高，钻之弥坚。瞻之在前，忽焉在后。夫子循循然善诱人，博我以文，约我以礼，欲罢不能。既竭吾才，如有所立卓尔，虽欲从之，末由也已！"

这段话是颜回对老师的夸奖。如果我们想向一位老师表达感谢，用这段话就很好。

颜回在《论语》当中虽然出现很多次，但发言不多。这一段，颜回对孔子极尽溢美之词。

"仰之弥高"代表高度，"钻之弥坚"代表深度。颜回深深地叹了一口气，说：夫子的学问真是博大精深啊。颜回对于孔子的敬佩和叹服，就像习武之人

遇到了东邪西毒、南帝北丐。

"瞻之在前，忽焉在后"，大意是你看他好像在前面，忽而他又出现在你的后面，老师似乎无所不在。

这四句话合在一起，描述的是孔子的学问高深莫测。

接下来，颜回说"夫子循循然善诱人"。"循循然"形容孔子不像别的老师那样，非要给出一个确定的、绝对的答案，或者给学生划重点，让学生背大纲、背考点。有的老师很善于让学生提高考试的分数，但这只是培养考试机器而已，不叫"循循然"。

"诱人"就是让学生对学问产生由衷的兴趣，真正喜欢上学习这件事。

所谓"循循然善诱人"，很明显不是以考试为导向。孔子对学生有着足够的耐心，愿意启发学生，这从前文的"叩其两端而竭焉"就能体现出来。他总是不愤不启、不悱不发，用提问的方式引导学生自己思考。

"博我以文"，说的是老师能让我获得更加广博的知识；"约我以礼"，是说老师能让我学会好好做人。孔子既教知识，又教做人。"欲罢不能"，是说我跟着老师学习实在是太美好了，想停都停不下来。我内心有动力，我热衷于学习，既喜欢学文，又喜欢学礼。

"既竭吾才"，意思是我已经竭尽全力地去学习，但是在我面前，仍然有像高山一样的老师。

"虽欲从之，末由也已"，虽然我希望能像他一样，但是不知道该怎么走，因为他的学识实在是太广博了。

这一段话可能是颜回在某个很重要的场合说的，表达对孔子的赞美与感激。

孔子与学生的差距，真的这么大吗？我认为是真的。

怎么体现出来呢？我们不要把人脑当作线性结构。如果我们认为人脑是线性的，那么一个人活到70岁和活到50岁，他所获得的知识含量比例是7∶5吗？肯定不是。人脑是指数型增长的。

人的大脑是靠神经元链接的。人与人之间，大脑神经元的数量差异并不大，但由于我们大脑神经元的链接呈现出指数型结构，像孔子这样从小到大如此好学，又"多能鄙事"，他的大脑神经元的链接就会更丰富。更何况，孔子还热衷于教别人知识，而学习知识最有效的方法就是传播知识。在这个过程中，孔子大脑中的神经元受到了极大的正向刺激，会得到指数型的增长。

这种情况下，孔子的学生发现自己和老师看起来有五年、十年的差距，但实际在学问和境界上，很有可能是无法想象的、无法衡量的差距。

颜回的感慨绝不是过度的赞美，这是他的真实体会。

学习的过程并不是永远直线上升的，而是有一个阈值要突破的。

什么叫突破阈值？我在介绍李善友教授的著作《第二曲线创新》时讲过：在正常水平的大气压下，烧一壶开水，假如没有温度计，也许烧到了99摄氏度你都以为还没开始烧。因为烧到99摄氏度的时候，它都是平静的，没有太明显的变化，看不出波澜；只有到达了100摄氏度，"咕嘟，咕嘟，咕嘟"地就开始冒泡了。从99摄氏度到达100摄氏度的过程，就叫作突破阈值。

你可能会遇到一段无比煎熬的过程，就像到了瓶颈期一样，感觉怎么学都没有头，不知道自己学习的价值在哪里。你可能会疑惑：为什么别人学习看起来那么轻松？为什么别人通过学习获得了那么多的成就，发表了那么多论文，但是自己怎样学习都不行？这是因为，此时的你只是走在平地上，还没有进入指数型上升的过程。如果你在这个时候放弃了，你就无法突破阈值，就还是留在平地上。

只有击穿它，突破阈值，才能够呈S形曲线地往上升。

一个人的人生一定要有一段突破阈值的经历。颜回、子贡、子路学习了这么多年，为什么与孔子的差距那么大？因为孔子已经突破阈值了。

说孔子在思想和学问方面高深莫测，的确不是过分的夸奖，这是我们通过读《论语》就能够完全体会到的。

颜回的这段话给我们的启示是，希望大家无论学习什么，都能够耐下性子。连颜回都觉得学习到出神入化的境地是很难的，我们也不能心急。

希望我们每一个人都能安心地去学习。比如现在，我们一起读《论语》，在这个过程中要有耐心。也许我们还无法突破阈值，但没关系，抱着终身成长的心态去当一个快乐的求学者吧。相信总有那么一天，你所学到的所有东西都会给你带来丰厚的回报，这就是学习的魅力。

子疾病：孔子希望以老师的身份去世

子疾病，子路使门人为臣。病间，曰："久矣哉，由之行诈也！无臣而为有臣。吾谁欺？欺天乎？且予与其死于臣之手也，无宁死于二三子之手乎？且予纵不得大葬，予死于道路乎？"

这一次孔子很生气。

孔子生了非常严重的病。"疾病"的"疾"是形容词，是重病之意。这一次，孔子病重到可能差点就要死了。

子路已经给孔子安排了后事。在安排后事的时候，组织门人为"臣"。这里的"臣"，是指治丧时一种专门的职务。

后来，孔子的病好一点了，知道了子路做的事情，气得不得了，说："子路，你总是这么爱骗人，爱弄虚作假！无臣而为有臣，这是僭越，我又不是诸侯，怎么能有这样的待遇呢？我明明是个普通人，你非要给我以诸侯的标准，雇人来当臣，自作聪明，装模作样。你想让我骗谁？难道让我骗天吗？"

孔子认为装腔作势是没用的，举头三尺有神明，总不能欺骗老天爷吧。

最后这几句话，我们一琢磨就能发现，孔子并不只是因为僭越这件事生气，还因为学生让自己临走的时候，死于那些聘来的、充当孔子家臣的人手中，而不是和他最亲的学生们在一起。

孔子希望为自己料理后事的是他最亲近的学生，这才是死得其所。他说，就算我不能够风光大葬，也无法像诸侯一样有门臣帮自己操办后事，难道我的学生们就会不管我，把我扔在路边吗？

孔子的儿子死得早，伯鱼比颜回还要早走一年，孔子到了晚年，很有可能完全依赖学生的照顾。他跟学生的感情是非常深厚的，他对于葬礼的态度是，咱不是诸侯就不要装，不要搞那些虚礼。他真正重视的是师生之间的感情，如果学生们为了风光大葬，宁肯骗人，雇用外人来充当"臣"，而不是由他最核心的学生们操办，这才是最令孔子失望的地方。

孔子更希望自己以一个老师的身份体面地死去，而不是以一个不得志的官僚的身份死去，这是他对自己人生的定位。

子路有些笨拙，也有点莽撞，他习惯按照普通人的惯性思维来考虑事情，比如，老师去世之后的丧礼规格，要以老师的职称来确定。

但对一个真正爱学生、爱教育的老师来讲，根本不需要有多么高规格的待遇。这一点恰恰戳中了孔子的痛处，孔子看出来子路看重官位，因此希望自己的老师有地位，即便老师的地位达不到，他也要想办法提高治丧的规格。

这让孔子感到非常失望。孔子觉得自己不是诸侯，何必非要把丧礼办得那样隆重呢？以老师的身份体体面面地去世，有最亲近的学生送自己走，他便很满足了。

我们很少见孔子发这么大脾气。孔子平日里悠闲淡定，哪怕偶尔批评学生，也都是循循善诱的。心理学上认为，愤怒意味着无力感，一个人只有在觉得某件事情失去控制的情况下，才会发脾气，如果一件事情完全在掌控之中，我们往往会很平静。甚至人和人之间之所以会发生争吵，也是如此。当你在和别人辩论时拍案而起，跟人争得脸红脖子粗，就是因为你已经认同对方的说法有一定的道理，你无法说服他，只能用愤怒来捍卫立场。如果你心中非常笃定，觉得对方的观点完全立不住，就只会轻松地笑，不会生气。

孔子在这个时候一定是感受到了无助。人生已然看得到终点，只剩最后几年了，自己一辈子所提倡的理念始终没有得到鲁国、齐国的官方认可。对于这件事情，孔子感到很无力，才会形成痛点。

子路一戳，孔子就恼了，他是真的生气。

孔子内心的情感其实很复杂。孔子情绪上的发作反映了他内心的波澜，但我们同时也能看到他内心是坚定的。他认定自己就是一个体面的老师，至少在教育学生这件事上是相当成功的，所以他愿意"死于二三子之手"，由他最爱的那些学生陪伴他走完最后一程。

我待贾者也：孔子在等待伯乐

子贡曰："有美玉于斯，韫椟而藏诸？求善贾而沽诸？"子曰："沽之哉！沽之哉！我待贾者也！"

子贡是个商人，他所用的比喻经常是跟买卖有关系的。

韫椟："韫"是藏起来；"椟"指的是木匣子，"买椟还珠"一词中的"椟"就是木匣子。

贾：通常读jiǎ，但也有gǔ这个读音，指的是商人。"善贾"就是指一个好的商人。"贾"其实还有第三个读音,此处的"我待贾者也"中,读作jià,同"价",代表价格的意思。

子贡用商人的语言说:有一块美玉在这儿,是把它放在匣子里藏着,还是找一个好的商人把它卖掉?

孔子说:卖了吧,卖了吧,我就等一个好价钱了。

子贡特别喜欢用一些比喻和例子探孔子的口风,比如子贡想问孔子会不会留在卫国,就问"伯夷、叔齐何人也",孔子回答,"求仁而得仁,又何怨"。

子贡问话,不会太直白,会拐几个弯,旁敲侧击地问,显得自己聪明。

孔子太了解他了,所以直说:"卖了,我只是在找一个识货的人。"这里出现了一个成语,叫待价而沽。

孔子想表达的是,我是愿意出来做事的,我等着别人来请我,但现在的问题是我不得不藏在匣子里,因为没人请我。所以,孔子其实是愿意积极入世的。

很多学生对孔子的了解不深,认为孔子这么能干的人,跟国君、贵族都很熟,大家又很尊敬他,为什么他一直都没有去做大官呢,肯定是他自己不愿意。他们认为是孔子无意出仕,只想把自己藏在匣子里,做一个隐士。

这是对孔子的误解。孔子其实很想做事,但他知道很多事情没有想象中的那么简单,何况找一个合适的位置,遇到一个了解自己的伯乐,并不是那么容易的。

这句话,表达了孔子愿意入世做官的态度。

君子居之，何陋之有：把自己活成一束光，就不惧怕黑暗

子欲居九夷。或曰："陋，如之何？"子曰："君子居之，何陋之有？"

我觉得这一句话与前面是有联系的。孔子在前文说：我是想出去做事的，但是没有人请。为什么没人请呢？也许是有人觉得孔子不好用，名气太大，又教条。

怎么办？"子欲居九夷"，孔子打算移民。

据推测，孔子是想到楚国去找工作。楚国当时属于边远山区，属于蛮夷之地，并不在华夏的范畴内。

孔子想到楚国去找工作。有人说，那里破烂得很，又简陋，又落后，可能吃饭、睡觉、洗澡都不方便，怎么办？

孔子说，"君子居之，何陋之有"。刘禹锡的《陋室铭》里就用到了这个典故，这句话代表了大丈夫的气魄，以及孔子的文化自信——当我自己活成了一道光时，我还怕那个地方没有光明吗？我走到哪个地方，哪个地方就亮了。

王阳明到了蛮夷之地，给自己的住所取名叫"何陋轩"。这个名字真够大胆的，意思是说这里住的是君子。但是王阳明很客气，说"此地以待君子"，就是等着君子来住。

王阳明到了偏远而简陋的山村，住在"何陋轩"，根据风俗开化教导当地人，教大家学习。在这个时期，他还对《大学》有了新的领悟，并写了"教条示龙场诸生"，这就是著名的"龙场悟道"。在王阳明的努力下，曾经的荒蛮之

地竟然出现了一股非常重要的学术力量，他以实际行动验证了孔子说的"君子居之，何陋之有"。

老子也说过，"为腹不为目"。"陋"是形容眼睛看到的，不漂亮、不整洁；但是"为腹不为目"，是说能吃饱就行了，不用讲究那么多外在花哨的形式。

孔子说：我去那里，只要能学习、能工作就行了，至于外在的环境是否美好，并不重要。

我特别喜欢《陋室铭》的作者刘禹锡，他是一个屡遭迫害，但是又特别具有革命性的乐观主义精神的人。他在参观长安玄都观时，写了一首《游玄都观》，借诗讽刺当朝权贵。结果这首诗得罪了当时的权相武元衡，刘禹锡被贬在偏远的南方十四年。

十四年后，刘禹锡回到长安。此时武元衡已经死了十几年了，刘禹锡又来到玄都观，又赋诗一首，这首诗叫《再游玄都观》。

这首诗写得特别棒——

百亩庭中半是苔，桃花净尽菜花开。
种桃道士归何处，前度刘郎今又来。

曾经的玄都观是个看桃花的地方，现在，桃花已经没有了，物是人非。十四年过去，百亩庭院中，大部分的地方都长满了青苔，不见人迹，破败得不像样子。原来灼灼的桃花荡然无存，被菜花替代了。不见过去的风雅，种桃道士也不知道去哪里了。

最后这句"前度刘郎今又来"，写得特别畅快。刘禹锡说，曾在这里犯事的刘郎，如今又回来了！给人一种志得意满的感觉。

你可能很疑惑，他上次就是因为在这里写诗而被贬，好不容易回到都城，怎么还敢写？

我想，这就是刘禹锡坚韧的性格所致吧。命运越坎坷，他越活得带劲，比那些一遭到贬谪就吓得要死的诗人气度大多了。

那篇《陋室铭》，正是刘禹锡被贬后，遭到地方官员刁难而作。

将《陋室铭》立在门前，尽显才气。刁难他的人一看，这人住这么破的房子，居然还写得出这么好的文章，自然是既生气又拿他没有办法。

如果我们也不得不居于陋室，住房条件不够好，不妨也这样安慰自己：君子居之，何陋之有？把自己活成一束光，就不惧怕黑暗了。

《雅》《颂》各得其所：孔子编订《诗经》

子曰："吾自卫反鲁，然后乐正，《雅》《颂》各得其所。"

这是孔子晚年整理《诗经》的写照。

《泰伯》讲到"兴于诗，立于礼，成于乐"。成于乐，就是说一个人在晚年的时候，能够给自己和他人带来最大乐趣以及心灵慰藉的东西。而最能够让人的修养提升的，是音乐。

在《孔子传》里，孔子"自卫反鲁"大概是在公元前四八四年。这时候，他的年纪已经很大了。

季康子把他从卫国接回鲁国以后，他说"然后乐正"。回来之后，他开始整理《诗经》，使"《雅》《颂》各得其所"。

孔子把《风》《雅》《颂》最重要的两部分，合理地归置，妥当地安排好了。

音乐的教育是人生的收尾。也就是说，人生的最后应该归于艺术。很多哲学家、科学家，到最后都沉浸于艺术中，诗意地栖居，与艺术融为一体。

不为酒困：了解饮酒的场合

> 子曰："出则事公卿，入则事父兄，丧事不敢不勉，不为酒困，何有于我哉？"

在"不为酒困"之前，讲的都是特别重要的事。

"出则事公卿"，在外要进行社交，要跟领导、官员们交往。

"入则事父兄"，回到家要好好侍奉自己的父亲、兄长。如果村里有了丧事，"不敢不勉"，一定要尽心尽力地去帮忙操办，这似乎是成为君子的一个重要的方向。

但是加上"不为酒困"，整段话的意思就变了。以上三个场合，都是需要喝酒的场合，我们从中也能看到中国的酒文化为什么会那么兴盛。

整句话的大意是，孔子说哪三种情况下不得不喝酒：在外社交时，面对领导、官员不能不喝酒，皇帝说赐酒，也不能拒绝；回到家了，老爸今天高兴，说喝两杯，也没有谁会推辞；在丧礼上，主人家敬酒，代表着感激之情，这时不能不喝。

孔子认为，这是他生活当中不得不喝酒的三种场合。但即便不得不喝，也要做到"不为酒困"，不要形成酒精依赖症，不要变成酒混子。

尼古拉斯·凯奇演过一部电影，叫《离开拉斯维加斯》。他在剧中饰演的角色就有很可怕的酒精成瘾症，终日借酒消愁，甚至计划用酒精自杀，喝酒至死。世界各地有很多人饮酒成瘾，如果父母酗酒，对孩子的影响是很大的，孩子会生活在恐惧之中；就算家长酗酒后并不施暴，孩子也会感觉很恐惧，因为酗酒会带来极大的不确定性。

孔子说"不为酒困"，就是少量饮酒，不要过度，不要酒精成瘾。孔子说：做到这点，对我有什么难的呢？

孔子喜欢喝酒，而且酒量不错，从来不醉。他的酒量是通过前面那三个正式的场合，一步一步地锻炼出来的。孔子喝酒并不是因为玩乐，是因为在特定的情况下必须饮酒以示尊敬。

讲到此，我还是要提醒各位读者，饮酒一定要有节制。现在的酒精度数比孔子那时候高多了，过度饮酒对身体的伤害很大，人的肝、心脏、大脑、胃都会受到酒精的侵蚀。

逝者如斯夫！不舍昼夜：时间是残忍的，也是公平的

子在川上曰："逝者如斯夫！不舍昼夜。"

有的版本会在"川上"后加逗号，我觉得加不加都无妨。

孔子有一天站在河边，看着东逝的流水。

鲁国的河流，当时叫洙泗源流，有洙水、泗水、汶水等。孔子在大河边，突然发出了一句如同诗歌一般的感慨。

在《中国八大诗人》一书里，讲到什么是好诗，什么是坏诗，什么是真诗，

什么是假诗。好诗的特点是能够发自内心地抒发感情，并且能够讲出全人类共通的感受。

孔子这辈子，除了整理《诗经》，自己并没有留下什么诗作，但是这句话，我认为代表着孔子作诗的水平，因为它表达出了万古之幽情。

"逝者如斯夫！不舍昼夜。"当我们静下来，站在河边，什么也不做，只是关注着河水的流逝时，我们才能够真正地感受到时间。而当我们平常读书、工作、吃饭、玩乐……时间只是一个工具，你在使用它，但是你根本没有意识到它的存在。只有在你什么都不做的时候，才能感受到时间的流逝。

孔子站在岸边，看着滔滔的江水，突然说出了这么一句富有诗意的话："逝者如斯夫！不舍昼夜。"

时间最残忍、最公平，也最无情，不会因为你是一个好人就流逝得慢一点。电影里可以有慢镜头，而生活当中，不管发生什么事，时间都是匀速地走过去。

"劝君惜取少年时"只是最浅层次的感受。如果再深入一些，会有一种无可奈何的感觉，甚至会怀疑人生的意义——人究竟应该怎样在这个世界上生活？我们从哪儿来，到哪儿去？人生的意义到底是什么？

孔子说，流逝的时间就像眼前的河水一般，奔流不绝，昼夜不歇。

为什么陈子昂的《登幽州台歌》是一首非常好的诗？因为他跟孔子一样，也是发出了千古之幽情。他以简洁、精准的诗句，道出了我们每个人心中所想但是无法表达的话：

前不见古人，后不见来者。
念天地之悠悠，独怆然而涕下。

孔子少有像此节这样诗意的语言流淌出来，希望大家珍惜。

吾未见好德如好色者也：从好色，看"自私的基因"

子曰："吾未见好德如好色者也！"

这句话被很多人引用。孔子说这话的时候很生气，他说：我从来没有见过一个人，爱好德行如同爱好美色一般。

孔子到了卫国，卫灵公非常欣赏孔子，也喜欢跟孔子聊天。卫灵公邀请孔子一道出行，孔子作为国宾，按照礼法，应当和国君乘坐同一辆车。

结果临上车时，卫灵公说：夫子，你坐后面的车吧，我要跟南子坐在一起。

卫灵公极其宠爱夫人南子，甚至不惜违反基本的礼节。孔子见状，发出了这样的感慨。

其实这特别容易理解。好色是人类本能的需求，人们更容易投入，不需要费力气。好德则是要求人们压抑本能，约束自己的欲望，修炼品行。

孔子说，"克己复礼为仁"。把自己本能的一面控制住，才能成为一个成熟的社会人，成为一个道德体系完整的人，这件事是很难的。生活中，很多人还是任由原始本性占上风，"未见好德如好色者"也是常见的。

但是我们也要知道，好色的原因到底是什么。其实，这是由人类的基因决定的。

理查德·道金斯写过一本很有名的书，叫作《自私的基因》。《自私的基因》告诉我们，我们的很多行为并不是为了让我们自己活下去，而是为了让我们的基因活下去，所有人都只是基因的载体。

男性和女性丧失生殖能力之后就会快速衰老。中国古人叫"女七七，男八八"，女性四十九岁，男性六十四岁，就开始快速衰老。而在此之前，人的雌激素、雄激素都还比较旺盛，能够让人保持活力。

道金斯教授认为这都是基因在作怪。基因根本不关心你的死活，它只关心自己是否能延续下去。我们都不喜欢长胖，因为肥胖会导致各种各样的疾病，但是基因会引诱我们吃甜食，而吃甜食是会上瘾的。为什么呢? 因为人体储存足够多的脂肪更有利于生殖繁衍，尽管这的确不利于我们的身体健康。这就是《自私的基因》所揭示的关于好色的原理。

另外一本书叫《机器人叛乱》。人类归根结底，其实是保护基因的机器人。机器人叛乱则是提倡我们不要再为基因而活了，要为自己活。比如，不再追求一定要结婚，一定要繁衍后代，而是追求自己能够活得健康、快乐、积极。孔子希望大家好德，就是某种程度上的"机器人叛乱"。

普通人很难自发地出现机器人叛乱的行为。比如放纵自己好色，就是在充当保护基因的机器人，只是依照原始的本能，接受基因的指令，而没有自己独立而理性的思考，没有意识到自己要为成为一个更好的生命状态而负责。

用关于基因的研究来解释好德和好色的关系，很有意思。

《论语》的魅力之一，在于常读常新。每一个时代的人去理解它，都会有新的注解，会加入不同的科学研究的成果，对它进行补充释义。

进，吾往也：你是自己人生唯一的决策者

子曰："譬如为山，未成一篑，止，吾止也。譬如平地，虽覆一篑，进，吾往也。"

中国古代，常常需要在城边堆出一座山来进行防守。

"譬如为山，未成一篑"，意思是，假如我们离堆出一座山还差一筐土，结果停下来了，这座山也堆不成。离堆成一座山还差一小步，就停止努力，这是一个人自动地放弃了自己身上的责任。

"譬如平地"的"平地"，有人将"平"理解为一个动词，意思是地上有个坑，要把这个坑填平。这个意思并不对。"譬如平地"的意思就是平坦的地面。"虽覆一篑"，是说在平地上倒了一筐土。

如果我们人生的方向是堆出一座山，而此时只有一块平地，那就倒第一筐土上去。这第一筐土，就是我们向着目标踏出了第一步。只要我们继续往上堆，最终也会堆成山。至于结果如何，都在我们自己掌握。

所谓"为山九仞，功亏一篑"，这座山是否能成功堆起来，决定权在自己手里。你可以选择在快达到目标时放弃，也可以选择从零开始努力，一天进步一点。

胡适先生说，做学问这事不必觉得那么难，"进一寸有一寸的欢喜"。能够往前走一点点，就能够收获一点点的乐趣。一切都是我们自己的选择，而非环境所迫。

很多人习惯将自己的不努力归咎于环境。譬如，"我不是不愿意学，我是没

时间，我是被逼无奈""我不是不爱学习，我是没这个条件，我得赶紧赚钱"，或者"我也想学习，但我没那个天赋，我记不住"。我们总会有很多理由不去做，可以给自己找一万个放弃的理由，并且把一切责任都推给外界，仿佛是外界在阻挠我们。但是孔子说，无论你是放弃，还是开始走出第一步，都是你自己的选择，你不能推给任何人。

为什么很多人意识不到自己才是唯一的决策者？因为我们潜意识不愿意承担责任带来的压力，我们习惯将压力转嫁到别人身上；如果不幸失败了，我们也习惯将责任推卸出去。

比如，你爸爸逼你学了一个专业，你虽然不喜欢，但也不得不听从爸爸的安排。潜意识当中，你可能会陷入"被动攻击"的状态，故意让自己失败，用失败和痛苦来证明爸爸是错的，用这种方式去反抗他。最后，你对他说："你看怎么样，我活得这么不幸。要不是当年你让我学这个专业，我就不会这样。"类似的说法还有："要不是当年你逼我嫁给他，我就不会……""要不是你非得逼着我回老家，我就不会……"

人们总是把生活的失败、痛苦、不如意，归结为别人逼的。其实，我们人生中的所有选择，都跟别人无关，很多时候是我们自己放弃了选择的权利。即便你听从了爸爸的安排，去读了自己不喜欢的专业，这个选择的主体依然是你——你选择了让家庭和睦，选择了为家庭做出牺牲。

永远都不要放弃自己的选择权。《高效能人士的七个习惯》整本书都在引导我们明白这个道理。

无论一个人的人生有多么不如意、多么痛苦，别人给自己造成了怎样的伤害，一定要提醒自己，这一切都是自己选择的结果。你才是自己人生的唯一责任人，只有认可这一点，接纳这一点，才有能力在人生下一次的十字路口，做出对自己有利的选择。

语之而不惰：不懈怠，是对学问的尊重

子曰："语之而不惰者，其回也与！"

孔子喜欢颜回，信任颜回。孔子说："只要跟他一说，他就努力去做，毫不懈怠，颜回就是这样的人。"

"语之而不惰者"，有两种不同的含义。

第一种是，听老师讲了之后，没有动力去做。有的人听完，左耳朵进，右耳朵出，不愿去实践，这是一种懒惰。

第二种是，人们之所以怠惰，有时候不是因为不愿意做，而是因为老师说了太多遍。孔子此时已经年迈，有那么多的学生围着他，孔子每天反复提及的就是仁、义、礼、智、信，有的学生觉得"耳朵都磨出茧子来了"，不愿意再听老师的叮嘱。这也是一种懒惰的表现。

孔子说：能够一直耐下性子来听我讲话的，可能就是颜回了吧。这是第一种理解。另外一种是，听到我讲的道理，能够努力去实践的，恐怕就是颜回了吧。无论是哪一种理解，都是求学的美德。

大家千万不要觉得，有的道理听太多了就不想听了。有些人生真理，当你反复地听时，意义是不一样的。就像我捧着《论语》一读再读，读了几十遍，每一次都有新的理解和感受。这就是我强调的，《论语》常读常新。

很多道理，老人家会反复地讲，我们可能会觉得唠叨，但我们到底有没有领会过话里真实的含义呢？正因为我们没有接收到那些真实的含义，老人家才会不厌其烦地提醒。

吾见其进也：纯粹求知的乐趣

子谓颜渊，曰："惜乎！吾见其进也，未见其止也。"

孔子又一次评论了颜回，说："颜回多么可惜呀！我每天只看到他不断地进步，从来没有见他停止过。"

这句话有可能发生在颜回去世以后。颜回去世令孔子备受打击。孔子年事已高，时不时就想念颜回。

我们先探讨一下，人为什么在求学的过程中会停止？很可能是因为怀疑求学的意义。当一个人学着学着，到了瓶颈期，看不到明显的进步，看不到出路，无法击穿阈值时，便会产生怀疑和绝望，因此退缩。

求学的路途中布满了磨难和艰辛，它们所带来的这些阻力，随时都足以让一个人放弃。很多人说："我得养家糊口，现实生活不允许我一直学习，我得去挣钱。"在求学的道路上，放弃的、退出的、退转的、叛变的，大有人在。但是颜回不一样，对于孔子所教的东西，他从来都不会敷衍了事，不会怠惰。颜回是一个有坚定信念的年轻人，这是多么难得！

为什么颜回能够坚持？因为颜回在学习中追求的是本质，而不是功用。追求功用，就是想在孔子这里学会某个技能、某种本事，能够治国安邦，能当官，或者做个家臣，再不济，也能找一份谋生的工作。

而颜回学的是本质，是怎样做一个好人、一个君子、一个仁者；是不断地修炼自己，让自己变得更美好。带着这样的信念，颜回自然看不到学习中的那些低谷，也无法感受到难熬的瓶颈期。他只能体会到每天学习所带来的乐趣和进步。

这就是纯粹求知的乐趣。

当一个人在获取知识的过程中，能够找到纯粹求知的乐趣，那么停止和退缩的可能性就会小很多。如果我们每学习一个知识，就立刻设想它能够给自己带来什么，能让我们有什么巨大的改变，那往往就会慢慢地失去学习的活力。

如果我们太想获得那些立竿见影的东西，会导致我们所学的只是浅层的技巧，错过很多宝贵的真知。

秀而不实者有矣夫：立志容易，坚持不易，抵达目标更不易

子曰："苗而不秀者有矣夫！秀而不实者有矣夫！"

"秀"是指开花。

"苗而不秀者有矣夫"，庄稼，出了苗但是不开花的有。

"秀而不实者有矣夫"，开了花不结果实的也有。

有一个成语叫华而不实，华而不实的"华"其实就通"花"，与秀而不实是同样的意思。

此节可以和孔子上文夸奖颜回的话连在一起理解。孔子说，颜回真可惜啊，他整天都在那么努力地学习。颜回是典型的已经开了花的、有美好未来的一位学者，但是他"秀而不实"，最后没有结出学问的果实，便过早地去世了。这是孔子的感叹，对于颜回，他太惋惜了。

如果不单指颜回，那么这句话不仅仅是表达感慨，还是陈述道理。孔子的意思就是，立志学习和真的能够坚持学下去，是有很大差距的。

想成为好苗子的人很多，大家都愿意积极地报名，最初也都带着热情去学习。但到最后，能够开出花来的有多少呢？开出花来，意味着你学到了一定的程度，坚持了下来。这个过程本身就在进行无形的筛选。

坚持一段时间，想结成硕果，难度更高，因为这不仅需要我们有坚定的志向、不懈的坚持，还要有一定的机缘。

机缘是很重要的。人生中，很多事情的成功其实都有一些机会的成分，我们要承认这一点。如果不愿意接受机缘的存在，内心就会陷入求而不得的纠结和痛苦。

后生可畏：孔子对年轻人的期许

子曰："后生可畏，焉知来者之不如今也？四十、五十而无闻焉，斯亦不足畏也已。"

"后生可畏"是我们经常听到的一句感慨，比如见到一个很优秀的90后，人们会说后生可畏，形容这个年轻人真是厉害。

畏的是什么呢？畏的是后浪把前浪拍在沙滩上。

"焉知来者之不如今也"，孔子说，你怎么知道后面的年轻人不如我们现在的人呢？孔子以一种开放的、充满期许的态度来对待年轻人。这从好古的孔子口中说出来，相当不容易。

孔子说"信而好古""吾从周"，这说明他很推崇传统的文化和礼仪，他也认为自己继承了周朝的文化。但同时，孔子非常理智地告诉大家，"焉知来者之不如今"，年轻人一批一批地成长起来，未必就不如我。

"四十、五十而无闻焉，斯亦不足畏也已"，一个人如果到了四五十岁还没有出名，这样的人也就不足以畏了。这句话会给当下的中年人带来极大的焦虑，有人一读到这里，就想："完了，我都四十二岁了，还没什么名气，我的人生怎么办？"

我们要根据时代背景去理解孔子的话。孔子那个时代的四五十岁和现在的四五十岁所处的人生阶段完全不同。中华人民共和国成立以前，中国人的平均寿命只有三十五岁。

在孔子的时代，四五十岁可能已经日薄西山了，但我们现在的四五十岁正当壮年，大有可为。比如屠呦呦女士，她之前也是"无闻焉"，大家都不知道她，但她后来获得了诺贝尔奖。她现在还在进行积极的研究，得出一个又一个科学成果。

不要把孔子这句"四十、五十而无闻焉，斯亦不足畏也已"太当真，不要到了中年就开始焦虑。慢慢来，最好的时光就是当下，一天进步一点点，什么时候开花、结果都未可知。

其实我一直觉得这句话的解释不够完美，因为这不像我所理解的孔子。孔子怎么会说这么教条的一句话呢？但是我暂时也没有更好的解释。

我能够想到的情况就是，当时的四五十岁相当于我们现在的七八十岁，所以孔子说，如果到这个岁数还不做出成就来，就麻烦了。

巽与之言：提高领导力，先学会正面反馈

子曰："法语之言，能无从乎？改之为贵。巽与之言，能无说乎？绎之为贵。说而不绎，从而不改，吾末如之何也已矣。"

"吾末如之何也已矣"的意思是，我都不知道该拿他怎么办了。

哪种人让孔子不知道该怎么办了呢？

我在《可复制的领导力》里讲过管理学中最常用到的两个工具：正面反馈和负面反馈。

"法语之言"就是负面反馈，义正词严的批评，也就是我们说的忠言逆耳。"法语之言，能无从乎"，意思是当别人对你进行负面反馈的时候，你能够不听从吗？

"改之为贵"的意思是，最重要的是听了要能改。

负面反馈往往是这样的情形：

"你这根本不对。"

"对对对，是是是，是我不对，我觉得您说得特别对。"

表面上听起来是完全顺从，也不吵架，也不违逆，因为提意见的人往往是领导。但是领导一转头，下属该怎么做还怎么做，阳奉阴违。

"巽与之言"，就是恭逊、谨教之言，也就是正面反馈。如果有人对我们说一些赞扬的、恭敬的、鼓励性的话，我们听完以后，难道会不高兴吗？当然很开心。

正面反馈有一个标准的表达模式，称为二级反馈，即"表扬+说明原因"。二级反馈的目的是塑造员工的行为，让员工按照领导期待的方向前行。

"绎之为贵"，"绎"是分析、琢磨的意思。收到了领导的正面反馈，员工不能只顾着开心，还要仔细琢磨一下，领导今天表扬我意味着什么？我能够从中吸取什么样的经验？我下次应该怎么做？

对正面反馈进行分析，这样的表扬才有意义。"绎之为贵"，就是分析别人表扬背后的真实含义，并让自己有更好的改变，这才是最重要的。

孔子"末如之何也已矣"的两种人，是"说而不绎，从而不改"：一种是听别人表扬自己，只知道高兴，从来都不会总结、不会分析的人；另一种是表面答应却死不悔改的人。

对应《可复制的领导力》，"说而不绎"是二级反馈无效，"从而不改"是负面反馈无效。

孔子感慨，教一个人，表扬他也无效，批评他也无效，这种情况下简直不知道该拿他怎么办。

为什么孔子的学问这么精深呢？早在两千五百多年前，他就一直在琢磨如何带团队，如何管理人、教育人，他那时总结出的很多科学的方法，和我们今天的研究几乎是一致的。

毋友不如己者：建立高质量的人际关系

子曰："主忠信，毋友不如己者，过则勿惮改。"

这句话在《学而》里"君子不重则不威"中有，读者可以翻看《学而》中第八节的详细解释。

匹夫不可夺志也：精神与意志，是最坚不可摧的力量

子曰："三军可夺帅也，匹夫不可夺志也。"

李零教授在《丧家狗》中说，这是他在《论语》中最喜欢的一句话。

"三军可以夺帅，匹夫不可夺志"，叶挺将军在皖南事变以后被抓入大狱，就是用这句话进行自勉。因为皖南事变已经发生，三军已经被夺帅了，但是"匹夫不可夺志"。

作为将军，已经兵败了，事实既成；但作为一个普通人，要坚持信念，不可屈服。

作为人，我们是要有精神和信念的，这种精神没有任何东西能替代和战胜。三军是由很多人组成的、力量无比强大的组织，但是它依然不能够替代一个人的精神力量。

"三军可以夺帅"，是谋略、操作、实力上高下的较量，靠兵法和装备就能够做到。匹夫之志虽然看似不起眼，却是再大的外在力量都无法夺去的。

中国古代，有一个特别感人的史官的故事。齐国的大臣崔杼弑君时，太史在旁边记，"崔杼弑其君"。崔杼对太史说：你给我改成"齐王暴毙"。

史官说：改不了，你就是弑其君。

改不了，史官就要被杀头。被杀之后，史官的二弟继任。崔杼说：你给我记"齐王暴毙"。史官还是写"崔杼弑其君"。又被杀头。

三弟继任，还是"崔杼弑其君"，又被杀头。四弟上来，依然写"崔杼弑其君"。

崔杼一看，说：这些人这么倔强，算了，就这样吧。

三个哥哥都被杀了，四弟拿着史书往外走。见门外有一个史官拿着笔和册子正往里面跑，四弟问：你来干吗？

门外的史官说：我听说崔杼杀人，我来接你的班。如果你也被杀了，我进去还是要写"崔杼弑其君"。

这就叫作"匹夫不可夺其志"。

中国古代有很多壮烈的故事，这是我们文化中最动人的底色。中国人力量的源泉是从哪儿来的？就是这样一代一代传下来的，来自这些有节操的、了不起的人所产生的"三军可夺帅也，匹夫不可夺志也"的精神。

有一部我们比较熟悉的科幻小说叫《2001：太空漫游》，已经拍成了电影。在飞船上，有机器人和宇航员。机器人不是一个人，机器人做决策都是依靠算法，经过计算，觉得叛变最有利，它就会毫不犹豫地叛变。但宇航员是一个人，作为人，他有自己的精神和意志，他与机器人不断地做斗争，最后挽回了飞船。

人的精神是很重要的，精神与意志是我们和其他物种最根本的区别。

以上讲到"夺志"的，看起来都是非常残酷的外在条件，比如杀人这种绝对暴力的手段。但在生活中，软刀子才更可怕。有时候，我们被夺志，根本不是缘于外在环境的迫害，不可能有人把刀架在你的脖子上，逼你放弃学习，放弃理想。夺人志向的，往往不是痛苦，反而是眼前的"幸福"——因为拥有了金钱，拥有了舒适的生活，就遗忘了曾经的目标和信念。

比如一个人本来很努力地求学，但突然有了一个不错的岗位，能够马上赚到钱，他就会摇摆不定，这就马上被"夺志"了。

梁启超是中国近代史上我非常佩服的教育家，从他教自己孩子的过程，就能看出其大教育家的风采。梁思成、梁思永在美国读书，他们给父亲梁启超写信，意思是这儿的环境实在是太好了，生活又舒适，又有趣，所以我们都长胖了，觉得干什么都提不起劲来，斗志都消磨了。这样的信实际上是在做自我反省。

梁启超回信提醒孩子，被安逸的生活消磨意志，是没出息的。外在的环境美好，不是精神变得萎靡的理由，如果你经不起诱惑，说明你没有力量，这其实也是一种匹夫被夺志的表现。

真正的匹夫之志，不会因为条件的变化而变化，匹夫之志是一种坚韧的精神力量。

不忮不求，何用不臧： 子路的钝感力

子曰："衣敝缊袍，与衣狐貉者立，而不耻者，其由也与。'不忮不求，何用不臧？'"子路终身诵之。子曰："是道也，何足以臧？"

子路跟孔子的互动，基本上是这样的模式：孔子其实挺喜欢子路，但只要一表扬子路，子路就翘尾巴。子路一翘尾巴，孔子就敲打他一下。

"衣"是动词，穿衣的意思。"衣敝缊袍"是说穿着破烂的衣服；"衣狐貉"，是穿着皮毛大衣。

有一天，孔子感慨地说：子路不错，穿着破旧的、打着补丁的衣服，与那些穿着狐皮袍子、貉皮袍子的人站在一块儿，还能做到不以之为耻。

试想我们自己，在一个正式的场合，别人都衣着亮丽，女士穿着礼服，男士穿着正装，打着领带，而你随意地穿着一件连帽衫，这时你是什么感觉？也许你并不是不礼貌，而是事先不知道情况，此时，你还能淡定地跟别人沟通吗？

我有过一次类似的经历，感觉压力很大。我穿着便装，跟一群穿西装的人在一起，当时就觉得自己格格不入。

当周围全是贵族，全都身着貂皮大衣，一个个气宇轩昂时，有的人衣着朴素，虽然表面上可能假装不在乎，但内心还是觉得别扭。子路不一样，他能真正做到"不耻"。对于衣着上的差异，他不以为意，不觉得这件事情有什么大不了的。

子路没那么敏感，他是一个典型的钝感力很强的人，他有时候都敢得罪孔子。不就是穿得破一点嘛，他并不在乎。

孔子引用了一句诗来夸奖子路——"不忮不求，何用不臧"。这出自《诗经》里的《雄雉》，"忮"是嫉妒之意，"臧"是美好、善良之意。这句诗是说，一个人不嫉妒、不贪求，如此善良。当一个人处在这么好的一种状态时，还有什么事做不好？

子路听到孔子的表扬，特别开心。你看，子路多淳朴，他多么喜欢孔子，孔子简简单单地夸奖了他一句，他就"终身诵之"，一天到晚不管走到哪儿，嘴边都念着"不忮不求，何用不臧"。恨不能告诉别人：你们了解我吗？夫子说了，我这个人的原则是"不忮不求，何用不臧"。

孔子听了以后又笑了，说：你做到"不忮不求"也很正常，这离善良和完美还有差距呢，有什么好天天挂在嘴边的？

孔子的意思是，仅有这么一点点美德是不够的。也可以解释为，孔子说：我一表扬你就满足，这是不行的。仅有这么一个"不忮不求"的优点，还达不到美好、善良的标准。你需要学习和提升的东西还多着呢。

我们也不要笑话子路没见过世面，为这么一个小优点就高兴成这样。我们要知道，子路能够被孔子这样表扬一次，是很不容易的。

岁寒，然后知松柏之后凋也：日久见人心

子曰："岁寒，然后知松柏之后凋也！"

陈毅元帅写过一首诗，是描述松柏的：

大雪压青松，青松挺且直。
要知松高洁，待到雪化时。

孔子的这一句感叹，也用了诗一样的语言。"岁寒"，就是到了二十四节气里的小大寒，是天气最冷的时候。此时，我们才能够知道松柏比别的树凋零得晚得多。

此处也有争议。有人说，松柏根本就不凋，所以应该叫作"松柏之不凋也"。也有人解释说，松柏不是不凋，而是长出新叶替换旧叶。比如松树，地上凋落了很多旧叶，但枝干上依然满覆着松针，只是看起来像不凋一样。

大家还是习惯念成"知松柏之后凋"。

这句话如同"路遥知马力，日久见人心""夫妻本是同林鸟，大难临头各自飞""真金不怕火炼"这些俗语。不到关键的时刻，我们很难知道谁才是经得住考验的。

这句话很有画面感。可以想象一幅古画：孔子身着长袍，站在一棵松树底下，身旁跟着几个学生。周围是光秃秃的一片，而这棵松树依旧郁郁葱葱，孔子缓缓说道："岁寒，然后知松柏之后凋也！"

这句话的背后也许有这样的含义：大家跟我周游列国，辗转颠沛至此。漫长的时间过去，到最后，能够剩下的就是你们几个人了。这代表着孔子对学生的肯定，也可能代表着孔子对自己信念的坚持。

总之，这句话成为中国古代的一种文化。时间长久，经历考验，我们才能够看出一个人的本心。

知者不惑，仁者不忧，勇者不惧：儒家的"三达德"

> 子曰："知者不惑，仁者不忧，勇者不惧。"

佛家有三宝：佛、法、僧。

道家也有三宝。老子说："我有三宝，持而保之：一曰慈，二曰俭，三曰不敢为天下先。""不敢为天下先"就是谦。所以，道家三宝叫慈、俭、谦。

儒家也有三宝：智、仁、勇。这是儒家的"三达德"，也是儒家的理想人格。

孔子说智者不惑。"不惑"是不疑惑的意思吗？肯定不是。如果是不疑惑的话，孔子在晚年就不会依然有那么多问题了。这里的"惑"，是不惑于外物之意。很多人在社会中受骗，往往是起于贪心，假如没有那么一丝贪心，骗子就没有可乘之机。无论是电信诈骗，还是曾经的"路上掉个包"之类的诈骗，都利用了人心中的"贪"。

我的一位老师韩鹏杰教授写过一本书，叫《中国古代的江湖骗子与骗术》。他研究中国古代哲学，把中国自古以来的各种骗术结集出版成了书，大家觉得很有意思。我们通过分析也能了解到，现代的各种诈骗方法，虽然工具先进了，但基本的逻辑与古代的骗术是一模一样的——所有骗术的核心，都在于要调动他人的贪念。

贪念一起，离上钩就不远了。

"知者不惑"，是说智慧之人是不惑于外物的。当一个人不惑于外物，对外在的诱惑无感时，那么"占个便宜""得到名声"，所有这些浮于外表的、虚荣的东西，对于他来讲都不重要。这就是明智，这就是智慧。

"仁者不忧"，就是一个心中有别人、真正有仁心的人，忧愁会少很多。假如一个人满脑子想的都是自己的得失、胜负，纠结于自己有没有被公平对待，就会终日患得患失，活得焦虑而拧巴。但是假如你心中有着浩大的世界，不在乎个人得失，觉得"自己失去了，世界得到了；自己吃亏了，世界获益了"，你就会活得豁达而畅快。

楚王丢了一张弓，手下的人要去找，楚王说不用找，"楚人失之，楚人得之"，意思是，我虽然丢了一张弓，但还是被我们楚国人捡了。能达到楚王的这个境界，人就不会有那么多忧愁。

如果我们再把视野放大一点，连"楚"字都去掉，变成"人失之，人得之"，那就更没有什么好纠结的了。

有一个故事：一个老人挤上火车，发现新买的皮鞋只剩一只了，他二话不说就把剩下的那只鞋也丢出窗外。旁边的人不解地问：你怎么把鞋给扔了？老人说：我现在扔，别人还能捡到一双，我要不扔，别人捡一只也没用。

当一个人心中有别人时，就不会对自己遭受的一点损失耿耿于怀。

这是很难做到的。我有一次跟朋友在河里玩，朋友脚底一滑，鞋顺着河水漂走了，我当时想起"老人扔鞋"的故事，就对朋友说："快扔鞋，快把你那只鞋扔过去，顺着河一块儿漂走。"他说："我偏不，我至少还有一只。"他踩着仅剩的一只鞋回到岸上，左想右想，发现这只鞋还是没什么用。

但是真要让他在当时丢掉一双鞋，太不容易了。

忧愁的根源，是自我的放大，自我越大，忧愁就越多。如果心中有别人，放松自我，忧愁自然就减少了。

"勇者不惧"，如果理解成"勇者对于什么都不害怕"，那就错了。"不惧"并不是什么都不怕，而是要有勇气。何谓勇气？勇气就是明明怕得要死，该做的事还是要做。这就叫作"不惧"。

我认为以上是孔子自道，是孔子在表达自己。他当然不会说"我这个人是智仁勇兼具的"，但是从孔子自身所体现出来的种种行为中，我们能够看出来他既是智者，又是仁者，还是勇者。孔子常常表现出英勇的气概，他会打仗，也能跟着国君去外交，为鲁国争取更大的利益；他会为奴隶仗义执言，会帮助弟子们度过艰难。他绝对是勇气十足又明智仁爱的。

希望我们每个人都立志追求这样的品质。

"可与共学""可与适道""可与立""可与权"：

求学的四步进阶

子曰："可与共学，未可与适道；可与适道，未可与立；可与立，未可与权。"

我们在学习的时候，基本上是分了这四个台阶的。

首先，"可与共学"，这是入门。一个人报了名，开始进门学习了，这叫作"共学"。

其次，"未可与适道"，虽然大家在一块儿学习，但未必都是来求道的。很多人是为了交朋友而进入学堂，还有的人是为了以后能够混口饭吃而来学本领。立志求道的人是少数。

再次，"可与适道，未可与立"。一些人的确是奔着求道而来的，但是"未可与立"，他未必能够守住道。

从想学到追求学道，再到学成守道，是不是就够了呢？

当然不够。

所以最后，"可与立，未可与权"，如果能够坚守求道，还要懂得权变。权变才是我们求学的最后一步。

通权达变是儒家所追求的境界。王阳明就可以被评价为通权达变。王阳明在跟宁王打仗的时候，伪造公文文书，上面全是假话，宁王被骗得一愣一愣的。王阳明如果是一个腐儒，就会坚持君子不能说谎的原则。但王阳明知道现在是在打仗，我们是正义的一方，何必跟造反的宁王讲什么温良恭俭让呢？兵不厌诈，这就是通权达变。

孔子对于自己的人生概括，是七十岁以后"从心所欲，不逾矩"。通权达变一定是有一个限度的，我们要追求的是，通权达变而不逾矩。如果别人给贿赂也收，随意地弄虚作假，那不是通达权变，而是失去底线。

通权达变的关键，是掌握尺度，所以这是很高的境界，是有修为的人才能够做到的。

在这句话中，孔子讲了求学的四步进阶：第一阶是"可与共学"；第二阶是"可与适道"，也就是追求道；第三阶是"可与立"，即守道；第四阶是"可与权"，即权变。

教条相对容易，而自在很难。

如果有心的话，你可以对比一下朱熹和王阳明作品的风格。朱熹写的东西，基本上是"可与立"，他能够守住道，他也是圣人；但是王阳明写的东西，明显要活泼得多，应用性更强。王阳明能够在事功方面做出很好的成就，是通权达变的结果。

希望我们能够先立一个志向，从"共学"开始走入"适道"，逐渐地走到"立"，最后才能通权达变。

夫何远之有：一切放弃前行的理由，都是借口

"唐棣之华，偏其反而。岂不尔思？室是远而。"子曰："未之思也，夫何远之有？"

感受到这节的美好了吗？

在此节中，孔子引用了《诗经》里的一首诗，这首诗太美了。

"唐棣"大概是白杨树的变种，"唐棣之华"，指的是唐棣开出来的花。

"偏其反而"，就是翩翩摇摆的样子。

起兴是《诗经》中最常见的艺术手法，一般是从植物、动物开始起兴：唐棣的花儿，翩翩摇摆，那么美好，我怎么会不思念呢？

这是一个男子对一个女子所唱的诗。他说：你那么美好、那么漂亮，一想到你的样子，我就心旌摇荡。我为什么始终没来看你呢？不为别的，主要是你家住得远。

孔子马上就识破了这个男人。孔子说，"未之思也，夫何远之有"，意思是他根本就不是真的想念，他要是真想那个女孩的话，能有多远？

孔夫子是周游过列国的人，东周那么多国家，他几乎坐着车走了一圈。那时候，华夏地段也不大，村落很小，男子和女子最多隔着个村，肯定能够去

看她。

把"未之思也，夫何远之有"用在恋爱中，很有用处，比如你可以对恋人说：如果你真想我，万水千山都不是问题，可以漂洋过海来看我。

但实际上，当我们将这句话用在求学上时，就能够感受到它的深意。很多人跟着孔子求学，经常抱怨说"太难了""太远了""做不到""天赋不够"，或者"力不足也"。人们惯用此类托词，就像一个男生其实并不是真心喜欢某个女生，只是骗她说"我很喜欢你，只不过咱俩不合适"来搪塞这个女生而已。

所以孔子说：不要再用这样的话来搪塞了，如果你真心想学习的话，哪有那么远？心诚便不畏路长，孔子说：如果你愿意的话，距离不是问题，努力地走就到了。

我特别希望恋人之间能用上像"未之思也，夫何远之有"这种古雅的表达。为什么很多人觉得自己不会讲话？孔子说，"不学《诗》，无以言"，如果你不好好地学习《诗经》，你就不会说话。我们看看，孔子多会说话啊，哪怕张口批评之前，都可以先念一段美好的《诗经》做铺垫。

希望大家喜欢《子罕》最后这一节充满诗意与哲思的话。

乡党第十

《论语》的第十篇《乡党》很难讲，因为它的体例很特殊，没有对话，完全是叙述。我甚至见过有的《论语》解读会把《乡党》忽略过去，或者简单地翻译一下，不做更多阐发。

　　原因是《乡党》记录的只是孔子的日常起居：孔子怎么走路，怎么说话，吃什么，穿什么，如何睡觉……全都记录在此。

　　但也有人认为《论语·乡党》最有味道。这意味着对于《乡党》的理解可能有更大的空间，它不需要阐发太多道理，只需把生活中孔子本来的样子呈现出来。就像画白描画，原原本本地勾勒出孔子最真实的模样，并通过一个个细节，给我们展示什么是礼。

　　我们不妨通过想象，咂摸一下其中的味道，找到孔子的日常起居和我们当下的生活有什么样的对应，理解和分析孔子的行为背后可能存在怎样的心理动机。我们要在自己的脑海中，有画面感地呈现《乡党》里孔子的行为举止。

孔子于乡党：说话一定要分场合

孔子于乡党，恂恂如也，似不能言者。其在宗庙朝廷，便便言，唯谨尔。

在今天的陕西方言中，我们还把同乡叫作"乡党"。

古代是五家为一比；五比为一闾，一闾也就是二十五个家庭；四闾为一族，就是一百个家庭；五族为一党，差不多是五百个家庭，相当于一个很大的村子了；五党为一州；五州为一乡。这是古代的社会结构。

孔子在家乡人面前"恂恂如也"，就是不善言辞的样子，看起来好像嘴笨笨的。我们此前讲过，孔子说"巧言令色，鲜矣仁"，一个人整天眉飞色舞、能说会道，比如劝酒的时候就他最热闹，孔子说这样的人"鲜矣仁"。

孔子是一个"恂恂如也"的人，老老实实的。我们想想看，乡里乡亲对一个人最是知根知底，都是长辈，有时候大家在一起说点东家长、西家短的话。在他们面前，最合适的做法就是保持恭敬，不用说那么多的话，只需陪大家乐一乐，开开心心的就好了。孔子的"似不能言者"，就是看起来不太会说话的样子。

"其在宗庙朝廷，便便言"，指的是孔子一旦到了正式的工作场合，就能言善辩了。此处的"便便"，有的解读认为是便便（pián pián），但是也有版本认为同"辩辩"，我个人比较倾向于"辩辩"，即能言善辩之意。

"唯谨尔"，只不过他说话很谨慎，会尤其注意分寸，不会乱讲话。因为在工作场合中，开口时一定要思考清楚，要能够义正词严地把话讲明白。这是工作的需要，也是一个人对于立场的坚持。

"侃侃如也""訚訚如也""踧踖如也"：孔子的画像

> 朝，与下大夫言，侃侃如也；与上大夫言，訚訚如也。君在，踧踖如也，与与如也。

此节与上一节，在不同的版本里处理不同，有的是分开为两节，有的是合为一节。这两节的关联性很强，讲的都是孔子和不同的人在一起时的样子。

"下大夫"是指比孔子职位低的官员。孔子在上朝的时候，如果和自己的部下，或者其他官位比自己低的人在一起，他会"侃侃如也"，就是侃侃而谈，轻松愉快、慢条斯理地讲话。

"上大夫"就是比孔子官职高的领导。"訚訚如也"，"訚訚"（yín yín）是一种和气又严肃的态度，孔子与职位高过自己的官员相处，会和和气气、恭恭敬敬的。

"君在，踧踖如也"，"踧踖"（cù jí）是有点局促的样子。当国君出现在孔子身边时，孔子稍微有点局促，常常弓着点身子。

"与与如也"是一种谦恭的态度，但又没有到那种让人觉得局促、不舒服的程度，是一种威仪适中、不卑不亢的状态，在恭敬的同时保持着自己独立的身份。

总结一下：孔子在乡亲、长者面前恭敬，不吹牛；在下属面前不端着，让人如沐春风；在该庄重的时候能够庄重，该谦逊的时候谦逊，但不失去个人的人格。

这是我们对孔子的画像。

宾不顾矣：古今都应该遵守的"商务礼仪"

君召使摈，色勃如也，足躩如也。揖所与立，左右手，衣前后，襜如也。趋进，翼如也。宾退，必复命曰："宾不顾矣。"

在电影《孔子》中，周润发饰演的孔子上朝的时候有个动作：先将袖子展开，再走过去。我觉得这个场景就是对"襜如也"进行理解而来的，按照胡玫导演和周润发的理解，就是像鸟一样飞过去，这在很多专家看来有点夸张，他们认为孔子不应该是那么爱表演的一个人。"襜如也"，指的是小心翼翼地走。

关于"襜如也"，有争论很正常，没有绝对的对与错。我们在此不做过多的讨论。

"君召使摈"，"摈"是指接待外国的来宾。

国君让孔子去接待外宾，孔子"色勃如也"，"色勃"就是容貌振作、表情庄重。

"足躩如也"，是指脚步很快，"噔噔噔噔"地小步跑过去。

"揖"是作揖，"所与立"是与他周围的人；"左右手"是左边拱拱手，右边拱拱手；"衣前后"，是衣服前后摆动；"襜如也"是衣服整齐地摆动的样子。

"趋进"，是快速向前；"翼如也"，是脚步小心翼翼。

"宾退，必复命曰：'宾不顾矣。'"意思是完成了这一整套接待的仪式，来宾走了以后，必须回去跟国君复命，说客人已经彻底离开了。

这种礼仪我们今天在日本还能够感受到。我在日本旅行时，曾经住在富士山下的酒店。每次出门的时候，几个迎宾的老奶奶都会穿着和服站在门口，帮我们把行李整理好，再送我们上车，挥手目送我们离去。

我们的车往前开，我回头看，她们还在挥手。导游告诉我说：你不用看啦，她们会一直挥手到咱们的车拐弯为止，她看不见你了，才回去。这就叫作"宾不顾矣"，就是说客人已经不回头看了。

我的妻子开美容院。有一次我对妻子说：你的美容院可以引入这个礼法，送客人时，可以一直等到客人上车之后。

她采纳了。有时候，客人和服务人员一起在门口等车。车来得晚一些，尤其天气寒冷时，顾客们常常很感动。有的客人说：你们真是懂礼貌，每次等到我上车走了很远，还看到你们在挥手。

礼节、耐心和诚意，是社会上最稀缺的东西。越稀缺，就越可能引起顾客的重视。

孔子当年招待宾客，一定要做到"宾不顾矣"。

商务活动中还有一个细节：送客人到电梯，电梯门一关，主人转身就走了，结果有的电梯门质量没那么好，可能又会打开。电梯门开了之后，客人只看到了主人的背影。所以，有些商务礼仪会要求必须看到电梯的数字发生变化，我们才能够返回。这也是"宾不顾矣"，以示我们对客人足够的重视。

从这段话中，我们能够看到孔子做事是多么严谨和讲究礼仪。

入公门，鞠躬如也：孔子上殿时的仪态

　　入公门，鞠躬如也，如不容。

　　立不中门，行不履阈。过位，色勃如也，足躩如也，其言似不足者。摄齐升堂，鞠躬如也，屏气似不息者。出，降一等，逞颜色，怡怡如也。没阶，趋进，翼如也。复其位，踧踖如也。

　　这段话与之前《论语》的表述完全不一样，相当拗口。因为其中所描述的，都是我们今天已经非常陌生的礼仪了。

　　"入公门"，到皇宫里去办事，基本上有三个大门：库门、雉门、路门。至于公门到底是哪个门，学术上根本争不清。总之，就是孔子去上朝，入公门之时。

　　"鞠躬如也，如不容"，想想看故宫的门有多大。孔子的时代，门虽然没那么大，但是也肯定能够容纳一个人进出。但是孔子进公门的时候，一定要弯腰进去。"如不容"，就好像那个门会碰到头一样，这描述的是孔子恭敬的仪态。

　　"立不中门"，是说一个人不要站在门中间，不要目中无人，不要挡别人的道。我们想想"闪"这个字，就是"门"字里有一个"人"，表示人要赶紧走开。

　　"行不履阈"，如同现在去寺庙，有的导游会讲，不要踩门槛。

　　"过位"，这里存在一个争论。有一种说法是"过君王的位"，鲁君端坐，你从他跟前经过的时候，表情要庄重，脚步要轻快。还有一种说法是"过群臣的位"，就是当你进入大殿之时，如果一些大臣聚在一起聊天，你从他们身边走过的时候，要提起劲来，快速地走过去。

"其言似不足者"，说话的时候好像没有太大力气一样，声音要小，声调要放低。一个人在公众场合能够做到把声音放低，是一种修养。如果有人在公众场合打电话，压根不考虑周围人的感受，底气十足，声音洪亮，其实是目中无人的表现。孔子在公众场合，说话就好像"没气儿"一样，不影响别人。

"摄齐升堂，鞠躬如也"，"摄齐"就是把衣服提起来，"升堂"就是走台阶上去。当时的人们身着宽袍大袖，上台阶时把衣服提起来，是礼节。"鞠躬如也"是指低着头。这句话是说，提起衣服，像鞠躬一样往堂上走。

"屏气似不息者"，憋住气息，好像没有呼吸一样，因为要上朝了，要跟国君见面了。

"出，降一等，逞颜色，怡怡如也"，"出"，开完了会，出来的时候；"降一等，逞颜色，怡怡如也"，每下一个台阶就舒服一点，脸上的表情越来越轻松。"怡怡如也"，是指姿态越来越怡然自得。

"没阶"，走完台阶以后；"趋进"，走台阶不能走得快，否则容易摔跤，尤其是穿着大袍子时；"翼如也"，有版本翻译成"像长了翅膀一样"。如果孔子每次上完朝之后，一出门，袖子一展，这太浪漫了。但我觉得不太合理。我倾向于把"翼如也"理解为小心翼翼地赶紧走。

"复其位，踧踖如也"，是指回到自己的位置，表现出恭敬谨慎的样子。

这是孔子的一套上殿见王的礼仪。怎么进门，怎么说话，怎么行走，怎么提起衣服，如何上台阶，见完君王后如何离开，等等。我们可以从中看出孔子在礼仪上万分谨慎、恭敬的态度。

执圭：朝堂上和外交中要注意的细节

执圭，鞠躬如也，如不胜。上如揖，下如授。勃如战色，足蹜蹜如有循。享礼，有容色。私觌，愉愉如也。

"圭"是指官员手里拿的圭板，代表着不同的地位。圭板的主要用途，是在上面"记小抄"，官员通常将需要禀报给国君的诸多事情记在圭板上，作为提醒，防止遗漏。

"执圭，鞠躬如也"，是指拿起圭板时，就好像在鞠躬一样，因为圭板代表着王权，臣子要对它表示恭敬。

"如不胜"，就好像拿不动一样，因为这是沉重的责任。

"上如揖"，向上举的动作好像作揖。

"下如授"，持在下面的时候，好像要交给别人一样。

"勃如战色"，脸色凝重，战战兢兢。

"足蹜蹜如有循"，"如有循"，好像沿着一条道路一样；"蹜蹜"是脚步细碎的样子，有点像京剧上走小台步一样，"噔噔噔噔噔噔"地轻快地走。

"享礼，有容色"，在朝廷之上经常会有人献礼，比如齐国、郑国来献礼。外宾献礼的时候，作为主宾国的官员，要表现出非常欣赏的样子，不能给人以无动于衷和傲慢的感觉。要"有容色"，表示出"哇，难得""是件好物"的态度，来烘托美好的气氛。

"私觌，愉愉如也"，私下去和别人交往的时候，轻松愉快。

在《论语》中，很多内容是大家能背下来的，但这部分讲的是在朝堂之上，人们需要注意的诸多细节，非常琐碎，很难记忆，也很少被人随口引用。

君子不以绀緅饰：两千多年前的"孔子时尚"

君子不以绀緅饰，红紫不以为亵服。当暑，袗絺绤，必表而出之。缁衣，羔裘；素衣，麑裘；黄衣，狐裘。亵裘长，短右袂。必有寝衣，长一身有半。狐貉之厚以居。去丧，无所不佩。非帷裳，必杀之。羔裘玄冠不以吊。吉月，必朝服而朝。

这一段很有意思，讲的是孔子怎么穿衣服。

"君子不以绀緅饰"，"绀緅"（gàn zōu）是接近紫色的深红色，孔子特别讨厌紫色。孔子有一句话，是"恶紫之夺朱也，恶郑声之乱雅乐也"——朱红色是正色，紫色跟它很接近，夺去了正红色的地位；郑国的乐曲破坏了典雅的乐曲。

孔子说，"君子不以绀緅饰"，"饰"是指领子和袖子。孔子认为，君子不可以用紫色布料来做衣服的领子和袖子。

"红紫不以为亵服"，亵服是在家穿的衣服，如同我们现在宽松舒适的家居服。孔子说，这种宽袍大袖的衣服，也不能用红色和紫色。

"当暑，袗絺绤，必表而出之"，"当暑"是夏天的时候，"袗"（zhěn）是夏天穿的单衣，"絺"（chī）是细的葛布，"绤"（xì）是粗的葛布。"袗絺绤"是说，夏天的时候要穿凉快的、用葛布做的衣服。"必表而出之"，是指不能直接穿袗衣出门，如果出门，要罩外衣。

"缁衣，羔裘"，缁衣要配羔裘，黑色的外套里要配黑色的皮袄。

"素衣，麑裘"，白色的外套要配白色的皮袄。

"黄衣，狐裘"，狐裘是黄色的，配的大衣也要是黄色的。

孔子很讲究颜色的搭配，黑配黑，白配白，黄配黄。

"亵裘长"，凡是用"亵"这个字，就是指在家里随便穿的皮袄，比较长，保暖、舒适。"短右袂"，"袂"是袖子，右边的袖子短一截，做家事方便。

"必有寝衣"，"寝衣"是一种被子，古代大被叫衾（qīn），小被叫被。程树德在《论语集释》里解释过什么叫寝衣。寝衣是今天在日本还存在的一种被子，特点是像衣服一样。睡在里面时，可以把胳膊伸进袖子，就像特别长的睡袋，大概有一身半的长度。我们现在的被子就是由寝衣演化而来的。

"狐貉之厚以居"，"居"是坐下来的意思，这句话是说，用狐裘做成一个垫子。

"去丧，无所不佩"，如果出了服丧期，身上想戴什么就戴什么。中国古代的君子，衣服上有配饰，环佩叮当不仅是显示财富的，还是体现一个人修养的。行走时，玉佩要发出合乎音律的美妙声音，这意味着佩戴者需要步履稳健。如果身上的环佩乱响，则意味着失态。

环佩叮当的声音，能够让自己矫正步伐，显示出温文尔雅之态，这是一种保持修为的方式。所以有"君子无故，玉不去身"的说法，君子如果没有特别大的事发生，身上是一定要戴玉的。

孔子说的"去丧，无所不佩"，对应的就是，到了服丧期，比如家里有老人去世时，不能再戴玉，要简朴。

"非帷裳，必杀之"，"帷裳"是长礼服。"杀"念shài，是裁短的意思。如果不是一定要穿长的礼服，就需要把其他的衣服裁短一点。

"羔裘玄冠不以吊"，"羔裘"是黑色的，"玄冠"是黑色的，穿黑色的衣服，戴黑色的帽子，则不能够去吊丧。中国古代跟现代西方正好相反，西方参加葬礼要穿戴黑色，中国古代则是参加庆典穿戴黑色。

"吉月，必朝服而朝"，关于"吉月"，存在不同的解释。第一种解释说，每个月初一叫吉日，每年的正月叫吉月；第二种说法是，"吉"字写错了，应该是"告月"，即行告庙之礼的时候。哪种说法正确，我们无法完全确认，我们能理解的是，有一个特定的时刻，一定要穿朝服上殿。

以上是孔子关于穿衣服的整套规则。在家穿什么，出门穿什么，夏天穿什么，冬天穿什么，颜色配搭要适宜，在家的衣服可以裁短一截，晚上睡觉的时候小被子要长到一身半，家里要有狐貉做的垫子可以坐。

其实这也是一套比较简朴的生活方式，孔子推荐的服饰都不奢华。从中也能让我们看到，孔子比其他普通人的生活条件还是要好很多，能配齐以上衣物。

必有明衣：沐浴、斋戒如何穿衣

齐，必有明衣，布。齐必变食，居必迁坐。

有的版本将此节和上一节连在一起，因为都是讲如何穿衣服。

"齐，必有明衣，布"，去斋戒沐浴的时候，必须有布做的浴衣。古代没有棉布，孔子那时候只有麻布和葛布，都是比较粗糙的。"明衣"就是我们今天所说的浴衣，日本完美地保持了穿浴衣的习惯。日本的民间澡堂会给客人提供一套像和服一样的浴衣。

"齐必变食"是讲斋戒的。要斋戒的时候，一定要换掉自己的食谱，因为很多东西不能吃了，例如葱、韭菜、姜、酒，都是对鬼神不敬的。

"居必迁坐"，有人解释说是要换一个住处。这个要求太高了，就连孔子都无法随便换住所，老百姓就更不可能了。"居必迁坐"，是说你坐的位置要改变。

我记得我小时候参加过村里的葬礼，那时我不能像往常一样回家，而是要在礼堂上待着，要坐在礼堂回礼。"迁坐"就是指换一个规定的地方坐下。

食不厌精：舌尖上的孔子

食不厌精，脍不厌细。食饐而餲，鱼馁而肉败，不食。色恶，不食。臭恶，不食。失饪，不食。不时，不食。割不正，不食。不得其酱，不食。肉虽多，不使胜食气。唯酒无量，不及乱。沽酒市脯不食。不撤姜食，不多食。

这一段讲的是"舌尖上的孔子"，细细地描绘了孔子对吃的要求。

"食不厌精"，"食"是指吃米。孔子认为主食越精越好。

老人家的胃口越来越差，吃粗粮是消化不了的。我有一天见到阎崇年先生，当时先生八十七岁，依然耳聪目明，身体很好。我请教养生之方，阎崇年先生的夫人告诉我，老爷子只吃细粮，虽说很多养生建议说了吃粗粮的好处，但先生说，粗粮对老人来说咽不下去，也很难消化。所以，老人的饮食以白面、精米为主。

"脍不厌细"，有个成语叫脍炙人口，"脍"是生肉，"炙"是熟肉，脍炙人口直译过来就是说生肉、熟肉都能吃。在中国古代就有吃生鱼片的情况，"脍不厌细"就是说吃生肉、生鱼片的时候，应该切得细一点，否则不好消化。

"食饐而餲"，"饐"（yì）是食字边，是形容米饭受潮的样子，大米受潮了以后做出来的饭就变味了；"餲"（ài）是馊臭，假如这个饭已经馊了，那是不能吃的。

"鱼馁而肉败","馁"指鱼腐烂,"败"指肉腐烂。鱼肉和其他的肉,如果腐败了,就不要吃。

"色恶,不食",如果食物的颜色太难看或者颜色太奇怪,也不能吃。比如,我们不吃蓝色的东西,我们想想看,假如一碗面端上来是蓝色的,你会不会有一种难以入口的感觉?

"臭恶,不食",闻起来是臭的食物,是不能吃的。按孔子的说法,榴梿和臭豆腐这类食物不适宜吃。

"失饪,不食",孔子不吃烹饪不当的食物,比如该煮熟的肉没煮熟,就不能吃。

"不时,不食","不时"有两种解释,第一个解释是,孔子只吃时令蔬菜。我完全不认同这个解释,因为在孔子的年代,只有应季蔬菜,当时并没有塑料大棚来种植反季蔬菜。我认同第二种解释:吃饭要按点,没到饭点就不要吃饭。

"割不正,不食","割不正"有两种解释,第一种解释:古时候的烹饪手法比较单一,不像当下有肉片、肉丝多种做法,古时候吃肉就是像樊哙那样,一大块切下来,方方正正的,再炖熟。所以孔子要求把肉割得方方正正的,如果切得太斜,或者是散落的肉就不要吃了。第二种解释:位置不对的肉不吃。

"不得其酱,不食",这是关于卫生的要求。吃肉、吃饭要有酱料,酱料也许是葱姜蒜做的,有杀毒、消菌的作用。如果酱配得不合适,孔子不吃。

"肉虽多,不使胜食气","食气"可以理解为主食,意思是肉虽然可以吃多,但是不要比主食还吃得多,要合理搭配。比如我小时候,大人对我的要求是一口饭配一口菜,我一直到三十多岁,还不习惯先吃菜,我那时甚至觉得只吃菜是不对的。这是我从小养成的饮食习惯。

"唯酒无量,不及乱",孔子特别得意自己的酒量大,曾说"不为酒困,何有于我哉"。孔子身形高大,有可能酒量惊人,但他从来不喝醉。

"沽酒市脯不食",古代买东西,用商贾的"贾"。而"沽"专指买酒,固定的词叫沽酒。"脯"是干肉。这句话的意思是，在集市上打的酒，孔子不喝；在集市上买的干肉，孔子不吃。他的酒要自己酿，干肉也是要自己晒出来的。

"不撤姜食，不多食"，比如今天的日式餐厅就是"不撤姜食"，无限量供应红姜，但是吃姜也不能过度，稍微调下味，不能把它当饭吃。如果觉得姜好吃，便拿姜拌饭，那就不合乎礼。日本流传了很多孔子当时的规矩，如不撤姜食，睡觉用寝衣，洗澡后穿浴衣。

孔子对吃饭非常讲究，这体现的是对生命的爱惜。"身体发肤，受之父母，不敢毁损"，爱惜自己，这是一种负责任的表现。人要对社会负责任，对自己负责任，对父母负责任。

更何况，古时候食物中毒的后果是很严重的。佛陀就是因为一个新来弟子给他做饭的时候，肉没做熟，导致佛陀吃完以后肚子痛，去世了。

祭于公，不宿肉：祭祀之肉怎么吃

祭于公，不宿肉。祭肉不出三日。出三日，不食之矣。

古时候祭祀都要用到肉，有时要用整头牛或者猪来作为祭品，有时用整块肉来祭。祭祀完了以后，要把肉切下来跟大家分。

诸侯一般都是用整头的牲畜来祭祀，祭祀之后，再切成一块一块的分给官员，这也代表这是一个被相互认可的圈子，这种被分割的肉叫作胙肉。孔子后来周游列国，很关键的原因就是胙肉不至。鲁君祭祀完了以后竟然不给孔子分胙肉，孔子在家里等了好几天，才决心出国。到了鲁国的边界，他又待了三天，想着万一鲁君再命人把胙肉送来，自己就不走了。结果还是没有等到，孔子心灰意冷，开始周游列国。

分享胙肉是当时很重要的礼仪和习俗。

"祭于公，不宿肉"，参加国家祭典所分得的祭肉，拿回家以后不要过夜，要在当天吃掉。

"祭肉不出三日"，家里有祭肉，存放不能超过三天。

"出三日，不食之矣"，过了三天就不要再吃了，这也是卫生文明的需要。

食不语：安安静静地吃饭，是最简单的美好

食不语，寝不言。

我们现在更流行的说法是"食不言，寝不语"，意思很简单：睡觉和吃饭的时候不要说话。

在当下的生活中，我们往往是和人约在吃饭的时候聊事情，边吃边聊，常常是吃完了饭，却根本享受不到食物的美好。

其实我们真的可以去尝试一下"食不语，寝不言"。

我参加过一次"食不语，寝不言"的训练营。我被带到一个餐厅，这里的就餐要求是不许说话，每口饭必须嚼至少三十六下才能咽下去。大家可以试一下，这样做非常有利于身体健康。一般人差不多吃到三四口的时候，就不想再吃了，吃到第五口的时候，也许已经饱了，这符合道家的养生吃法。

"食不语"的作用是，它有助于你消化食物，对于你保持正念、品味食物的

美好都有好处。但在今天，我们可能很难做到了，商务用餐经常是觥筹交错、交流不断。

即便如此，我还是建议大家在需要说话的商务饭局上，也能投入地享受其中的一两口美味，这是一种修炼。当你全身心地去享受美食的那一刻，你就能更懂得享受人生。

关于"食不语"，我们虽然不能够做到整顿饭都不说话，但至少可以做到嘴里有食物、在咀嚼的时候别说话。当别人问你话时，其实你可以示意一下，等嘴里没有食物的时候再开口，这代表着礼貌。

关于"寝不言"，我们最容易卧谈的就是大学宿舍，大家聊着聊着，越来越兴奋，就忘了时间了，直到半夜两三点钟。这太影响休息了。所以，入睡之前，最好保持安静，避免过度兴奋。

这就是孔子的日常起居。

虽疏食菜羹，必祭：认真对待每一顿饭

虽疏食菜羹，必祭，必齐如也。

"疏食"就是粗茶淡饭，一些菜羹，没有什么肉。

"虽疏食菜羹，必祭"，尽管吃的是粗茶淡饭，吃之前，也要祭一祭。

"必齐如也"，就像斋戒一样严肃。

关于"必祭"，有的版本为"瓜祭"。如果是瓜祭，就是古代的"以瓜蒂祭"，把瓜拎起来祭一祭。为什么要祭瓜，再吃瓜？因为瓜是不易得的

东西。

中国古代没有西瓜，西瓜是从海外传过来的。中国古代的瓜主要是香瓜，拎起香瓜的瓜蒂，代表了一种诚敬、感恩的态度。

我们联想到基督徒吃饭之前，要做祷告，感谢主赐食物。无论这餐饭是丰盛还是简单，都需要感谢，要心怀诚意。

孔子并不是一个追求奢侈生活的人，他也是常吃疏食菜羹，在好好地享受这一顿饭之前，要祭祀和表达感谢。

我们不要以饭菜的丰盛程度来决定我们是否认真对待一顿饭。《活好》的作者日野原重明是一百多岁的老人家，他说，家就是大家坐在一起吃饭。如果来了一位客人，可以和大家围坐在一起吃饭，那他就是家人。无论桌子上的饭菜好不好，都需要感恩，都需要认真对待。

席不正，不坐：入席就座的礼仪

席不正，不坐。

座席要正，因为当时没有椅子，都是在地上铺狐貉，再在狐貉上铺一个厚厚的垫子。

"席不正"有几种理解。第一种理解是大家一起吃饭，绝没有一个人是大大咧咧地进门就座，那是不知礼。一定是大家互相谦让，互相请对方上座。然后把座位安排得非常妥帖，这就叫"席正"。我们现在去山东，在孔子故里也能感受到这样的氛围。

"席不正，不坐"，就是大家的座位没有调整好，就不坐。

第二种理解没有第一种那么复杂。如果座席摆得不整齐，孔子就不坐，这体现了他的威仪和讲究。

第三种理解：不是自己的位子不要坐，不能坐别人的位子。这是古代的礼仪，尤其孔子在官场生活，行为举止都是有特定礼节和规矩的。

杖者出，斯出矣：尊重老者，从未老时开始

乡人饮酒，杖者出，斯出矣。

"杖者"是指手里拿拐杖的人，这里指的是老人家。

"乡人饮酒"，说的是十里八乡的邻里亲戚们坐在一起聚餐。当下中国很少有这样的情况了，尤其在城市里，大家都是以小家庭为单位，关起门来自己吃饭。

在我小时候，经常会看到村里举办各种活动。遇到婚丧嫁娶，一大群人聚在一起吃饭，异常热闹，即便平时不常见面，但是一办起活动，大家就都赶来了，这是农村非常重要的社交活动。

"杖者出，斯出矣"，乡人饮酒吃完了，只有当拿着拐杖的老人家离开以后，其他人才能够离开。

我们小时候过年吃饭时，因为家里空间普遍狭窄，小孩经常被人塞到某个角落去吃饭。小孩吃饭特别快，因为总是惦记着出去玩，去放鞭炮，但是大人们哪怕早就吃完了，也都不动，开始滔滔不绝地聊天。如果有老人在场，要等

到老人离席，其他人才能够跟着出去，这是聚餐的礼仪。

中国过去是宗法社会，整个社会的稳定性是通过宗族来实现的，宗族内部的管理要比法律还严。《白鹿原》中，一个人就算不犯法，但犯了宗族的族规，都是要命的事。

宗法社会有它大量的弊端，后来逐渐消失，我们进入了现在的法治社会。但过去的很多礼仪，在今天还能起到一定的借鉴作用。比如，中国古代的学生都是通过洒扫应对开始入门学习。日常的洒扫应对活动，其实就是学习的一个很重要的通道。

说起"乡人饮酒"，我想起叶曼先生讲过"常常登上座，渐渐入祠堂"。人们聚会的时候，习惯谦让说"您请上座"，随着年纪越来越大，真的就开始"上座"。再等到活到七八十岁，总是被请上座，时间再久一些，就进到祠堂了，变成一个牌位。人生就是这样不断地更替。

此节讲的是对老人家要保持足够的尊敬。

乡人傩：古时候的驱鬼仪式

乡人傩，朝服而立于阼阶。

"傩"是一种驱鬼仪式，现在在湖南的湘西，还有傩戏，人们戴着面具，跳着奇异的步子，进行一种很神秘的活动。因为国家对非物质文化遗产的保护，"傩"作为一种表演保留下来了。

但是在古代，它可不仅仅是一个表演，它真的是精神上的寄托。

"乡人傩"就是本地人在进行驱鬼仪式的时候。"朝服"指孔子要端正地穿上朝服。

"立于阼阶","阼阶"是指东边的台阶。东边的台阶一般是主人站立的位置，孔子站在阼阶，远远地看着大家，这代表着他对大家的恭敬。

孔子说"敬鬼神而远之""未能事人，焉能事鬼"，意思是说自己连人的事情都还没搞清楚，又怎么能够知道鬼的事情呢。我们能看出孔子对于鬼神这件事其实是存有怀疑态度的，是"六合之外，存而不论"的态度。

但是孔子很愿意配合乡人们的习惯和礼仪，他不会站出来否定乡人，反而会配合大家，认认真真地穿着朝服站着，直到仪式结束。

再拜而送之：最情深义重的送别

问人于他邦，再拜而送之。

"问人"就是派人外出。这句话没有主语，可以是孔子派人去别的地方、别的国家，也可以是国君派人出使。在这个时候，要"再拜而送之"，意思是一定要拜两次。比如，第一次说您一路平安，过一会儿，等对方走远一些，再拜一次，问候一声。

这是很大的事，因为去别的地方，或者出使他国，一走就很远。"再拜而送之"表达了情意深重。

此时的感情、托付、祝福都在"再拜"当中体现出来了。

丘未达，不敢尝：药岂是混吃的

> 康子馈药，拜而受之。曰："丘未达，不敢尝。"

季康子赠送了药给孔子，孔子行礼，把药接受了。如果是对方赐酒或是赐食物，"拜而受之"以后，要尝一下，才是礼仪。但因为季康子送的是药，就不能随便吃。所以孔子说："丘未达，不敢尝。"

"未达"就是不了解。孔子说，自己对药性还不了解，他要咨询一下大夫，所以现在不敢尝，并且还跟对方把这件事情解释清楚了。

当然你也可以这样理解：万一送的是毒药怎么办？孔子跟贵族的关系本来就很微妙，孔子借自己对药性不了解为托词，而拒绝服药。如果这样理解，这段话里就藏着刀光剑影了——季康子来送药，说："吃了它。"孔子说："丘未达，不敢尝。"子路在旁拔剑。

如果我们不把脑洞开这么大，可以理解为，这段话说的就是孔子拒绝当面吃药。药又不是酒或者食物，哪能随便尝呢？

伤人乎：孔子的人道主义精神

厩焚。子退朝，曰："伤人乎？"不问马。

马厩着火了。孔子退朝回来，得知消息之后问了一句话："伤人乎？"

据此我们基本上可以判断是孔子家的马厩着火了。经考证，以孔子的官位，家里是可以养马的，而且还能养几十匹马。马在古代是非常珍贵的财产，代表着财富，甚至比奴隶要贵。无论是美国蓄奴时期，还是中国古代春秋有奴隶的时期，奴隶的地位都是相当低的。如果一个奴隶害了一匹马，对于贵族来讲，是不能接受的事。在贵族看来，马的地位比奴隶高。

孔子家的马厩着火了以后，孔子一回家，马上问："伤人了吗？"不问马，只关心人。

我曾经很有感情地引用过这句话，是在1996年我代表西安交通大学在上海同济大学参加中国名校大学生辩论邀请赛的时候。我讲到孔子是一个人道主义者，引用的就是这一段，当时获得了评委的好评，那场比赛我们也赢了。通过读《论语》，在《论语》的帮助下，我得了辩论赛冠军。

有人认为，"不问马"中的"不"应该念"否"，意思是后问马。因为有的学者说，孔子不可能不问马，马厩着火了，回家不问马，也太清高了。所以，孔子应该是先问人，后问马。我个人觉得这就太较真了。

还有一种解释是，"不"字后面加一个逗号，就变成对话体了："厩焚。子退朝，曰：'伤人乎？'不，问马。"整体意思是，马厩着火了，孔子退朝，问："伤人乎？"有人回答说："没有。"孔子问："那马呢？"

我觉得其中存在着合理性，因为如果孔子特意问马，那就不应该作为一个重点被记录在《论语》中了。

我认为比较合理的解释是，"不"字后边没有逗号。所描述的场景就是，马厩着火了，孔子退朝，立刻问人是否安好，而不是问马。孔子更重视人的安危，他更关心人。我依然认为这代表孔子是一个人道主义者。

君赐食，必正席先尝之：陪领导吃饭的原则

> 君赐食，必正席先尝之。君赐腥，必熟而荐之。君赐生，必畜之。侍食于君，君祭，先饭。

这一段是讲跟国君在一起的交往礼仪。

"君赐食，必正席先尝之"，国君赐食物的时候，要摆正座席先尝一尝。

"君赐腥，必熟而荐之"，国君赐了一大块生猪肉，就必须得把它先煮熟，供奉祖先。也就是告慰祖先，国君给咱们家赐肉了。

"君赐生，必畜之"，如果国君赐的是一个活物，一头羊、一头猪或者一头牛，就回家养起来。至于将来杀不杀，这段话里没有解释。

"侍食于君，君祭，先饭"，陪同君主吃饭的时候，要先祭发明食物的神。当君主在感谢发明食物之神的时候，要先替君主尝他的饭，这看起来不卫生，但是代表着对君主的保护。我们在电视剧中也经常看到，古代的皇帝吃饭，都是要找人先尝的，有人先挨样试菜，以防饭菜里有毒。

疾，君视之： 生病也要注意形象

疾，君视之，东首，加朝服，拖绅。

孔子说的是，生病的时候，国君来探望他，他应该怎么躺。

当然不能随便躺，要东首。有人解释"东首"是面朝东，有人说是头朝东，其实这是两个完全不同的方位。面朝东的话，头肯定在西面的；头朝东，是指脚在西，头在东。

一般我们认为是头朝东，脚在西。

"加朝服"，就是别让国君看到你盖着家里的被子，要在被子上面盖上朝服。虽然自己现在生着重病不能穿朝服，但是国君来了，得把朝服铺在身上，这是对国君的尊敬。

"拖绅"，"绅"是朝服上的大带子，拖着大带子，代表的是庄重。

以上描述的是国君探病时会看到的场景。

不俟驾：一举一动，都能表达对他人的重视

君命召，不俟驾行矣。

这句话特别生动。君主要召见，一听到这个消息，孔子不等马车准备好，就立即先步行赶过去。这代表着对国君的重视程度。

古代要让马车动起来，不像今天开车，一点火就走了。古代得先套马车，把马拉过来，配上鞍子，要等半天。

国君召见，不能拖延。孔子会先朝着国君的方向步行，等马车套好了追上来以后，孔子再坐车，进殿。

实际上，哪怕孔子先步行出发，到达大殿的时间也不会更快，因为马车最后一定能追上孔子。孔子为什么会多此一举呢？因为心态不一样，必须得让国君感受到他的召唤是能让人马上执行的，不能够以一种随意敷衍的态度，慢悠悠地等待一切准备就绪了再出发。

我们可以想象一下，国君命人来召唤，孔子一边立即喊"备马"，一边起身出发，等着马追上自己再上车。这特别能够体现他对国君的尊重。

这种"不俟驾"的态度让我想起了曹操。在官渡之战时，曹操的营帐外有一个谋士来投靠，曹操穿着一只鞋就跑出去了，这也是一种"不俟驾"。这代表着高兴、兴奋，也代表着对来者的重视。

日常生活中的细节，最能反映出我们不同的心情。

每事问：不懂就问，是一种礼节

入太庙，每事问。

《八佾》的第十五节——

子入太庙，每事问。或曰："孰谓鄹人之子知礼乎？入太庙，每事问！"子闻之，曰："是礼也！"

孔子进入太庙，遇到不懂的事，就会问。

我不建议把"每事问"理解成"每件事都问"，那确实太啰唆了。我把它理解为，孔子入太庙以后，凡是不懂的事，就赶紧问。比如要做一个动作的时候，先问一下，是否合适，是否可以，孔子认为这本身就是礼。

于我殡：替朋友办好身后事，是最真挚的情谊

朋友死，无所归，曰："于我殡。"

不知道为什么，我很喜欢这一句。

"朋友死，无所归"，是说孔子的朋友去世了，没有人替他收殓。

人这一辈子，最凄凉的事，往往就是无人来管身后事。孔子所处的时代不像当下中国有这么完备的城市管理制度，在那个年代，"无所归"有可能就是逝者的亲人都不在世了，导致他死后只能被扔弃在路边，无人来管。这是非常凄惨的状况。

孔子提倡慎终追远，特别在意生死之事，所以当他的朋友去世无人管的时候，孔子说："我来办，殡葬的事情交给我来处理。"

给一个人处理后事，是很大的缘分，因为孔子既不是逝者的家人，也不是他的亲戚。孔子作为朋友，挺身而出，帮助操办后事。

这很温暖，代表着孔子能关心他人，仗义轻财。

朋友之馈：当有人送孔子豪车时，他会怎么办

朋友之馈，虽车马，非祭肉，不拜。

孔子对国君赐予的东西都要拜，上朝的时候也很谨慎，有各种讲究。

但如果是朋友赠送礼物，就算送来车马这样贵重的东西，孔子也不会拜。除非是给孔子祭肉，他才会拜，因为祭肉是跟祖先相关的，百姓祭完了以后，要分给乡党、邻里，这代表的是尊敬，是礼仪。

如果给孔子车、马等贵重礼物，孔子都不拜，他不是一个物质至上的人，不会将这些值钱的东西特别当一回事。

我觉得这句话所体现出来的是，虽然孔子并不一定不收贵重礼物，但他并不

是很重视礼物的价值。孔子收礼我们其实可以理解，因为孔子毕竟后来不当官了，他收礼物跟是否清廉没有关系。他是老师、学问家，朋友愿意送他东西，他也不一定会拒绝。孔子是社会名流，自然也会有富有的朋友，有人送他豪车也很正常。

相传爱因斯坦在过五十岁生日的时候，欧洲的很多贵妇一起出资给他买礼物，她们还为爱因斯坦买了第谷的手稿。第谷是丹麦天文学家，他观察宇宙精准、清晰，他的手稿是无价之宝。贵妇们为了取悦爱因斯坦，虽然不懂物理学，但还是用大量金钱购买了第谷的手稿送给爱因斯坦。

孔子在当时那么受人尊敬，也许当时也有"追星族"，有人送他一些贵重的礼物，也都在情理之中。

居不客：家是摘下面具的地方

寝不尸，居不客。

这是一个短句。

"寝不尸"的意思是睡觉的时候别直挺挺地躺着，会令别人一进屋就吓一跳。这其实是有道理的，现在医学倡导侧睡，而不要仰睡，因为仰睡容易造成呼吸的骤停，造成过强的外在的压迫。很多科学家提倡睡觉时要卧如弓，就是侧面躺着，身体弯成弓形。

"居不客"就是在家坐着的时候，不要像客人一样，不把家当家。意思是，在家里就不要局促，毕竟人在朝廷上、在外社交时，行为已经中规中矩了，回到家就要舒服一点，不要像在正式场合一样严肃。

有的版本是"居不容"。其实，有可能是古人抄书的时候抄错了，把"客"抄成"容"，就变成一种衍文，"居不容"实际上就是"居不客"。

这句话可以和"食不语，寝不言"连在一起理解。

必变色而作：让自己拥有对生活的感受力

见齐衰者，虽狎，必变。见冕者与瞽者，虽亵，必以貌。凶服者式之。式负版者。有盛馔，必变色而作。迅雷风烈必变。

"见齐衰者，虽狎，必变"，孔子见到身上穿着丧服的人，即使对方与自己很熟悉，平时是勾肩搭背，甚至是在一块儿喝酒的关系，但一旦看到对方穿上了葬礼时的礼服，他会立刻警醒，改变神色，端庄严肃起来。

"见冕者与瞽者，虽亵，必以貌"，孔子见到戴着礼帽、穿着官服的人和盲人，虽然平常可以很亲密，但一定要表现出礼貌的样子。

"凶服者式之"，"式之"是在车上站着的时候。当看到穿着葬礼的衣服的人送殡路过时，就要用手扶着车前的横木，身体往前倾。这就代表着关切、关心。

如果看到治丧的人经过，依然舒服地坐着，无动于衷，就无法显示出内心的关怀之情。

"式负版者"，有种解释是，"负版者"是背着版图到处跑的人，我觉得这个解释不太讲得通。"负版者"比较自然的解释是背负重物的人。比如，登五岳的时候，遇到背着重物的挑山工，每个人会是什么反应？人们不会面无表情，正常表现一般是慨叹"了不起"，或者是"辛苦了"。

有一次在峨眉山游玩，我看到很多人背着水泥上山，其中还有女性，我既心痛，又觉得敬佩。

我们的肢体语言可以反映出我们的心理状态，孔夫子面对送殡的人，反应就是"式之"，身体要往前倾，需要重视。

"有盛馔，必变色而作"，当你被邀请参加盛大宴席的时候，你看到主人准备的饭菜异常丰盛，你必须让主人感受到你的欣喜之情，这是礼貌。

我们结合自己的生活，想想人情中的微妙细节吧。当我们自己作为主人点菜的时候，需要拿捏度，花钱既要量力而行，又要给对方留下深刻的印象，希望对方知道自己是认真和好客的。好比你在请客时，为了表示对朋友的重视，点了一些日常很少吃的，像龙虾、鲍鱼一类的名贵食材。当客人就餐时，如果表现出完全无所谓的态度，对于大餐并不提及，还是继续聊家长里短，一脸平静，你作为主人会是什么感受？

主人为了招待好客人，尽自己的能力点了"硬菜"，结果对方一点反应都没有，那主人一定会很失落。所以，就算客人在家天天吃龙虾，在被款待时，也该表示一下"今天的菜好丰盛，我想多吃点"，主人一定很高兴地说"喜欢就好，多吃点"，这就是"有盛馔，必变色而作"。

"迅雷风烈必变"，遇到打雷、刮大风时，你的面色要变。你要认真地观察，这在古代说明了人对外在世界的关怀，对他人的同理心。

在生活中多一点感受力，我们就是活泼的、敏感的、有温度的。但如果相反，什么都刺激不了一个人——在迅雷烈风下无动于衷，吃到龙虾、鲍鱼也毫无反应，看到别人身负重物，想的是"这算什么，我自己活得也很累"，就会越活越麻木。

以孔子崇高的地位和人生的阅历，他什么场面没见过？什么好吃的没吃过？但他见到背负重物的人，见到出殡的人，见到别人上了美好的酒菜，遇到刮风、打雷，他都要有反应，这就是对生活的敏感，也是对生命的敬畏。

希望我们都能以最柔软、最真诚的姿态，来对待我们的世界。

车中不亲指：好乘客的自我修养

升车，必正立，执绥。车中，不内顾，不疾言，不亲指。

这是极其有实用价值的一段，讲的是孔子坐车时的礼仪和姿态。

孔子上车时必站正，"执绥"就是上车时的扶手，如同我们今天上车先系安全带，安全是第一位的。古代没有安全带，但必须扶好扶手。

"内顾"是扭头看。"不疾言"是不大声说话。如果在车里吵架，氛围会变得很紧张。我有一次在高速公路上遇到一对夫妻开着车吵架，吵着吵着停了车，其中一个直接打开门就沿着高速公路走。古时候坐马车更不能大声喊了，否则马受惊了怎么办？所以孔子在车上不大声说话。

"不亲指"的意思是不指挥驾车的人。孔子是驾车的高手，如果孔子要指挥别人驾车，他可以给出很多意见。我们今天开车的时候，有的人就很喜欢在旁边指手画脚，告诉司机什么时候该变道，什么时候该加速，什么时候该超车，司机会感觉烦不胜烦。

在这段话中，孔子示范了一个好乘客的基本行为规范。在现代生活中，很多家庭就是因为坐在副驾驶座上的人习惯"亲指"而导致争吵。吵架模式一般是这样的：

坐在副驾驶座上的人说："注意，有人，有人，左边，左边……"

开车的人说："要不你来开。"

"副驾驶"说："我又不会开车。"

你看，就算不会开车的人，也喜欢瞎指挥一番。孔子虽然会驾车，但什么

都不说。

当我们作为乘客时，要信任开车的人，系上安全带就可以了，这是修养的体现，我也经常提醒自己这一点。因为我自己会开车，现在司机开车的时候，我也忍不住总想问"你为啥选这条路，不选那条路""导航准吗，几点能到"。这种总忍不住想问的态度，对开车的人就是情绪上的干扰。

德国的男人就接受不了这样的态度，坐德国男人开的车千万别在旁边指挥，万一对方确实开错了路，也要忍耐，这是坐车的礼貌。并且，千万不要让德国男人去问路，如果一个女人对一个德国男人说"你去问路吧"，对方就认为"你质疑我的方向感"。哪怕在没有GPS的时代，他们也都这么自信。

有一个笑话：一位丈夫陪妻子做菜，他站在妻子旁边，说："放盐，放盐，多放点……注意胡椒，快放胡椒……起锅，起锅，别等了……"妻子特别纳闷，说："你干吗呢？你会做饭吗，就敢这么起劲儿地指挥？"

丈夫淡定地回妻子："你会开车吗？"

此节提到的礼仪要做到并不难，做到了，个人修养也就提高了。

时哉时哉：时运的重要性

色斯举矣，翔而后集。曰："山梁雌雉，时哉时哉！"子路共之，三嗅而作。

这一段像哑谜一样，给我们展现了一个非常有诗意的景象，没有说任何道理，也没有讲孔子的行为，而且其中有很多难以理解的地方。

这一段在中国古人口中就叫"山梁雌雉"。一提山梁雌雉，大家就知道指的是这一段场景。

有一天，可能是孔子跟子路两个人，在山路上散步。走着走着，见到山梁上有一只雌性的野鸡，很漂亮。

"色斯举矣"，"色"一般代表表情，这里并没有描述清楚是谁的表情。有一个解释我觉得说得通："色"其实是错字，应该是"鸟"，是"鸟斯举矣"。如果这样解释，就是散步的时候，看到雌性的野鸡飞翔起来了。

"翔而后集"，"翔"是飞起来，"集"是停下来。野鸡飞起来了以后又落下来，停在那儿。

此时，孔子突然发了一个感慨，说："山梁雌雉，时哉时哉！"意思是，山梁上的野鸡呀，真是会把握时机啊，时运真好！

"子路共之"，子路向雌雉拱拱手。子路为什么要向野鸡拱手？因为孔子夸它"时哉时哉"，子路就说：我向它学习。

"三嗅而作"，是指野鸡发出了三声长叫，飞走了。

这段话令人很难理解。我觉得比较讲得通的是，孔子见到山梁上的雌雉，翔而后集，孔子说"时哉时哉"，这是一种内在的感慨，他知道时机、时运是多么重要。

孔子一直时运不济，他那么能干，但始终找不到一个发挥的舞台。当他看到这只野鸡能够在山梁上自由地飞来飞去时说：你看它飞的位置多好。假如野鸡飞到了市集上，或者飞到了屠夫家，只要在任何一个错误的时间，飞到了任何一个错误的地点，它的命就没了。

但是今天，野鸡遇到的是孔子和子路，而不是猎人，没有被一箭射下来。它起飞，它落下，掌握的时机恰到好处。

另外，关于"子路共之"，有人解释是子路拿粮食来引诱它，雌雉过来闻了三下，飞走了，没有上子路的当。

这一段放在《乡党》的最后，我感受到的是一个很美的意境：孔子和子路两人在山中悠闲地散步，孔子见到山梁上的雌雉，有感而发，在我们的文化史上留下了一幅美好的画卷。子路无论是作揖，还是拿粮食来引诱野鸡，总之野鸡最后还是飞走了。

就是这样一只自由而来、自由而去的野鸡，让孔子有了这样的体悟，认为我们对于时运、时机、时间、空间的掌控，是非常难的一件事。

人生如此复杂，一只活泼的、命好的野鸡也能够被记录在文化中，而像孔子这样伟大的人物，在当时的时代，想要找到一个能践行理想、安身立命的位子，竟然是那样艰难，不由得让人感慨人生的无常。

关于这一段，大家怎样理解都行。我觉得大家只要知道这段话里山梁雌雉的典故有关时运，就很不错了。

参考文献

[1] 安德斯·艾利克森，罗伯特·普尔. 刻意练习：如何从新手到大师[M]. 王正林，译. 北京：机械工业出版社，2016.

[2] 卡罗尔·德韦克. 终身成长[M]. 楚祎楠，译. 南昌：江西人民出版社，2017.

[3] 梁漱溟. 梁漱溟先生讲孔孟[M]. 上海：上海三联书店，2008.

[4] 苏珊·福沃德，克雷格·巴克. 原生家庭：如何修补自己的性格缺陷[M]. 黄姝，王婷，译. 北京：北京时代华文书局，2017.

[5] 理查德·保罗，琳达·埃尔德. 思辨与立场：生活中无处不在的批判性思维工具[M]. 李小平，译. 北京：中国人民大学出版社，2016.

[6] 李零. 丧家狗：我读《论语》[M]. 太原：山西人民出版社，2007.

[7] 杨伯峻. 论语译注：简体字本[M]. 北京：中华书局，2006.

[8] 南怀瑾. 论语别裁[M]. 上海：复旦大学出版社，2002.

[9] 钱穆. 论语新解[M]. 北京：生活·读书·新知三联书店，2002.

[10] 纳西姆·尼古拉斯·塔勒布. 反脆弱[M]. 雨珂，译. 北京：中信出版社，2014.

[11] 林语堂. 苏东坡传[M]. 张振玉，译. 西安：陕西师范大学出版社，2006.

[12] 大卫·克里斯蒂安，辛西娅·斯托克斯·布朗，克雷格·本杰明. 大历史[M].

刘耀辉，译.北京：北京联合出版公司，2016.

[13]米歇尔·沃尔德罗普.复杂：诞生于秩序与混沌边缘的科学[M].陈玲，译.北京：生活·读书·新知三联书店，1997.

[14]约翰·惠特默.高绩效教练[M].林菲，徐中，译.北京：机械工业出版社，2012.

[15]钱穆.孔子传：新校本[M].北京：九州出版社，2011.

[16]德斯蒙德·莫里斯.为什么是足球？[M].易晨光，译.北京：北京联合出版公司，2018.

[17]奇普·希思，丹·希思.瞬变[M].姜奕辉，译.北京：中信出版社，2014.

[18]马修·麦凯，帕特里克·范宁.自尊[M].马伊莎，译.北京：机械工业出版社，2018.

[19]玛莎·斯托特.当良知沉睡：辨认身边的反社会人格者[M].吴大海，马绍博，译.北京：机械工业出版社，2016.

[20]迈克尔·桑德尔.金钱不能买什么：金钱与公正的正面交锋[M].邓正来，译.北京：中信出版社，2012.

[21]史蒂芬·柯维.高效能人士的七个习惯：30周年纪念版[M].高新勇，王亦兵，葛雪蕾，译.北京：中国青年出版社，2018.

[22]伯特·海灵格.爱的序位：家庭系统排列个案集[M].霍宝莲，译.北京：世界图书出版公司，2005.

[23]詹姆斯·克利尔.掌控习惯：如何养成好习惯并戒除坏习惯[M].迩东晨，译.北京：北京联合出版公司，2019.

[24]劳伦斯·彼得，雷蒙德·赫尔.彼得原理[M].闾佳，司茹，译.北京.机械工业出版社，2007.

[25]露易丝·海，大卫·凯思乐.心的重建[M].方月月，译.北京：北京联合出版公司，2017.

[26]亚伦·卡尔.这书能让你戒烟[M].严冬冬，译.长春：吉林文史出版社，

2008.

[27]彼得·C.布朗，亨利·L.罗迪格三世，马克·A.麦克丹尼尔.认知天性：让学习轻而易举的心理学规律[M].邓峰，译.北京：中信出版社，2018.

[28]詹姆斯·卡斯.有限与无限的游戏：一个哲学家眼中的竞技世界[M].马小悟，余倩，译.北京：电子工业出版社，2013.

[29]罗杰·马丁.责任病毒：如何分派任务和承担责任[M].方海萍，魏清江，范海滨，译.北京：机械工业出版社，2019.

[30]理查德·道金斯.自私的基因[M].卢允中，张岱云，陈复加，罗小舟，译.北京：中信出版社，2012.

[31]基思·斯坦诺维奇.机器人叛乱：在达尔文时代找到意义[M].吴宝沛，译.北京：机械工业出版社，2015.

图书在版编目（CIP）数据

樊登讲论语：学而 / 樊登著.—北京：北京联合
出版公司，2020.11（2024.1重印）
ISBN 978-7-5596-4602-6

Ⅰ.①樊… Ⅱ.①樊… Ⅲ.①儒家②《论语》—通俗
读物 Ⅳ.①B222.2-49

中国版本图书馆CIP数据核字（2020）第187930号

樊登讲论语：学而

作　　者：樊　登
出 品 人：赵红仕
责任编辑：夏应鹏

北京联合出版公司出版
（北京市西城区德外大街 83 号楼 9 层　100088）
河北鹏润印刷有限公司印刷　新华书店经销
字数488千字　700毫米×980毫米　1/16　印张34.25
2020年11月第1版　2024年1月第9次印刷
ISBN 978-7-5596-4602-6
定价：72.00元